EXPOSITION UNIVERSELLE DE 1900

LES COLONIES FRANÇAISES

Le Sénégal

Organisation politique, Administration, Finances, Travaux publics

NOTICE RÉDIGÉE PAR LES SOINS
DU SERVICE LOCAL DE LA COLONIE

Ouvrage accompagné
DE NOMBREUSES CARTES, PLANS
ET GRAPHIQUES

PARIS
AUGUSTIN CHALLAMEL, ÉDITEUR
Librairie Maritime et Coloniale
RUE JACOB, 17

1900

EXPOSITION UNIVERSELLE DE 1900

COLONIES ET PAYS DE PROTECTORAT

M. CHARLES-ROUX
Ancien Député,
Délégué des Ministères des Affaires Étrangères et des Colonies
à l'Exposition de 1900.

M. Marcel SAINT-GERMAIN
Sénateur,
Directeur adjoint au Délégué.

M. Ivan BROUSSAIS	M. Victor MOREL
Sous-Directeur	Secrétaire-Général
de l'Exposition Coloniale	de l'Exposition Coloniale
de 1900.	de 1900.

M. Frédéric BASSET
Chef de Cabinet du Délégué.

COMMISSARIAT SPÉCIAL DU SÉNÉGAL
ET DÉPENDANCES

M. Félix DUBOIS	M. MILHE-POUTINGON
Commissaire du Soudan annexé	Commissaire du Sénégal

M. Ch. SCHMITT
Commissaire adjoint du Sénégal.

★

Sénégal

(Service local)

EXPOSITION UNIVERSELLE DE 1900

LES COLONIES FRANÇAISES

Le Sénégal

Organisation politique, Administration,
Finances, Travaux publics

NOTICE RÉDIGÉE PAR LES SOINS
DU SERVICE LOCAL DE LA COLONIE

Ouvrage accompagné
DE NOMBREUSES CARTES, PLANS
ET GRAPHIQUES

PARIS
Augustin CHALLAMEL, Éditeur
Librairie Maritime et Coloniale
RUE JACOB, 17

1900

GOUVERNEMENT GÉNÉRAL
DE
L'Afrique Occidentale Française

SÉNÉGAL ET DÉPENDANCES

GOUVERNEUR GÉNÉRAL :
M. E. CHAUDIÉ
Inspecteur général des Colonies
Commandeur de la Légion d'Honneur, officier de l'Instruction publique

SERVICE LOCAL DU SÉNÉGAL
SECRÉTAIRE GÉNÉRAL :
M. Th. BERGÈS (officier de l'Instruction publique);

Collaborateurs :

MM. MALENFANT, directeur des travaux publics;
MAINE, inspecteur, chef du service des douanes;
PERRUCHOT, chef du service agricole;
J.-J CRESPIN, chef de bureau des secrétariats généraux, (off. d'Acad.).
Pierre SASSIAS, administrateur de 3ᵉ classe des colonies, chef du secrétariat du gouvernement général (off. d'Acad.).

Dessinateurs :

MM. BOURNAS, commis de 1ʳᵉ classe des Affaires indigènes, détaché au service géographique.
RENAUD, VERRINES et VANDENKERKHOVEN.

SERVICES DE LA COLONIE

MM. BOURREL, directeur des postes et des télégraphes (off. de la Légion d'honneur).

QUESNEL, capitaine de Port à Saint-Louis ;

CAZALA, chef de l'imprimerie du gouvernement ;

Dr CARPOT, directeur de l'hôpital civil ;

NAVARIN, receveur de l'enregistrement à Saint-Louis ;

AGAISSE, contrôleur des contributions à Saint-Louis ;

CALMET, contrôleur des contributions à Rufisque ;

ALSACE, contrôleur des contributions à Dakar ;

FRÈRE HERMIAS, directeur principal des frères (off. de l'instruction publ.) ;

FRÈRE MARIE BERNARD, directeur de l'école secondaire, (off. d'acad.) ;

DUVAL, directeur de l'école laïque de Saint-Louis (off. de l'inst. publ.) ;

SOEUR MADELEINE, directrice de l'école des filles de Saint-Louis (off. d'acad.).

MM. L. DESCEMET, maire de Saint-Louis (cheval. Lég. d'hon.) ;

MARSAT, maire de Dakar (off. d'acad.) ;

GABARD, maire de Rufisque (cheval. Lég. d'hon. et off. d'acad.).

LE BÈGUE DE GERMINY, maire de Gorée.

LE SÉNÉGAL

EXPOSITION UNIVERSELLE
DE 1900

La colonie du Sénégal ne pouvait rester indifférente à la convocation que le gouvernement de la République a adressée aux nations civilisées, pour prendre part à la fête du travail qui doit réunir, le 1ᵉʳ mai 1900, tout ce que l'esprit et l'activité humaine peuvent concevoir de grand et d'utile. Par ses administrateurs autant que par ses représentants autorisés, elle a nettement exprimé ses intentions à cet égard, en préparant la participation effective de tous les corps et services et en assignant à chacun, avec le programme à suivre, les moyens matériels d'en assurer la réalisation.

Dès le 16 mars 1896, l'administration locale procédait à la reconstitution du comité central de l'exposition au sein duquel divers arrêtés subséquents ont appelé à siéger de hauts fonctionnaires, des membres des assemblées délibérantes et consultatives de la colonie et certaines notabilités. Malgré de légères modifications survenues dans la composition de ce comité, par suite de décès ou d'absences prolongées de quelques membres, aucun ralentissement ne se produisit dans la préparation de l'exposition sénégalaise, exclusivement confiée au comité central du chef-lieu, dont les efforts seront à juste titre couronnés de succès. Il importe de rendre hommage, en passant, au zèle et à l'esprit d'initiative des membres de la mission scientifique chargés de rechercher et de rassembler une série de collections des ressources de la flore, de la faune et du sol de la colonie.

La participation de l'administration locale à une exposition européenne se manifeste aujourd'hui pour la première fois. Il a semblé que le Sénégal ne devait pas uniquement se borner à l'exhibition méthodique de ses richesses et produits; qu'il avait le devoir de faire connaître son organisation intérieure, les efforts qui ont été tentés en vue de sa prospérité et les résultats obtenus. Il a semblé que l'administration ne pouvait que gagner à une telle entreprise et qu'il y avait intérêt, pour les divers services qui la composent, à donner aux visiteurs de l'exposition une idée exacte de leur importance et du développement qu'ils ont obtenu. Dès que le projet en fut conçu et les divers programmes arrêtés, la haute sanction de l'autorité supérieure ne se fit pas attendre; elle se traduisit dans les termes suivants dont M. le gouverneur général de l'Afrique Occidentale Française a bien voulu émarger le rapport qui, sur cette question, lui a été adressé :

« J'approuve les conclusions de ce rapport et je prie M. le secrétaire général de vouloir bien assurer les mesures propices pour le succès de cette très heureuse initiative. »

Les divers services dépendant de l'administration locale furent informés de cette décision vers le milieu de l'année 1899. La préparation des documents qui leur ont été demandés nécessita de longues recherches. Il eût été sans doute désirable qu'à côté des tableaux si instructifs dressés par les soins de la direction des travaux publics et faisant ressortir la marche progressive des différents services de la colonie, des notices spéciales fussent établies afin de faire un historique complet de chacun des détails de l'administration locale; à défaut de la présentation d'un travail de cette importance que les nombreuses obligations des services ne leur auraient pas permis de rédiger en temps utile, il a paru nécessaire de fournir quelques indications de nature à permettre la connaissance parfaite des diagrammes présentés. C'est pour atteindre ce but que la rédaction de cette notice sommaire a été décidée à la dernière heure; peut-être constituera-t-elle pour le jury et pour les personnes que les questions coloniales préoccupent, un élément d'appréciation d'un certain intérêt.

ORGANISATION FINANCIÈRE

CHAPITRE PREMIER

BUDGET LOCAL

Le budget local se divise en recettes et en dépenses ordinaires et extraordinaires.

Les recettes ordinaires sont :

1° Les taxes et contributions de toute nature votées par le conseil général ;

2° Les droits de douane dont les tarifs sont rendus exécutoires par décrets sous forme de règlements d'administration publique ;

3° Les revenus des propriétés coloniales ;

4° Les produits divers dévolus au service local ;

Les recettes extraordinaires sont constituées par les contributions extraordinaires, les prélèvements sur les fonds de réserve, le produit des emprunts et autres ressources extraordinaires spécialement affectées à des travaux ou entreprises d'utilité publique.

Les dépenses locales ordinaires se divisent en dépenses obligatoires et en dépenses facultatives ; en dehors de celles déterminées par les actes organiques en vigueur dans la colonie, toutes les autres dépenses rentrent dans la catégorie des dépenses facultatives.

Les dépenses extraordinaires sont celles à l'acquittement desquelles il est pourvu au moyen des ressources spéciales provenant de recettes extraordinaires.

ARTICLE Ier. — RECETTES

L'ensemble des recettes annuelles réalisées par le service local, de 1889 à 1898, varie entre la somme de 3,383,798 fr. 67 et celle de 4,447,893 fr. 20. Le premier de ces chiffres a pu être obtenu en 1889 à l'aide de divers prélèvements sur la caisse de réserve s'élevant à 451,176 fr. 07 ; en 1890, le total des recettes s'est trouvé réduit à 2.974,959 fr. 34, aucun emprunt n'ayant été fait à la caisse de réserve pour l'acquittement des dépenses générales ; en 1891, les recettes atteignent le chiffre de 3,319,195 fr. 22, en tenant compte des prélèvements opérés au cours de cet exercice sur la caisse de réserve et dont le montant s'est élevé à 358,323 fr. 06 ; en 1892, malgré une légère diminution survenue dans certaines prévisions de recettes, celles-ci ont pu atteindre, sans recours à la réserve, la somme de 4,145,850 fr. 23, grâce aux rentrées de douane qui, sur l'exercice précédent, ont présenté un excédent de plus d'un million de francs ; en 1893, les recettes douanières éprouvent, sur 1892, un amoindrissement de 200,000 fr. et la totalité des ressources qu'offre cet exercice s'élève à 4,033.061 fr. 03, y compris un prélèvement de 147,500 francs sur la caisse de réserve ; en 1894, on constate, presque dans la même proportion que pour l'année 1893, une diminution dans les perceptions de douane, qui ne permet plus l'équilibre du budget qu'au moyen d'un prélèvement sur la caisse de réserve de 162,758 fr. 51, à l'aide duquel le total des ressources de l'exercice se trouve porté à 3.930,606 fr. 98 ; un mécompte considérable se traduisant par un amoindrissement de plus de 500,000 fr. s'est aussi produit dans les recettes douanières en 1895 et ce n'est que grâce à un prélèvement sur la réserve de 621,400 francs que le chiffre total du budget s'élevant à 3.933,703 fr. 44 a pu être atteint ; en 1896, malgré un accroissement de recettes de douane de plus de 400,000 francs et un prélèvement sur la réserve de 173,914 fr. 94, le budget de cet exercice n'accuse, sur celui de l'exercice précédent, qu'une augmentation de 300,000 francs environ qui en élève le montant à 3,965,350 fr. 23 ; en 1897 s'accentue le relèvement des recettes de douane, et sans emprunt à la réserve, le budget atteint la somme de 4,190,369 fr. 37 ; enfin l'exercice 1898, avec un excédent de recettes douanières de près de 300,000 francs, se chiffre par une somme de 4,447,893 fr. 20.

Au cours des années 1889 et 1898, les recettes extraordinaires qui ont été effectuées, se répartissent comme suit :

27,416 fr. 55 pendant chacune des années 1889, 1891 et 1892, représentant les annuités de son emprunt de 250,000 francs pour la conduite d'eau douce, versées par la commune de Saint-Louis.

73,798 fr. 86 en 1895 et 7,087 fr. 90 en 1896, provenant des fonds d'emprunt et destinés aux travaux des berges de Podor et de l'appontement de Gorée ;

30,000 fr. en 1897, représentant le versement par les budgets régionaux de la valeur approximative de l'immeuble affecté à l'école des fils de chefs à Sor.

Les prélèvements sur la caisse de réserve opérés en 1889, 1891, 1893, 1894, 1895 et 1896 ont été rendus nécessaires, soit par l'insuffisance des recettes de ces exercices, soit par l'acquittement de dépenses extraordinaires.

Quant aux différences en moins constatées d'un exercice à l'autre sur l'ensemble des recettes réalisées, elles proviennent ou d'une évaluation un peu majorée des prévisions ou de diminutions votées sur l'une des taxes locales.

En résumé, après certaines oscillations favorables ou défavorables en 1890 et 1894, les finances locales sont entrées à partir de 1896 dans une période nettement et constamment progressive.

Les recettes effectuées n'ont pas cessé d'être supérieures aux prévisions budgétaires accusant des plus-values annuelles d'environ 500.000 fr. qui ont servi à former l'actif de la caisse de réserve et qui ont permis d'entreprendre des travaux extraordinaires qui sont en cours d'exécution.

Tous les services de la colonie ont été largement assurés et le budget local a pu prendre à sa charge des dépenses qui étaient autrefois supportées par la métropole, telles que celles du gouvernement, de la gendarmerie, de la magistrature. Non seulement la colonie ne reçoit plus aucune subvention du budget métropolitain, mais le contingent qu'elle lui verse pour sa part dans les dépenses civiles et militaires, qui était en 1896 de 4.000 fr. est en 1900 de 219.136 fr.

BUDGET

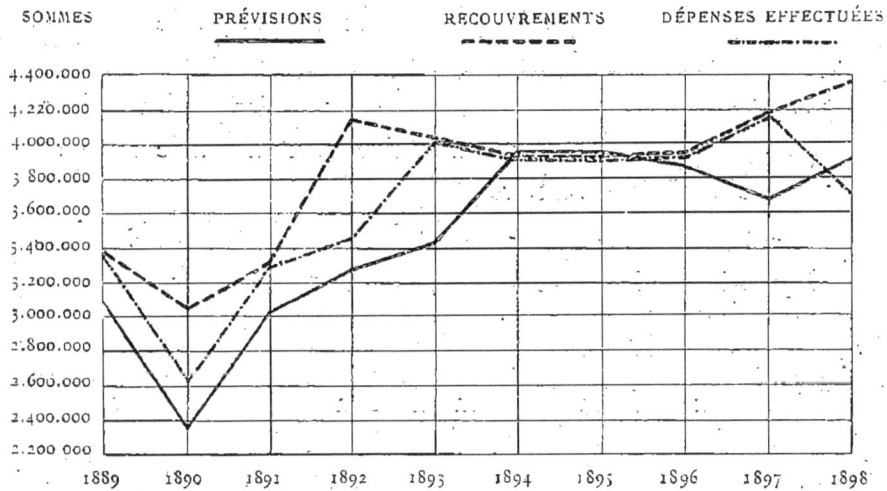

DIAGRAMMES DES PRÉVISIONS. — RECETTES ET DÉPENSES

TABLEAUX
DES RECETTES DU BUDGET LOCAL
DE 1889 A 1898

SÉNÉGAL

MOUVEMENT DU BUDGET LOCAL

NATURE DES RECETTES	1889		1890	
	PRÉVISIONS	RECOUVREMENTS	PRÉVISIONS	RECOUVREMENTS
RECETTES ORDINAIRES :				
Contributions directes . .	375.500 »	301.428 28	301.000 »	307.997 53
CONTRIBUTIONS INDIRECTES ET PRODUITS DIVERS :				
Douanes	2.124.500 »	2.053.198 41	1.448.400 »	2.025.403 39
Enregistrement	122.000 »	97.708 48	122.000 »	106.819 80
Postes et Télégraphes . .	135.000 »	143.323 67	140.000 »	120.661 89
Imprimerie	15.000 »	11.626 85	15.000 »	12.195 20
Quote-part des communes dans l'instruction publique et la police . . .	115.857 71		116.634 64	
Produit des droits d'octroi	40.000 »	297.920 36	30.000 »	401.881 53
Produit des lazarets et des hospices	2.000 »		2.000 »	
Droits sur les mandats d'articles d'argent . . .	11.000 »		15.000 »	
Recettes à divers titres .	119.200 »		138.850 »	
Recettes extraordinaires .	27.416 55	27.416 55	27.416 55	» »
Prélèvements sur la caisse de réserve.	» »	451.176 07	» »	» »
TOTAUX GÉNÉRAUX .	3.087.474 26	3.383.798 67	2.356.301 19	2.974.959 34

PENDANT LA PÉRIODE de 1889 à 1898

1891		1892		1893	
PRÉVISIONS	RECOUVREMENTS	PRÉVISIONS	RECOUVREMENTS	PRÉVISIONS	RECOUVREMENTS
340.500 »	332.325 92	409.800 »	328.908 89	262.200 »	269 619 54
2.176 400 »	2.083 553 34	2.366.645 55	3.317.407 31	2 667.865 18	3.107.216 50
109.000 »	126 332 93	116.000 »	106.886 80	114 000 »	124.730 58
125.000 »	125.183 22	130 000 »	153.363 51	153.000 »	168.396 64
15.000 »	11.166 95	15.000 »	8.733 80	8.000 »	8.697 10
119.000 »	98.821 88	116.000 »		116.000 »	105.157 04
30.000 »	19.510 74	25.000 »	203.133 37	25.000 »	36.193 03
2.000 »	8.232 15	4 000 »		4.000 »	10.599 25
18 000 »	10.353 45	18.000 »		10.000 »	10.641 60
56 330 »	117.975 08	52 830 »		61.090 »	44.279 75
27.416 55	27.416 55	27.416 55	27.416 55	» »	» »
» »	358.323 06	» »	» »	» »	147.500 »
3.018.646 55	3 319.195 22	3.280.692 10	4.145.850 23	3.421 155 18	4.033.061 03

SÉNÉGAL

MOUVEMENT DU BUDGET LOCAL

NATURE DES RECETTES	1894		1895	
	PRÉVISIONS	RECOUVREMENTS	PRÉVISIONS	RECOUVREMENTS
RECETTES ORDINAIRES				
Contributions directes	248.200 »	267.842 75	255.700 »	286.098 44
CONTRIBUTIONS INDIRECTES ET PRODUITS DIVERS				
Douanes	3.073.100 »	2.963.036 54	3.133.100 »	2.401.253 57
Enregistrement	119.000 »	131.936 12	113.150 »	118.330 73
Postes et Télégraphes	183.000 »	178.567 97	228.000 »	184.403 60
Imprimerie	8.000 »	9.497 10	8.000 »	7.483 75
Quote-part des communes dans l'instruction publique et la police	116.000 »	105.127 36	107.700 »	113.829 89
Produit des droits d'octroi	25.000 »	45.363 01	38.000 »	41.044 94
Produit des lazarets et des hospices	10.000 »	10.798 22	10.000 »	14.975 22
Droits sur les mandats d'articles d'argent	10.000 »	11.315 68	10.000 »	10.775 33
Recettes à divers titres	15.031 85	44.363 72	8.750 »	60.309 11
Recettes extraordinaires	»	»	»	73.798 86
Prélèvement sur la caisse de réserve	150.000 »	162.758 51	39.000 »	621 400 »
TOTAUX GÉNÉRAUX	3.957.331 85	3.930.606 98	3.951.400 »	3.933.703 44

PENDANT LA PÉRIODE de 1894 à 1898 (suite).

1896		1897		1898	
PRÉVISIONS	RECOUVREMENTS	PRÉVISIONS	RECOUVREMENTS	PRÉVISIONS	RECOUVREMENTS
264.000 »	287.004 77	280.750 »	298.091 92	295.750 »	283.879 99
2.970.000 »	2.875.060 14	2.651.100 »	3.119.896 64	2.890.995 77	3.407.807 35
117.150 »	132.658 56	114.850 »	112.141 41	102.700 »	112.789 78
235.000 »	187.969 28	223.000 »	189.507 31	235.000 »	241.028 25
9.000 »	9.157 15	9.000 »	6.809 45	6.000 »	13.461 05
107.700 »	105.705 63	185.950 »	191.414 23	185.950 »	183.150 »
38.000 »	41.447 92	41.000 »	42.258 52	41.500 »	43.265 87
10.000 »	11.280 65	10.000 »	13.153 02	11.000 »	15.584 87
10.000 »	10.244 96	10.000 »	9.226 31	10.000 »	10.019 73
86.182 86	123.818 33	147.946 60	177.870 56	150.471 41	136.906 31
» »	7.087 90	30.000 »	30.000 »	» »	» »
35.297 55	173.914 94	» »	» »	» »	» »
3.882.330 41	3.965.350 23	3.703.596 60	4.190.369 37	3.929.167 18	4.447.893 20

Article 2. — Caisse de réserve

Le décret du 20 novembre 1882 sur le régime financier des colonies a prescrit, dans son article 98, la constitution d'un fonds de réserve et de prévoyance au moyen des excédents de recettes que le règlement de chaque exercice fait ressortir sur les produits du service local. Le maximum de ce fonds de réserve est fixé pour le Sénégal à 1.300.000 fr. Bien que de nombreux versements aient été effectués à la clôture des exercices 1889 à 1895, ce chiffre ne put être atteint ; ce n'est qu'à partir de l'année 1896 que se manifesta une plus-value dans l'ensemble des recettes qui, en s'accentuant au cours des exercices suivants, ont permis de conserver à la caisse de réserve, au 31 mars 1899, malgré divers prélèvements qui se sont élevés à 800.000 fr. environ, une somme nette de . . . . 1.109.417 fr. 19

A la date du 7 juin 1900, il a été prélevé sur ladite caisse pour la construction à Saint-Louis d'un puits artésien . . . . . . 50.000 r. »

L'encaisse à cette date se trouve ramenée à 1.059.417 fr. 19
L'exercice 1898 ayant fourni un excédent de recette de 597.769 fr. 78, il a été versé à la caisse de réserve . . . . 240.582 fr. 81

ce qui porte l'avoir à la somme de . . . 1.300.000 fr. »
se répartissant ainsi qu'il suit :
  Titres de rentes . . . . 999.975 fr. 26
  Espèces. . . . . 300.024 fr. 74

                                  1.300.000 fr. »

La somme disponible sur l'excédent de recettes constaté à la clôture de l'exercice 1898, soit 357.186 fr. 97 sera employée à des travaux d'utilité publique.

ÉTAT PRÉSENTANT LES MOUVEMENTS DE LA CAISSE DE RÉSERVE DU SERVICE LOCAL DU 30 JUIN 1888 AU 31 MARS 1899

	Fr.	c.
En caisse au 30 juin 1888	511.632	»
Recettes effectuées du 1er juillet 1888 au 30 juin 1889	»	»
Ensemble	511.632	»
Prélèvements opérés pendant la même période	257.814	84
Reste au 30 juin 1889	253.817	16
Recettes effectuées du 1er juillet 1889 au 30 juin 1890	52.090	03
Ensemble	305.907	19
Prélèvements opérés pendant la même période	301.176	07
Reste au 30 juin 1890	4.731	12
Recettes effectuées du 1er juillet 1890 au 30 juin 1891	9.075	78
Ensemble	13.806	90
Prélèvements opérés pendant la même période	»	»
Reste au 30 juin 1891	13.806	90
Recettes effectuées du 1er juillet 1891 au 30 juin 1892	344.516	16
Ensemble	358.323	06
Prélèvements opérés pendant la même période	358.323	06
Reste au 30 juin 1892	»	»
Recettes effectuées du 1er juillet 1892 au 30 juin 1893	34.088	65
Ensemble	34.088	65
Prélèvements opérés pendant la même période	22.500	»
Reste au 30 juin 1893	11.588	65
Recettes effectuées du 1er juillet 1893 au 30 juin 1894	979.841	49
Ensemble	991.430	14
Prélèvements opérés pendant la même période	245.000	»
Reste au 30 juin 1894	746.430	14

SÉNÉGAL

Recettes effectuées du 1er juillet 1894 au 30 juin 1895 .	116.298 69
Ensemble. . . .	862.728 83
Prélèvements opérés pendant la même période . . .	47.758 51
Reste au 30 juin 1895	814.970 32
Recettes effectuées du 1er juillet 1895 au 30 juin 1896 . .	1.617 03
Ensemble. . . .	816.587 35
Prélèvements opérés pendant la même période . . .	651.697 55
Reste au 30 juin 1896.	164.889 80
Recettes effectuées du 1er juillet 1896 au 30 juin 1897 . .	454.134 28
Ensemble. . . .	619.024 08
Prélèvements opérés pendant la même période . . .	138.617 39
Reste au 30 juin 1897. . . .	480.406 69
Recettes effectuées du 1er juillet 1897 au 30 juin 1898.	629.010 50
Ensemble. . . .	1.109.417 19
Prélèvements opérés pendant la même période . . .	» »
Reste au 30 juin 1898. . . .	1.109.417 19

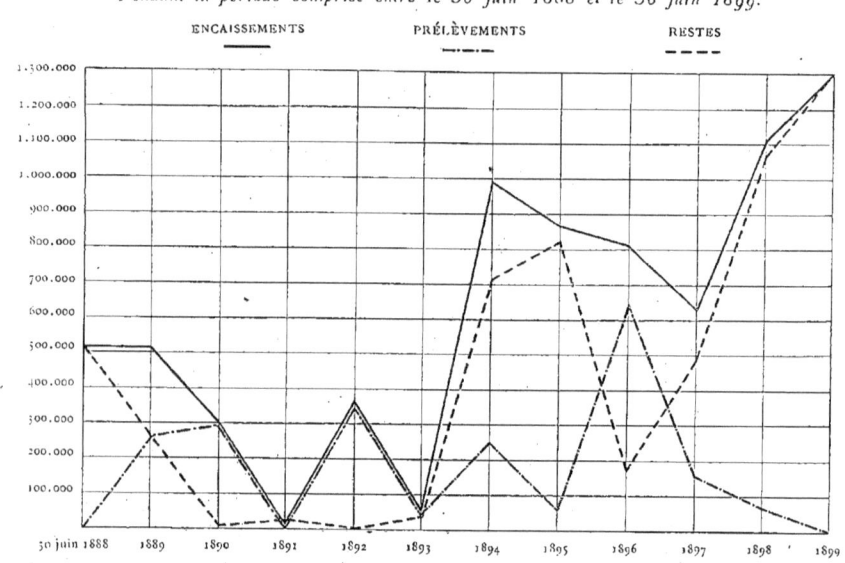

CAISSE DE RÉSERVE. — DIAGRAMMES DES MOUVEMENTS DE FONDS
Pendant la période comprise entre le 30 juin 1888 et le 30 juin 1899.

ENCAISSEMENTS   PRÉLÈVEMENTS   RESTES

Article 3. — Dette de la colonie

A la suite du vote par le Conseil général de divers travaux d'assainissement et d'intérêt général, un emprunt de 5.000.000 fr. fut contracté à la caisse des dépôts et consignations, suivant autorisation accordée par décret en date du 21 novembre 1892. Aux termes de l'article 2 de cet acte, il doit être pourvu à l'amortissement de cet emprunt et au paiement des intérêts au moyen de dix-huit annuités qui seront inscrites chaque année au budget local parmi les dépenses obligatoires, au titre de dettes exigibles. Au budget de 1899 figure une prévision de 392.328 fr. 50 représentant la septième annuité de l'emprunt; la dette de la colonie s'élève actuellement à la somme de 4.315.613 fr. 50.

Article 4. — Dépenses

De l'année 1889 à l'année 1898 inclusivement, le chiffre des dépenses générales de l'administration locale a varié entre 2.630.443 fr. 18 et 3.932.086 fr. 41; le budget de 1899 s'est élevé à la somme de 4.378.865 fr. 20.

Les augmentations progressives des dépenses ont été en raison directe du développement de la Colonie. Il faut surtout en rechercher la cause déterminante dans les nouvelles obligations résultant, non seulement de l'emprunt qu'elle a contracté pour l'exécution de grands travaux, mais aussi de l'arrangement intervenu avec le Soudan dont elle avait été provisoirement séparée, et aux termes duquel un contingent annuel lui était attribué en représentation des droits de douane perçus au Sénégal sur les marchandises destinées à cette colonie voisine.

TABLEAUX
DES MOUVEMENTS DU BUDGET LOCAL
DE 1889 A 1898

MOUVEMENT DES DÉPENSES DU BUDGET LOCAL

DÉSIGNATION DES SERVICES	1889 PRÉVISIONS et crédits supplémentaires	1889 PAIEMENTS effectués	1890 PRÉVISIONS et crédits supplémentaires	1890 PAIEMENTS effectués
Intérêts et amortissements des emprunts autorisés.	115.149 50	» »	115.149 50	111.029 32
Contingents divers. . . .	30.280 »	30.280 »	30.280 »	30.280 »
Gouvernement colonial et Gouvernement général.	46.750 75	42.221 87	28.348 75	27.154 71
Direction de l'Intérieur et Secrétariat général . .	124.963 50	117.444 83	122.141 50	116.051 28
Conseil général	20.500 »	19.040 58	8.238 »	9.511 62
Affaires politiques et affaires indigènes . . .	401.520 10	386.051 62	213 888 99	236.253 34
Police générale	100.041 85	92.207 11	99.596 75	89.093 02
Douanes	239.376 80	229.542 53	154.150 10	151.110 45
Enregistrement	38.119 »	35.914 67	34.529 25	34.421 91
Postes et Télégraphes . .	343.199 82	327.215 58	255.549 04	218.626 36
Contributions	79.394 50	108.234 95	80.715 50	122.916 80
Justice et cultes	55.474 97	80.266 54	60.488 45	74.201 04
Instruction publique . .	393 551 70	242.114 99	360.688 10	251.135 07
Imprimerie	58.408 40	59.584 28	65.757 80	55.245 27
Prisons et pénitencier . .	46.801 69	52.992 84	47.716 54	48.094 45
Assistance publique . .	98.001 32	110.262 10	107.490 12	91.968 57
Totaux. .	2.191.533 90	1.933.374 49	1.784.728 39	1.667.093 21
A déduire pour incomplets	29.151 44	» »	25.000 »	» »
Reste. .	2.162.382 46	1.933.374 49	1.759.728 39	1.667.093 21

PENDANT LA PÉRIODE de 1889 à 1898 (tableau n° 1). 21

1891		1892		1893	
PRÉVISIONS et crédits supplémentaires	PAIEMENTS effectués	PRÉVISIONS et crédits supplémentaires	PAIEMENTS effectués	PRÉVISIONS et crédits supplémentaires	PAIEMENTS effectués
440.149 50	421.945 13	447.812 90	442.962 62	352.416 55	306.541 84
30.280 »	30.280 »	30.280 »	30.280 »	30.280 »	30.280 »
37.800 80	34.875 94	43.001 30	38.818 56	45.877 »	46.371 22
131.611 50	131.913 11	122.925 40	127.860 36	123.425 40	131.083 89
8.238 »	8.877 93	9.783 »	10.045 76	12.783 »	12.650 38
229.266 48	233.309 01	234.512 80	235.467 67	240.000 »	239.816 26
93.441 90	92.587 79	93.871 65	90.962 39	108.547 60	106.794 64
201.031 60	188.145 31	211.339 60	209.192 89	236.943 60	239.900 77
35.832 15	37.081 16	35.832 15	38.211 13	38.040 15	38.120 04
239.942 20	237.604 55	245.690 50	239.985 68	298.019 03	289.934 16
121.090 »	122.503 80	170.360 »	169.575 65	139.410 »	159.899 50
84.752 15	84.983 54	78.476 65	78.203 98	92.203 65	78.916 89
322.020 40	314.149 34	319.133 90	305.750 99	325.014 05	308.168 48
62.624 73	63.626 43	68.909 80	68.681 36	72.733 80	72.235 80
47.369 15	42.541 31	46.923 15	48.256 59	48.189 90	54.108 34
104.882 30	98.058 36	97.132 30	98.075 29	110.738 75	107.657 94
2.190.332 86	2.142.482 71	2.255.985 10	2.232.330 92	2.274.622 48	2.222.480 15
26.209 65	» »	» »	» »	» »	» »
2.164.123 21	2.142.482 71	2.255.985 10	2.232.330 92	2.274.622 48	2.222.480 15

MOUVEMENT DES DÉPENSES DU BUDGET LOCAL

DÉSIGNATION DES SERVICES	1894 PRÉVISIONS et crédits supplémentaires	1894 PAIEMENTS effectués	1895 PRÉVISIONS et crédits supplémentaires	1895 PAIEMENTS effectués
Intérêts et amortissements des emprunts autorisés.	319.828 50	222.989 60	314.415 17	277.072 95
Contingents divers. . . .	110.280 »	110.280 »	110.280 »	110.280 »
Gouvernement colonial et gouvernement général.	46.014 90	39.277 53	51.387 70	55.920 94
Direction de l'Intérieur et Secrétariat général . . .	149.450 »	149.334 33	153.210 »	171.368 28
Conseil général	33.225 »	38.011 83	34.300 »	30.787 78
Affaires politiques et affaires indigènes . . .	242.410 »	273.592 53	260.250 »	263.652 10
Police générale	115.787 20	104.454 16	132.125 80	123.231 29
Douanes	257.586 10	242.367 12	298.966 50	262.607 83
Enregistrement	43.572 »	44.197 06	45.072 »	42.203 99
Postes et Télégraphes . .	308.782 »	282.685 77	309.718 90	293.952 51
Contributions	169.745 »	153.252 16	169.339 »	139.566 72
Justice et cultes	85.224 75	83.006 88	96.544 75	93.181 34
Instruction publique . .	362.383 35	339.630 89	379.992 »	353.854 76
Imprimerie	69.095 80	67.899 44	71.546 80	73.306 55
Prisons et pénitencier . .	70.826 20	66.224 53	77.208 20	63.465 02
Assistance publique . .	122.152 75	123.970 65	141.828 90	136.808 39
TOTAUX. .	2.506.363 55	2.341.174 48	2.646.185 72	2.491.260 45
A déduire pour incomplets	» »	» »	» »	» »
RESTE. .	2.506.363 55	2.341.174 48	2.646.185 72	2.491.260 45

PENDANT LA PÉRIODE de 1889 à 1898 (tableau n° 1 — *suite*). 23

1896		1897		1898	
PRÉVISIONS et crédits supplémentaires	PAIEMENTS effectués	PRÉVISIONS et crédits supplémentaires	PAIEMENTS effectués	PRÉVISIONS et crédits supplémentaires	PAIEMENTS effectués au 31 mars 1899
363.383 84	348.617 39	381.884 06	373.295 15	392.328 50	392.328 50
94.280 »	90.280 »	177.180 »	174.280 »	299.985 »	297.085 »
124.000 »	105.195 78	131.405 »	157.212 64	145.500 »	128.158 27
152.710 »	162.136 89	149.800 »	144.089 97	149.800 »	142.944 47
31.300 »	24.712 56	14.300 »	15.785 44	26.300 »	23.969 67
242.600 »	243.390 85	272.060 »	263.543 10	258.200 »	243.017 »
130.456 20	124.289 14	129.042 60	120.627 22	114.880 90	112.703 67
294.900 »	281.495 97	296.904 50	279.096 05	298.921 50	291.663 79
43.004 80	49.932 24	39.669 68	41.270 57	37.087 88	37.679 70
330.957 60	283.586 23	342.840 60	287.462 19	345.908 30	337.927 96
166.683 »	157.154 23	139.673 »	157.397 43	143.095 »	166.529 62
88.144 75	98.439 29	87.344 75	85.757 79	88.051 20	83.544 81
375.055 »	348.441 90	356.935 20	320.669 89	330.195 »	291.524 17
70.237 80	67.554 49	66.820 80	65.878 42	68.549 80	63.684 94
76.917 20	63.814 32	72.717 20	70.757 93	72.717 20	61.815 96
138.028 90	127.827 21	130.628 90	123.201 73	133.568 90	119.477 64
2.722.659 09	2.578.868 49	2.789.206 29	2.680.325 52	2.905.089 18	2.794.055 17
» »	» »	» »	» »	» »	» »
2.722.659 09	2.578.868 49	2.789.206 29	2.680.325 52	2.905.089 18	2.794.055 17

MOUVEMENT DES DÉPENSES DU BUDGET LOCAL

DÉSIGNATION DES SERVICES	1889		1890	
	PRÉVISIONS et crédits supplémentaires	PAIEMENTS effectués	PRÉVISIONS et crédits supplémentaires	PAIEMENTS effectués
Ponts et Chaussées. . .	422.102 73	599.359 85	223.397 46	317.893 46
Conduite d'eau	52.505 30	16.670 21	51.524 30	13.889 07
Poste de la barre et pilotage	27.724 60	26.941 27	24.489 10	26.485 »
Service des ports . . .	101.750 60	110.201 44	97.426 40	87.263 29
Service sanitaire et lazaret	41.192 54	47.160 77	34.628 54	46.079 88
Feux, phares et balises. .	22.361 30	17.906 85	22.187 30	19.910 16
Sémaphores	5.488 50	3.737 74	5.449 50	3.657 77
Dépenses diverses . . .	324.727 53	444.765 16	333.935 68	298.143 94
Subventions diverses . .	46.073 50	39.175 32	33.040 »	23.284 22
	1.043.926 60	1.305.918 61	826.078 28	836.606 79
A déduire pour incomplets	6.888 18	» »	6.000 »	» »
Reste .	1.037.038 42	1.305.918 61	820.078 28	836.606 79
Dépenses des exercices antérieurs	276.088 49	132.803 59	233.222 72	126.743 18
Dépenses extraordinaires .	50 000 »	2.626 20	» »	» »
Totaux du tableau n° 1 (p. 20)	2.162.383 46	1.933.374 49	1.759.728 39	1.667.093 21
Totaux généraux.	3.525.509 37	3.374.722 89	2.813.029 39	2.630.443 18

PENDANT LA PÉRIODE de 1889 à 1898 (tableau n° 2).

1891		1892		1893	
PRÉVISIONS et crédits supplémentaires	PAIEMENTS effectués	PRÉVISIONS et crédits supplémentaires	PAIEMENTS effectués	PRÉVISIONS et crédits supplémentaires	PAIEMENTS effectués
414.894 73	467.293 89	526.015 »	539.941 21	539.172 »	520.984 20
48.216 30	46.270 21	55.976 30	33.064 17	47.296 30	49.090 55
23.979 10	21.016 21	24.259 10	21.921 43	24.259 10	22.343 29
161.466 70	95.634 27	107.529 70	94.768 41	109.334 20	101.804 86
24.759 90	36.379 64	83.773 90	85.534 83	70.843 40	74.480 17
25.016 80	26.514 01	32.186 80	31.109 95	32.486 80	25.082 78
350.107 40	349.528 40	316.974 59	308.490 13	843.444 50	849.689 58
24.535 »	22.202 58	41.473 50	32.359 98	92.330 »	69.365 29
1.072.975 93	1.064.839 21	1.188.188 89	1.147.190 11	1.759.166 30	1.712.840 72
5.165 30	» »	6.054 55	» »	» »	» »
1.067.810 63	1.064.839 21	1.182.134 34	1.147.190 11	1.759.166 30	1.712.840 72
77.784 65	77.784 65	100.809 34	99.584 53	100.000 »	97.700 57
100.000 »	» »	» »	» »	» »	» »
2.164.123 21	2.142.482 71	2.255.985 10	2.232.330 92	2.274.622 48	2.222.480 15
3.409.718 49	3.285.106 57	3.538.928 78	3.479.105 56	4.133.788 78	4.033.021 44

MOUVEMENT DES DÉPENSES DU BUDGET LOCAL

DÉSIGNATION DES SERVICES	1894		1895	
	PRÉVISIONS et crédits supplémentaires	PAIEMENTS effectués	PRÉVISIONS et crédits supplémentaires	PAIEMENTS effectués
Ponts et Chaussées . . .	523.296 51	526.483 99	501.597 »	438.451 02
Conduite d'eau	74.069 30	72.270 08	51.710 »	56 340 94
Poste de la barre et pilotage	25.744 10	25.787 66	29.797 10	26.487 06
Service des ports . . .	111.365 70	100.794 18	113.865 70	100.276 25
Service sanitaire et lazaret	42.743 90	37.553 13	44.683 90	34.718 55
Feux, phares et balises . .	36.586 80	30.573 48	40.726 30	34.413 16
Sémaphores				
Dépenses diverses . . .	318.473 »	387.555 68	370.337 98	335.679 56
Subventions diverses . .	301.720 .	233.469 30	125.950 »	86.416 41
	1.443.999 31	1.414.496 50	1.278.667 98	1.112.782 95
A déduire pour incomplets	» »	» »	» »	» . »
Reste . .	1.433.999 31	1.414.496 50	1.278 667 98	1.112.782 95
Dépenses des exercices antérieurs	25.000 »	24.936 »	60.000 »	59.847 23
Dépenses extraordinaires .	150.000 »	150 000 »	310.298 86	269.812 81
Totaux du tableau n° 1 (p. 21)	2.506.363 55	2.341.174 48	2 646.185 72	2.491.260 45
Totaux généraux .	4.115.362 86	3.930.606 98	4.295.152 56	3.933.703 44

PENDANT LA PÉRIODE de 1889 à 1898 (tableau n° 2 — suite).

1896		1897		1898	
PRÉVISIONS et crédits supplémentaires	PAIEMENTS effectués	PRÉVISIONS et crédits supplémentaires	PAIEMENTS effectués	PRÉVISIONS et crédits supplémentaires	PAIEMENTS effectués
451.353 67	292.146 37	227.250 »	209.636 39	356.382 »	256.859 58
54.410 »	57.186 05	54.410 »	56.766 28	60.430 »	77.644 74
32.897 10	32.674 95	27.797 10	25.416 21	24.842 10	21.375 39
102.811 70	93.413 26	64.803 20	56.321 85	68.827 20	60.614 55
36.070 90	30.352 68	29.655 90	25 635 40	40.655 90	30.939 17
31.326 30	29.385 80	31.326 30	29.640 86	36.326 30	32.628 72
331.558 »	714.097 70	345.398 50	917.010 57	363.799 50	285.454 85
104.254 »	85.351 05	103.534 »	64.479 86	86.120 »	67.816 25
1.144 681 67	1.334.607 86	883.816 35	1.384.907 42	1.037.083 »	833.333 25
»	»	»	»	»	»
1.144 681 67	1.334.607 86	883.816 35	1.384.907 42	1.037.083 »	833.333 25
31.000 »	25.205 53	110.643 96	125.033 83	100.000 »	93.787 83
42.385 45	26.668 35	30.000 »	102.60	»	»
2.722.659 09	2.578.868 49	2.789.206 29	2.680.325 52	2.905.089 18	2.794.055 17
3.940.726 21	3.965.350 23	3.813.666 60	4.190.369 37	4.042.172 18	3.721.176 25

CHAPITRE II

SERVICES PRODUCTEURS DE L'IMPOT

Les quatre grands services financiers de la colonie qui alimentent presque exclusivement la caisse locale sont : les contributions directes, la douane, les postes et télégraphes et l'enregistrement.

Article I. — Contributions directes

Les contributions directes comprennent : l'impôt personnel, la patente pour l'exercice du commerce, le droit de vérification des poids et mesures et l'impôt locatif des maisons.

§ 1. — *Impôt personnel.*

La contribution personnelle a été établie au Sénégal par le décret du 4 août 1860, qui l'a imposée à tout habitant français ou étranger des deux sexes jouissant de ses droits et non réputé indigent. Une modification a été apportée à ce décret par celui du 2 août 1880 qui a approuvé la délibération du conseil général en date du 6 décembre 1879, aux termes de laquelle les habitants des villes et des faubourgs ont été exonérés de cet impôt.

A la suite de l'arrêté du 15 janvier 1900, portant désannexion des territoires du 1er arrondissement de la colonie, l'impôt personnel a cessé d'être perçu, dans cette partie du Sénégal, au profit du budget local; cette perception est faite par les soins de l'administration du protectorat. Le montant de l'impôt était de 1 fr. 50; il était acquitté par les habitants domiciliés dans la banlieue de Dakar et dans les villages du second arrondissement. On peut évaluer de 40,000 à 50,000 fr. par an la totalité des recettes faites à ce titre.

Le conseil général, dans sa séance du 19 décembre 1898, a voté la suppression de cet impôt.

§ 2. — *Patentes*.

L'impôt des patentes a été établi par le décret du 6 août 1881; il se compose d'un droit fixe et d'un droit proportionnel. Le droit fixe qui a pour base la nature du commerce exercé est de :

600 fr. pour la patente de négociant et de banquier;

400 fr. pour la patente de commerçant de 1re classe;

200 fr. pour la patente de commerçant de 2e classe;

150 fr. pour la patente de commerçant de 3e classe et pour les boulangers;

75 fr. pour les baraques du marché et les marchands ayant moins de 1000 fr. de marchandises en magasin.

Le droit proportionnel est basé sur la valeur locative réelle ou estimée des locaux servant exclusivement à l'exercice du commerce et de toutes leurs dépendances; il est de 20 o/o.

Une patente, dite de colportage, est imposée aux marchands ambulants pour toute la colonie; elle est de 30 fr. par mois.

Le 1/7 des patentes est alloué aux communes de Saint-Louis, Dakar, Rufisque et Gorée.

ORGANISATION FINANCIÈRE

Ier ARRONDISSEMENT

TABLEAU INDIQUANT LES RECETTES EFFECTUÉES
AU TITRE DES PATENTES,
LE NOMBRE DES CONTRIBUABLES IMPOSÉS A SAINT-LOUIS
ET LEUR CLASSIFICATION

ANNÉES	RECETTES	BANQUIERS	NÉGOCIANTS	1re CLASSE	2e CLASSE	3e CLASSE	4e CLASSE	PHARMACIENS	BOULANGERS	IMPRIMEUR	COLPORTEURS	TOTAUX
1889	124.481 50	1	14	31	134	102	54	2	4	»	14	356
1890	120 527 15	1	13	28	124	102	52	2	4	»	15	341
1891	112.221 30	1	13	26	104	88	67	2	6	»	19	326
1892	114.891 »	1	13	28	75	94	68	2	6	»	3	290
1893	93.808 95	1	12	26	59	102	65	2	7	»	4	278
1894	95.154 65	1	12	28	64	97	68	2	6	»	6	284
1895	98.190 25	1	12	27	75	92	78	2	6	1	10	304
1896	103.832 60	1	12	24	98	130	104	2	8	1	12	392
1897	106.429 25	1	13	25	93	155	109	2	7	1	9	415
1898	105.596 40	1	11	24	86	137	106	2	7	1	28	403
	1.071.133 05	10	125	269	912	1099	771	20	59	4	120	3.389

2ᵉ ARRONDISSEMENT

ÉTAT GÉNÉRAL DES RECETTES EFFECTUÉES
AU TITRE DES DIVERSES CONTRIBUTIONS
ET CLASSEMENT DES CONTRIBUABLES DE LA COMMUNE DE RUFISQUE

ANNÉES	NÉGOCIANTS	1ʳᵉ CLASSE	2ᵉ CLASSE	3ᵉ CLASSE	4ᵉ CLASSE	PATENTES	LICENCES	IMPOT LOCATIF	POIDS & MESURES
1891	17	122	150	34	20	88.532 60	6.752 60	21.180 76	»
1892	11	100	201	45	34	118.432 77	8.796 92	20.325 03	»
1893	11	27	105	369	36	96.206 11	10.428 10	16.379 02	»
1894	11	41	80	220	50	88.932 36	8.502 40	15.848 16	»
1895	7	82	164	51	53	81.913 41	8.102 20	15.707 92	»
1896	7	71	132	45	47	66.077 11	9.677 80	16.172 26	»
1897	11	71	220	46	65	86.601 62	9.402 80	17.968 80	2.008 88
1898	9	43	128	278	86	118.919 24	7.827 20	16.332 04	1.858 30

CIRCONSCRIPTION DE RUFISQUE

| 1899 | 13 | 19 | 121 | 209 | 48 | 99.996 05 | 2.951 10 | 6.648 24 | 2.367 28 |

(1) Les rôles de l'impôt locatif et des poids et mesures de Dakar-Gorée ne figurent pas dans ce chiffre.

PATENTES. — (DAKAR-GORÉE)

ANNÉES	RECETTES	NÉGOCIANTS	1ʳᵉ CLASSE	2ᵉ CLASSE	3ᵉ CLASSE	4ᵉ CLASSE	TOTAUX
1889	38.234 65	5	21	12	45	19	102
1890	38.939 05	6	20	15	49	18	108
1891	34.597 83	4	19	8	42	16	89
1892	33.157 05	3	20	15	21	70	124
1893	31.227 15	»	20	15	21	67	118
1894	29.375 15	2	21	12	22	99	156
1895	30.906 65	»	19	10	46	97	172
1896	31.453 27	»	23	12	34	122	191
1897	33.851 20	2	20	13	30	179	244
1898	36.816 25	»	16	8	28	128	180
	338.558 25	22	199	120	338	815	1.484

§ 3. — *Licences*.

Le droit de licence, comprenant trois classes, est fixé comme suit :

1re *classe*. — Cafés et cabarets munis de billards, où l'on vend à consommer sur place des boissons alcooliques ou autres, 800 fr.

2e *classe*. — Cafés et cabarets non munis de billards, mais ayant chaises et tables ou autres installations analogues où l'on vend à consommer sur place des boissons alcooliques ou autres, 600 francs.

3e *classe*. — Débits de boissons non installés en cabarets et cafés, n'ayant ni chaises ni tables ou autres installations analogues et où l'on vend sur le comptoir des boissons alcooliques ou autres, à consommer sur place, 300 francs.

Les restaurateurs ne livrant de boissons qu'aux repas servis chez eux sont dispensés du droit de licence.

La totalité des recettes effectuées dans les villes au titre des licences est attribuée aux communes de la colonie.

SÉNÉGAL

RECETTES EFFECTUÉES AU TITRE DES LICENCES
NOMBRE DES CONTRIBUABLES IMPOSÉS

Ier ARRONDISSEMENT

ANNÉES	RECETTES	CONTRIBUABLES IMPOSÉS
1889	13.728 90	26
1890	10.702 70	18
1891	10.152 70	16
1892	9.827 50	14
1893	10.103 30	15
1894	8.627 20	17
1895	8.203 10	19
1896	8.455 20	15
1897	9.181 90	30
1898	8.780 30	23
	97.762 80	194

2e ARRONDISSEMENT
(DAKAR-GORÉE)

ANNÉES	RECETTES	CONTRIBUABLES IMPOSÉS
1889	7.291 80	33
1890	6.766 70	28
1891	4.076 30	25
1892	6.784 10	28
1893	6.772 40	27
1894	6.251 70	19
1895	6.601 60	18
1896	6.677 30	26
1897	7.952 40	20
1898	6.402 30	17
	65.576 60	241

§ 4. — *Poids et mesures.*

Les droits perçus pour la vérification des poids et mesures et des instruments de pesage sont les suivants :

Mesures linéaires :

Décamètres doubles et demi-décamètres	25 c.
Doubles mètres	15
Mètres et demi-mètres pour étoffes	5
Mètres et demi-mètres ployants pour tapissiers	10
Demi-mètres brisés à charnières	10
Décimètres et doubles décimètres	5

Mesures pour bois de chauffage :

Stères et doubles stères	75

Mesures de capacité pour matières sèches :

Hectolitres à pieds ou sans pieds	75
Demi-hectolitres	50
Décalitres	10
Doubles décalitres	12
Litres, doubles et demi-litres, décilitres, doubles décilitr.	5

Mesures de capacité pour les liquides :

Décalitres, doubles et demi-décalitres	50
Doubles litres	20
Litres	15
Demi-litres, décilitres et doubles décilitres	10

Pour les mesures à lait, il est perçu la moitié seulement des sommes ci-dessus.

Poids en fer :
Poids de cinq, de dix et de vingt kilogrammes. . . . . 25 c.
Kilogrammes, doubles et demi-kilogrammes 10
Doubles hectogrammes, hectogram. et poids au-dessous. 5

Pour les poids en cuivre, il est perçu la moitié en sus des sommes ci-dessus.

Le kilogramme divisé paie, pour l'ensemble des pièces qui le composent . . . . 30 c.

Instruments de pesage :
Balances à bras égaux :
Balances de comptoir . . . . 1 fr.
Balances de magasin. 2

(Sont réputées balances de comptoir indistinctement toutes balances dont les fléaux ont moins de 60 centimètres de longueur, et balances de magasin toutes celles supérieures à cette dimension).

Balances bascules :
Bascules à plateaux . . . . 2 fr.
Bascules romaines 2

Indépendamment du droit fixé pour la vérification de chacune des balances ci-dessus dénommées, les assujettis sont tenus de payer, pour la totalité des poids dont se forme la plus haute portée de chaque balance bascule et par chaque 20 kilogrammes, un autre droit de 50 centimes, sans que le droit puisse être exigé pour plus de 1000 kilogrammes.

RECETTES EFFECTUÉES AU TITRE DE LA CONTRIBUTION DES POIDS ET MESURES

ET NOMBRE DES CONTRIBUABLES IMPOSÉS

1er ARRONDISSEMENT

ANNÉES	RECETTES	CONTRIBUABLES IMPOSÉS
1889	936 »	110
1890	1.079 41	138
1891	1.150 48	140
1892	1.023 68	141
1893	852 05	135
1894	1.705 21	234
1895	1.861 71	239
1896	1.897 99	242
1897	1.893 15	242
1898	2.050 72	238
	14.450 40	1859

2e ARRONDISSEMENT
(DAKAR-GORÉE)

ANNÉES	RECETTES	CONTRIBUABLES IMPOSÉS
1889	342 54	71
1890	290 40	65
1891	306 58	70
1892	366 14	65
1893	392 57	77
1894	503 42	104
1895	594 45	116
1896	571 77	97
1897	1 226 »	88
1898	537 58	125
	5.131 45	878

§ 5. — *Impôt locatif.*

Il est perçu à ce titre un droit de 4 o/o de la valeur locative réelle ou estimée pour les maisons situées à Saint-Louis et dans ses faubourgs, à Gorée, à Dakar et à Rufisque, à l'exception des terrains non bâtis, des cases en paille et des maisons situées à Gorée, servant d'habitations à leurs propriétaires et dont la valeur locative ne dépasse pas 500 fr. par an.

RECETTES EFFECTUÉES AU TITRE DE L'IMPOT LOCATIF
ET NOMBRE DES CONTRIBUABLES IMPOSÉS

Ier ARRONDISSEMENT

ANNÉES	RECETTES	CONTRIBUABLES IMPOSÉS
1889	32.155 09	670
1890	38.742 37	680
1891	41.775 03	686
1892	43.449 32	697
1893	35.239 69	687
1894	36.194 50	732
1895	36.511 »	739
1896	35.921 70	726
1897	39.789 92	911
1898	39.296 58	901
	379.075 20	7429

2e ARRONDISSEMENT
(DAKAR-GORÉE)

ANNÉES	RECETTES	CONTRIBUABLES IMPOSÉS
1889	9.534 80	120
1890	10.164 80	123
1891	11.506 44	200
1892	11.190 95	200
1893	10.787 32	194
1894	10.452 56	188
1895	10.432 60	190
1896	10.837 08	204
1897	11.840 92	189
1898	10.809 98	150
	107.557 45	1758

CONTRIBUTIONS

DIAGRAMMES DES RECETTES
DE 1889 A 1898

CONTRIBUTIONS

CIRCONSCRIPTION DE SAINT-LOUIS

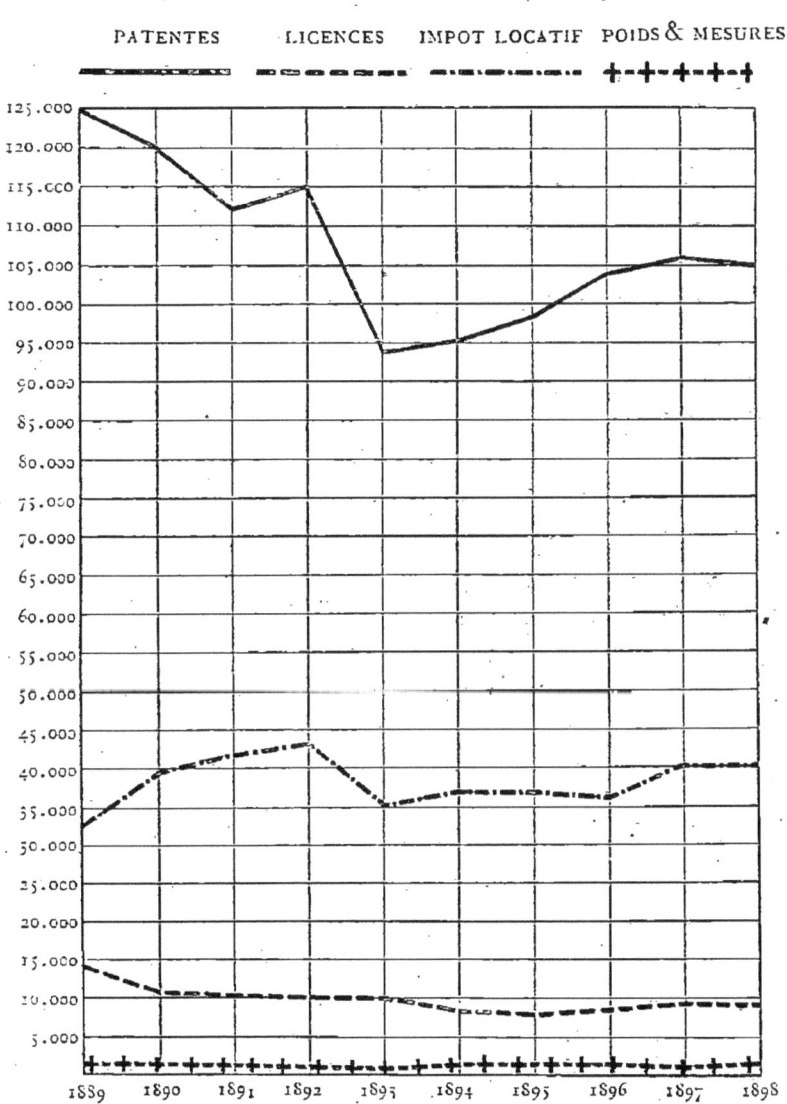

CONTRIBUTIONS

CIRCONSCRIPTION DE RUFISQUE

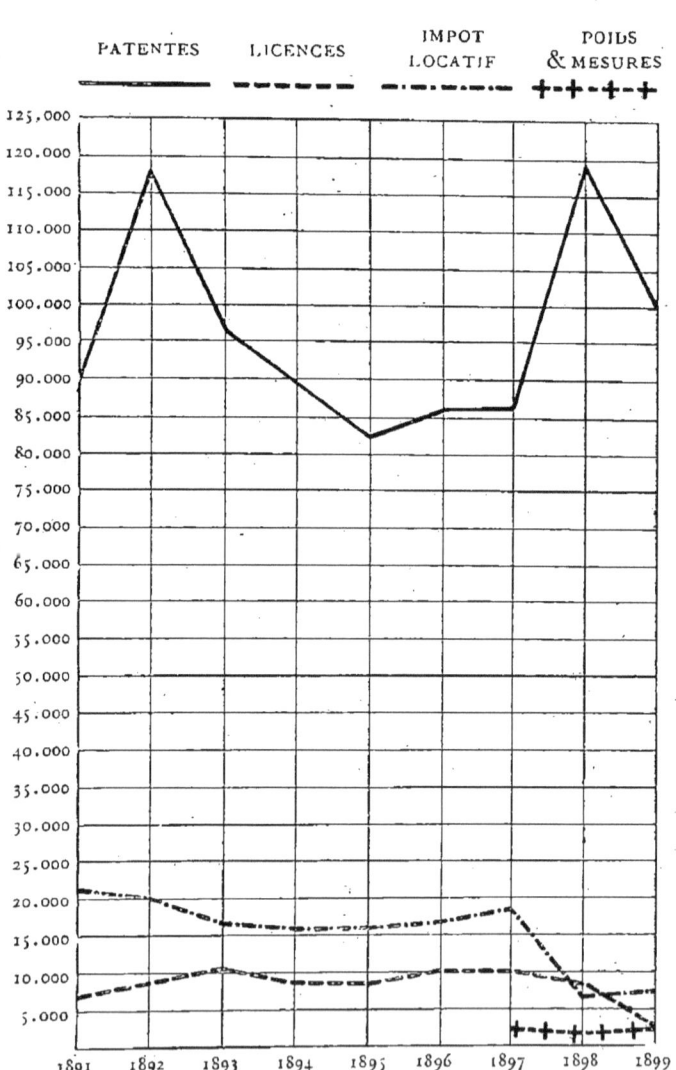

CONTRIBUTIONS

CIRCONSCRIPTION DE DAKAR-GORÉE

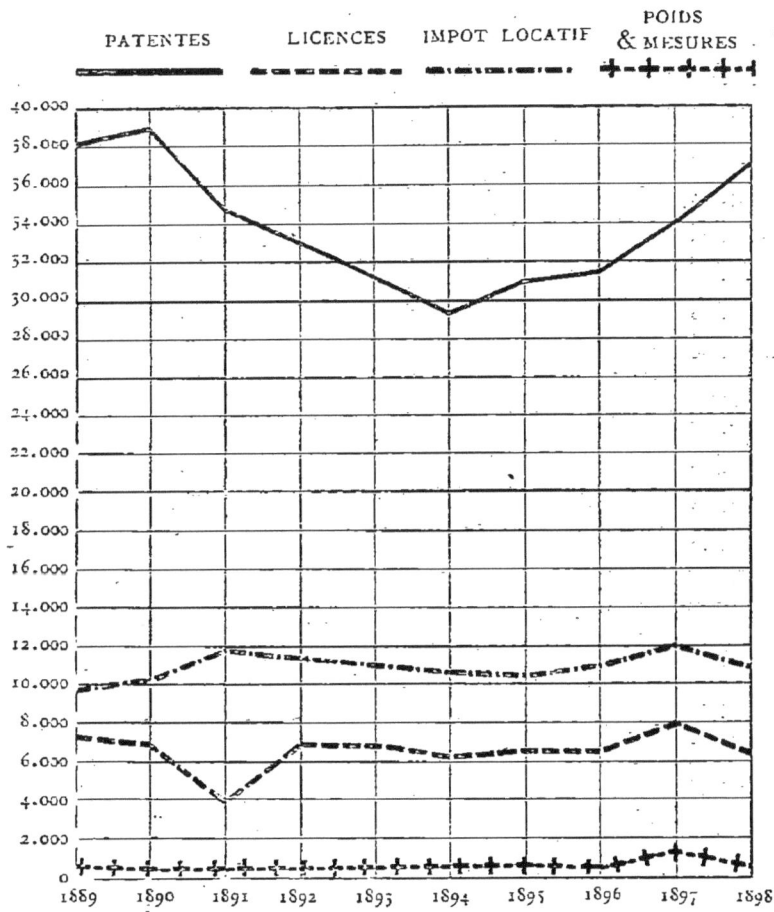

Article 2. — Douanes

Les *droits de douane* sont perçus dans la partie comprise entre la frontière nord et le Saloum inclusivement ; ils consistent en un droit de 7 o/o *ad valorem* sur les marchandises étrangères autres que les guinées et les goureaux dits colas, qui acquittent, les premières, un droit de 6 centimes par mètre et les derniers, à l'exclusion de tout droit *ad valorem*, un droit de o fr. 50 par kilogramme.

Il est en outre perçu des *droits à l'importation* applicables aux marchandises de toutes provenances importées dans la même partie de la Colonie ; ces droits s'élèvent à :

15 o/o de la valeur sur les armes et munitions de guerre ;

10 o/o de la valeur sur les tabacs en feuilles ;

5 o/o de la valeur sur les autres marchandises de toute provenance sauf les Guinées qui sont soumises à un droit de o fr. 025 par mètre.

Ce dernier droit s'ajoute au droit de douane de 6 centimes imposé aux Guinées étrangères ; celles-ci payent donc en totalité 8 centimes 1/2 par mètre.

La valeur des marchandises et articles importés est déterminée d'après la mercuriale officielle ou, à défaut, d'après les prix portés sur les factures, augmentés de 25 o/o.

Il est également perçu une *taxe de consommation* sur les boissons et les tabacs de toute origine et de toute provenance, consommés dans la colonie, depuis la frontière nord jusqu'à la Casamance inclusivement, soit qu'ils y aient été importés, récoltés ou fabriqués. Dans la rivière Casamance et en remplacement de l'impôt foncier, il est en outre perçu un droit de 7 o/o de la valeur sur les produits coloniaux de toute provenance et de toute nature exportés pour toutes destinations. Enfin les gommes exportées de la colonie acquittent un droit de 1 fr. 50 par 100 kilogrammes.

Depuis le 1er janvier 1900, il est perçu un droit de 5 o/o à la sortie sur le caoutchouc et sur le produit dénommé vulgairement *dob* (caoutchouc de basse qualité).

Le service des douanes perçoit aussi les droits de tonnage, d'ancrage et de francisation ; ces divers droits de navigation rapportent une moyenne de 80.000 fr. par an.

RELEVÉ

DES IMPORTATIONS ET DES EXPORTATIONS

DE QUELQUES MARCHANDISES OU PRODUITS

(ANNÉE 1899)

RELEVÉ DES IMPORTATIONS
DE QUELQUES MARCHANDISES OU PRODUITS (année 1899)

NATURE DES DENRÉES ET MARCHANDISES	PROVENANCE FRANCE		PROVENANCE ÉTRANGER		TOTAL GÉNÉRAL	
	UNITÉS	VALEURS	UNITÉS	VALEURS	UNITÉS	VALEURS
Farineux alimentaires	9.668.082 k	2.536.951	173.643 k	42.051	9.841.725 k	2.579.002
Noix de kola	9.479 k	75.834	167.795 k	1.342.360	(a) 177.274 k	1.418.194
Sucres réunis	2.664.737 k	1.172.851	7.421 k	3.266	2.672.158 k	1.176.117
Tabacs en côtes et en feuilles	»	»	1.031.448 k	1.908.174	(b) 1.031.448 k	1.908.174
Bois de construction	2.260 s 5	181.602	2.501 s 5	206.842	4.762 s	388.444
Vins de toute sorte	2.329.736 l	1.486.616	94.143 l	53.274	2.423.879 l	1.539.890
Boissons distillées	439.905 l	521.020	1.210.021 l	592.424	1.649.926 l	1.113.444
Matériaux de construction	6.161.807 k	477.863	2.800 k	1.120	6.164.607 k	478.983
Fers de toute sorte	415.541 k	83.410	170.619 k	44.097	586.160 k	127.507
Cuivres de toute sorte	13.153 k	22.878	1.787 k	3.039	14.940 k	25.917
Sels marins de toute sorte	1.209.221 k	47.291	305.830 k	13.183	1.515.051 k	60.474
Verroteries	76.361 k	108.289	131.109 k	197.074	207.470 k	305.363
Fils de lin et de coton	73.145 k	202.989	90.121 k	246.597	163.266 k	449.586
Guinées (pièces)	777.612	4.302.667	255.334	1.798.738	1.032.946	6.101.405
Tissus de coton autres	379.238 k	835.107	1.858.905 k	5.722.807	2.238.143 k	6.577.914
Machines de toute sorte	891.337 k	521.081	565 k	1.443	891.902 k	522.524
Ouvrages en fonte et fer	4.484.576 k	5.030.256	234.853 k	134.899	4.719.429 k	5.165.155
Armes de toute sorte	»	104.686	»	73.493	»	178.179
Poudre à tirer	212.988 k	359.449	38.369 k	57.516	251.357 k	416.965
Ouvrages en bois	106.494 k	126.395	87.293 k	53.657	193.737 k	180.053
Corail taillé	»	»	125 k	5.034	125 k	5.034
Ambre ouvré	589 k	1.183	13 k	11.182	602 k	12.365
Autres produits	»	18.061.609	»	3.663.012	»	21.724.621

(a) Noix de kola, taux moyen d'évaluation : 8 fr. le kilog.
(b) Tabac en côtes et en feuilles, taux moyen d'évaluation : 1 fr. 85.

...ATIONS DE QUELQUES MARCHANDISES OU PRODUITS (année 1899)

NATURE DES DENRÉES ET MARCHANDISES	FRANCE		ÉTRANGER		TOTAL GÉNÉRAL	
	UNITÉS	VALEURS	UNITÉS	VALEURS	UNITÉS	VALEURS
Peaux et plumes d'oiseaux	36.416ᵏ	122.643	329ᵏ	4.940	36.745ᵏ	127.583
Dents d'éléphant . . .	4.031ᵏ	32.248	1.134ᵏ	9.072	5.165ᵏ	(a) 41.320
Amandes de palme . . .	411.826ᵏ	62.774	»	»	411.826ᵏ	(b) 62.774
Arachides . .	66.168.910ᵏ	9.227.937	19 374.701ᵏ	2.891.155	85.643.611ᵏ	12.119.092
Huile de palme	»	»	8ᵏ	5	8ᵏ	(c) 5
Gommes. . .	4.216.227ᵏ	3.521.875	4.131ᵏ	3.718	4.220.358ᵏ	3.525.593
Caoutchouc .	286.935ᵏ	1.365.614	190.370ᵏ	852.830	477.305ᵏ	2.218.444
Cotons bruts .	409ᵏ	82	»	»	409ᵏ	(d) 82
Or de Galam .	184ᵏ,439	549.318	»	»	184ᵏ,439	549.318
Autres produits	»	2.584.421	»	2.479.652	»	5.064.073

CHIFFRE TOTAL : IMPORTATIONS

| Année 1899 . | 36.260.028ᶠ | 16.175.282ᶠ | 52.435.310ᶠ |

CHIFFRE TOTAL : EXPORTATIONS

| Année 1899 . | 17.466.912ᶠ | 6.241.372ᶠ | 23.708.284ᶠ |

TOTAL DU MOUVEMENT COMMERCIAL. . . . 76.143.594ᶠ

(a) Dents d'éléphants, taux moyen d'évaluation : 8 fr. le kilog.
(b) Amandes de palme — 0 15 —
(c) Huile de palme — 0 60 —
(d) Cotons bruts — 0 20 —

Sénégal.

DOUANES

DIAGRAMMES DES IMPORTATIONS ET EXPORTATIONS

PAR NATURE DE PRODUITS

PENDANT L'ANNÉE 1899

DOUANES

DIAGRAMMES DES IMPORTATIONS EN 1899

LÉGENDE

I Farineux alimentaires ;
II Noix de kola ;
III Sucres réunis ;
IV Tabac en feuilles et en côtes ;
V Bois de construction ;
VI Vins de toutes sortes ;
VII Boissons distillées ;
VIII Matériaux de construction ;
IX Fers de toutes sortes ;
X Cuivre ;
XI Sels marins ;
XII Verroteries ;
XIII Fils de lin et de coton ;
XIV Guinées ;
XV Tissus de coton autres ;
XVI Machines de toutes sortes ;
XVII Ouvrages en fonte et fer ;
XVIII Armes de toutes sortes ;
XIX Poudre à tirer ;
XX Ouvrages en bois ;
XXI Corail taillé ;
XXII Ambre ouvré ;
XXIII Autres produits.

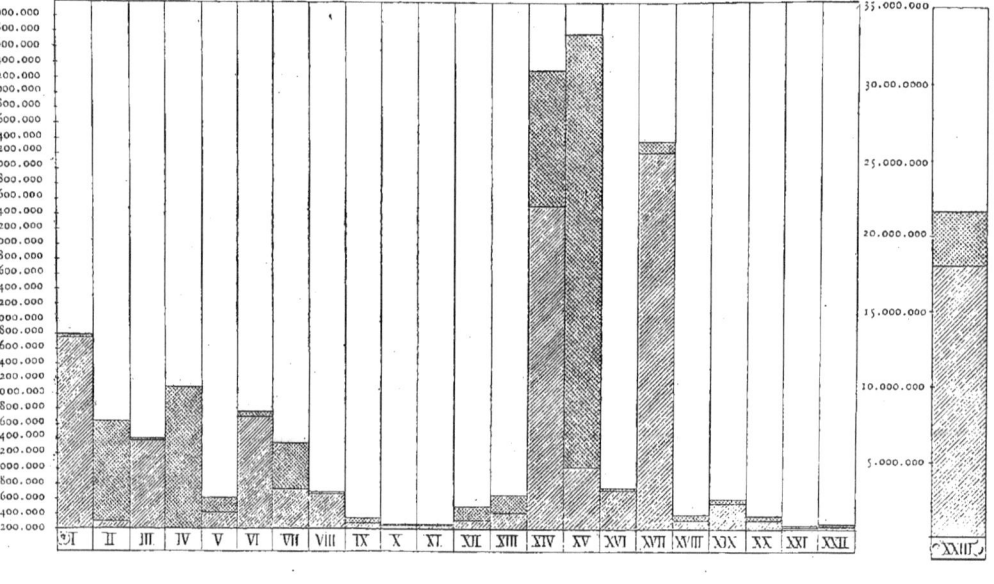

DOUANES

DIAGRAMMES DES EXPORTATIONS EN 1899

I Peaux et plumes d'oiseaux.
II Dents d'éléphants.
III Amandes de palmes.
IV Arachides.
V Huile de palme.
VI Gommes.
VII Caoutchouc.
VIII Cotons bruts.
IX Or de Galam.
X Autres produits.

en France :
à l'Étranger :

MOUVEMENT TOTAL

DES IMPORTATIONS ET EXPORTATIONS

PENDANT L'ANNÉE 1899

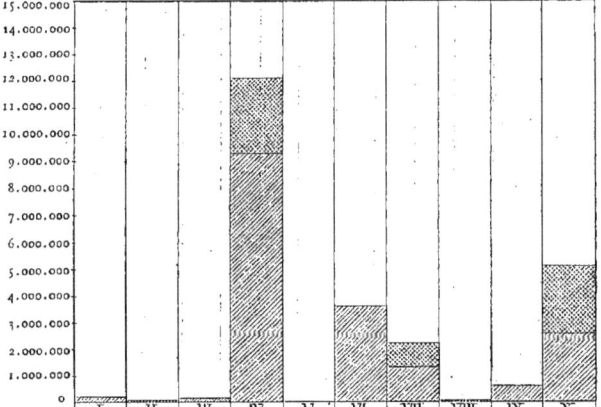

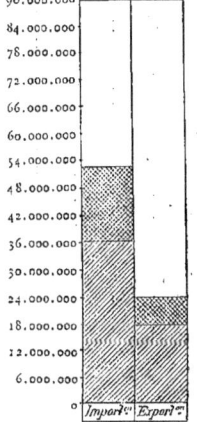

SÉNÉGAL

DOUANES

TABLEAU DES EXPORTATIONS

PAR NATURE DE PRODUITS

DEPUIS 1889

TABLEAU DES EXPORTATIONS
PAR NATURE DE PRODUITS PRINCIPAUX DEPUIS 1889

MARCHANDISES ou produits	ANNÉES	ALLANT EN FRANCE		ALLANT A L'ÉTRANGER		TOTAL GÉNÉRAL	
		KILOG.	VALEURS	KILOG.	VALEURS	KILOG.	VALEURS
Peaux et plumes d'oiseaux	1889	»	63.530	»	585	»	64.115
	1890	»	66.297	»	»	»	66.297
	1891	»	113.412	»	»	»	113.412
	1892	»	47.123	»	»	»	47.123
	1893	»	31.243	»	350	»	31.593
	1894	4.779	46.793	»	»	4.779	46.793
	1895	3.588	47.350	200	563	3.788	47.913
	1896	3.286	63.153	9.858	116.949	13.144	180.102
	1897	19.767	202.611	89	2.333	19.856	204.944
	1898	186.698	206.472	26.474	17.371	213.172	223.843
Dents d'éléphants	1889	1.023	9.073	»	»	1.023	9.073
	1890	1.941	18.145	»	»	1.941	18.145
	1891	1.060	10.595	»	»	1.060	10.595
	1892	1.807	18.070	45	446	1.852	18.516
	1893	2.178	20.033	»	»	2.178	20.033
	1894	1.057	8.454	145	1.164	1.202	9.618
	1895	1.605	13.347	58	468	1.663	13.815
	1896	1.251	9.990	»	»	1.251	9.990
	1897	1.003	8.021	407	3.256	1.410	11.277
	1898	5.363	42.907	1.115	8.916	6.478	51.823
Arachides	1889	28.475.165	6.701.716	3.431.486	856.940	31.906.651	7.558.656
	1890	22.431.525	4.477.661	4.789.681	948.144	27.221.206	5.425.805
	1891	19.820.218	4.148.672	6.570.628	1.330.805	26.390.846	5.479.477
	1892	31.673.957	7.884.971	15.116.416	3.750.973	46.790.373	11.635.944
	1893	43.318.100	8.526.140	15.984.336	3.162.450	59.302.436	11.688.590
	1894	49.762.041	8.565.861	15.526.516	2.791.717	65.288.557	11.357.578
	1895	34.366.747	4.990.007	17.233.599	2.685.511	51.600.346	7.675.518
	1896	45.304.358	6.429.691	18.252.242	2.716.321	63.555.600	9.146.012
	1897	41.329.498	5.817.670	16.793.206	2.518.986	58.122.704	8.336.656
	1898	73.348.163	10.326.005	22.206.935	3.289.054	95.555.098	13.615.059

TABLEAU DES EXPORTATIONS
PAR NATURE DE PRODUITS PRINCIPAUX DEPUIS 1889

MARCHANDISES OU PRODUITS	ANNÉES	ALLANT EN FRANCE		ALLANT A L'ÉTRANGER		TOTAL GÉNÉRAL	
		KILOG.	VALEURS	KILOG.	VALEURS	KILOG	VALEURS
Amandes de palme	1889	1.218.050	146.166	»	»	1.218.050	146 166
	1890	1.327.132	199.070	2.810	422	1.329.942	199.492
	1891	1.020.800	222.402	»	»	1.020.800	222.400
	1892	781.091	195.272	463.445	115.861	1.244.536	311.133
	1893	745.139	184.545	»	»	745.139	184.545
	1894	1.221.415	221.322	8.620	1.293	1.230.035	222.615
	1895	438.939	74.619	49.377	8.394	488.316	83 013
	1896	344.258	58.524	28.836	4.052	373 094	62.576
	1897	332.496	56.534	45.381	7.715	377.877	64.249
	1898	230.232	34.535	394.500	59.175	624.732	93.710
Huile de palme	1889	»	»	40	30	40	30
	1890	»	»	»	»	»	»
	1891	»	»	»	»	»	»
	1892	»	»	»	»	»	»
	1893	»	»	»	»	»	»
	1894	»	»	»	»	»	»
	1895	»	»	195	195	195	195
	1896	210	210	258	258	468	468
	1897	»	»	157	157	157	157
	1898	»	»	49	46	49	46
Gommes	1889	2.730.323	4.689.384	28.636	82.968	2.758.959	4.772 352
	1890	2.901.765	3.310.631	4 872	5.646	2.906.637	3.316.277
	1891	3.652.044	4 253.745	1.246	875	3.653.290	4.254.620
	1892	3.773.066	3 841.070	»	»	3.773.066	3 841.070
	1893	3.524.966	2.595.916	831	665	3.525.797	2.596 581
	1894	3.651.293	2.158.042	65.297	36.033	3.716.590	2.194 075
	1895	3.979.292	2.328.816	»	»	3.979.292	2.328.816
	1896	3.639.918	2.977.981	»	»	3.639.918	2.977.981
	1897	4.928.403	4.721 495	»	»	4.928.403	4.721.495
	1898	5 043.160	4.148.246	276.517	237.739	5.319.677	4 385.985

TABLEAU DES EXPORTATIONS
PAR NATURE DE PRODUITS PRINCIPAUX DEPUIS 1889

MARCHANDISES ou produits	ANNÉES	ALLANT EN FRANCE		ALLANT A L'ÉTRANGER		TOTAL GÉNÉRAL	
		KILOG.	VALEURS	KILOG.	VALEURS	KILOG.	VALEURS
Caoutchouc	1889	137.565	412.695	38.452	115.356	176.017	528.051
	1890	95.003	237.537	34.558	86.395	129.561	323.932
	1891	42.787	120.617	18.927	52.239	61.714	172.856
	1892	32.244	97.272	67.114	201.342	99.538	298.614
	1893	283.823	788.037	8.974	24.678	292.797	812.715
	1894	340.800	932.121	152.057	271.484	492.857	1.203.605
	1895	141.254	494.391	27.528	96.343	168.782	590.734
	1896	122.108	423.878	56.245	200.358	178.353	624.236
	1897	25.597	89.589	130.234	455.819	155.831	545.408
	1898	150.579	526.697	190.099	667.578	340.678	1.194.275
Cotons bruts	1889	»	»	»	»	»	»
	1890	»	»	»	»	»	»
	1891	»	»	»	»	»	»
	1892	»	»	»	»	»	»
	1893	»	»	»	»	»	»
	1894	»	»	»	»	»	»
	1895	»	»	»	»	»	»
	1896	602	150	»	»	602	150
	1897	53	79	»	»	53	79
	1898	80	16	»	»	80	16
		Grammes		Grammes		Grammes	
Or de Galam	1889	38.967	105.567	»	»	38.967	105.567
	1890	40.023	120.069	»	»	40.023	120.069
	1891	125.645	362.411	»	»	125.645	362.411
	1892	17.916	53.748	»	»	17.916	53.748
	1893	12.314	36.641	»	»	12.314	36.641
	1894	20.000	59.301	»	»	20.000	59.301
	1895	32.888	98.664	»	»	32.888	98.664
	1896	48.458	145.374	»	»	48.458	145.374
	1897	85.044	255.132	»	»	85.044	255.132
	1898	127.726	383.178	1.140	3.420	128.866	386.598

TABLEAU DES EXPORTATIONS
PAR NATURE DE PRODUITS PRINCIPAUX DEPUIS 1889

MARCHANDISES OU PRODUITS	ANNÉES	ALLANT EN FRANCE		ALLANT A L'ÉTRANGER		TOTAL GÉNÉRAL	
		KILOG.	VALEURS	KILOG.	VALEURS	KILOG.	VALEURS
Autres produits	1889	»	1.523.718	»	1.116.701	»	2 640.419
	1890	»	2.192.106	»	994.593	»	3.186 699
	1891	»	1.249.662	»	717.592	»	1.967.254
	1892	»	295 309	»	832.635	»	1.127 944
	1893	»	1 700.578	»	913 554	»	2.614.132
	1894	»	2.564.795	»	508.591	»	3 073.386
	1895	»	1.152.394	»	444 829	»	1 597.220
	1896	"	3.331.101	»	3.085 875	»	6 416.976
	1897	»	4 954 336	»	2.042.918	»	6.997.254
	1898	»	7.466.135	»	1 739.465	»	9.205.600

DOUANES

DIAGRAMMES DES EXPORTATIONS

PAR NATURE DE PRODUITS

PENDANT LA PÉRIODE DE 1889 A 1898

DIAGRAMMES DES EXPORTATIONS

DE 1889 A 1898

ARACHIDES ET GOMMES

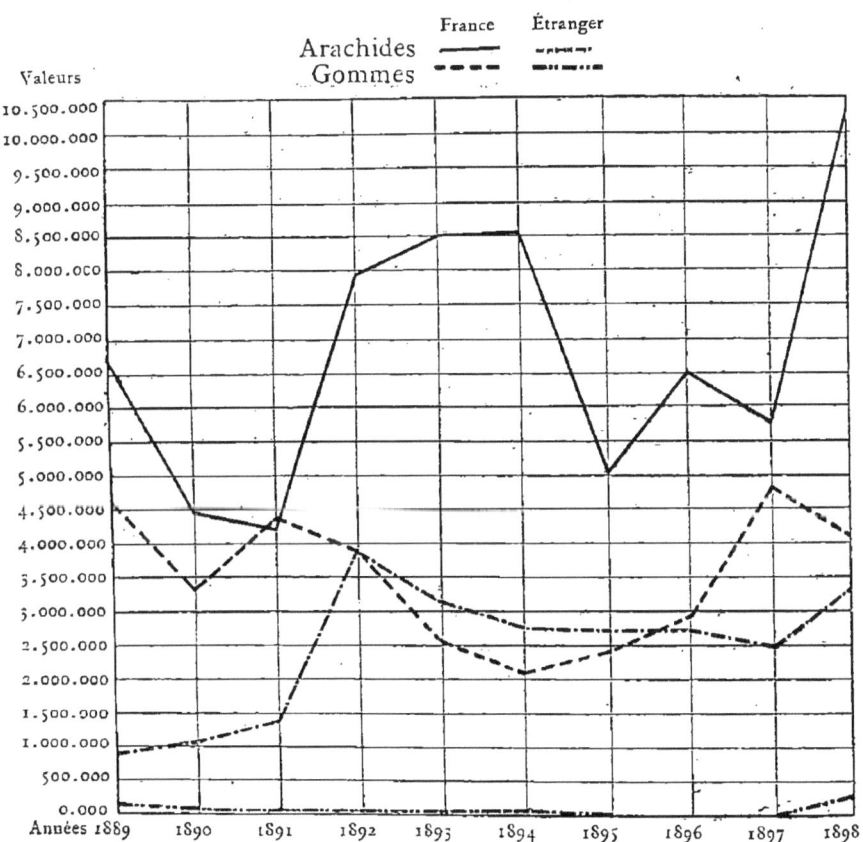

DIAGRAMMES DES EXPORTATIONS
DE 1889 A 1898

CAOUTCHOUC, OR DE GALAM, AMANDES DE PALME

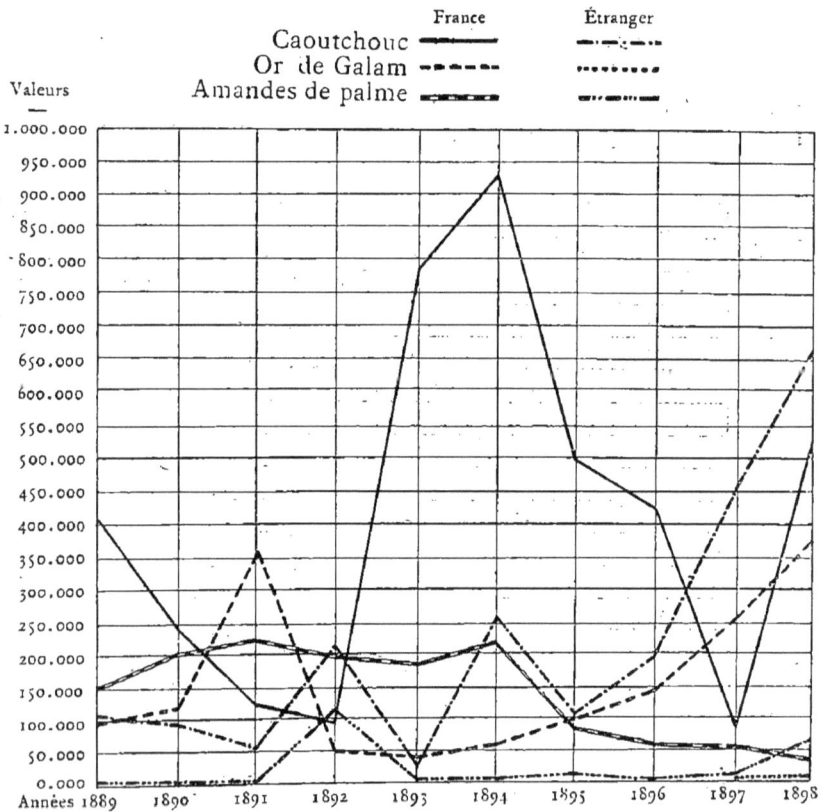

DIAGRAMMES DES EXPORTATIONS

DE 1889 A 1898

PEAUX ET PLUMES D'OISEAUX

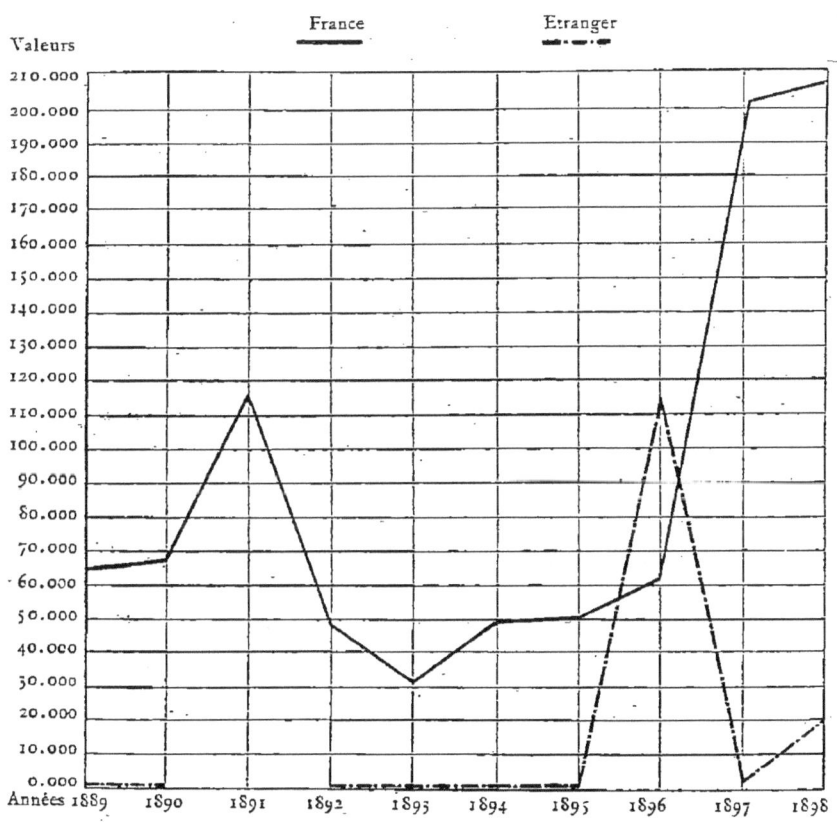

DIAGRAMMES DES EXPORTATIONS
DE 1889 A 1898

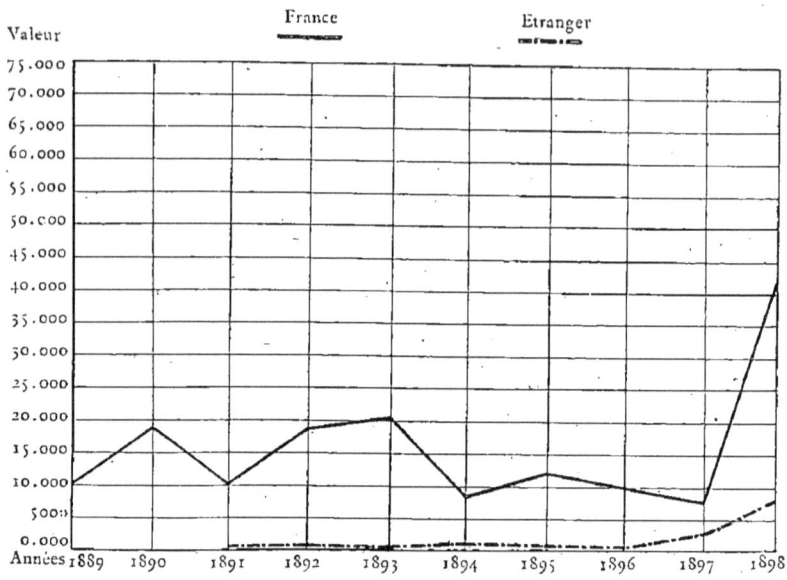

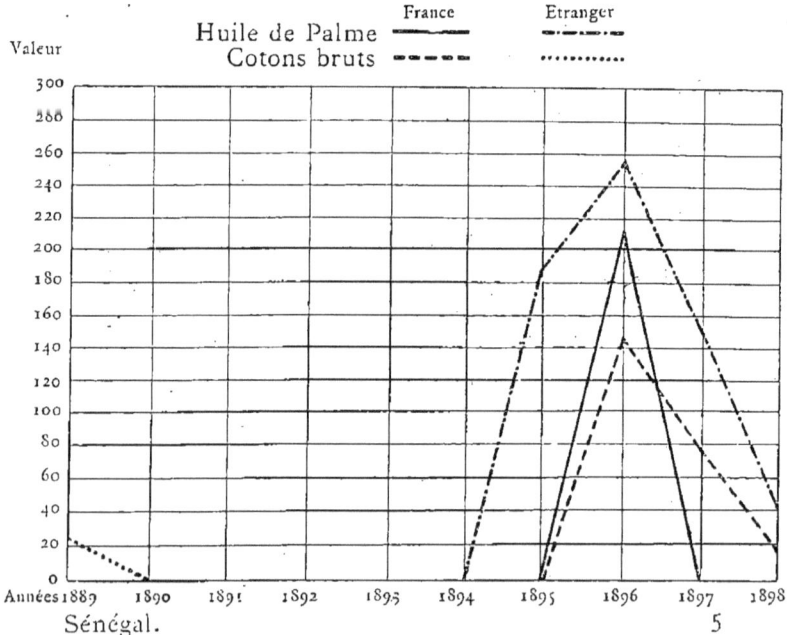

Sénégal.

DIAGRAMMES DES EXPORTATIONS

DE 1889 A 1898

AUTRES PRODUITS

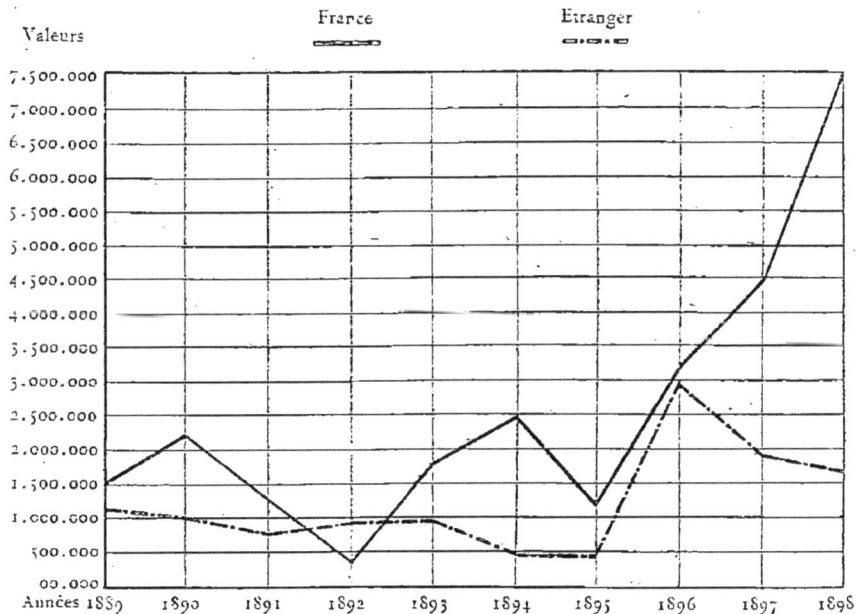

DOUANES

TABLEAU DES IMPORTATIONS
PAR NATURE DE PRODUITS
PENDANT LA PÉRIODE DE 1889 A 1898

TABLEAU DES IMPORTATIONS
PAR NATURE DE PRODUITS PRINCIPAUX DEPUIS 1889

MARCHANDISES OU PRODUITS	ANNÉES	VENANT DE FRANCE		VENANT DE L'ÉTRANGER		TOTAL GÉNÉRAL	
		POIDS	VALEURS	POIDS	VALEURS	POIDS	VALEURS
Farineux alimentaires	1889	»	354.144	»	2.317.062	»	2.671.206
	1890	»	420.903	»	1.289.995	»	1.610.898
	1891	»	918.222	»	1.455.636	»	2.363.858
	1892	»	1.559.357	»	644.614	»	2.203.971
	1893	»	1.251.396	»	133.735	»	1.385.131
	1894	»	5.024.939	»	495.943	»	5.520.822
	1895	7.609.723	2.070.273	867.972	193.331	8.477.695	2.263.604
	1896	9.204.497	2.279.812	868.536	173.929	10.073.033	2.453.741
	1897	8.932.984	1.973.040	275.417	63.966	9.208.401	2.037.006
	1898	14.830.937	3.388.504	4.035.475	846.202	18.866.412	4.234.706
Noix de kola	1889	»	»	108.797	543.984	108.797	543.984
	1890	1.093	5.268	148.767	694.254	149.860	699.522
	1891	2.351	8.084	167.814	588.258	170.165	596.342
	1892	2.845	14.685	332.515	1.983.544	335.360	1.998.229
	1893	1.574	4.722	174.787	524.062	176.361	528.784
	1894	31.850	94.531	242.759	674.201	274.609	768.732
	1895	6.887	19.549	224.582	886.910	231.469	906.459
	1896	2.732	13.665	281.569	1.374.349	284.301	1.388.004
	1897	13.358	66.791	290.732	1.513.666	304.090	1.580.457
	1898	1.236	6.180	231.489	1.157.445	232.775	1.163.625
Sucres	1889	781.635	465.038	800	400	782.435	465.438
	1890	540.187	331.654	147.156	89.655	687.343	421.309
	1891	967.732	594.625	67.392	34.850	1.035.124	629.475
	1892	1.383.134	831.438	14.296	7.243	1.397.430	838.681
	1893	1.023.577	632.698	6.603	4.303	1.030.180	637.001
	1894	1.476.947	853.482	7.557	5.028	1.484.504	858.510
	1895	1.676.575	845.445	24.304	14.387	1.700.879	859.332
	1896	879.389	778.376	13.487	6.067	892.876	784.443
	1897	2.091.330	911.080	23.672	9.773	2.115.002	920.853
	1898	1.840.858	807.444	7.945	3.420	1.848.803	810.684

TABLEAU DES IMPORTATIONS
PAR NATURE DE PRODUITS PRINCIPAUX (1889-1898)

MARCHANDISES OU PRODUITS	ANNÉES	VENANT DE FRANCE		VENANT DE L'ÉTRANGER		TOTAL GÉNÉRAL	
		POIDS	VALEURS	POIDS	VALEURS	POIDS	VALEURS
Tabac en feuilles et en côtes	1889	»	»	205.739	401.597	205.739	401.597
	1890	»	»	688.351	1.065.243	688.351	1.065.243
	1891	»	»	661.054	957.070	661.054	957.070
	1892	»	»	1.165.762	1.865.223	1.165.762	1.865.223
	1893	»	»	366.345	601.188	366.345	601.188
	1894	1.554	2.098	1.240.945	1.854.536	1.242.499	1.856.634
	1895	»	»	946.060	1.608.261	946.060	1.608.261
	1896	»	»	684.493	1.200.659	684.493	1.200.659
	1897	»	»	703.915	1.299.869	703.915	1.299.869
	1898	4	7	1.104.937	2.044.215	1.104.941	2.044.222
Bois de construction		Stères		Stères		Stères	
	1889	2.072	178.060	797	69.942	2.869	248.002
	1890	552	50.811	3.253	295.885	3.805	346.696
	1891	443	42.419	985	95.327	1.428	137.746
	1892	702	61.618	3.119	288.705	3.821	350.323
	1893	1.634	103.433	1.319	126.413	2.950	229.846
	1894	3.433	394.982	2.934	410.085	6.367	805.067
	1895	1.093	126.420	2.822	284.983	3.914	411.403
	1896	1.353	118.835	4.001	345.985	5.354	464.824
	1897	1.481	121.435	2.773	236.753	4.254	358.188
	1898	1.524	137.497	4.185	347.320	5.709	474.817
Vins de toutes sortes		Litres		Litres		Litres	
	1889	»	385.381	»	98	»	385.479
	1890	»	629.232	»	4.281	»	633.513
	1891	»	541.871	»	6.713	»	548.584
	1892	»	717.852	»	5.965	»	723.817
	1893	»	555.420	»	9.277	»	564.697
	1894	1.649.918	1.027.681	1.622	1.752	1.651.540	1.029.433
	1895	1.266.385	801.117	6.683	7.700	1.273.068	808.817
	1896	1.594.326	839.272	53.468	32.572	1.647.794	874.844
	1897	1.223.927	748.599	4.836	5.491	1.228.763	754.090
	1898	1.403.060	933.903	76.779	48.008	1.479.839	981.911

TABLEAU DES IMPORTATIONS
PAR NATURE DE PRODUITS PRINCIPAUX (1889-1898)

MARCHANDISES OU PRODUITS	ANNÉES	VENANT DE FRANCE		VENANT DE L'ÉTRANGER		TOTAL GÉNÉRAL	
		LITRES	VALEURS	LITRES	VALEURS	LITRES	VALEURS
Alcools et eaux-de-vie de toutes sortes	1889	»	68.276	»	307.969	»	376.245
	1890	»	159.474	»	548.388	»	707.862
	1891	»	148.257	»	236.879	»	385.136
	1892	»	255.913	»	589.912	»	845.825
	1893	»	142.770	»	182.617	»	325.387
	1894	265.830	180.388	293.720	249.822	559.550	430.210
	1895	52.496	66.379	21.120	11.628	73.616	78.007
	1896	231.207	159.900	625.712	312.958	856.919	472.858
	1897	222.558	240 075	862.896	319.372	1.085.454	559.447
	1898	526.921	340.480	292.128	142.513	819.049	482.993
		kilog.		kilog.		kilog.	
Matériaux de construction	1889	»	135.901	»	6.724	»	142.625
	1890	»	141.090	»	2.688	»	143.778
	1891	»	145.998	»	685	»	146.683
	1892	»	265.475	»	»	»	265.475
	1893	»	179.585	»	1.770	»	181.355
	1894	5.251.840	246.587	27.476	1.001	5.279.316	247.588
	1895	6.897.791	484.262	7.060	815	6.904.851	485.077
	1896	4.589.128	261.522	1.889.595	65.131	6.478.723	326.653
	1897	3.436.156	285.587	24.275	1.216	3.460.431	286.803
	1898	6.776.909	280.935	5.220	448	6.782.129	281.383
Fers de toutes sortes	1889	47.371	15.263	26.941	8.621	74.312	23.884
	1890	92.737	29.714	15.021	56.618	257.758	83.332
	1891	46.969	14.651	96.462	29.648	143.331	44.299
	1892	100.655	32.209	196.624	65.617	297.279	97.826
	1893	64.791	20.624	37.141	12.305	101.932	32.929
	1894	168.137	53.199	115.685	35.635	283.822	88.834
	1895	114.047	36.619	189.349	47.335	303.396	83.954
	1896	113.916	35.723	228.023	57.016	341.959	92.739
	1897	117.212	18.384	213.977	53.494	331.189	71.878
	1898	115.643	37.321	233.670	65.065	349.313	102.386

TABLEAU DES IMPORTATIONS
PAR NATURE DE PRODUITS PRINCIPAUX (1889-1898)

MARCHANDISES OU PRODUITS	ANNÉES	VENANT DE FRANCE		VENANT DE L'ÉTRANGER		TOTAL GÉNÉRAL	
		POIDS	VALEURS	POIDS	VALEURS	POIDS	VALEURS
Cuivres de toutes sortes	1889	3.394	6.409	»	»	3 394	6.409
	1890	12.748	26.287	468	986	13 216	27.273
	1891	8.987	14.309	743	1.486	9.730	15.795
	1892	12.527	23.601	4.375	7.533	16.902	31.134
	1893	14.348	26.001	155	299	14.503	26.300
	1894	13.480	15.919	59	12	13.539	15.931
	1895	6.187	11.174	95	162	6.282	11.336
	1896	5.170	9.254	860	1.477	6.030	10.731
	1897	4.328	7.919	718	1.220	4.993	9.049
	1898	20.232	35.780	539	916	20.771	36.696
Sels marins de toutes sortes	1889	»	1.409	»	56	»	1.465
	1890	»	2.670	»	13.412	»	16.082
	1891	»	6.646	»	3.328	»	9.974
	1892	»	1.872	»	115	»	1.987
	1893	»	5.379	»	2.774	»	8.153
	1894	439.356	13.324	355.389	9.225	794.745	22.549
	1895	290.535	8.371	447.829	14.305	738.364	22.676
	1896	1.378.660	34.793	131.324	4.993	1.509.984	39.786
	1897	602.727	17.887	693.812	23.673	1.296.539	41.560
	1898	493.892	20.938	328.727	13.064	822.619	34.002
Verroteries (grains)	1889	»	59.973	»	»	»	59.973
	1890	»	39.862	»	47.727	»	87.289
	1891	»	34.492	»	54.179	»	88.671
	1892	»	56.283	»	52.142	»	108.325
	1893	»	41.136	»	58.446	»	99.582
	1894	76.843	37.759	93.610	35.865	170.453	73.624
	1895	26.154	38.722	25.390	37.107	51.544	75.829
	1896	47.275	60.537	54.089	82.037	101.364	142.574
	1897	18.096	40.418	42.351	47.862	60.447	88.280
	1898	25.676	55.126	53.871	126.787	79.547	181.913

TABLEAU DES IMPORTATIONS
PAR NATURE DE PRODUITS PRINCIPAUX (1889-1898)

MARCHANDISES OU PRODUITS	ANNÉES	VENANT DE FRANCE		VENANT DE L'ÉTRANGER		TOTAL GÉNÉRAL	
		POIDS	VALEURS	POIDS	VALEURS	POIDS	VALEURS
Fils de lin et de coton	1889	55.232	195.503	99	297	55.331	195.800
	1890	39.125	143.820	68.366	285.804	107.491	429.624
	1891	30.941	120.071	43.755	170.876	74.246	290.247
	1892	80.617	259.121	81.029	274.972	161.646	534.093
	1893	95.738	285.648	34.481	119.699	130.219	405.347
	1894	115.263	392.849	42.404	132.743	157.667	525.592
	1895	35.034	101.839	39.845	109.820	74.879	211.659
	1896	30.312	97.285	69.396	147.095	99.708	244.380
	1897	34.756	130.895	40.816	124.767	75.572	255.662
	1898	50.346	151.175	102.236	304.647	152.582	455.822
		Pièces		Pièces		pièces	
Guinées	1889	194.911	1.311.727	214.807	1.716.806	409.718	3.028.533
	1890	»	120.296	»	576.766	»	697.062
	1891	»	2.102.293	»	1.993.230	»	4.095.523
	1892	»	1.984.390	»	1.693.097	»	3.677.487
	1893	»	700.675	»	258.953	»	959.628
	1894	471.306	2.770.056	192.605	1.174.420	663.911	3.944.476
	1895	472.060	3.304.381	221.292	1.750.371	693.352	5.054.752
	1896	711.037	3.238.185	379.750	1.885.240	1.091.057	5.123.425
	1897	510.914	3.210.552	227.650	1.562.255	738.564	4.772.807
	1898	489.602	2.996.573	251.840	1.888.799	741.742	4.885.372
		kilog.		kilog.		kilog.	
Autres tissus de coton	1889	»	1.526.988	»	83.135	»	1.610.123
	1890	»	456.036	»	2.249.227	»	2.705.263
	1891	»	693.468	»	2.211.606	»	2.905.074
	1892	»	1.186.866	»	2.680.878	»	3.867.744
	1893	»	351.305	»	1.883.152	»	2.215.035
	1894	242.290	709.009	760.700	3.206.077	1.002.990	3.915.086
	1895	131.003	508.869	552.624	2.930.669	683.627	3.439.538
	1896	128.670	640.072	759.205	3.804.921	887.875	4.444.993
	1897	617.640	1.133.091	1.690.942	6.000.657	2.308.582	7.133.748
	1898	465.527	504.009	3.984.840	3.909.794	4.450.367	4.413.803

TABLEAU DES IMPORTATIONS
PAR NATURE DE PRODUITS PRINCIPAUX (1889-1898)

MARCHANDISES OU PRODUITS	ANNÉES	VENANT DE FRANCE		VENANT DE L'ÉTRANGER		TOTAL GÉNÉRAL	
		POIDS	VALEURS	POIDS	VALEURS	POIDS	VALEURS
Machines de toutes sortes	1889	»	4.235	»	»	»	4.235
	1890	»	44.761	»	»	»	44.761
	1891	»	17.837	»	12.300	»	30.137
	1892	»	158.713	»	7.504	»	166.217
	1893	»	151.573	»	19.658	»	171.231
	1894	34.581	32.037	4.020	3.673	38.601	35.710
	1895	761.661	741.183	13.383	8.233	775.044	749.416
	1896	37.403	37.917	6.450	8.055	43.853	45.972
	1897	49.120	51.568	1.167	1.223	50.287	52.791
	1898	51.195	116.531	44.738	59.740	95.933	176.271
Ouvrages en fonte ou fer	1889	52.185	18.265	»	»	52.185	18.265
	1890	»	260.723	»	63.301	»	324.024
	1891	»	78.606	»	40.421	»	119.027
	1892	»	203.407	»	25.130	»	228.537
	1893	»	228.750	»	10.654	»	228.750
	1894	525.550	372.371	47.531	25.969	573.081	398.340
	1895	1.250.949	1.014.952	59.550	31.874	1.310.499	1.046.826
	1896	286.435	550.949	68.629	102.281	355.064	653.230
	1897	605.846	391.653	57.425	40.917	663.271	432.570
	1898	925.896	739.419	73.976	61.840	999.872	801.259
Armes de toutes sortes	1889	»	107.111	»	2.925	»	110.036
	1890	»	53.131	»	97.912	»	151.043
	1891	»	15.695	»	82.950	»	98.645
	1892	»	70.256	»	67.078	»	137.334
	1893	»	8.013	»	15.673	»	23.686
	1894	3.360	9.543	4.787	9.715	8.147	19.258
	1895	10.739	15.503	4.497	11.587	15.236	27.090
	1896	3.863	53.669	2.142	21.387	6.005	75.056
	1897	6.876	21.843	23.744	67.776	30.617	89.619
	1898	143.003	264.186	46.819	123.440	189.822	387.626

TABLEAU DES IMPORTATIONS
PAR NATURE DE PRODUITS PRINCIPAUX (1889-1898)

MARCHANDISES OU PRODUITS	ANNÉES	VENANT DE FRANCE		VENANT DE L'ÉTRANGER		TOTAL GÉNÉRAL	
		POIDS	VALEURS	POIDS	VALEURS	POIDS	VALEURS
Poudre à tirer	1889	638	3.190	44.314	66.471	44.952	69.661
	1890	4.690	8.777	77.330	106.640	82.020	115.417
	1891	8.219	13.232	29.663	45.762	37.882	58.994
	1892	11.936	23.562	42.751	65.011	54.687	88.573
	1893	4.855	8.332	14.308	21.991	19.163	30.323
	1894	16.520	28.305	26.520	40.347	43.040	68.652
	1895	44.411	94.614	92.538	129.240	136.949	223.854
	1896	72.857	113.713	55.714	94.791	128.571	208.504
	1897	130.303	200.109	65.367	98.173	195.680	298.282
	1898	89.723	142.657	62.911	94.744	152.634	237.401
Ouvrages en bois	1889	»	30.799	»	1.407	»	32.206
	1890	»	48.055	»	18.920	»	66.975
	1891	»	117.699	»	11.856	»	129.555
	1892	»	103.129	»	18.476	»	121.605
	1893	»	117.295	»	9.116	»	126.411
	1894	174.720	126.048	12.854	6.698	187.574	132.746
	1895	90.395	78.024	43.314	10.682	133.709	88.706
	1896	116.289	60.694	25.194	17.216	141.483	77.910
	1897	78.057	60.672	38.434	13.439	116.491	74.111
	1898	113.772	104.861	15.415	14.864	129.187	119.725
Corail taillé monté ou non	1889	»	8.746	»	»	»	8.746
	1890	»	4.409	»	37.824	»	42.233
	1891	»	6.753	»	122.924	»	129.677
	1892	»	105.043	»	88.037	»	193.080
	1893	»	15.175	»	1.680	»	16.855
	1894	25	5.000	»	»	25	5.000
	1895	250	836	22	1.988	272	2.824
	1896	125	2.890	13	365	138	3.255
	1897	»	»	»	»	»	»
	1898	147	10.296	410	9.871	557	20.167

TABLEAU DES IMPORTATIONS
PAR NATURE DE PRODUITS PRINCIPAUX (1889-1898)

MARCHANDISES ou produits	ANNÉES	VENANT DE FRANCE		VENANT DE L'ETRANGER		TOTAL GÉNÉRAL	
		POIDS	VALEURS	POIDS	VALEURS	POIDS	VALEURS
Ambre ouvré	1889	»	11.329	»	19.615	»	30.944
	1890	»	956	»	14.475	»	15.431
	1891	»	250	»	2.591	»	2.841
	1892	»	»	»	14.932	»	14.932
	1893	»	1.311	»	897	»	2.208
	1894	370	1.738	»	»	370	1.738
	1895	»	»	»	»	»	»
	1896	1.095	8.658	256	1.003	1.351	9.661
	1897	125	567	258	1.331	383	1.898
	1898	226	5.100	116	7.548	342	12.648
Autres produits	1889	»	4.252.313	»	8.294.811	»	12.547.124
	1890	»	6.087.668	»	5.365.659	»	11.453.327
	1891	»	3.480.612	»	933.499	»	4.414.111
	1892	»	4.458.756	»	1.440.754	»	5.899.510
	1893	»	4.191.077	»	2.862.590	»	7.053.667
	1894	»	10.531.818	»	1.965.154	»	12.496.972
	1895	»	8.070.903	»	1.738.767	»	9.809.150
	1896	»	6.581.389	»	510.473	»	7.091.862
	1897	»	7.353.835	»	706.107	»	8.059.942
	1898	»	9.900.078	»	1.105.310	»	11.005.388

DOUANES

DIAGRAMMES DES IMPORTATIONS

PAR NATURE DE PRODUITS

PENDANT LA PÉRIODE DE 1889 A 1898

DIAGRAMMES DES IMPORTATIONS

DE 1889 A 1898

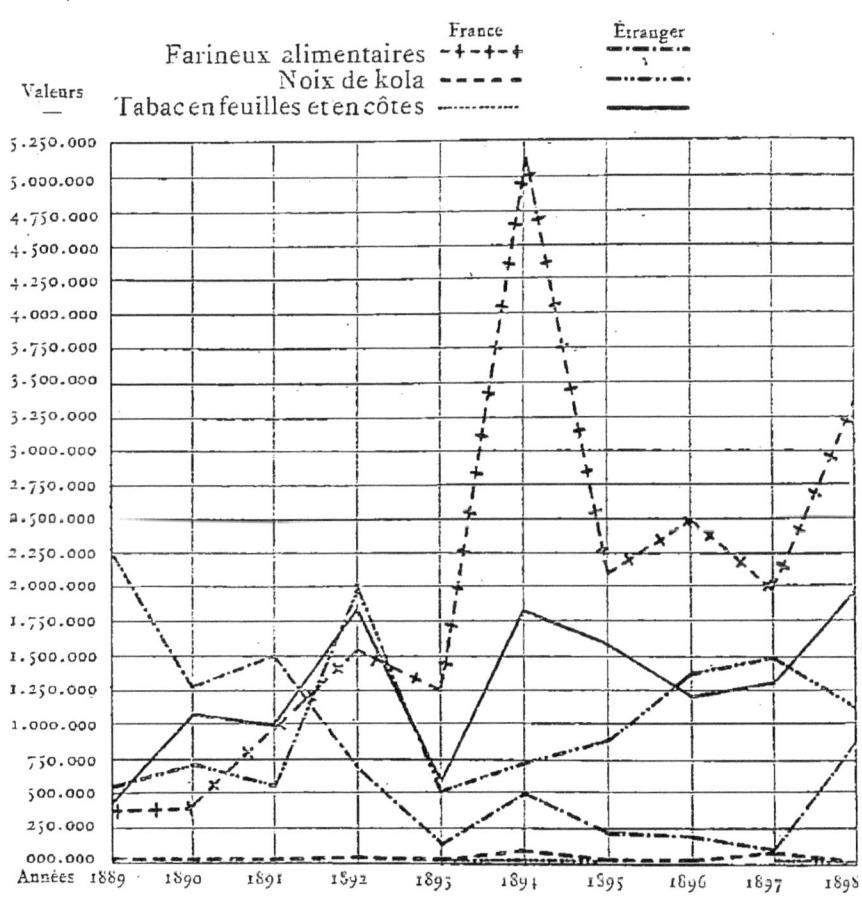

DIAGRAMMES DES IMPORTATIONS

DE 1889 A 1898

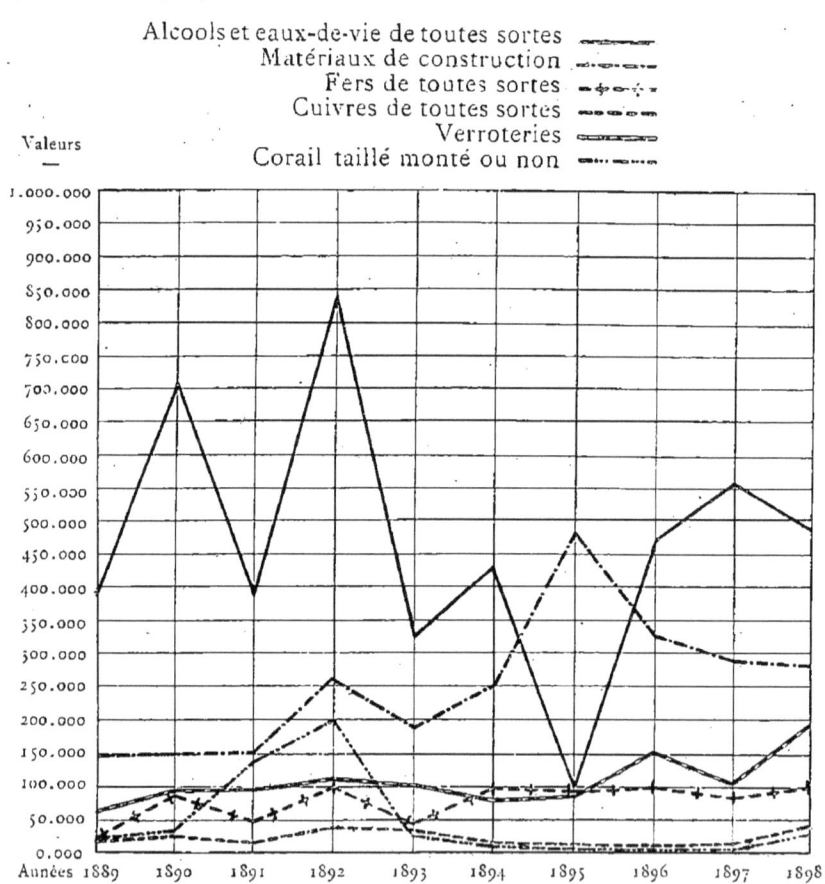

DIAGRAMMES DES IMPORTATIONS

DE 1889 A 1898

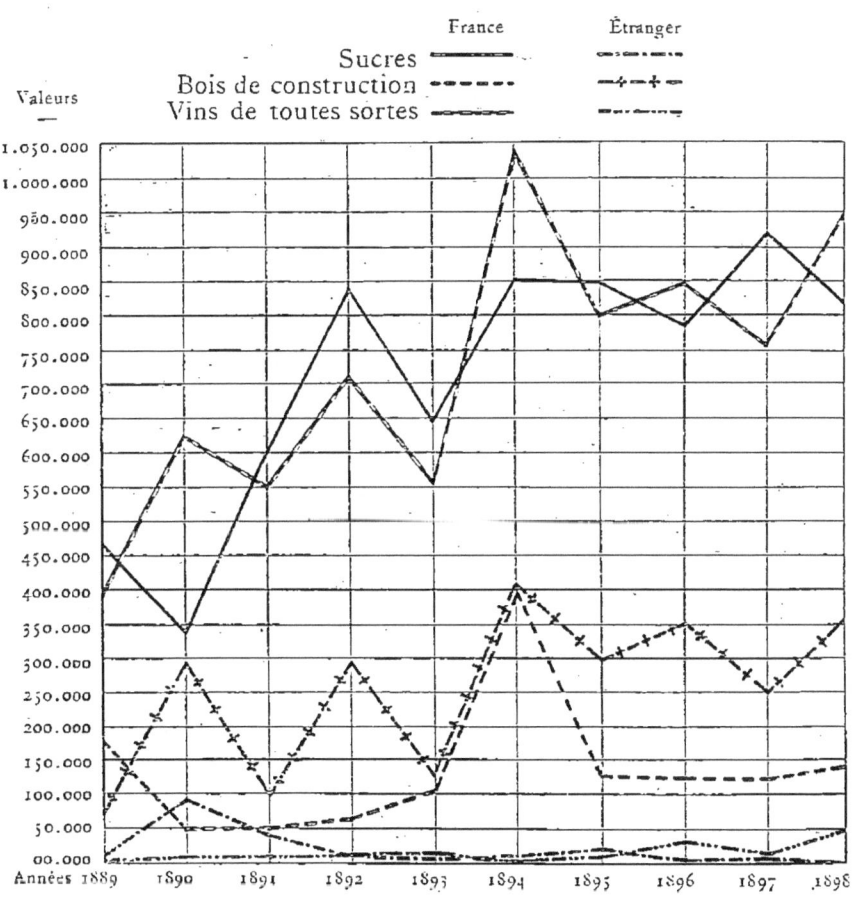

DIAGRAMMES DES IMPORTATIONS

DE 1889 A 1898

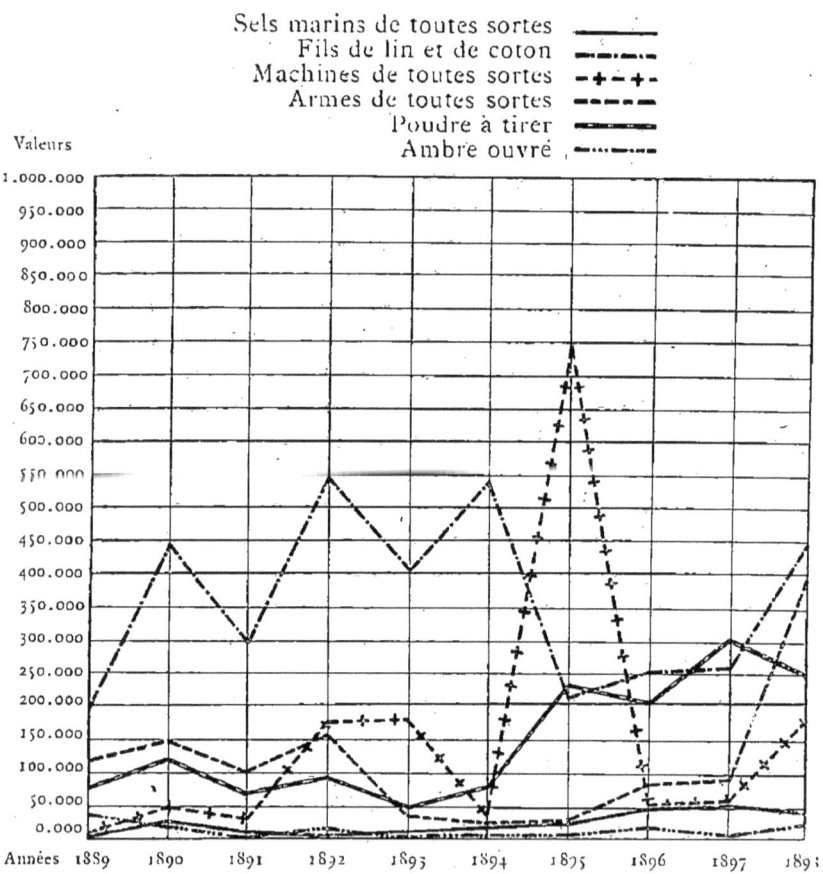

DIAGRAMMES DES IMPORTATIONS

DE 1889 A 1898

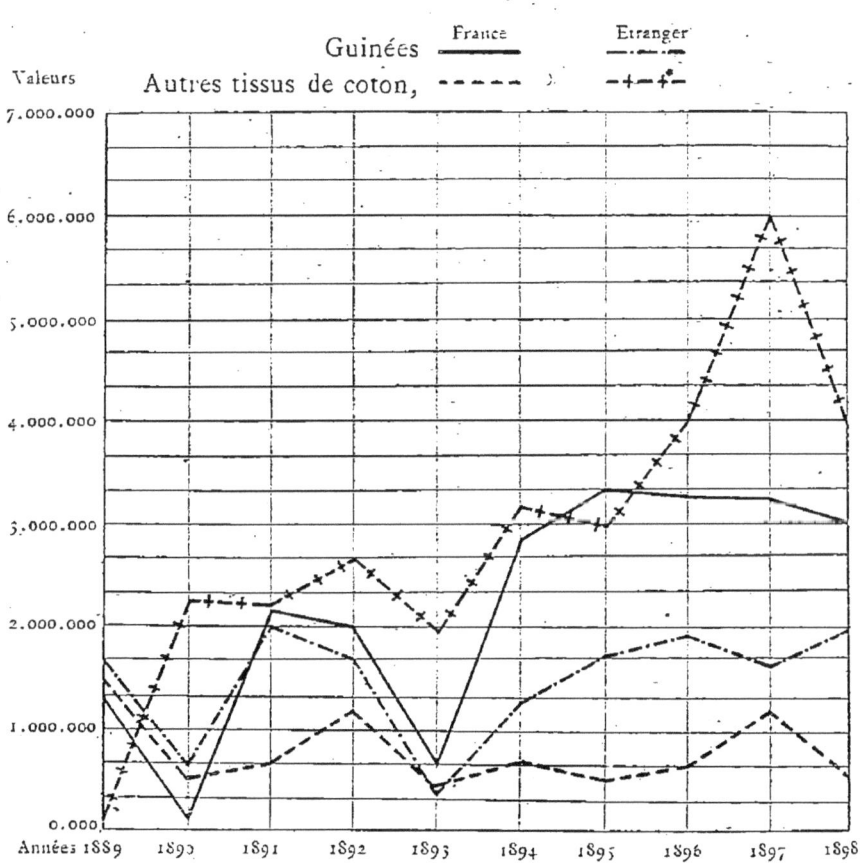

DIAGRAMMES DES IMPORTATIONS

DE 1889 A 1898

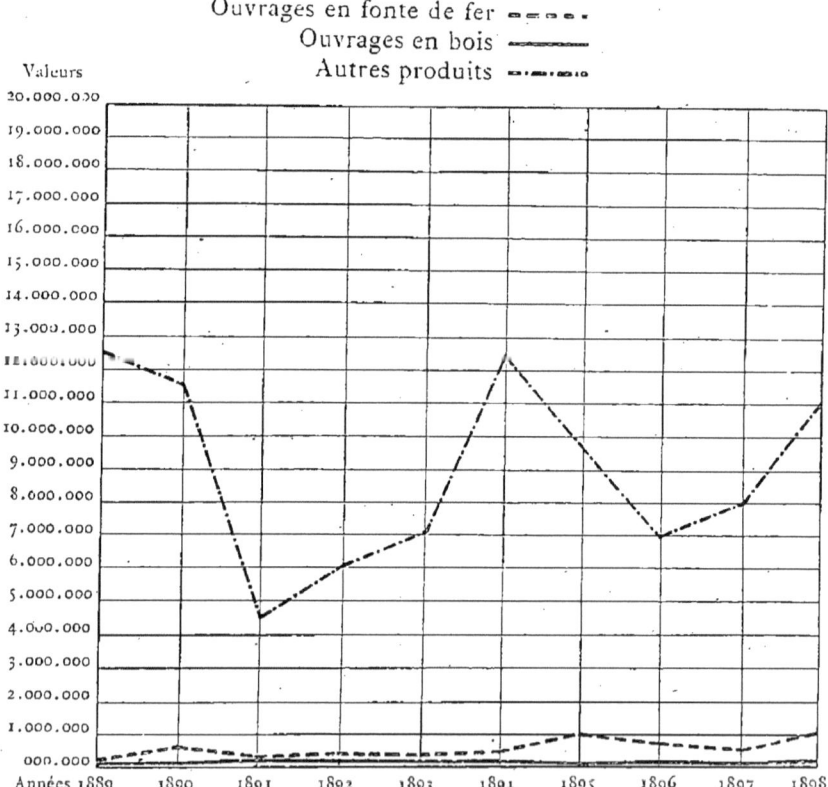

DOUANES

TABLEAUX & DIAGRAMMES DU MOUVEMENT TOTAL

DES EXPORTATIONS ET DES IMPORTATIONS

DE 1889 A 1898

TABLEAU DU MOUVEMENT TOTAL
DES IMPORTATIONS DE 1889 A 1898

ANNÉES	TOTAL DES MARCHANDISES				TOTAL GÉNÉRAL
	VENANT DE FRANCE		VENANT DE L'ÉTRANGER		
	POIDS	VALEURS	POIDS	VALEURS	VALEURS
1889	»	9.140.060	»	13.841.920	22.981.980
1890	»	9.085.597	»	12.865.660	21.951.257
1891	»	9.116.090	»	9.092.074	18.208.164
1892	»	12.373.546	»	11.886.582	24.260.128
1893	»	9.022.318	»	7.863.249	16.885.567
1894	»	16.678.613	»	10.307.901	26.986.514
1895	»	18.438.915	»	9.830.145	28.269.060
1896	»	15.977.000	»	10.200.000	26.177.000
1897	»	16.986.000	»	12.193.000	29.179.000
1898	»	20.979.000	»	12.176.000	33.155.000

TABLEAU DU MOUVEMENT TOTAL
DES EXPORTATIONS DE 1889 A 1898

ANNÉES	TOTAL DES MARCHANDISES OU PRODUITS		TOTAL GÉNÉRAL
	allant en France	allant à l'étranger	
	VALEURS	VALEURS	VALEURS
1889	13.651.439	2.172.580	15.822.019
1890	10.481.516	2.035.200	12.516.716
1891	10.946.817	2.001.511	12.948.328
1892	12.432.835	4.901.257	17.334.092
1893	13.883.133	4.101.597	17.984.730
1894	14.556.689	3.610.282	18.166.971
1895	9.199.588	3.236.300	12.435.888
1896	13.439.252	6.123.813	19.563.065
1897	16.105.467	5.031.184	21.136.651
1898	23.133.991	6.012.764	29.146.755

DIAGRAMMES DU MOUVEMENT TOTAL

DES EXPORTATIONS ET DES IMPORTATIONS DE 1889 A 1898

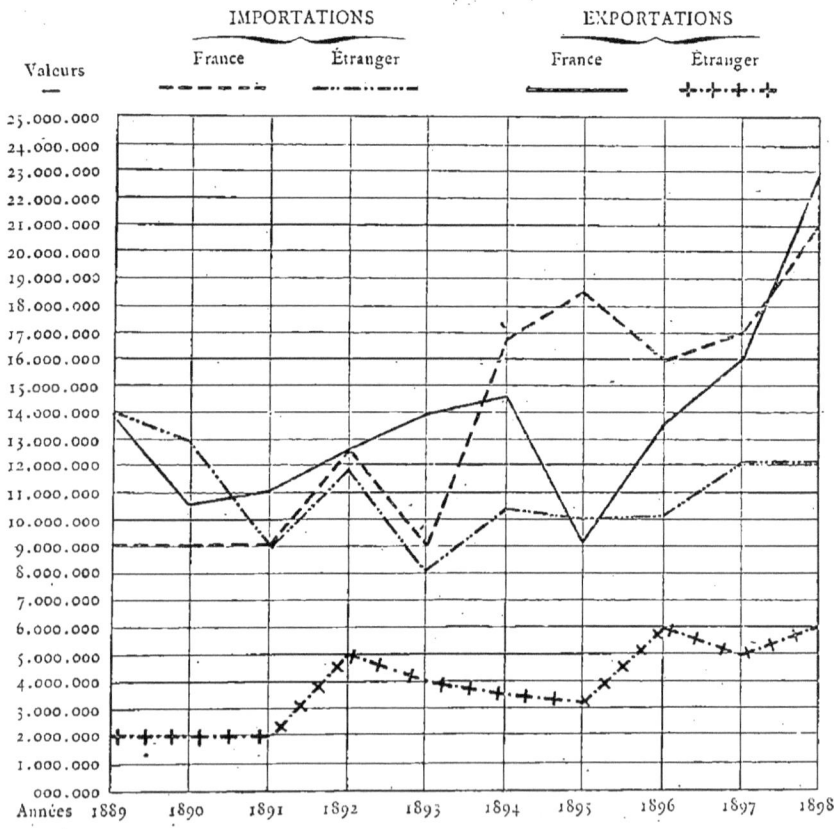

DOUANES

TABLEAUX ET DIAGRAMMES DE LA NAVIGATION

POUR L'ENTRÉE ET LA SORTIE DES MARCHANDISES

DE 1889 A 1898

NAVIGATION — ENTRÉE

NAVIGATION ENTRÉE	ANNÉES	NAVIGATION ENTRE LA FRANCE ET LE SÉNÉGAL					NAVIGATION ENTRE		
		BATIMENTS		ÉQUIPAGES	TONNAGE		VALEUR des MARCHANDISES	BATIMENTS		ÉQUIPAGES
		FRANÇAIS	ÉTRANGERS		NOMINAL	DÉBARQUÉ		FRANÇAIS	ÉTRANGERS	
Long cours	1889	122	6	6.835	179.605	»	17.381.743	68	164	6.673
Id.	1890	126	8	7.118	195.133	»	11.869.574	76	157	8.267
Id.	1891	75	4	4.905	64.233	»	12.863.584	41	134	3.704
Id.	1892	150	12	8.424	211.967	»	16.702.140	12	124	3.689
Id.	1893	151	6	8.231	221.443	»	13.466.898	27	76	2.348
Id.	1894	206	25	9.490	250.288	»	20.647.405	62	134	4.650
Long cours	1895	153	18	9.451	229.860	29.289	22.072.271	48	90	7.875
Cabotage		1.159	109	10.952	230.597	35.293	11.755.281	74	80	2.283
Long cours	1896	157	12	9.931	247.937	27.283	21.612.654	48	86	7.838
Cabotage		1.388	159	14.092	303.146	34.757	10.451.429	106	83	2.910
Long cours	1897	134	21	11.468	271.412	38.954	21.764.175	51	82	6.711
Cabotage		1.518	168	15.375	317.915	28.618	10.906.020	108	81	3.206
Long cours	1898	161	13	10.332	281.090	51.068	25.448.366	64	135	11.169
Cabotage		1.477	19	13.411	188.964	17.315	9.955.808	35	74	1.998

de 1889 a 1898

L'ÉTRANGER ET LE SÉNÉGAL			NAVIGATION TOTALE					
TONNAGE		VALEUR des MARCHANDISES	BATIMENTS		ÉQUIPAGES	TONNAGE		VALEUR TOTALE des MARCHANDISES
NOMINAL	DÉBARQUÉ		FRANÇAIS	ÉTRANGERS		NOMINAL	DÉBARQUÉ	
224.467	»	5.600.237	190	170	13.508	404.072	»	22.981.980 [1]
283.513	»	10.071.683	202	165	15.385	478.646	»	21.941.257
147.568	»	5.344.580	116	138	5.609	211.801	»	18.208.164
174.545	»	7.557.988	162	136	12.113	386.512	»	24.260.128
97.463	»	3.399.385	178	82	10.579	318.906	»	16.866.283
196.172	»	6.297.153	268	159	14.140	446.460	»	26.944.558
247.860	22.928	6.307.215	201	108	17.326	477.720	52.217	28.379.486
80.389	1.098	864.672	1.233	189	13.235	310.986	36.394	12.619.953
239.544	28.869	7.106.874	205	98	17.769	487.481	56.152	28.719.528
91.111	2.095	1.558.127	1.494	242	17.002	394.257	36.852	12.009.556
231.277	31.540	7.449.664	185	103	18.179	502.089	70.494	29.213.836
91.830	2.781	1.118.957	1.626	249	18.584	409.745	31.399	12.024.977
333.548	36.733	7.585.383	225	148	21.501	614.638	87.801	33.033.749
84.654	1.622	1.335.122	1.512	93	15.409	273.618	18.937	11.290.930

(1) Avant 1895, il n'était pas tenu compte du cabotage.

NAVIGATION — SORTIE

NAVIGATION — SORTIE	ANNÉES	NAVIGATION ENTRE LE SÉNÉGAL ET LA FRANCE					NAVIGATION ENTRE		
		BATIMENTS		ÉQUIPAGES	TONNAGE		VALEUR des MARCHANDISES	BATIMENTS		ÉQUIPAGES
		FRANÇAIS	ÉTRANGERS		NOMINAL	EMBARQUÉ		FRANÇAIS	ÉTRANGERS	
Long cours	1889	105	9	6.711	172.415	»	13.651.349	100	149	8.650
Id.	1890	109	9	6.569	179.745	»	10.481.516	84	158	8.725
Id.	1891	48	10	1.408	48.307	»	10.946.847	59	123	3.622
Id.	1892	118	7	5.433	185.189	»	12.152.835	23	41	1.680
Id.	1893	122	14	7.467	203.321	»	13.883.143	31	17	1.627
Id.	1894	188	11	8.975	228.344	»	14.793.456	75	104	4.808
Long cours	1895	137	29	9.279	232.266	29.684	9.153.025	57	61	7.448
Cabotage	1895	1.230	113	11.432	238.064	19.864	4.517.321	90	85	2.670
Long cours	1896	148	28	9.745	253.186	30.543	14.298.912	50	72	7.472
Cabotage	1896	1.356	147	13.365	290.264	24.175	3.871.013	108	71	2.502
Long cours	1897	140	37	9.873	256.209	28.411	17.332.214	53	93	7.235
Cabotage	1897	1.412	168	16.969	363.610	21.068	8.898.469	128	107	3.690
Long cours	1898	193	41	12.618	345.712	59.929	21.279.362	72	87	9.388
Cabotage	1898	1.871	13	14.397	244.226	38.631	14.166.481	33	88	2.484

DE 1889 A 1898

LE SÉNÉGAL ET L'ÉTRANGER			NAVIGATION TOTALE				
TONNAGE		VALEURS des MAR- CHANDISES	BATIMENTS		ÉQUIPAGES	TONNAGE		VALEUR TOTALE des MARCHANDISES
NOMINAL	EMBARQUÉ		FRANÇAIS	ÉTRANGERS		NOMINAL	EMBARQUÉ	
257.580	»	2.172.580	205	158	15.361	429.995	»	15.823.929 (1)
290.661	»	2.035.200	193	167	15.294	470.406	»	12.516.716
147.916	»	2.001.511	107	133	5.034	196.223	»	12.948.358
69.732	»	4.901.257	144	48	7.113	254.921	»	17.054.092
41.683	»	4.051.597	153	31	9.094	245.004	»	17.984.740
199.132	»	3.889.428	263	115	13.783	427.476	»	18.685.884
216.750	17.139	3.103.975	194	90	16.727	449.016	46.823	12.257.000
86.027	1.921	569.483	1.340	198	14.102	324.094	21.785	5.086.804
214.775	17.468	5.271.322	198	100	17.217	467.961	48.014	19.570.234
83.105	5.188	1.149.351	1.464	218	15.867	373.369	29.363	8.020.367
194.368	19.721	4.559.375	193	133	17.109	450.577	48.132	21.891.589
98.611	2.923	2.125.811	1.540	275	20.659	462.221	23.991	11.024.280
364.654	46.109	7.919.611	265	128	22.306	710.366	106.038	29.198.973
100.259	5.186	1.753.458	1.904	101	16.881	344.485	43.817	15.919.939

(1) Avant 1895, il n'était pas tenu compte du cabotage.

DIAGRAMMES DE LA NAVIGATION

POUR L'ENTRÉE DES MARCHANDISES DE 1889 A 1898

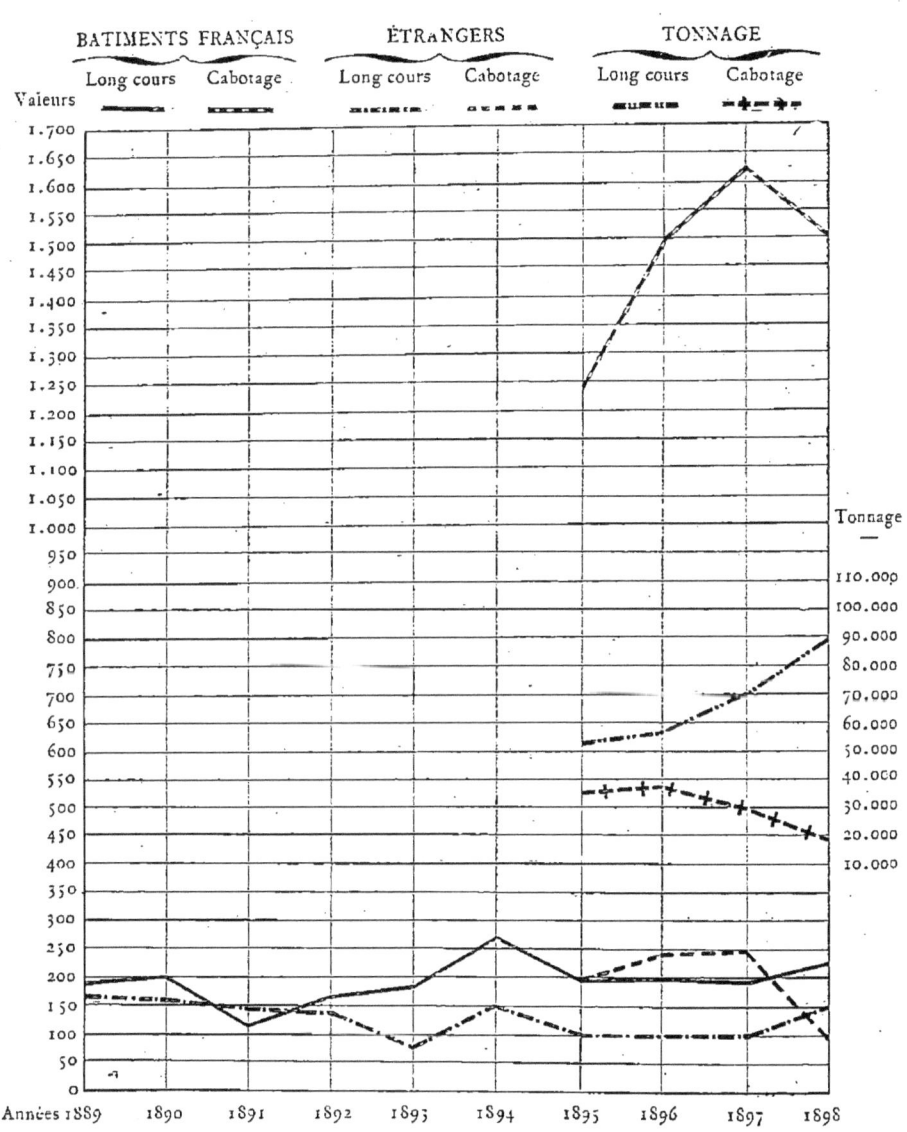

ORGANISATION FINANCIÈRE

DIAGRAMMES DE LA NAVIGATION
POUR LA SORTIE DES MARCHANDISES DE 1889 A 1898

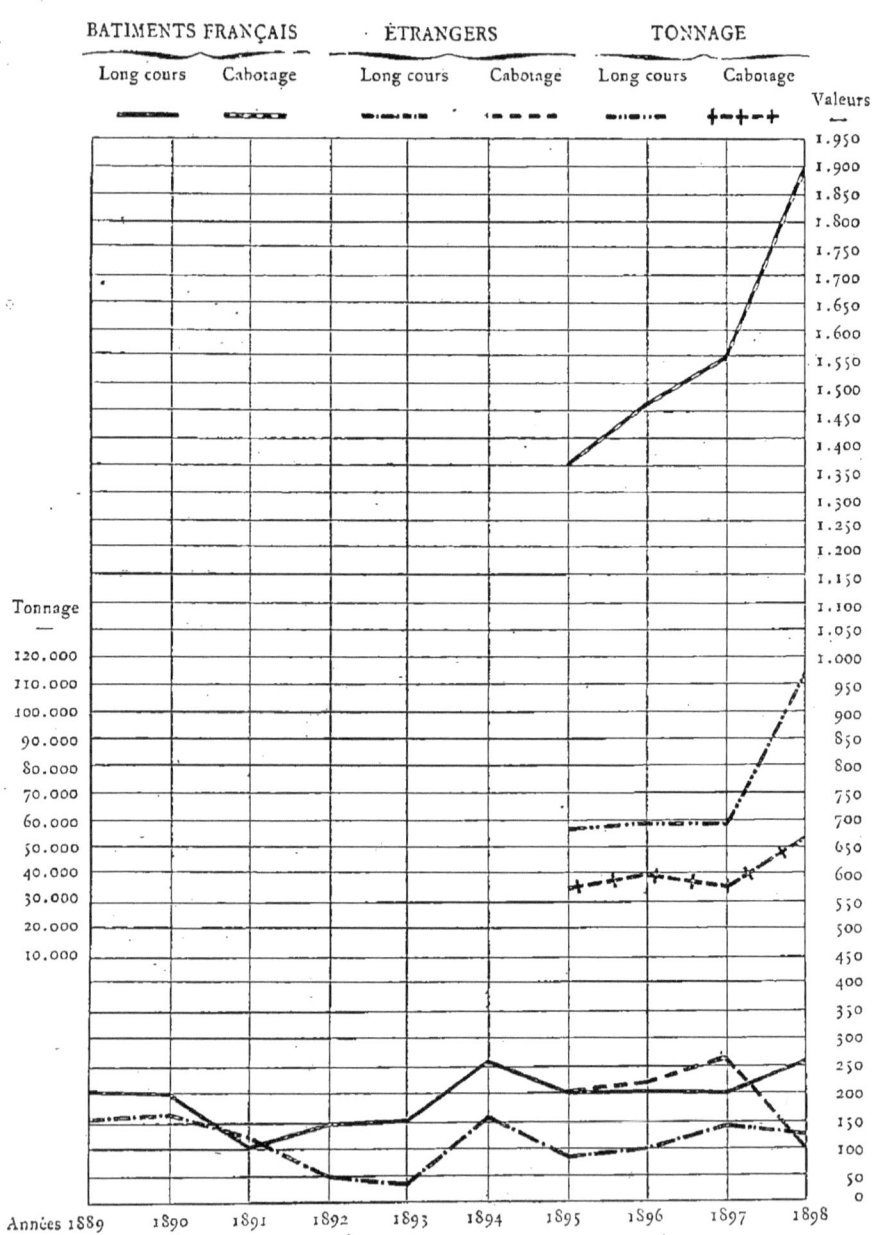

ARTICLE. 3. — POSTES ET TÉLÉGRAPHES

Les tarifs de l'Union postale sont appliqués dans la colonie pour l'affranchissement des correspondances de toute nature et des valeurs déclarées à destination de l'extérieur.

La taxe des lettres et des divers plis circulant d'un point à un autre dans une même ville et dans l'intérieur de la colonie, est ainsi fixée :

Lettres contenues sous enveloppe fermée : 10 centimes par 15 grammes ou fraction de 15 grammes ;

Cartes de visite et lettres de faire part ou d'avis circulant sous bande ou sous enveloppe non fermée : 5 centimes par chaque pli découvert ou chaque enveloppe non cachetée contenant une ou deux cartes ;

Papiers d'affaires : 5 centimes par 50 grammes ou fraction de 50 grammes ;

Echantillons : 10 cent. jusqu'à 100 grammes, au delà de 100 gr., 5 cent. par 50 gr. ou fraction de 50 gr. ;

Journaux et autres imprimés : 5 cent. par 50 gr. ou fraction de 50 gr. ;

Les lettres et objets de toute nature recommandés circulant entre les différents bureaux du Sénégal ou dans l'intérieur des villes, supportent une surtaxe de 15 cent.

Des mandats poste, allant de 1 fr. à 300 fr., sont délivrés dans les bureaux de la colonie pour les centres pourvus d'une recette postale. Le droit à percevoir est de un pour cent; il est payé par l'expéditeur en sus de la somme versée. La fraction de franc paye comme un franc. Il peut être donné avis du paiement du mandat, sur la demande de l'expéditeur, moyennant une taxe de 0 fr. 10.

Jusqu'à ce jour il a été fait application des dispositions de la loi du 27 juin 1892 et de l'article 1 de la loi du 6 avril 1878 aux militaires et marins de tous grades ; les correspondances expédiées de la France et des colonies à ces derniers et réciproquement, celles par eux adressées en France et aux colonies, ne supportent que la taxe territoriale française. Mais, depuis la récente mesure adoptée par la métropole ayant pour but l'unification du tarif postal pour les correspondances échangées en France, entre la France et ses colonies et *vice versa*, le régime de faveur inauguré par les textes précités ne trouve plus son application.

Dans le service intérieur tout colis postal à destination des bureaux desservis par la voie ferrée, est grevé d'un droit de 1 fr. 50; ce droit est élevé à 3 fr. pour chaque objet de l'espèce dirigé sur tout autre bureau (sauf celui de Gorée) et à 6 fr. pour les colis à destination du Soudan. Ces perceptions sont faites au profit du budget local qui bénéficie en outre du service métropolitain international d'une somme de 0 fr. 50 pour tout colis expédié ou reçu.

Le réseau télégraphique de la colonie comprend 1985 k. de lignes aériennes et 2512 k. de développement. On peut expédier des télégrammes dans tous les bureaux télégraphiques de la colonie, moyennant le paiement d'une somme de 10 centimes par mot, avec fixation d'un minimum de 1 fr. pour une dépêche de 1 à 10 mots; l'adresse et la signature sont comptées dans l'évaluation des mots. Toutefois il n'est perçu que 50 centimes pour une dépêche de un à 10 mots et 5 centimes par mots au-dessus de 10 pour les correspondances télégraphiques expédiées du poste de la Barre à Saint-Louis et vice-versa; le port d'une dépêche à bord d'un navire mouillé en dehors de la Barre, est de 5 fr.

Il est enfin alloué à la colonie sur les télégrammes expédiés ou reçus par les câbles des compagnies « West African », « South American et « Spanish National » les sommes suivantes :

Pour les correspondances télégraphiques du régime européen :
0 fr. 10 de taxe terminale par mot.
0,08 de taxe de transit par mot.
Pour celles du régime extra-européen :
0 fr. 20 de taxe terminale par mot.
0 fr. 10 de taxe de transit par mot.
La taxe des dépêches échangées entre la France et la colonie est de 1 fr. 50 par mot.

POSTES ET TÉLÉGRAPHES

TABLEAU COMPARATIF

du produit des figurines vendues
et des mouvements de correspondances.

ANNÉES	PRODUIT des FIGURINES VENDUES	MOUVEMENT DES CORRESPONDANCES					
		SERVICE INTÉRIEUR		SERVICE INTERNATIONAL			
		LETTRES	IMPRI-MÉS	DÉPART		ARRIVÉE	
				Lettres	Imprimés	Lettres	Imprimés
1889	64.150 25	195.367	78.486	273.144	15 345	304.043	103.930
1890	64.825 05	198.859	79.045	273.842	16.856	307.346	104.889
1891	62.430 33	199.615	79.036	273.836	17.001	308.640	105.124
1892	63.120 39	199.987	79.043	274.543	17.025	309.356	105.325
1893	68.631 90	200.685	79.318	275.000	17.046	312.545	106.001
1894	81.590 37	201.200	79.615	276.041	17.148	312.800	106.245
1895	79.528 30	201.241	79.743	277.684	17.289	313.135	109.247
1896	78.663 54	204.023	85.356	278.326	18.183	313.212	108.193
1897	82.950 40	206.405	89.642	280.455	19.038	313.070	107.545
1898	90.135 48	206.880	88.890	282.300	19.225	313.850	109.356

NOTICE. — Mouvement ascensionnel lent mais constant dans la vente des timbres-poste, plus accentué dans le service international dans ces derniers temps, à cause du plus grand nombre de paquebots qui touchent au port de Dakar.

POSTES ET TÉLÉGRAPHES

DIAGRAMMES

DES MOUVEMENTS DE CORRESPONDANCES

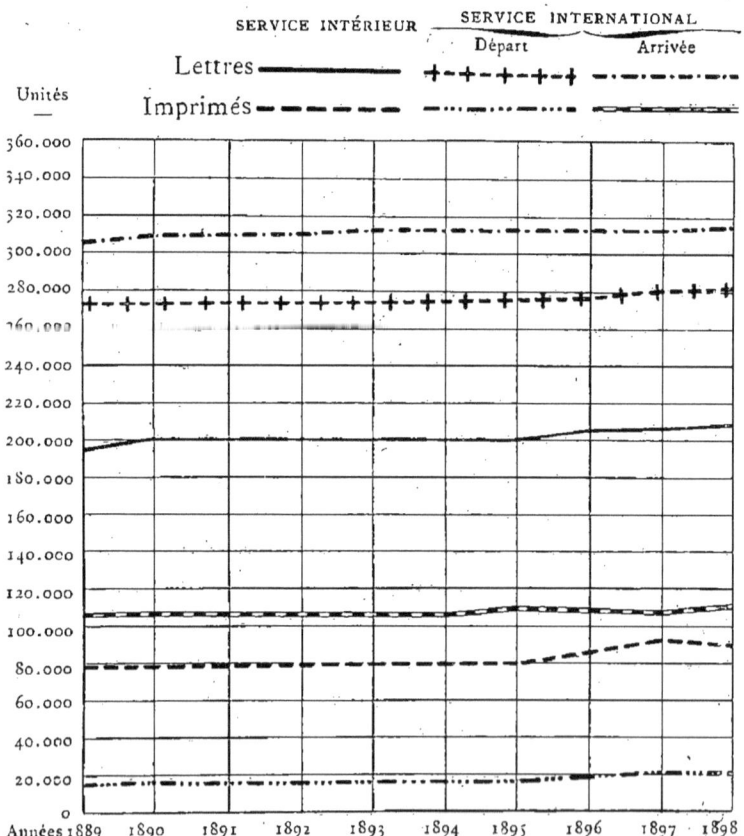

POSTES ET TÉLÉGRAPHES

TABLEAU COMPARATIF

de la longueur des lignes télégraphiques,
du développement des lignes aériennes en kilomètres,
de la superficie en kilomètres carrés de la colonie
et du nombre d'habitants.

ANNÉES	LONGUEUR DES LIGNES TÉLÉGRAPHIQUES			COLONIE DU SÉNÉGAL	
	Aériennes	Sous-Marines	NOMBRE de kilomètres de fils	SUPERFICIE en kilomètres carrés	POPULATION
1889	909k	5k 556	1336 k	1889	182.176
1890	909	5 556	1336	1889	182.176
1891	961	5 556	1388	1889	182.176
1892	961	5 556	1388	1889	1.100.000
1893	1085	5 556	1512	1889	1.100.000
1894	1116	5 556	1543	1889	1.152.000
1895	1092	5 556	1547	1889	1.152.000
1896	1964	5 556	2419	2025	1.170.000
1897	1964	5 556	2419	2025	1.178.000
1898	1985	6 956	2512	2025	1.197.600
1899	2190	6 956	2717	2025	1.197.680

NOTICE. — De 1888 à 1900 le développement des fils aériens a plus que doublé pour relier la Casamance et les centres administratifs et commerciaux dans l'intérieur et pour doubler notre communication avec le Soudan.

POSTES ET TÉLÉGRAPHES

DIAGRAMMES DE LA LONGUEUR
DES LIGNES TÉLÉGRAPHIQUES

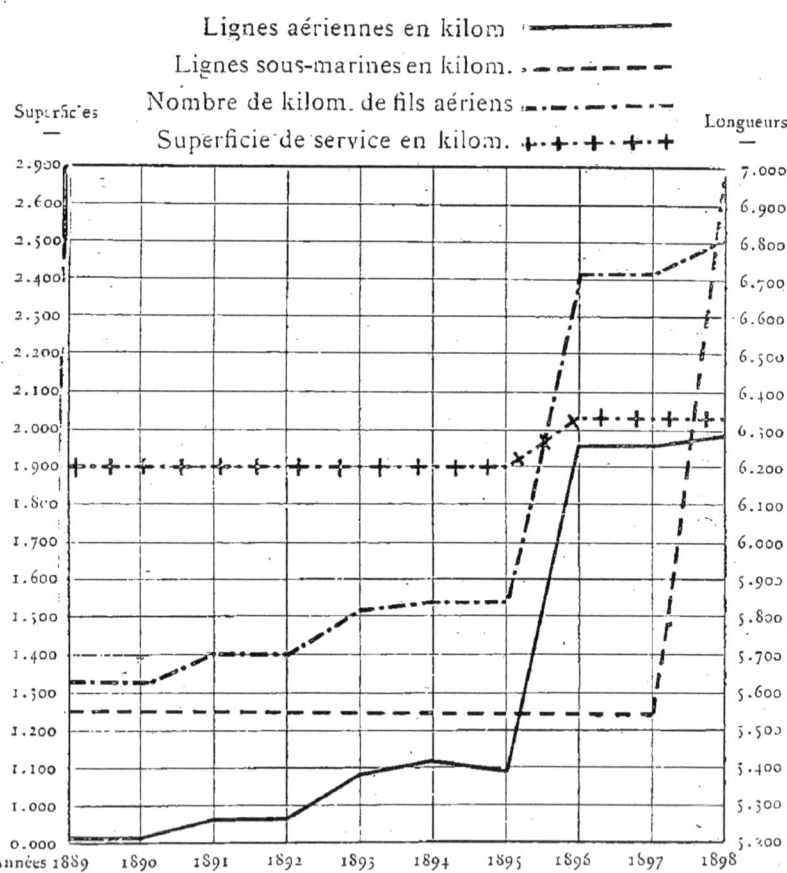

POSTES ET TÉLÉGRAPHES

TABLEAU COMPARATIF

des bureaux des Postes et Télégraphes de la Colonie.

ANNÉES	BUREAUX DES POSTES ET DES TÉLÉGRAPHES			PERSONNEL				
	MIXTES	POSTE	AUXILIAIRES de distribution postale	AGENTS		SOUS-AGENTS			
				Hommes	Dames	Commissionnés	Auxiliaires	Courriers piétons réguliers	Porteurs. Échange avec le Soudan
1889	20	5	7	38	2	51	»	6	348
1890	20	4	7	35	2	51	»	6	400
1891	20	4	7	36	2	47	»	6	375
1892	20	4	7	37	2	49	»	6	426
1893	23	5	7	36	3	49	»	9	514
1894	26	5	7	43	5	50	»	9	468
1895	26	3	7	43	6	48	»	9	510
1896	29	2	7	42	8	50	»	9	470
1897	30	2	7	45	8	53	»	9	538
1898	34	2	7	46	9	42	25	9	663
1899	36	2	8	46	9	46	22	9	685

Notice. — Nombre de bureaux élevé de 19 à 36, soit un bureau par 26.000 habitants et par 44 kilomètres carrés; même progression dans la composition du personnel.

POSTES ET TÉLÉGRAPHES

DIAGRAMMES DES BUREAUX ET DU PERSONNEL

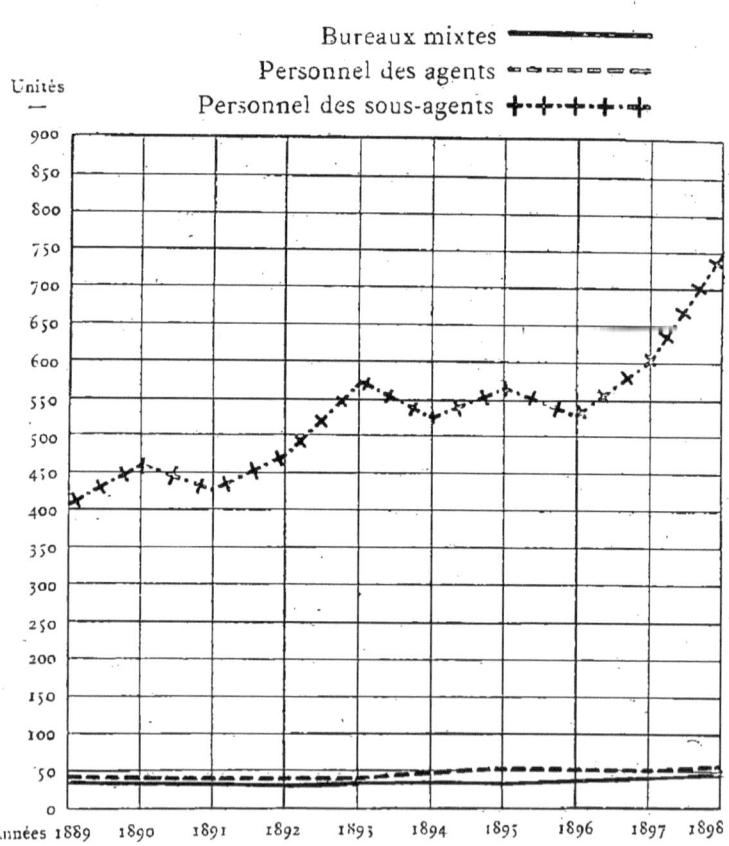

POSTES ET TÉLÉGRAPHES

TABLEAU COMPARATIF

DES COLIS POSTAUX

ANNÉES	SERVICE intérieur	SERVICE INTERNATIONAL OFFICE DU SÉNÉGAL		ÉCHANGE AVEC LE SOUDAN FRANÇAIS			
		Départ	Arrivée	Du Sénégal pour le Soudan	Du Soudan pour le Sénégal	Du Soudan pour la France en transit au Sénégal	De la France pour le Soudan en transit au Sénégal
1889	454	1525	12.636	946	16	45	1626
1890	504	1504	12.849	969	14	64	1542
1891	514	1579	12.624	919	9	80	1615
1892	469	1489	12.300	849	6	49	1483
1893	484	1530	12.225	869	18	39	1468
1894	473	1578	14.468	962	23	63	1489
1895	500	1331	13.939	241	11	30	1251
1896	485	1567	13.424	264	7	54	1505
1897	488	1547	12.689	183	16	86	1325
1898	501	1705	14.753	149	15	100	1584

NOTICE. — Sensible variation dans les arrivages au Sénégal. Diminution notable dans l'expédition du Sénégal au Soudan due à l'établissement de comptoirs commerciaux en assez grand nombre à Kayes et même dans l'intérieur de cette colonie.

POSTES ET TÉLÉGRAPHES

DIAGRAMMES DES COLIS POSTAUX

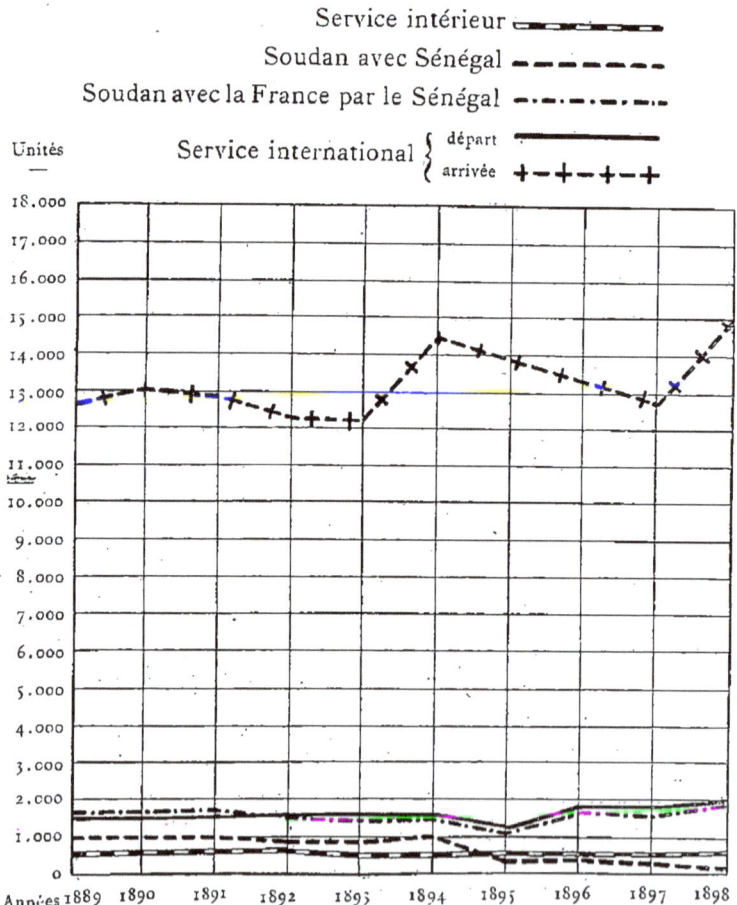

POSTES ET TÉLÉGRAPHES

TABLEAU COMPARATIF

de l'exploitation des câbles sous-marins
Spanish National, West African, South American,
aboutissant au Sénégal.

ANNÉES	PERSONNEL de la station mique de St-Louis	TRANSIT DES TRANSMISSIONS par câbles, celui pour ou du Sénégal non compris			
		NOMBRE DE TÉLÉGRAMMES ALLANT			
		VERS LE NORD		VERS LE SUD	
		Officiels	Privés	Officiels	Privés
1889	4	80	586	56	618
1890	4	83	600	62	439
1891	4	60	581	49	491
1892	15	483	10.368	143	10.230
1893	15	500	13.680	120	13.429
1894	15	483	15.894	146	15.624
1895	15	450	14.875	139	14.253
1896	15	480	15.964	150	13.426
1897	12	463	15.698	132	12.483
1898	12	377	9.614	154	10.027

Notice. — Légère diminution depuis deux ans due à de fréquentes interruptions entre Ténériffe et Cadix et au retard causé par la voie de terre entre Cadix et la France. Une ligne spéciale entre Cadix et Bordeaux fonctionne depuis peu et fera en grande partie disparaître les anciennes difficultés et les nombreuses erreurs constatées.

POSTES ET TÉLÉGRAPHES

DIAGRAMMES

DE L'EXPLOITATION DES CABLES SOUS-MARINS

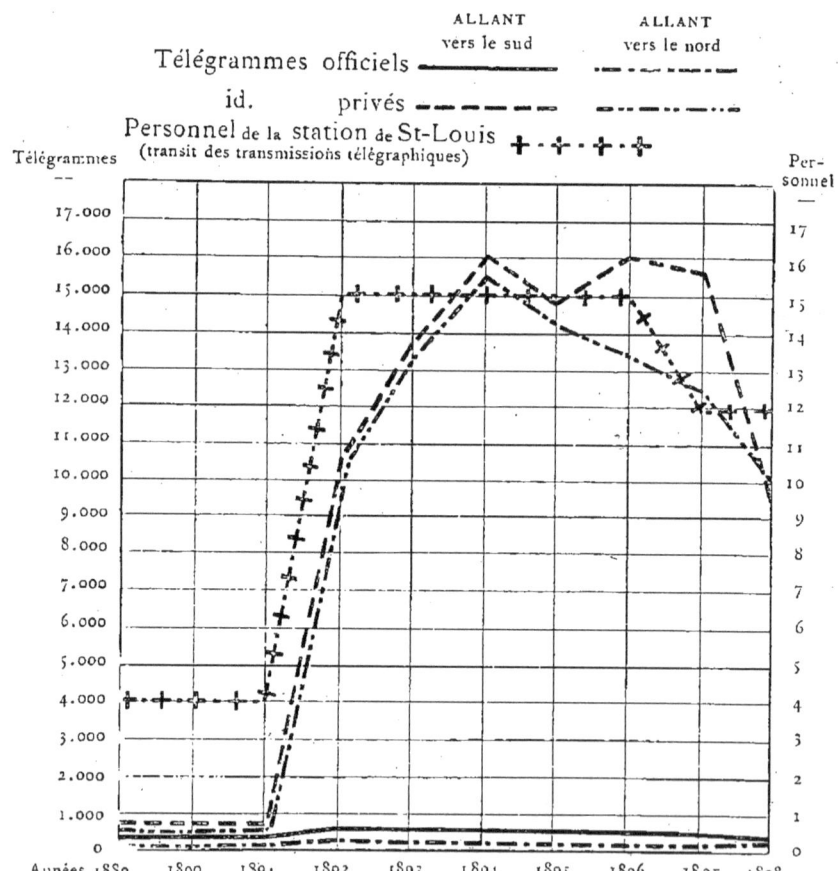

POSTES ET TÉLÉGRAPHES

TABLEAU COMPARATIF DES MANDATS

ANNÉES	MANDATS POSTE Service intérieur		MANDATS TÉLÉGRAPHIQUES Service intérieur		MANDATS d'abonnements aux journaux et revues publiés en France	
	Nombre	Montant	Nombre	Montant	Nombre	Montant
1889	2339	117.661 86	»	»	»	»
1890	2158	103.933 96	»	»	»	»
1891	1921	84.549 93	»	»	»	»
1892	2740	124.647 24	8	1338 »	»	»
1893	3421	177.655 68	26	3024 »	»	»
1894	3450	174.518 55	42	4303 50	205	5691 45
1895	3690	186.577 47	57	4560 50	114	2419 10
1896	3624	185.520 73	27	2477 62	160	4570 55
1897	3815	180.332 03	51	4647 »	92	1814 80
1898	3817	172.020 46	84	6132 40	120	3132 90

NOTICE. — Le service des mandats télégraphiques n'existe que depuis le 1er mai 1892 et celui des abonnements aux journaux qu'à partir du 1er février 1894. Le service des mandats métropolitains est assuré par le *Trésor*.

POSTES ET TÉLÉGRAPHES

DIAGRAMMES DES MANDATS

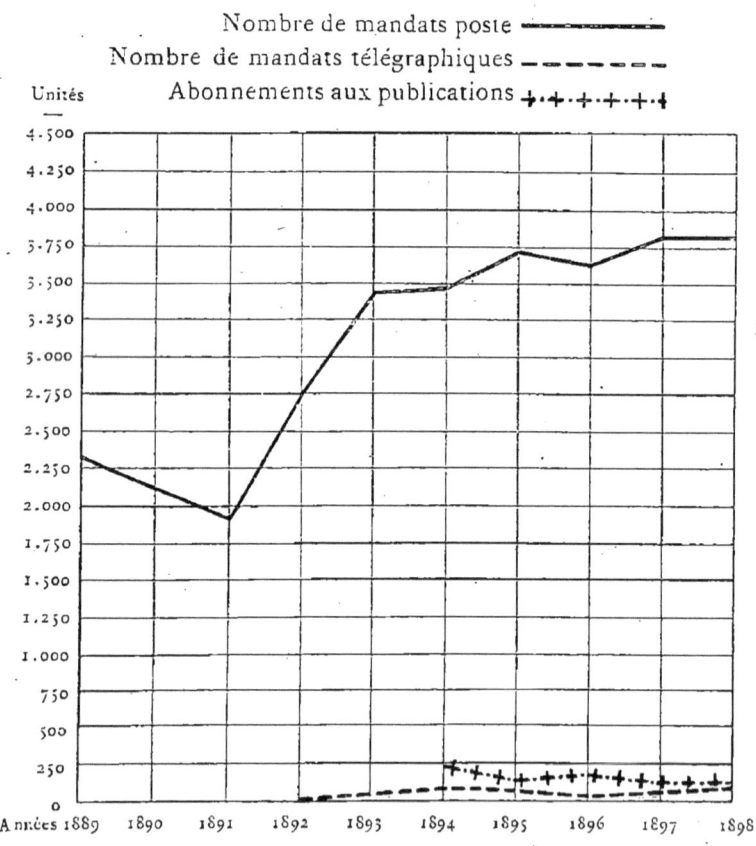

POSTES ET TÉLÉGRAPHES

TABLEAU COMPARATIF

des Transmissions Télégraphiques.

ANNÉES	TÉLÉGRAMMES OFFICIELS			TÉLÉGRAMMES PRIVÉS			
	du service intérieur	PAR CABLES Service international		DU SERVICE intérieur		PAR CABLES Service international	
	Nombre	Nombre	Taxes	Nombre	Taxes	Nombre	Taxes
1889	17.770	474	22.711 54	36.839	54.220 20	2734	61.973 52
1890	18.601	562	34.545 18	36.855	73.566 47	2868	63.179 87
1891	16.722	338	20.991 51	39.735	59.783 38	3091	65.850 12
1892	21.140	379	16.519 55	39.760	60.354 17	4317	80.976 53
1893	18.178	473	19.096 20	44 536	68.238 65	4763	87.813 30
1894	17.457	383	19.404 55	44 434	68.288 80	4817	85.513 05
1895	16.468	265	18.914 13	38.400	59.596 »	3490	79.600 30
1896	19.339	361	11.482 75	43.036	64.785 46	4139	67.318 05
1897	17.039	419	13.698 42	43.768	65.625 »	4201	67.574 40
1898	21.852	418	9.562 16	48.520	79.614 85	5036	84.104 83

NOTICE. — Progression croissante chaque année provenant du développement des lignes et de la création des nouveaux bureaux surtout depuis l'année 1897.

POSTES ET TÉLÉGRAPHES

DIAGRAMMES DE LA TAXE

DES TRANSMISSIONS TÉLÉGRAPHIQUES

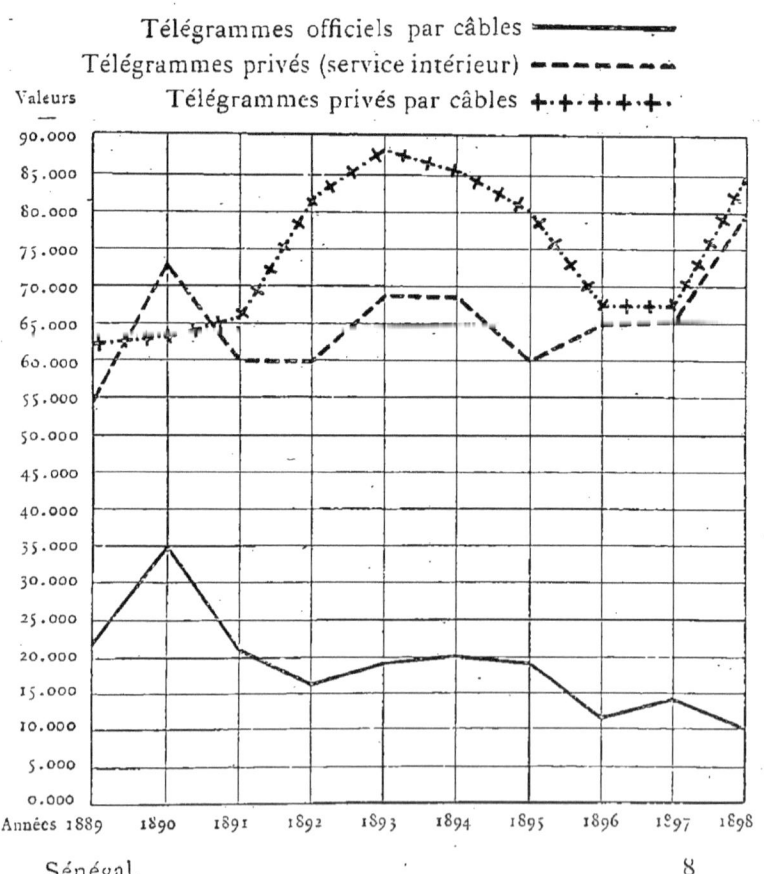

POSTES ET TÉLÉGRAPHES

TABLEAU COMPARATIF

du nombre d'abonnés au téléphone et de la longueur des lignes téléphoniques.

ANNÉES	NOMBRE d'abonnés		INSTALLATIONS urbaines		COMMUNICATIONS extra-urbaines		TOTAUX GÉNÉRAUX	
	Habitant les villes	Habitant en dehors des villes	Longueur des lignes	Développement des fils	Longueur des lignes	Développement des fils	Longueur des lignes	Développement des fils
1889	12	»	1.950	2.700	18.000	»	19.950	2.700
1890	12	1	1.950	2.700	18.000	18.000	19.950	20.700
1891	17	3	4.450	5.200	21.000	26.000	25.450	31.200
1892	38	4	7.200	10.500	34.000	39.000	41.200	49.500
1893	49	5	8.700	12.900	36.000	41.000	44.700	53.900
1894	62	9	12.500	18.900	42.500	54.500	55.000	73.400
1895	67	11	12.000	20.400	58.000	70.000	70.000	90.400
1896	71	11	11.900	27.300	58.000	70.000	69.900	97.300
1897	73	11	12.200	28.400	58.000	70.000	70.200	98.400
1898	77	11	13.000	29.000	58.000	70.000	71.000	99.000

Notice. — Peu de variation, mais légère augmentation à prévoir encore à Dakar et à Saint-Louis par suite des grands travaux à entreprendre.

POSTES ET TÉLÉGRAPHES

DIAGRAMMES

DU NOMBRE D'ABONNÉS AU TÉLÉPHONE

ET DE LA LONGUEUR DES LIGNES TÉLÉPHONIQUES

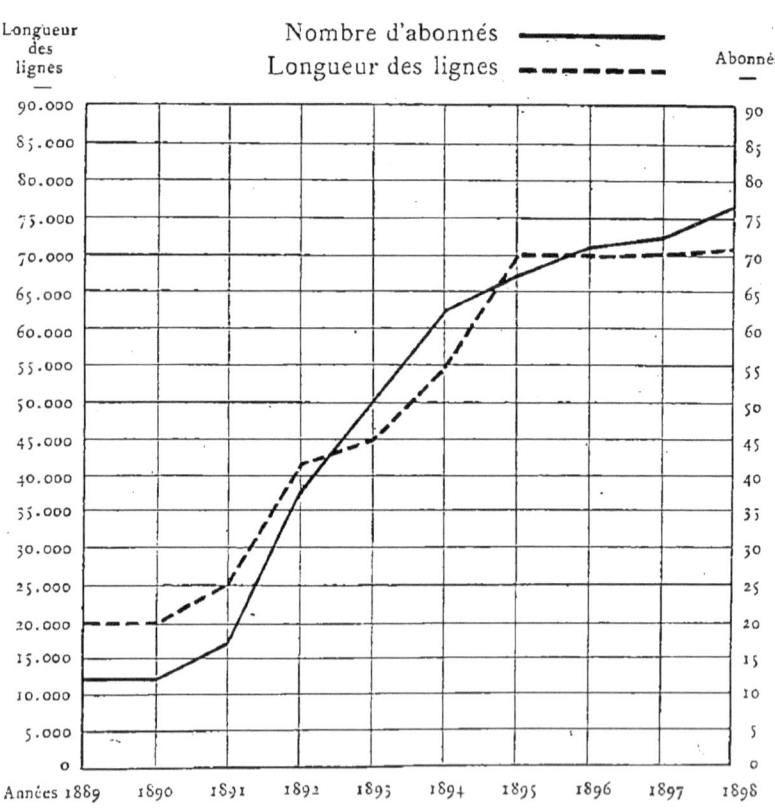

ARTICLE 4. — ENREGISTREMENT, TIMBRE, DOMAINES
ET MINES

Les droits d'enregistrement sont réglés par l'ordonnance du 31 décembre 1828, le décret du 17 juillet 1857, l'article 2 de la loi du 27 ventôse an IX, les articles 5 et 6 de la loi du 18 mai 1850.

Les droits de timbre sont établis par le décret du 4 août 1860, avec application du tarif du 5 juin 1850, modifié par les articles 17 à 28 de la loi du 2 juillet 1862 et par la loi du 25 août 1871. Le décret du 16 août 1893 a en outre rendu applicables à la colonie certains décrets et certains articles de lois sur les affiches, les effets de commerce et les timbres mobiles, sur les timbres de quittance, acquits, reçus ou décharges de sommes, titres, valeurs ou objets, sur les timbres des connaissements, etc.

Les droits d'hypothèques sont réglés par l'ordonnance du 14 juin 1829, la loi du 5 janvier 1875, le décret du 28 août 1875 et l'arrêté du 10 octobre 1877.

TABLEAU DES INSCRIPTIONS ET DES TRANSCRIPTIONS

des Droits et des Salaires du bureau des hypothèques de Saint-Louis, pendant les dix dernières années, 1889 à 1898

ANNÉES	MONTANT DES INSCRIPTIONS	MONTANT DES TRANSCRIPTIONS	DROITS FIXES PERÇUS	SALAIRES du Conservateur
1889	1.935.688 18	688.462 15	229 »	1.637 »
1890	499.190 82	684.720 »	246 »	1.341 12
1891	1.059.946 33	421.397 70	205 »	1.129 46
1892	1.175.610 06	460.763 59	169 »	1.355 47
1893	951.829 65	515.871 45	174 »	1.535 36
1894	1.509.191 52	697.252 61	176 »	1.225 83
1895	733.167 35	376.326 45	191 »	1.560 19
1896	2.205.002 23	825.996 65	228 »	2.003 37
1897	793.198 50	378.614 63	131 »	1.337 51
1898	1.590.701 62	621.653 98	191 »	1.918 47
	12.453.526 26	5.671.059 21	1.940 »	15.043 78

MOYENNE ANNUELLE des		COMPARAISON ENTRE LES VALEURS et les droits perçus PROPORTION POUR CENT	
Inscriptions .	1.245.352 62	Valeur moyenne annuelle des inscriptions et des transcriptions	1.812.458 54
Transcriptions	567.105 92		
Droits perçus.	194 »	Moyenne des droits perçus annuellement.	194 »
Salaires . . .	1.504 37	Proportion p. 100 .	0 0107

CONSERVATION DES HYPOTHÈQUES

DIAGRAMMES
DES INSCRIPTIONS ET TRANSCRIPTIONS HYPOTHÉCAIRES
PENDANT LA PÉRIODE COMPRISE ENTRE 1889 A 1898

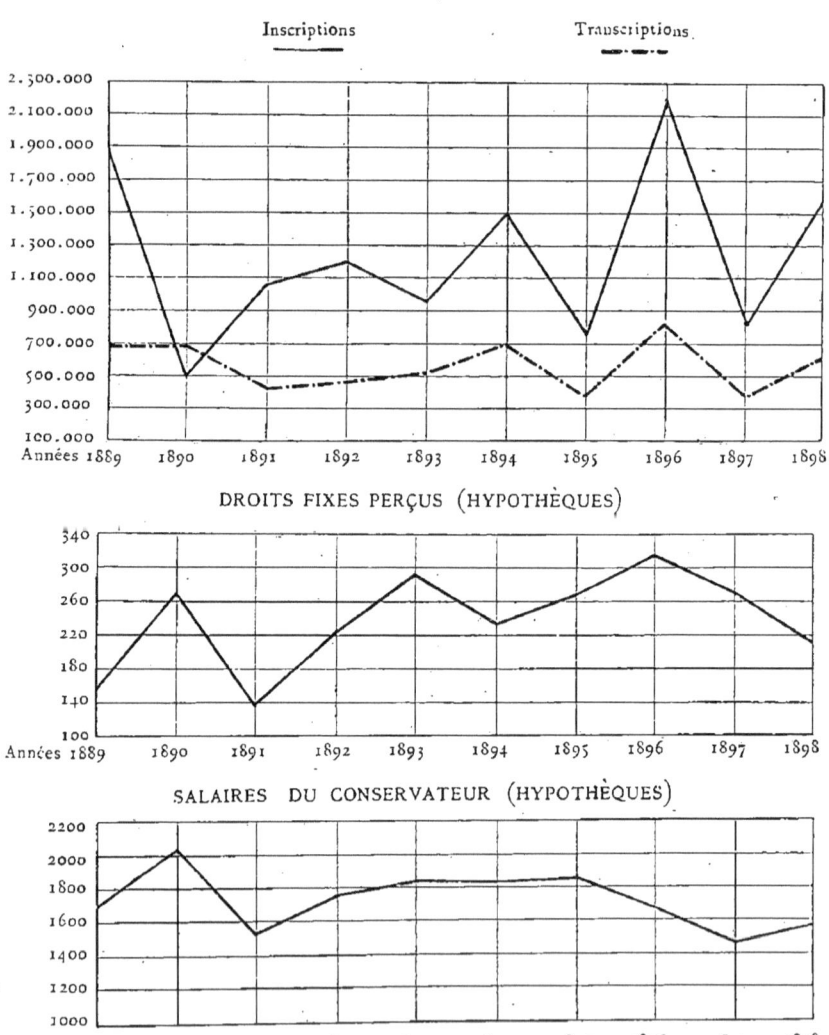

DROITS FIXES PERÇUS (HYPOTHÈQUES)

SALAIRES DU CONSERVATEUR (HYPOTHÈQUES)

Les droits de greffe sont réglés par le vote du conseil général du 31 décembre 1891.

La colonie afferme les salines de Gandiole et les palmiers de Dakar, Thor Diander et Rufisque; elle donne à loyer, au prix de 50 fr. par an, au Service de la Marine l'immeuble affecté au port militaire à Dakar, et à la Cie du Câble « Spanish National », à raison de 500 fr. par an, une partie de l'hôtel des Postes et Télégraphes à Saint-Louis. Enfin l'île d'Arguin est louée au prix de 5000 fr. par an.

Les terrains vagues, situés dans les territoires annexés, sont concédés, d'après l'arrêté du 5 janvier 1887, moyennant une redevance annuelle de 50 centimes par hectare. Toutefois, dans le but de favoriser l'exploitation des grandes étendues de terres incultes qui forment la partie la plus importante des régions du Sénégal, le conseil général et l'administration locale accordent des concessions provisoires à titre gratuit, sous certaines conditions; le titre définitif est délivré dès qu'une commission administrative a constaté que le terrain a été mis en valeur, soit au moyen de cultures, soit par la création d'un établissement industriel et qu'il est en pleine exploitation.

Le régime minier est réglementé au Sénégal par le décret du 6 juillet 1899 sur la recherche et l'exploitation des mines dans les colonies et pays de protectorat de l'Afrique Occidentale, autres que l'Algérie et la Tunisie. Aux termes de ce décret, les gîtes naturels de substances minérales sont classés, relativement à leur régime légal, en mines et carrières.

Les matériaux de construction et les amendements pour la culture des terres, à l'exception des nitrates et sels associés, ainsi que des phosphates, sont considérés comme carrières; les carrières sont réputées ne pas être séparées de la propriété et de l'exploitation de la surface : elles en suivent les conditions. Il en est de même des tourbières.

Sont considérés comme mines les gîtes de toutes substances

minérales susceptibles d'une utilisation industrielle qui ne sont pas classés dans les carrières.

Les droits d'exploration, de recherche et d'exploitation des mines sont fixés ainsi qu'il suit :

Pour les droits d'exploration, 5 centimes par hectare.

Le permis d'exploration est valable pour deux ans; il ne peut être ni prorogé, ni cédé.

Pour les droits de recherches, 10 centimes par hectare jusqu'à 1000 hectares;

20 centimes par hectare au-dessus jusqu'à 5000 hectares;

40 centimes par hectare au-dessus.

Le permis de recherches est valable pour deux ans. Il peut être renouvelé une seule fois à la demande de l'intéressé pour une nouvelle période de deux ans, à charge de payer au préalable le double des droits ci-dessus indiqués.

Pour les droits d'exploitation, la somme à verser est calculée à raison de 2 fr. par hectare de terrains compris dans le périmètre pour les permis d'or et de gemmes, et de 1 fr. pour les permis de toutes autres substances.

Le permis d'exploitation est accordé pour vingt-cinq ans; il peut être renouvelé dans les mêmes formes que l'autorisation primitive et pour la même durée, à condition que la demande en soit faite avant l'expiration du délai de 25 ans.

Le permis de recherches ainsi que le permis d'exploitation peuvent être cédés à toute personne ou société munie d'une autorisation personnelle pour entreprendre ou poursuivre en son nom les explorations, des recherches ou une exploitation; cette autorisation est délivrée par le chef de la colonie.

En dehors des droits d'institution qui viennent d'être énumérés, il doit être acquitté un droit d'extraction et un droit sur les titres. Le premier est de 2 o/o sur la valeur des minerais; quant au second, les titres émis pour la recherche et pour l'exploitation des mines sont soumis, pour les titres nominatifs, à un droit de mutation de 1/2 o/o et pour les titres au porteur à un droit d'abonnement annuel de 0,20 o/o.

Article 5. — Divers produits

A côté des quatre grands services financiers dont les principales ressources viennent d'être indiquées, se trouvent divers détails de moindre importance qui contribuent dans une certaine mesure à l'équilibre du budget de la colonie. Ce sont le service de l'imprimerie où les particuliers, étant donné le nombre restreint d'imprimeries libres au Sénégal, peuvent être autorisés à faire exécuter certains travaux d'impression et de reliure ; le service des lazarets et le service des hôpitaux civils de la colonie, où des tarifs très modérés sont appliqués aux personnes admises dans ces établissements. Il a paru d'autant plus utile de ne fixer qu'un droit relativement minime pour le séjour passé aux lazarets et aux hôpitaux civils, que ces institutions sont commandées par l'intérêt supérieur de la santé publique et qu'en imposant certaines mesures de préservation, celles-ci ne devaient pas avoir pour effet de convertir ces organismes, conçus dans un but d'intérêt général, en des services de rapport. Les tarifs actuellement en vigueur sont les suivants :

LAZARETS

1º Droit de séjour, par jour et par personne :
Officiers ou passagers de chambre considérés comme tels.   10 fr.
Sous-officiers ou passagers d'entrepont considérés comme tels   5
Caporaux, soldats ou passagers de pont, ouvriers, domestiques, etc., savoir :
Internés, traités à la ration européenne   3
Internés, traités à la ration indigène   2

Ces chiffres sont réduits de moitié pour les enfants au-dessous de 12 ans. Les enfants au-dessous de 3 ans sont admis gratuitement.

2° Droits sur les marchandises désinfectées :

Bagages des passagers, les 100 kilos . . . . 1 fr.
Cuirs, peaux et autres dépouilles d'animaux, les 100 pièces. 2

3° Droits pour l'assainissement des navires sur rade ou des marchandises au lazaret.

Remboursement des dépenses faites.

Il existe deux lazarets au Sénégal : l'un à Dakar, pour le second arrondissement, et l'autre à Bop N'Thior, pour le premier arrondissement. En cas de nécessité, l'administration locale utilise le lazaret de Bop Diara, situé à proximité de la barre du fleuve Sénégal.

HOPITAUX CIVILS

Les taxes pour la journée de traitement dans les hôpitaux civils de Saint-Louis et de Gorée, sont fixées ainsi qu'il suit :

Ration européenne, 1re classe, 8 fr. par jour.
— — 2e classe, 5 fr. par jour.
Ration indigène, — 3 fr. par jour.

On peut terminer l'énumération des diverses ressources de la colonie en citant les droits perçus pour l'emmagasinage dans ses poudrières à raison de 0 fr. 25 par kilogramme, des poudres du commerce ; ceux de visite et d'emmagasinage spécial de la dynamite ; ceux résultant des frais généraux de perception, des droits d'octroi (10 o/o net) dont la liquidation est faite au profit des communes, par les agents de l'administration locale ; diverses contributions des communes dans les dépenses engagées au titre de l'instruction primaire et la police.

Les agents de perception de la colonie sont :

Le trésorier-payeur du Sénégal et dépendances;

Le trésorier particulier de Dakar;

Les percepteurs des contributions directes de Saint-Louis et de Dakar;

Les receveurs régionaux de Thiès, Tivaouane, Louga, Kaolack, Podor, Kaedi, Bakel et Sédhiou.

ORGANISATION ADMINISTRATIVE

CHAPITRE PREMIER

ADMINISTRATION GÉNÉRALE

La colonie du Sénégal est divisée, au double point de vue administratif et judiciaire, en deux arrondissements : le premier comprend Saint-Louis, les escales et les régions de la voie ferrée jusqu'à N'Dande inclusivement, ainsi que les escales et les contrées baignées par le fleuve Sénégal ; le second arrondissement comprend les villes de Gorée, Dakar, Rufisque, les diverses escales et régions de la voie ferrée depuis ces deux dernières villes jusqu'à Kelle inclusivement, le Sine Saloum et la Casamance. Elle est constituée, au point de vue politique et administratif, en communes de plein exercice, en territoires d'administration directe et en pays protégés.

Les communes de plein exercice sont les villes de Saint-Louis, Dakar, Rufisque, dans toute l'étendue de leur circonscription électorale et l'île de Gorée.

Les territoires d'administration directe sont les diverses escales situées sur le fleuve Sénégal, autour de nos postes, dans la limite de portée du canon, et les escales de la voie ferrée avec un rayon autour des gares variant entre 300 et 2000 mètres, ainsi que les contrées du second arrondissement qui n'ont pas été désannexées. Ces escales peuvent être érigées en communes mixtes ou en communes indigènes, dans les conditions prévues par le décret du 13 décembre 1891.

Parmi les pays protégés, on distingue ceux où notre protection se fait sentir d'une façon directe et ceux où la France n'exerce qu'un protectorat purement politique. Dans les premiers, nous percevons l'impôt et donnons l'investiture aux chefs indigènes ; dans le second, où la suzeraineté de la France est reconnue, les nominations des chefs de province sont soumises à l'agrément du gouverneur local.

Article 1. — Gouvernement général

Antérieurement au décret du 16 juin 1895, le Sénégal était administré par un gouverneur des colonies, dont l'action s'étendait, vers le nord-est, jusqu'au cercle de Bakel et la région du Bambouck et du côté du sud, jusqu'aux limites de la Casamance inclusivement.

Depuis le décret précité, l'administration de la colonie a été confiée à un haut fonctionnaire ayant le titre de gouverneur général de l'Afrique Occidentale française et dont l'action s'étend non seulement sur le Sénégal proprement dit, mais encore sur nos possessions du Soudan français, de la Guinée française et de la côte d'Ivoire ; le gouverneur général est le représentant du gouvernement de la République dans ces territoires. A la tête de chacune de ces colonies se trouve placé un gouverneur ; au Soudan, un officier général remplissait les fonctions de lieutenant gouverneur.

Après avoir été momentanément détachée du gouvernement général, la côte d'Ivoire fut de nouveau placée sous l'action du chef supérieur de l'ouest africain français. En raison de l'extension progressive de notre influence et de l'utilité d'adopter un programme uniforme dans ces vastes colonies, la haute direction politique et militaire de tous les territoires dépendant du Sénégal, auquel a été rattaché le Soudan, de la Guinée française, de la côte d'Ivoire et du Dahomey, a été placée, par le décret du 17 octobre 1899, entre les mains du gouverneur général.

La partie du Soudan rattachée au Sénégal comprend les cercles de Kayes, Bafoulabé, Kita, Satadougou, Bammako, Segou, Djenné, Nioro, Goumbou, Sokolo et Bougouni, ainsi que deux territoires militaires dans la circonscription desquels sont compris : le premier, les cercles et résidences de Tombouctou, Iumpi, Goundom, Bandiagara, Dori et Ouahigouya ; le second, les cercles et résidences de San, Ouagadougou, Léo, Kori, Sikasso, Bobo Dioulasso et Dyebougou.

Le gouverneur général est responsable de la défense intérieure et extérieure de l'Afrique occidentale française et dispose, à cet effet, des forces de terre et de mer qui y sont stationnées ; à côté de lui est placé un officier général ou supérieur qui remplit les fonctions de commandant supérieur des troupes et dont l'autorité s'exerce, au point de vue militaire et sous sa haute surveillance, dans les colonies du Sénégal, de la Guinée française, de la Côte d'Ivoire et du Dahomey. Au point de vue politique et administratif, un conseil supérieur est appelé à donner son avis sur les questions de politique générale et celles d'ordre économique et commercial intéressant les diverses colonies qui composent le gouvernement général.

L'ordonnance organique du 7 septembre 1840, concernant le gouvernement local, a institué auprès du chef de la colonie un conseil d'administration qui a pris le nom de conseil privé depuis le décret du 24 février 1885. La composition de cette haute assemblée, après avoir subi certaines modifications, a été définitivement arrêtée comme suit par le décret du 15 septembre 1895 :

Le gouverneur général, président ;

Le secrétaire général ;

Le procureur général, chef du service judiciaire ;

Le commissaire colonial, chef du service administratif ;

Le médecin en chef, chef du service de santé ;

Le directeur des travaux publics (décret du 9 janvier 1900) ;

Deux habitants notables, conseillers privés titulaires ;

Deux habitants notables, conseillers privés suppléants.

Toutes les fois que des affaires rentrant dans leurs attributions viennent en discussion au conseil privé, les différents chefs de corps (marine, artillerie et infanterie) sont appelés, avec voix délibérative, à siéger au sein de cette assemblée ; le décret du 5 décembre 1895 en a décidé de même en ce qui concerne le directeur des affaires indigènes du Sénégal pour toutes les questions se rapportant aux affaires indigènes ou aux pays de protectorat.

En dehors de ces diverses assemblées, le décret du 11 décembre 1888 a créé, au Sénégal, un conseil de défense qui est ainsi constitué sous la présidence du chef de la colonie :

Le commandant supérieur des troupes ;

Le chef du service administratif ;

Le commandant de la marine ;

Le chef de corps d'infanterie le plus élevé en grade ;

Le directeur d'artillerie ;

Un capitaine secrétaire.

Le chef du service de santé est appelé de droit au sein du conseil de défense pour les questions intéressant son service ; il a voix délibérative sur ces questions.

L'énumération qui vient d'être faite des différents fonctionnaires siégeant aux divers conseils du gouvernement local, donne une idée exacte des principales autorités qui, agissant sous l'impulsion du gouverneur général, participent à l'administration de la colonie. Des attributions spéciales sont dévolues à chacun d'eux par certains actes organiques et ils les exercent sous le contrôle de l'autorité supérieure.

Les services du gouvernement général placés sous l'action immédiate du chef de la colonie sont :

1° Le secrétariat général du gouvernement du Sénégal ;
2° Le cabinet du gouvernement général ;
3° Le bureau militaire ;
4° Le secrétariat du gouvernement du Sénégal ;
5° Le bureau du service géographique ;
6° La direction des affaires indigènes.

Le secrétariat général a dans ses attributions la partie administrative, économique et financière des communes constituées et des territoires d'administration directe ;

Le cabinet du gouvernement général est chargé de la centralisation et de l'examen des affaires concernant l'Afrique occidentale française ;

Le bureau militaire prépare la solution des questions intéressant les services militaires du gouvernement général ;

Le secrétariat du gouvernement s'occupe, d'une façon plus spéciale, des affaires du Sénégal et du conseil privé ;

Le bureau du service géographique procède à la confection des cartes des diverses régions de l'Afrique occidentale Française ;

La direction des affaires indigènes est chargée de l'administration des pays protégés.

ARTICLE 2. — SECRÉTARIAT GÉNÉRAL DU GOUVERNEMENT DU SÉNÉGAL

La création du secrétariat général du gouvernement remonte au 21 mai 1898 ; elle résulte du décret de même date qui a supprimé dans les colonies les fonctions de directeur de l'intérieur. Précédemment, l'administration supérieure de nos établissements d'outre-mer était confiée, sous la haute autorité du gouverneur, à un directeur ayant des pouvoirs propres. Le décret précité a fait disparaître cette organisation, en conférant aux gouverneurs des colonies, à titre d'attributions propres, outre celles qui leur sont conférées par les textes en vigueur, celles primitivement confiées au directeur de l'intérieur.

Le secrétaire général assiste le gouverneur dans l'administration de la colonie ; il occupe le premier rang après le gouverneur qu'il remplace de plein droit, en cas de mort, d'absence ou d'empêchement, à moins d'une désignation spéciale faite par le ministre ; il est membre du conseil privé, du conseil du contentieux qu'il préside à défaut du chef de la colonie ; il représente ce haut fonctionnaire au sein du conseil général et de la commission coloniale.

Dès la mise en application, au Sénégal, du décret du 21 mai 1898, un arrêté local a déterminé les attributions du secrétaire général, plus particulièrement chargé de la surveillance directe des bureaux du secrétariat général et du contrôle administratif et financier des divers services locaux de la colonie.

Les diverses attributions du secrétariat général sont réparties entre les bureaux suivants :

Secrétariat particulier :

1er bureau : administration générale, communes, contentieux ;

2e bureau : travaux et approvisionnements ;

3e bureau : finances.

Bureau de la délégation de Dakar.

Le personnel des bureaux du secrétariat général et de la délégation de Dakar est placé sous les ordres immédiats du secrétaire général. En cas de mort, d'absence ou autre empêchement, ce haut fonctionnaire est remplacé provisoirement par un chef de bureau ou un administrateur, à la désignation du gouverneur général.

Le secrétariat général étant chargé de l'administration financière de la colonie a réuni, pour son exposition propre, les budgets et les comptes définitifs du service local de 1889 à 1898 ; il a également fourni les éléments pour la préparation des diagrammes indiquant la situation des recettes, celle des dépenses et celle de la caisse de réserve pour chacune de ces années. Les différences constatées à ces divers titres ont été expliquées plus haut, dans la partie consacrée à l'organisation financière de la colonie. Enfin le secrétariat général à été chargé de la préparation et de la centralisation de l'exposition de l'administration locale.

Article 3. — Direction des affaires indigènes

Le service des affaires indigènes a de tout temps été considéré par les gouverneurs qui se sont succédé au Sénégal, comme un rouage indispensable à l'administration de la colonie. Lorsqu'on remonte aux époques les plus reculées de notre occupation, on constate que l'une des pensées prédominantes de ceux qui se trouvaient à la tête du gouvernement, a été d'assurer aux pays placés sous nôtre protection un organisme spécial exclusivement chargé des relations extérieures de la France avec les diverses contrées de l'intérieur et du règlement des questions litigieuses se produisant parmi les chefs et les habitants des pays protégés. L'accroissement de notre influence rendit bientôt nécessaire la transformation du bureau politique d'antan en un service des affaires politiques. Au moment où il a été procédé à la réorganisation de la direction de l'intérieur du Sénégal, le service des affaires indigènes fut placé dans les attributions du chef de l'administration locale ; il en fut détaché par le décret du 22 septembre 1887 fixant les attributions des administrateurs coloniaux. De nos jours le service des affaires indigènes, dont l'action ne s'étendait que sur les banlieues de nos villes, a été réuni à celui des affaires politiques plus particulièrement affecté aux pays de protectorat proprement dits ; de cette fusion a été formée la direction des affaires indigènes qui, depuis l'arrêté du 15 janvier 1890 plaçant sous le régime du protectorat certains territoires du premier arrondissement autrefois annexés, est seule appelée à exercer une action immédiate sur les affaires intérieures et extérieures des pays protégés.

La direction des affaires indigènes est chargée de l'organisation politique et financière des diverses provinces du Sénégal où elle place, dans nos principales escales de commerce et dans les centres les plus importants de l'intérieur, un administrateur ou un résident. C'est par les soins de ce service que sont accordées les concessions minières et les étendues de terrains nécessaires aux exploitations industrielles ou agricoles dans l'intérieur de la colonie.

ARTICLE 4. — SERVICE SANITAIRE ET LAZARETS

A la suite des épidémies de fièvre jaune et de choléra qui ont fait tant de victimes au Sénégal, l'administration métropolitaine a soumis, le 29 août 1884, à la signature du chef de l'Etat, un décret portant organisation du service sanitaire et prescrivant l'application de mesures sanitaires permanentes. Depuis, certaines améliorations ont été apportées à cet acte par le décret du 31 mars 1897 qui n'a fait que coordonner les réglementations précédentes et les mettre en harmonie avec les dispositions adoptées par la convention sanitaire signée à Dresde le 15 avril 1893.

Le service sanitaire est placé dans les attributions du chef de service de santé qui prend le titre de directeur de la santé. Il est chargé de la direction et de l'inspection des services sanitaires de la colonie ; les agents mis à sa disposition sont :

Le médecin principal, agent principal de la santé à Dakar ;

Les médecins arraisonneurs à Saint-Louis, Dakar, Gorée, Rufisque et Bakel ;

Le médecin-directeur du lazaret de Dakar ;

ÉTAT FAISANT CONNAITRE LES DIFFÉRENTES QUARANTAINES
établies au Sénégal de 1889 à 1898

	ÉTABLISSEMENT DE LA QUARANTAINE				SUPPRESSION DE LA QUARANTAINE		
ANNÉES	DATE ET MOIS	PROVENANCES	ÉPIDÉMIES	ANNÉES	DATE ET MOIS	OBSERVATIONS	
1889	14 février	Sénégal.	Variole.	1889	24 octobre	Patentes de santé portant mention : Variole règne dans la colonie. Cette quarantaine date de 1888.	
»	»	Ile Palma.	Fièvre jaune.	»	26 février		
1890	21 juin	Espagne.	Choléra.	1890	10 janvier		
»	»	Portugal.	Id.	1890	9 novembre		
»	30 juin	Maroc.	Id.	»	22 octobre		
»	2 juillet	Canaries.	Id.	»	»	Toutes les provenances de l'Amérique du Sud sont, de tout temps, tenues en suspicion. La quarantaine réglementaire établie, conformément à l'art. 113 du décret du 29 août 1884, contre les provenances des pays situés entre la pointe Sangomar et le Gabon, a été supprimée par décret du 29 décembre 1893.	
1891	12 février	Bonny-Sierra Leone.	Fièvre jaune.	1891	30 mai		
»	10 décembre	Soudan.	Id.	1892	3 décembre		
1892	5 septembre	Toute l'Europe.	Choléra.	»	29 octobre		
1893	5 juillet	Sénégal.	Id.	1893	6 décembre		
1894	5 décembre	Soudan.	Fièvre algide.	1894	28 décembre		
1895	9 janvier	Rosario.	Choléra.	»	»		
1897	13 janvier	Plymouth (Angleterre)	Id.	1897	24 février		
1897	9 octobre	Soudan.	Fièvre jaune.	»	1er décembre		

Les agents ordinaires de la santé à Joal, Nianing, Sangomar, Foundiougne et Carabane;

Le gardien du lazaret de Dakar;

Les gardes sanitaires en service à Saint-Louis, Dakar, Gorée et Rufisque.

Les officiers de port et les pilotes sont les agents ordinaires de la santé et reçoivent à ce titre des instructions du directeur de la santé.

Il existe à Saint-Louis, Gorée, Dakar et Rufisque une commission sanitaire et un conseil d'hygiène et de salubrité publique appelés à connaître de la police sanitaire maritime, des questions quarantenaires de salubrité publique, de l'hygiène des agglomérations et des groupes, de l'hygiène générale, de la prophylaxie des maladies épidémiques.

Il est placé à poste fixe au lazaret de Dakar un gardien comptable. La police intérieure du lazaret est exercée par un médecin qui ne doit y résider que lorsque les circonstances l'exigent et sur un ordre du directeur de la santé.

Le médecin du lazaret est chargé de soigner et de visiter gratuitement les quarantenaires, de constater leur état de santé à l'expiration de la quarantaine et de veiller à l'exécution de toutes les mesures quarantenaires prescrites.

La simple consultation du diagramme ci-joint démontre que l'état sanitaire de la colonie est satisfaisant.

ORGANISATION ADMINISTRATIVE 135

LAZARET DU CAP MANUEL

DIAGRAMME

DU NOMBRE DES QUARANTENAIRES INTERNÉS AU LAZARET
DE 1889 A 1898

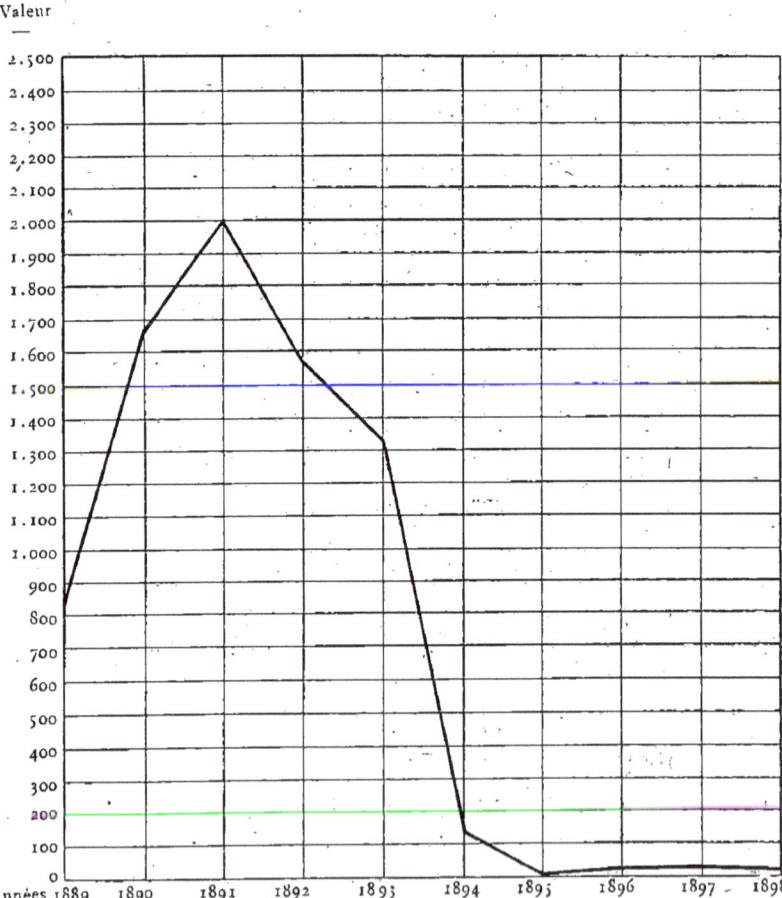

LAZARET DU CAP MANUEL

ÉTAT DES QUARANTENAIRES INTERNÉS AU LAZARET DU CAP MANUEL

De 1889 à 1898 inclusivement.

Années		Quarantenaires internés	
1889	1ʳᵉ classe	60	
	2ᵉ —	21	815
	3ᵉ cl. européenne . .	39	
	3ᵉ cl. indigène. . .	695	
1890	1ʳᵉ classe	256	
	2ᵉ —	132	1675
	3ᵉ cl. européenne. .	521	
	3ᵉ cl. indigène . .	766	
1891	1ʳᵉ classe	76	
	2ᵉ —	52	2006
	3ᵉ cl. européenne . .	22	
	3ᵉ cl. indigène. . .	1856	
1892	1ʳᵉ classe	22	
	2ᵉ —	84	1573
	3ᵉ cl. européenne. .	37	
	3ᵉ cl. indigène. . .	1430	
1893	1ʳᵉ classe	37	
	2ᵉ —	31	1332
	3ᵉ cl. européenne. .	22	
	3ᵉ cl. indigène. . .	1242	
1894	1ʳᵉ classe	44	
	2ᵉ —	24	132
	3ᵉ cl. européenne. .	60	
	3ᵉ cl. indigène. .	4	
1895	1ʳᵉ classe	1	
	2ᵉ —	0	5
	3ᵉ cl. européenne. .	1	
	3ᵉ cl. indigène. . .	3	

Années		Quarantenaires internés	
1896	1re classe	12	
	2e —	2	20
	3e cl. européenne.	2	
	3e cl. indigène.	4	
1897	1re classe	3	
	2e —	5	28
	3e cl. européenne.	16	
	3e cl. indigène	4	
1898	1re classe	2	
	2e —	4	17
	3e cl. européenne.	6	
	3e cl. indigène.	5	

Article 5. — Assistance publique

Les diverses formes dans lesquelles se produit l'assistance publique en France ne se manifestent point dans les mêmes conditions au Sénégal où il n'existe ni ateliers de charité, ni dépôts de mendicité, ni bureaux de bienfaisance. Des hôpitaux civils, établis par la colonie, reçoivent à Saint-Louis et à Gorée les indigents et les aliénés. Les premiers sont hospitalisés, selon le cas, au compte du budget local des communes de plein exercice ou des budgets des pays de protectorat ; quant aux seconds, leurs frais de traitement sont supportés par la colonie qui, en cas de prolongement de la maladie, pourvoit à leur internement dans l'asile Saint-Pierre à Marseille.

Bien que le service des enfants assistés ne soit pas encore créé au Sénégal, il existe à Saint-Louis et à Gorée un asile où sont admises les jeunes filles abandonnées. Dans une de ses dernières sessions, le conseil général a adopté le principe de la création d'un orphelinat de garçons, dont l'administration locale poursuit la réalisation. Il y a lieu de mentionner, en outre, l'installation d'un dispensaire à Saint-Louis, Dakar et Rufisque ; ces divers établissements sont subventionnés par les communes, sauf en ce qui concerne celui de Rufisque qui est la propriété de la commune.

Les hôpitaux établis dans la colonie sont au nombre de cinq : un hôpital militaire et un hôpital civil dans chacune des villes de Dakar et de Saint-Louis, et à Gorée une ambulance militaire où les bâtiments vastes et nombreux permettent d'assurer le cas échéant l'hospitalisation des troupes, des fonctionnaires et des habitants du second arrondissement.

La direction de chacun des hôpitaux civils de la colonie est confiée à un médecin, chef du service médical de ces établissements.

Le directeur a sous ses ordres un médecin adjoint et un pharmacien, s'il y a lieu, des sœurs hospitalières et le personnel attaché à l'hôpital.

Une commission de surveillance est instituée pour chaque établissement. Elle est chargée du contrôle de l'organisation, du fonctionnement du service intérieur de l'hôpital ; elle doit donner son avis sur la marche générale du service, signaler les défectuosités, aider le directeur de ses conseils et exercer un contrôle financier.

Les dépenses du service de l'assistance publique, supportées par le budget local, ont varié, de 1889 à 1898, entre 91.968 fr. 57 et 136.808 fr. 39. Pendant cette période 2.823 personnes ont été soignées à l'hôpital civil de Saint-Louis ; sur ce nombre 470 ont trouvé la mort. Le tableau suivant donne le mouvement des malades et la nature des maladies traitées dans cet établissement hospitalier pendant la période décennale précitée :

CLASSIFICATION ET CATÉGORIE des Maladies		DÉSIGNATION des maladies traitées à l'hôpital civil	1889	1890	1891	1892	1893	1894	1895	1896	1897	1898	TOTAL descentrants	TOTAL des sortants	TOTAL des décès	Proportions des décès o/o
ÉPIDÉMIQUES	1re CATÉGORIE Provenant du dehors	Choléra	»	»	»	»	76	»	»	»	»	»	76	28	48	63
	2e CATÉGORIE Naissant sur place	Variole	16	»	»	»	»	»	15	4	6	1	42	27	15	35 1/2
		Varicelle	4	»	»	»	»	»	2	»	1	»	7	7	»	»
		Béribéri	30	5	11	7	10	21	49	27	16	14	190	157	33	17
		Influenza	»	1	»	2	»	1	8	3	3	»	18	18	»	»
		Fièvre articulaire (Dengue)	»	9	»	1	1	»	»	2	»	2	15	15	»	»
		Fièvre typhoïde	»	»	»	»	»	1	»	3	»	»	4	3	1	25
MALADIES ENDÉMIQUES	1re CATÉGORIE Paludiques	Fièvre et embarras gastrique	29	36	18	35	48	26	25	38	33	31	289	273	16	5 1/2
		Accès pernicieux	1	»	»	»	»	1	1	»	»	»	3	»	3	100
		Anémie et cachexie palustre	»	»	11	10	3	4	5	6	4	7	50	44	6	12
		Accès bilieux mélanurique	»	»	»	»	1	»	»	»	»	»	1	»	1	100
	2e CATÉGORIE Saisonnières	Dysenterie et diarrhée	27	11	29	19	29	23	40	69	25	16	288	249	39	13
		Gastrite et dyspepsie	»	»	»	»	»	2	4	4	4	»	14	13	1	7
		Colique sèche	»	»	5	»	1	2	2	4	»	»	14	14	»	»
		Autres affections du tube digestif	»	»	»	»	1	2	»	2	5	1	11	11	»	»
	3e CATÉGORIE Climatériques	Ophtalmie et autres affections des yeux	9	6	1	5	7	8	10	3	7	5	61	61	»	»
		Hépatite	2	1	»	1	»	»	3	»	3	2	12	10	2	15 1/2
		Ictère	1	»	1	»	»	»	1	»	»	»	3	3	»	»
		Ansarque et œdème des jambes	5	»	3	3	1	»	7	3	4	3	29	14	15	55 1/2
		Ascite	3	3	1	»	3	1	4	2	1	2	20	13	7	35
		Goitre	»	1	»	»	»	»	2	»	»	»	3	3	»	»
		Filaire de Médine	»	»	»	1	1	»	»	»	2	1	5	5	»	»

		Maladies													
MALADIES SPORADIQUES	1ʳᵉ Catégorie Saisonnières	Bronchite	15	7	14	18	16	14	10	27	18	7	146	139	7	4 1/2
		Pneumonie et pleurésie	4	8	9	8	4	5	4	8	3	1	54	40	14	25 1/2
		Phtisie	4	2	6	2	8	1	4	5	3	6	41	6	35	85
		Rhumatisme	8	4	11	9	11	4	4	16	14	15	96	89	7	6 1/2
		Tétanos spontané	1	3	1	1	»	1	»	»	»	»	7	3	4	57
	2ᵉ Catégorie Climatériques	Maladie du sommeil	2	»	»	»	1	4	»	»	1	2	10	2	8	80
		Eléphantiasis	6	4	2	»	1	4	1	4	2	»	24	15	7	29
		Pied de Madura	»	»	»	1	»	1	»	»	1	»	3	3	»	»
		Lèpre	2	1	3	1	1	3	»	2	2	3	18	11	7	38 1/2
	3ᵉ Catégorie Constitutionnelles	Affections cardiaques	»	2	1	»	»	1	»	1	»	1	5	2	3	60
		Hémorragies diverses	»	3	»	»	1	»	»	»	1	1	6	6	»	»
		Empoisonnement	»	»	2	4	1	»	»	2	1	»	10	9	1	10
		Cachexie sénile	»	»	3	»	»	2	2	3	5	»	15	4	11	73
	4ᵉ Catégorie Causes diverses	Maladies génito-urinaires	11	6	11	8	8	6	8	8	9	12	87	82	5	6
		Maladies de la peau	7	4	7	12	8	7	7	4	1	6	63	63	1	1 1/2
		Maladies de la moelle et du cerveau	2	3	»	2	»	2	2	1	4	3	19	9	10	55
		Affections obstétricales	1	2	2	1	»	6	7	2	»	3	24	22	2	8
		Affections des oreilles	»	2	3	»	1	»	»	»	»	»	6	6	»	»
		Tœnia	1	2	3	4	1	1	3	5	1	»	21	21	»	»
Maladies chirurgicales		Plaies et brûlures	55	15	54	23	21	34	31	33	42	45	350	325	25	7
		Abcès — Phlegmon	3	»	3	5	3	13	10	6	6	6	59	51	8	14
		Tumeurs diverses	4	3	5	4	1	2	6	10	2	1	38	31	7	18
		Fractures et luxations	»	1	4	3	5	4	6	6	4	6	39	34	5	13
		Arthrites et tumeurs blanches	2	2	2	2	4	8	1	»	3	7	31	30	1	3 1/2
		Tétanos traumatique	0	»	2	2	4	»	»	6	1	1	22	1	21	95 1/2
Maladies vénériennes		Affections syphilitiques	63	31	45	45	31	55	26	35	23	33	387	335	52	13
		Blennorrhagie, Adénite	3	7	7	10	5	6	7	16	7	10	78	78	»	»
Maladies mentales et du système nerveux		Aliénation	4	6	7	5	1	3	6	8	10	5	55	36	19	34 1/2
		Affections nerveuses	4	1	4	1	1	1	»	»	1	1	14	5	9	64
Maladies inconnues		Mort sur la voie publique	3	1	2	1	»	2	»	3	1	»	13	»	13	»
		Totaux	338	193	290	256	291	277	324	384	280	263	2.896	2.426	470	16 3/4

Il n'est pas sans intérêt de relever le nombre et la nature des opérations pratiquées durant cette période décennale. Les résultats obtenus ont été de 27 guérisons sur 38 malades opérés, soit 11 insuccès.

Les affections qui ont donné lieu à l'intervention chirurgicale sont les suivantes :

a) Pour le membre inférieur : 12 amputations.

4 éléphantiasis de la jambe, dont 3 décès;
1 fracture de la cuisse, 1 décès;
1 fracture de la jambe;
3 ulcères à la jambe avec nécrose des os, 1 décès;
3 pieds de madura.

b) Pour le membre supérieur : 7 amputations.

2 fractures de l'avant-bras;
1 arthrite suppurée du coude;
1 plaie gangreneuse à la main;
1 fracture du bras;
1 écrasement des doigts;
1 coup de feu à la main, 1 décès.

c) Ponctions de l'abdomen : 9 ascites, 2 décès.

d) Scrotum : 4 éléphantiasis, 3 décès.

e) Ablations de tumeurs diverses : 4.

f) 1 opération de la cataracte.

g) 1 extraction d'une balle au pied datant de 13 ans.

Voici la répartition des dates des opérations et des décès par année : 1889, 2 opérations;

1891, 1 opération, 1 décès (éléphantiasis du scrotum);

1892, 3 opérations, 2 décès (éléphantiasis du scrotum, éléphantiasis de la jambe);

1893, 4 opérations, 1 décès (éléphantiasis de la jambe);

1894, 8 opérations, 1 décès (éléphantiasis du scrotum);

1895, 4 opérations, 2 décès (fracture de la cuisse, ascite);

1896, 9 opérations, 1 décès (ulcère et nécrose des os de la jambe);

1897, 3 opérations, 1 décès (ascite);

1898, 4 opérations, 2 décès (coup de feu à la main, éléphantiasis de la jambe).

HOPITAL CIVIL DE SAINT-LOUIS

DIAGRAMMES DES ENTRÉES ET DES DÉCÈS DE MALADES

DU 1ᵉʳ JANVIER 1889 AU 31 DÉCEMBRE 1898

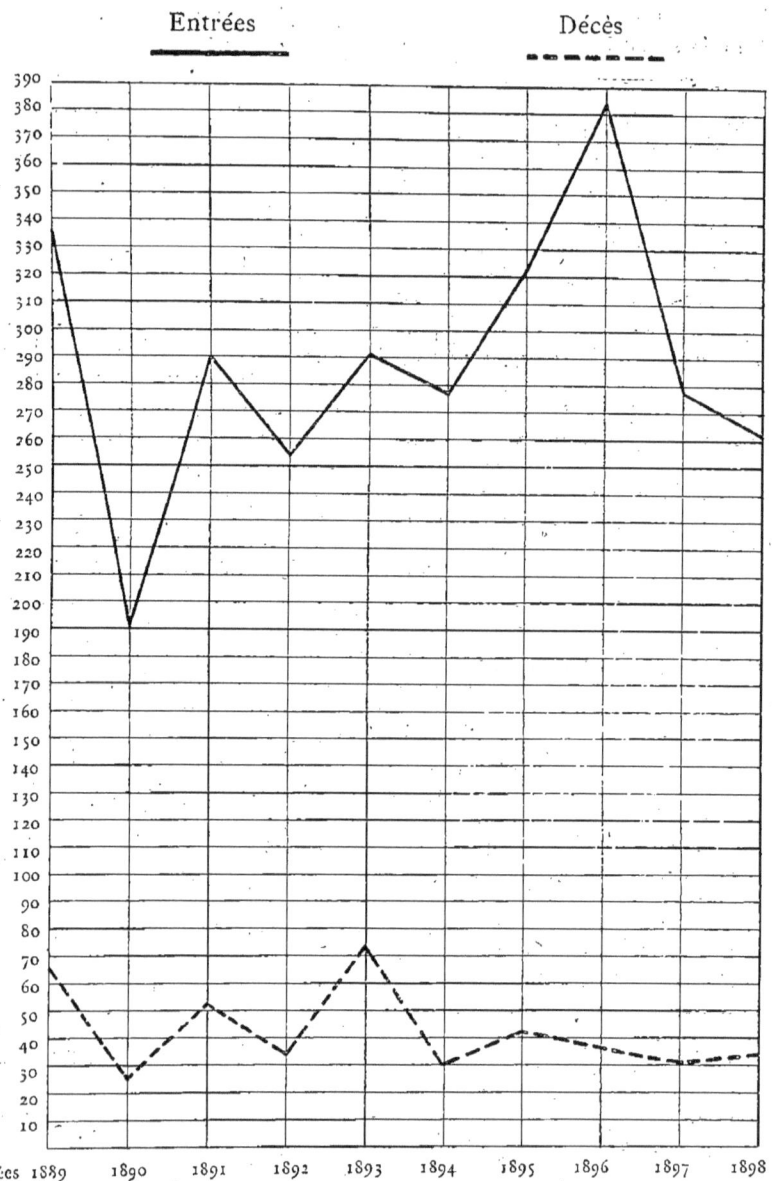

HOPITAL CIVIL DE GORÉE

Ier TABLEAU

MOUVEMENT DES ENTRÉES ET SORTIES DES MALADES
AVEC LES DÉPENSES PAR ANNÉE, DE 1893 à 1898.

MOUVEMENT des ENTRÉES ET SORTIES		ANNÉES	NOMBRE de malades hospitalisés	NOMBRE de journées de traitement	NOMBRE de décès	DÉPENSES	
Existants au 1er janvier 1893.	4					Vivres	3.298 f. 30
Entrées pendant l'année 1893.	47					Matériel . . .	1.006 f. 45
Total des malades . . .	51	1893	51	1770	40	Médicaments	809 f. 89
Sorties pendant l'année. . . .	43					Loyer	2.400 f. »
Reste au 1er janvier 1894 . . .	8					TOTAL . .	7.514 f. 64
Existants au 1er janvier 1894.	8					Vivres	4.032 f. 72
Entrées pendant l'année 1894.	94					Matériel . . .	2.292 f. 70
Total des malades . . .	102	1894	102	3324	16	Médicaments	1.252 f. 25
Sorties pendant l'année. . . .	95					Loyer	2.400 f. »
Reste au 1er janvier 1895 . . .	7					TOTAL . .	9.977 f. 67
Existants au 1er janvier 1895.	7					Vivres	5.720 f. 19
Entrées pendant l'année 1895.	129					Matériel . . .	2.266 f. 17
Total des malades . . .	136	1895	136	2601	18	Médicaments	1.021 f. 45
Sorties pendant l'année. . . .	133					Loyer	2.400 f. »
Reste au 1er janvier 1896 . . .	3					TOTAL . .	11.407 f. 81
Existants au 1er janvier 1896.	3					Vivres	4.889 f. 44
Entrées pendant l'année 1896.	187					Matériel . . .	807 f. 25
Total des malades . . .	190	1896	190	3681	15	Médicaments	3.269 f. 14
Sorties pendant l'année. . . .	172					Loyer	2.400 f. »
Reste au 1er janvier 1897 . . .	18					TOTAL . .	11.365 f. 83
Existants au 1er janvier 1897.	18					Vivres	7.016 f. 36
Entrées pendant l'année 1897.	146					Matériel . . .	4.319 f. 55
Total des malades . . .	164	1897	164	4656	14	Médicaments	3.254 f. 59
Sorties pendant l'année. . . .	151					Loyer	2.400 f. »
Reste au 1er janvier 1898 . . .	13					TOTAL. .	16.990 f. 50
Existants au 1er janvier 1898.	13					Vivres	4.265 f. 28
Entrées pendant l'année 1898.	143					Matériel . . .	2.792 f. »
Total des malades . . .	156	1898	156	4452	10	Médicaments	1.358 f. 60
Sorties pendant l'année. . . .	144					Loyer	2.400 f. »
Reste au 1er janvier 1899 . . .	12					Menues dépenses . .	754 f. »
						TOTAL . .	11.569 f. 88

HOPITAL CIVIL DE GORÉE

2ᵉ TABLEAU
MOUVEMENT DES ENTRÉES ET SORTIES
PENDANT L'ANNÉE 1898 AVEC LA CATÉGORIE DES MALADES HOSPITALISÉS

                Existants au 1ᵉʳ janvier 1898   13
                Entrées pendant l'année   143
                        TOTAL DES MALADES . .   156

                Sorties pendant l'année   144
                Reste au 1ᵉʳ janvier 1899   12

SERVICE LOCAL

| Malades traités à 3 f. par jour | 8 Indigents du service local donnent. . . . . . 589 j. à 3 f . 1.767 f. |
| 63 Employés ou agents — donnent. . . . . . 1392 — . 4.176 |
| TOTAL . . 71 | 1.981 | 5.943 f. |

| Malades traités à 5 f. par jour | 7 Indigents européens du service local donnent . 221 j. à 5 f . 1.105 f. |
| 10 Employés européens du service local donnent . 121 — . 605 |
| TOTAL . . 17 | 342 | 1.710 f. |

| Malades traités à 8 f. par jour | 2 Employés du service local donnent. . . . . . 18 journ. à 8 f. . 144 f. |

PARTICULIER

Malades traités				
à 3 f. par jour	40 Malades donnent . . . 1.666 journ. à 3 f. . 4.998 f.
à 5 f. par jour	14 Malades donnent . . . 231 — à 5 f. . 1.155 f.
à 8 f. par jour	11 Malades donnent . . . 214 — à 8 f. . 1.712 f.

Total des malades hospitalisés à l'hôpital civil de Gorée pendant l'année 1898 . . . . 156 »

Total des journées de traitement à l'hôpital civil de Gorée pendant l'année 1898 . . . . 4.452 »

Sommes acquises pour traitement des diverses catégories de malades hospitalisés à l'hôpital civil de Gorée pendant l'année 1898 . . 15.662 f.

Sommes dépensées par l'hôpital civil de Gorée pendant l'année 1898

                Vivres 4.265ᶠ 28
                Matériel . . . .   2.792 »
                Médicaments 1.358 60
                Loyer . . . .   2.400 »
                Menues dépenses . . . .   754 »
                                                         11.569ᶠ 88

                RECETTES . . . . .   15.662 »
                DÉPENSES 11.569 88
                RESTE 4.092ᶠ 12

Sénégal.

HOPITAL CIVIL DE GORÉE

3ᵉ TABLEAU

NATURE DES AFFECTIONS TRAITÉES EN 1898

CLINIQUE INTERNE	EXISTANTS au 1ᵉʳ janvier 1898	ENTRÉES	SORTIS PAR GUÉRISON	SORTIS PAR DÉCÈS	EXISTANTS au 1ᵉʳ janvier 1899
Maladies Endémiques					
Anémie	»	9	9	»	»
Accès bilieux	»	1	1	»	»
Cirrhose atrophique et ascite	»	1	1	»	»
Congestion du foie	»	1	1	»	»
Diarrhée	1	»	1	»	»
Fièvre paludéenne	»	19	16	1	2
Fièvre bilieuse	»	2	2	»	»
Hypertrophie splénique	»	1	»	1	»
Hépatite	»	1	»	1	»
Dysenterie	»	1	1	»	»
Maladies sporadiques					
Amygdalite	»	1	1	»	»
Alcoolisme	»	1	1	»	»
Bronchite chronique spécifique	1	2	2	1	»
Bronchite aiguë	»	7	6	»	1
Dyspepsie gastro-intestinale	»	1	1	»	»
Délire de la persécution avec idée de suicide	»	2	»	2	»
Epilepsie avec délire impulsif	1	2	2	»	1
Embarras gastrique	1	2	3	»	»
Grossesse et accouchement imminent	»	1	1	»	»
Pleurésie côté gauche	»	1	1	»	»
Morphinomanie	1	»	1	»	»
Néphrite	»	1	1	»	»
Ramollissement cérébral	»	1	»	»	1
Rhumatisme articulaire	»	1	1	»	»
Scrofule	»	1	1	»	»
Troubles cérébraux (Manie aiguë)	»	1	1	»	»
Troubles cérébraux (Morphinomanie)	»	2	2	»	»
Tuberculose pulmonaire	»	2	»	2	»
Tœnia	»	3	3	»	»
A reporter	5	70	62	8	5

CLINIQUE EXTERNE	EXISTANTS au 1ᵉʳ janvier 1898	ENTRÉES	SORTIS PAR		EXISTANTS au 1ᵉʳ janvier 1898
			GUÉRISON	DÉCÈS	
Reports. . . .	5	70	62	8	5
Maladies chirurgicales					
Abcès du pouce	1	»	1	»	»
Arthrite	»	1	1	»	»
Brûlure de l'œil gauche	»	1	1	»	»
Blessure aux pieds	»	1	1	»	»
Conjonctivite purulente de l'œil droit.	»	1	1	»	»
— simple.	»	2	2	»	»
Contusions	»	2	2	»	»
Coup de feu à la région cervico-parotidienne	»	1	»	»	1
Fracture comminutive et compliquée du tiers inférieur de la jambe droite.	»	1	»	»	1
Fracture de côtes.	»	2	2	»	»
Fracture de la cuisse droite et lésions internes	»	1	»	»	1
Hydrocèle	1	6	7	»	»
Hernie inguinale droite.	»	3	2	1	»
Hémorrhoïdes	»	1	1	»	»
Métrite	»	4	2	»	2
Moignon ulcéré	»	1	1	»	»
Ostéite tuberculeuse.	»	1	1	»	»
Otite et otorrhée	»	1	1	»	»
Plaies contuses	1	4	5	»	»
Plaies par instrument tranchant et piquant	»	2	2	»	»
Phlegmons de la main gauche et de l'index gauche	»	3	3	»	»
Panaris	»	1	1	»	»
Ptérygions	»	1	1	»	»
Rétention d'urine.	»	1	1	»	»
Tétanos traumatique	1	1	1	1	»
Tumeur bénigne de la région sus-claviculaire	»	1	1	»	»
Taie de la cornée consécutive à une conjonctivite purulente (œil droit). .	»	1	1	»	»
Ulcère	2	6	6	»	2
Vaginite	1	»	1	»	»
Maladies cutanées vénériennes					
Bubon	»	1	1	»	»
Chancre et phimosis.	»	1	1	»	»
Chancre mou	»	1	1	»	»
Cystite blennorrhagique	»	1	1	»	»
Syphilis	»	1	1	»	»
Uréthrite	»	2	2	»	»
Acnée	»	1	1	»	»
Eczéma	»	1	1	»	»
Gale	»	7	7	»	»
TOTAL . .	12	136	127	10	12

HOPITAL CIVIL DE GORÉE

4ᵉ TABLEAU

NATURE DES OPÉRATIONS FAITES EN 1898

	Existants au 1ᵉʳ janvier 1898	ENTRÉES	Sorties par Guérison	Sorties par Décès	Existants au 1ᵉʳ janvier 1899
Amputation des trois premiers orteils du pied gauche nécessitée par la gangrène d'une partie de ces orteils.	»	1	1	»	»
Amputation de la cuisse gauche nécessitée par l'écrasement du pied et de la jambe gauches	»	1	1	»	»
Amputation du gros orteil gauche nécessitée par l'écrasement de cet orteil	»	1	1	»	»
Amputation de la jambe gauche au tiers inférieur nécessitée par l'écrasement du pied correspondant.	»	1	1	»	»
Amputation de la deuxième phalange du gros orteil.	»	1	1	»	»
Amputation du gros orteil droit	»	1	1	»	»
Cure radicale de hernie étranglée.	»	1	»	1	»
Total	»	7	6	1	»

Le 1ᵉʳ tableau indique de 1893 à 1898 inclusivement, par année, le nombre de malades hospitalisés, le nombre de décès et les dépenses qui ont été faites pour venir en aide à toutes les classes de la population y compris les classes nécessiteuses.

Le nombre des malades hospitalisés a été progressif depuis 1893 à 1898. En 1893 il était seulement de 51, il s'est élevé en 1898 à 156. Le nombre de journées de traitement était seulement de 1770 en 1893, et ces journées de traitement se sont élevées à 4452 en 1898.

Le nombre de décès était en 1893 de 10 et en 1898, bien que le nombre des malades admis à l'hôpital ait triplé, le nombre des décès reste le même.

Les dépenses également ont augmenté progressivement de 1893 à 1898 avec le nombre des malades. Ces dépenses ont été en 1893 de 7514 fr. 64, en 1898 elles se sont élevées à 11568 fr. 88.

Le 2ᵉ tableau donne les mouvements des entrées et sorties pour l'année 1898 avec la catégorie des malades hospitalisés.

Le 3ᵉ tableau indique la nature des affections traitées en 1898.

Le 4ᵉ tableau la nature des opérations faites en 1898.

Pareil travail n'a pu être fait pour les années précédentes de 1893 inclus à 1897 inclus, faute de renseignements suffisants qu'on n'a pu trouver aux archives de l'hospice civil.

Les dépenses de 1893 à 1898 sont en partie compensées, tous les ans, par les recettes provenant des malades hospitalisés au titre particulier, par celles provenant des indigents hospitalisés au compte des communes du 2ᵉ arrondissement et par celles provenant des employés du service local hospitalisés à leurs frais et auxquels le service local fait une faible retenue sur leur solde en payant lui-même la différence du prix de la journée d'hôpital.

HOPITAL CIVIL DE GORÉE

DIAGRAMMES DES ENTRÉES ET DÉCÈS DE MALADES

DE 1893 A 1898

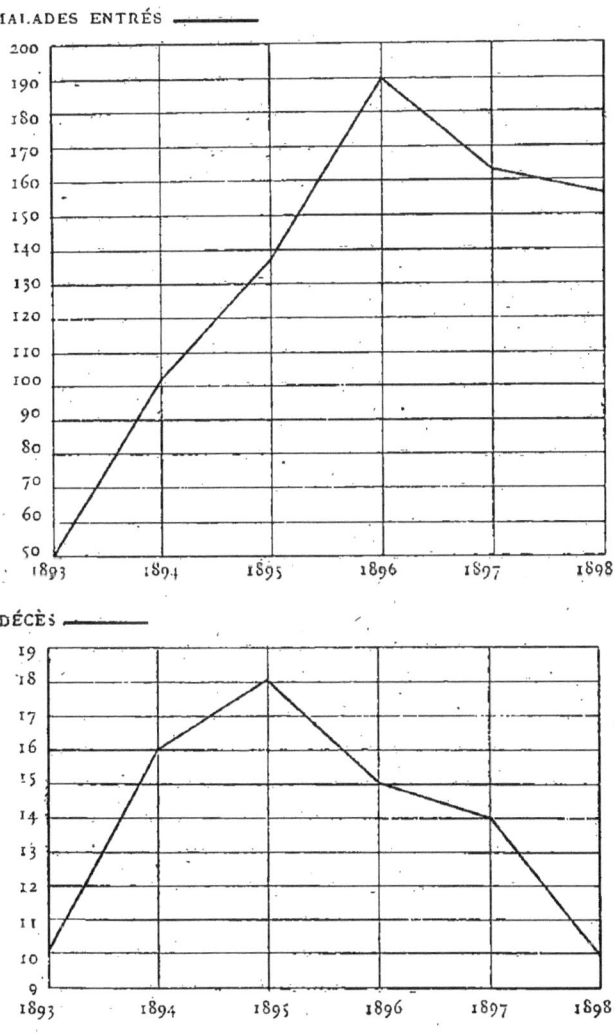

Article 6. — Agriculture

Le service agricole est de création récente au Sénégal. L'utilité de la vulgarisation des ressources qu'offre la colonie a paru s efaire sentir avec plus de force ces temps derniers et le gouvernement local qui n'a cessé d'encourager les efforts des cultivateurs, en vue de l'augmentation de la production agricole, ne s'est pas uniquement borné à faciliter l'installation de ces derniers ; il a prescrit l'établissement de fermes d'expériences à Tivaouane, à M' Bambey et à Kaolack, où l'on se livre à la sélection des animaux domestiques et à des expériences de culture, en même temps que l'on y étudie les améliorations devant être introduites aux systèmes de culture adoptés jusqu'à ce jour. A Richard-Toll et à Sor, deux jardins d'essai ont été créés dans le but de l'acclimatation des variétés de plantes exotiques qui, en cas de réussite, sont multipliées et distribuées aux personnes qui se livrent à la culture. Enfin des pépinières sont établies dans divers postes de l'intérieur où, par les agents de culture qu'il y a placés, le gouvernement local donne des leçons de choses aux populations indigènes. Les résultats obtenus ont été des plus satisfaisants et nous voyons aujourd'hui plusieurs chefs de province, qui ont expérimenté les charrues généreusement distribuées par le gouvernement, tenter les plus louables efforts pour le perfectionnement de leur matériel agricole. Bientôt, on peut l'espérer, la charrue sera répandue dans toute la colonie du Sénégal.

Une inspection de l'agriculture a été créée par arrêté du 21 juin 1898 ; les frais occasionnés par cette institution sont supportés, par moitié, par le budget local et les budgets des pays de protectorat. Il existe également un comité agricole qui fonctionne à Saint-Louis, sous la présidence du secrétaire général du gouvernement.

Art. 7. — Imprimerie

L'arrêté du 10 août 1855 a réglementé le service de l'imprimerie au Sénégal. Les dépenses engagées à ce titre de 1889 à 1898 varient entre la somme de 55,245 fr. 27 et celle de 72,235 fr. 80. Les recettes réalisées par ce service ont varié pendant la même période entre 8,000 fr. et 13,461 fr. 05. Dans ces dernières sommes ne sont pas comprises les cessions de registres et d'imprimés faites aux divers services locaux.

Bien que les éléments et l'outillage dont dispose l'imprimerie du gouvernement soient insuffisants, il a paru convenable d'exposer des spécimens des travaux qui sont exécutés dans ses ateliers. Elle a réuni dans ce but diverses publications locales éditées et reliées par ses soins, telles que *Journal officiel de la colonie*, *Bulletin et Annuaire du Sénégal*, *Recueil des délibérations du conseil général*, *Budgets locaux de 1889 à 1890*, *Comptes définitifs de 1889 à 1897*, ainsi qu'un certain nombre de brochures et de modèles d'administration.

Art. 8. — Gendarmerie et police

Le service de la police est assuré, dans les villes et les principales escales de la colonie, par deux brigades de gendarmerie et un personnel important de commissaires, sergents de ville et agents de police, répartis dans les divers centres selon les besoins du service. Les sommes dépensées au titre de la police, de 1889 à 1898, varient entre 89,093 fr. 02 et 124,289 fr. 14. La prévision inscrite en 1900 au budget de la police générale est de 135,194 fr. 40, dont 30,000 fr. représentent la solde et les accessoires de la gendarmerie.

Le personnel de la police au Sénégal comprend 2 commissaires, 4 commissaires adjoints, 6 sergents de ville, 4 brigadiers et 48 agents; celui de la gendarmerie comporte 1 maréchal des logis, 2 brigadiers et 12 gendarmes.

Art. 9. — Ports et rades, feux, phares, sémaphores et balisage

Des capitaines et lieutenants de port sont placés dans les rades de Saint-Louis, Gorée, Rufisque et dans le port de Dakar ; des réglements spéciaux déterminent les attributions de ces officiers de port qui ont, sous leurs ordres, un personnel indigène comprenant des maîtres, quartiers-maîtres et laptots.

Le service de la barre du fleuve Sénégal est confié à un agent qui prend le titre de capitaine de la barre. Les pilotes et les marins en service à la barre sont placés sous l'autorité immédiate du capitaine.

Les diagrammes ci-joints font ressortir les variations qui se sont manifestées sur l'état de la barre de 1889 à 1898. Ces différences ne sont que la résultante des déplacements successifs de la barre subissant la force des courants et l'instabilité du sol.

Les principaux feux, phares et sémaphores du Sénégal sont les suivants :

Le feu fixe du gouvernement général à Saint-Louis, visible à 4 milles au large et placé à trente mètres au-dessus du niveau du sol ;

Au cap Vert, sur le point culminant des Mamelles, le phare de ce nom à feu tournant, visible à 27 milles ; il est à 9 kil. 700 m. de Dakar. La tour a 29 mètres de hauteur et se trouve à 113 mètres au-dessus du niveau de la haute mer ;

Le phare des Almadies, à un mille de la pointe de ce nom, feu fixe avec éclats alternativement blancs et rouges de 30 en 30 secondes ;

Le feu fixe rouge, sur la falaise du cap Manuel à 52 mètres au-dessus de la haute mer, visible à 8 milles ;

Le feu de port vert de la jetée de Dakar, visible à 5 milles ;

Le feu de Gorée, sur l'appontement central, pour faciliter l'accostage des vapeurs et le débarquement des passagers ;

Le feu fixe rouge de Rufisque, à 16 mètres au-dessus des hautes mers moyennes et visible à 3 ou 4 milles environ ;

Le feu rouge de Carabane, à 16 mètres de hauteur et visible à 6 milles.

La colonie a fait procéder au balisage des fleuves Sénégal, Casamance et Saloum.

Les dépenses engagées au titre de ces divers services varient pendant la période de 1889 à 1898 :

Pour le service des ports, entre la somme de 56,321 fr. 85 et celle de 110,201 fr. 44 ;

Pour le service du poste de la barre et du pilotage, entre la somme de 21,016 fr. 21 et celle de 32,897 fr. 10 ;

Pour les services des feux, phares, sémaphores et balisage, entre la somme de 25,082 fr. 78 et celle de 34,413 fr. 16.

Les tableaux ci-après indiquent les périodes de praticabilité et d'impraticabilité de la barre de 1889 à 1898.

ANNÉE 1889

MOIS	Barre praticable NOMBRE DE JOURS	Barre impraticable NOMBRE DE JOURS
Janvier	31	»
Février	26	2
Mars	31	»
Avril	28	2
Mai	28	3
Juin	30	»
Juillet	31	»
Août	31	»
Septembre. . .	30	»
Octobre. . . .	31	»
Novembre. . .	26	4
Décembre . . .	19	12
TOTAL . .	342	23

ANNÉE 1890

MOIS	Barre praticable NOMBRE DE JOURS	Barre impraticable NOMBRE DE JOURS
Janvier	11	20
Février	17	11
Mars	22	9
Avril	27	3
Mai	28	3
Juin	29	1
Juillet	30	1
Août	31	»
Septembre. . .	20	10
Octobre. . . .	28	3
Novembre . .	22	8
Décembre . . .	18	3
TOTAL . .	293	72

ANNÉE 1891

MOIS	Barre praticable NOMBRE DE JOURS	Barre impraticable NOMBRE DE JOURS
Janvier	20	11
Février	15	13
Mars	26	5
Avril	28	2
Mai	30	1
Juin	29	1
Juillet	31	»
Août	31	»
Septembre. . .	28	2
Octobre. . . .	20	11
Novembre. . .	19	11
Décembre . . .	20	11
TOTAL . .	297	68

ANNÉE 1892

MOIS	Barre praticable NOMBRE DE JOURS	Barre impraticable NOMBRE DE JOURS
Janvier	19	12
Février	17	12
Mars	22	9
Avril	24	6
Mai	26	5
Juin	29	1
Juillet	31	»
Août	30	1
Septembre. . .	27	3
Octobre. . . .	20	11
Novembre . .	16	14
Décembre . . .	16	15
TOTAL . .	277	89

ANNÉE 1893			ANNÉE 1894		
MOIS	Barre praticable	Barre impraticable	MOIS	Barre praticable	Barre impraticable
	NOMBRE DE JOURS	NOMBRE DE JOURS		NOMBRE DE JOURS	NOMBRE DE JOURS
Janvier	20	11	Janvier	19	12
Février	12	16	Février	20	8
Mars	19	12	Mars	24	7
Avril	21	9	Avril	26	4
Mai	23	8	Mai	31	»
Juin	25	5	Juin	30	»
Juillet	30	1	Juillet	31	»
Août	31	»	Août	31	»
Septembre	29	1	Septembre	28	2
Octobre	26	5	Octobre	16	15
Novembre	21	9	Novembre	14	16
Décembre	22	9	Décembre	24	7
TOTAL	279	86	TOTAL	294	71

ANNÉE 1895			ANNÉE 1896		
MOIS	Barre praticable	Barre impraticable	MOIS	Barre praticable	Barre impraticable
	NOMBRE DE JOURS	NOMBRE DE JOURS		NOMBRE DE JOURS	NOMBRE DE JOURS
Janvier	21	10	Janvier	22	9
Février	9	19	Février	13	16
Mars	28	3	Mars	17	14
Avril	29	1	Avril	27	3
Mai	31	»	Mai	28	3
Juin	30	»	Juin	23	7
Juillet	31	»	Juillet	31	»
Août	31	»	Août	31	»
Septembre	30	»	Septembre	29	1
Octobre	23	8	Octobre	24	7
Novembre	21	9	Novembre	23	7
Décembre	18	13	Décembre	17	14
TOTAL	302	63	TOTAL	285	81

ANNÉE 1897			ANNÉE 1898		
MOIS	Barre praticable	Barre impraticable	MOIS	Barre praticable	Barre impraticable
	NOMBRE DE JOURS	NOMBRE DE JOURS		NOMBRE DE JOURS	NOMBRE DE JOURS
Janvier	19	12	Janvier	19	12
Février	20	8	Février	14	14
Mars	20	11	Mars	22	9
Avril	26	4	Avril	20	10
Mai	27	4	Mai	31	»
Juin	29	1	Juin	30	»
Juillet	31	»	Juillet	31	»
Août	31	»	Août	31	»
Septembre	30	»	Septembre	29	1
Octobre	18	13	Octobre	25	6
Novembre	20	10	Novembre	28	2
Décembre	20	11	Décembre	18	13
TOTAL	291	74	TOTAL	298	67

TABLEAU RÉCAPITULATIF

Indiquant le nombre de jours où la barre a été praticable ou non praticable
DE 1889 A 1898

ANNÉES	BARRE PRATICABLE	BARRE IMPRATICABLE	NOMBRE DE JOURS
1889	342 jours	23 jours	365 jours
1890	293 —	72 —	365 —
1891	297 —	68 —	365 —
1892	277 —	89 —	366 —
1893	279 —	86 —	365 —
1894	294 —	71 —	365 —
1895	302 —	63 —	365 —
1896	285 —	81 —	366 —
1897	291 —	74 —	365 —
1898	298 —	67 —	365 —

PORT DE SAINT-LOUIS

DIAGRAMME INDIQUANT L'ÉTAT DE LA BARRE
ENTRE LE 1ᵉʳ JANVIER 1889 ET LE 31 DÉCEMBRE 1898

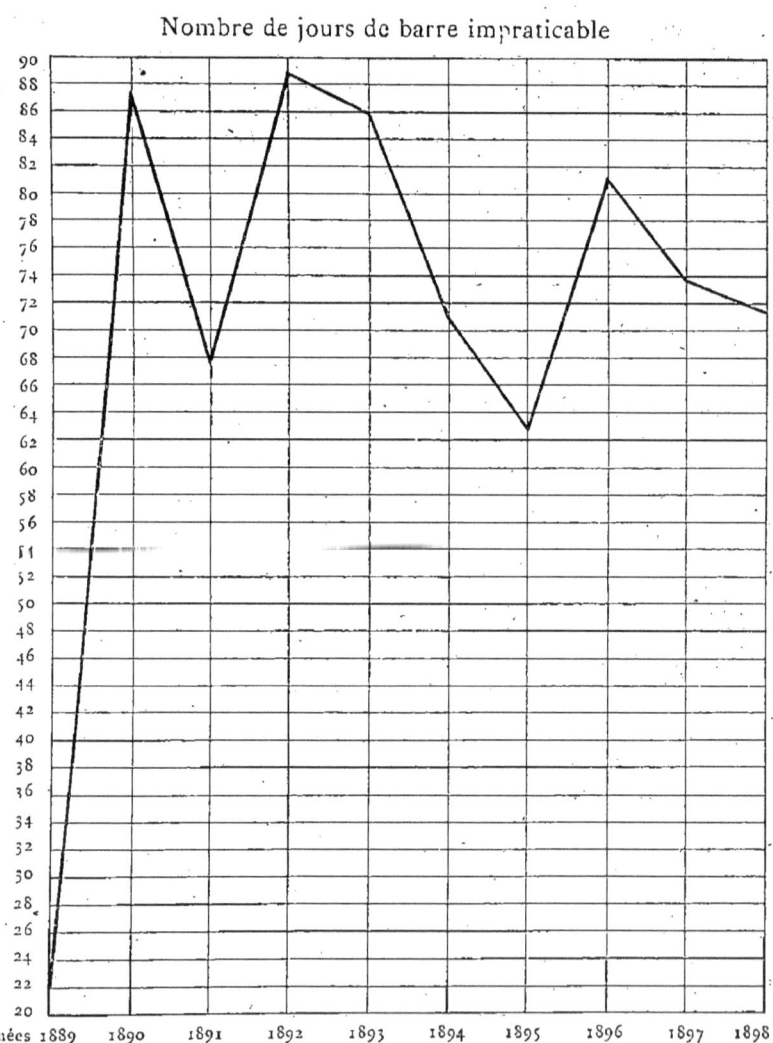

Nombre de jours de barre impraticable

ARTICLE 10. — PRISONS ET PÉNITENCIER

La colonie possède deux prisons, l'une à Saint-Louis et l'autre à Dakar. Ces deux établissements reçoivent, dans des quartiers spéciaux, les prévenus et les condamnés civils et militaires. Il existe à Thiès un pénitencier, tenu par les Pères du Saint-Esprit, où sont admis de jeunes détenus.

Les tableaux ci-dessous de la criminalité au Sénégal font ressortir la proportion qui existe entre les délits et crimes, ainsi que les condamnations à longue peine ou à courte peine. Le nombre de ces condamnations ne s'est élevé, à Saint-Louis, de 1889 à 1898, qu'au chiffre de 1191 dont 133 à longue peine; celui des délits a atteint 1113, tandis que celui des crimes pendant la même période n'a été que de 78. Sur les 1191 condamnations, 76 ont trait à la déportation; elles se répartissent ainsi : 30 aux travaux forcés, 18 à la réclusion et 28 à la relégation.

Les dépenses engagées au titre des prisons et pénitencier, ont varié de 1889 à 1898, entre la somme de 42.541 fr. 31 et celle de 70.757 fr. 93.

Un comité de surveillance est institué près des prisons de Saint-Louis, Dakar et du pénitencier de Thiès.

CRIMINALITÉ

ORIGINE de la PEINE	CONDAMNATIONS		NOMBRE des		CONDAMNATIONS		NOMBRE des	
	à longue peine	à courte peine	Crimes	Délits	à longue peine	à courte peine	Crimes	Délits
	Année 1889				Année 1890			
Meurtre	»	»	»	»	»	»	»	»
Vol qualifié	3	»	3	»	2	»	2	»
Homicide involontaire .	»	2	2	»	»	1	1	»
Enlèvement de mineur .	»	»	»	»	»	»	»	»
Vol simple	4	89	»	93	2	99	»	101
Abus de confiance . . .	»	20	»	20	»	13	»	13
Coups, violences et voies de fait	»	25	»	25	»	15	»	15
Attentat à la pudeur . .	»	»	»	»	»	»	»	»
Outrage public. . . .	»	15	»	15	»	6	»	6
Diffamation par voie de presse..	»	1	»	1	»	»	»	»
Ivresse manifeste . . .	»	3	»	3	»	2	»	2
Vagabondage	»	2	»	2	»	2	»	2
Fraude électorale . . .	»	24	»	24	»	3	»	3
Port d'arme prohibée . .	»	2	»	2	»	1	»	1
Faux témoignage . . .	»	»	»	»	»	»	»	»
Faux en écriture publique.	1	»	»	1	»	»	»	»
Faux en écriture privée .	»	»	»	»	»	»	»	»
Rupture de ban . . .	»	»	»	»	»	»	»	»
Destruction de culture. .	»	»	»	»	»	»	»	»
Totaux . .	8	183	5	186	4	142	3	143

RENSEIGNEMENTS

Courte peine. — Jusqu'à 3 mois.

Longue peine. — De 3 mois 1 jour et au-dessus.

Détention { **Thiès.** — Ayant agi sans discernement.
{ **Algérie.** — Généralement appliquée par le Conseil de guerre.

Dirigé sur S.-Louis. — { Totaux face aux Prévenus : *Indique Cour d'Assises.*
{ Totaux à un délit quelconque : *Indique interjection d'appel.*

Sénégal.

ORIGINE de la PEINE	CONDAMNATIONS		NOMBRE des		CONDAMNATIONS		NOMBRE des	
	à longue peine	à courte peine	Crimes	Délits	à longue peine	à courte peine	Crimes	Délits
	ANNÉE 1891				ANNÉE 1892			
Meurtre	3	»	3	»	4	»	4	»
Vol qualifié	7	»	7	»	3	»	3	»
Homicide involontaire	»	1	1	»	»	»	»	»
Enlèvement de mineur	»	»	»	»	»	»	»	»
Vol simple	2	109	»	111	1	56	»	57
Abus de confiance	»	4	»	4	»	2	»	2
Coups, violences et voies de fait	»	17	»	17	»	9	»	9
Attentat à la pudeur	»	»	»	»	»	»	»	»
Outrage public	»	4	»	4	»	4	»	4
Diffamation par voie de presse	»	»	»	»	»	»	»	»
Ivresse manifeste	»	1	»	1	»	3	»	3
Vagabondage	»	»	»	»	»	»	»	»
Fraude électorale	»	3	»	3	»	»	»	»
Port d'arme prohibée	»	»	»	»	»	»	»	»
Faux témoignage	»	»	»	»	»	»	»	»
Faux en écriture publique	»	»	»	»	1	»	»	1
Faux en écriture privée	»	»	»	»	»	»	»	»
Rupture de ban	»	»	»	»	»	»	»	»
Destruction de culture	»	»	»	»	»	»	»	»
TOTAUX	12	139	11	140	9	74	7	76

CRIMINALITÉ

ORIGINE de la PEINE	CONDAMNATIONS		NOMBRE des		CONDAMNATIONS		NOMBRE des	
	à longue peine	à courte peine	Crimes	Délits	à longue peine	à courte peine	Crimes	Délits
	ANNÉE 1893				ANNÉE 1894			
Meurtre	»	»	»	»	1	»	1	»
Vol qualifié	6	»	6	»	9	»	9	»
Homicide involontaire .	»	1	1	»	1	3	4	»
Enlèvement de mineur .	»	»	»	»	2	»	2	»
Vol simple	1	47	»	48	8	67	»	75
Abus de confiance . . .	»	2	»	2	»	9	»	9
Coups, violences et voies de fait	»	12	»	12	3	15	»	18
Attentat à la pudeur . .	»	»	»	»	»	»	»	»
Outrage public	»	2	»	2	»	4	»	4
Diffamation par voie de presse	»	»	»	»	»	»	»	»
Ivresse manifeste . . .	»	»	»	»	»	»	»	»
Vagabondage	»	»	»	»	»	1	»	1
Fraude électorale . . .	»	»	»	»	»	»	»	»
Port d'arme prohibée . .	»	»	»	»	»	»	»	»
Faux témoignage . . .	»	»	»	»	»	2	»	2
Faux en écriture publique	»	»	»	»	»	»	»	»
Faux en écriture privée .	»	1	»	1	»	2	»	2
Rupture de ban. . . .	»	»	»	»	»	»	»	»
Destruction	»	»	»	»	»	»	»	»
TOTAUX . .	7	65	7	65	24	103	16	111

ORIGINE de la PEINE	CONDAMNATIONS		NOMBRE des		CONDAMNATIONS		NOMBRE des	
	à longue peine	à courte peine	Crimes	Délits	à longue peine	à courte peine	Crimes	Délits
	ANNÉE 1895				ANNÉE 1896			
Meurtre	»	»	»	»	2	»	2	»
Vol qualifié	2	»	2	»	5	»	5	»
Homicide involontaire	1	»	1	»	»	1	1	»
Enlèvement de mineur	1	»	1	»	1	»	1	»
Vol simple	8	65	»	73	7	70	»	77
Abus de confiance	»	5	»	5	»	5	»	5
Coups, violences et voies de fait	»	10	»	10	3	17	»	20
Attentat à la pudeur	»	»	»	»	5	»	»	5
Outrage public	»	1	»	1	»	1	»	1
Diffamation par voie de presse	»	»	»	»	»	»	»	»
Ivresse manifeste	»	2	»	2	»	1	»	1
Vagabondage	»	»	»	»	»	»	»	»
Fraude électorale	»	»	»	»	»	»	»	»
Port d'arme prohibée	»	»	»	»	»	»	»	»
Faux témoignage	»	»	»	»	»	»	»	»
Faux en écriture publique	»	»	»	»	»	»	»	»
Faux en écriture privée	»	»	»	»	»	»	»	»
Rupture de ban	»	»	»	1	»	2	»	2
Destruction de culture	»	»	»	»	»	1	»	1
TOTAUX	12	84	4	92	23	98	9	112

CRIMINALITÉ

ORIGINE de la PEINE	CONDAMNATIONS ANNÉE 1897		NOMBRE des ANNÉE 1897		CONDAMNATIONS ANNÉE 1898		NOMBRE des ANNÉE 1898	
	à longue peine	à courte peine	Crimes	Délits	à longue peine	à courte peine	Crimes	Délits
Meurtre	2	»	2	»	»	»	»	»
Vol qualifié	8	»	8	»	3	»	3	»
Homicide involontaire	2	»	2	»	1	»	1	»
Enlèvement de mineur	»	»	»	»	»	»	»	»
Vol simple	10	45	»	55	4	69	»	73
Abus de confiance	»	4	»	4	»	5	»	5
Coups, violences et voies de fait	»	16	»	16	2	19	»	21
Attentat à la pudeur	1	»	»	1	1	»	»	1
Outrage public	»	2	»	2	»	1	»	1
Diffamation par voie de presse	»	»	»	»	»	»	»	3
Ivresse manifeste	»	5	»	5	»	3	»	1
Vagabondage	»	»	»	»	»	1	»	»
Fraude électorale	»	»	»	»	»	»	»	»
Port d'arme prohibée	»	»	»	»	»	»	»	»
Faux témoignage	»	»	»	»	»	»	»	»
Faux en écriture publique	»	»	»	»	»	»	»	»
Faux en écriture privée	»	»	»	»	»	»	»	»
Rupture de ban	»	»	»	»	»	»	»	»
Destruction de culture	»	»	»	»	»	»	»	»
TOTAUX	23	72	12	83	11	98	4	105

Sur les 1.191 condamnations désignées ci-contre, 76 ont été condamnés à la déportation.

SAVOIR :

ANNÉES	1889	1890	1891	1892	1893	1894	1895	1896	1897	1898	Totaux
Aux travaux forcés	1	»	4	2	4	4	1	6	7	1	30
A la réclusion	2	»	3	2	1	5	»	2	2	1	18
A la relégation	3	3	2	6	2	3	1	1	1	6	28
Totaux	6	3	9	10	7	12	2	9	10	8	76

RÉCAPITULATION

CONDAMNATIONS		NOMBRE DES	
A LONGUE PEINE	A COURTE PEINE	CRIMES	DÉLITS
133	1.058	78	1.113
1.191		1.191	

PRISON DE DAKAR
ANNÉE 1891

ORIGINE de la PEINE	CONDAMNATIONS Courte peine	CONDAMNATIONS Longue peine	DIRIGÉ SUR St-LOUIS	CONDAMNATIONS Travaux forcés	CONDAMNATIONS Réclusion	CONDAMNATIONS Relégation	DÉTENTION Thiès et Algérie	RÉQUISITOIRES	ORDRE de mise en liberté	ACQUITTÉ	DÉCÉDÉ
Vol simple	33	45	—	—	1	1	1	89	22	1	2
Vol qualifié	—	—	5	—	—	—	—	—	—	—	—
Meurtre	—	—	—	—	—	—	—	—	—	—	—
Coups et violences	7	—	—	—	—	—	—	—	—	—	—
Abus de confiance	—	2	1	—	—	—	—	—	—	—	—
Diffamation	—	—	—	—	—	—	—	—	—	—	—
Ivresse	—	—	—	—	—	—	—	—	—	—	—
Homicide	—	—	1	—	—	—	—	—	—	—	—
Faux en écriture	—	—	—	—	—	—	—	—	—	—	—
Prévenus	—	—	14	—	—	—	—	—	—	—	—
Escroquerie	—	2	—	—	—	—	—	—	—	—	—
Infanticide	—	1	—	—	—	—	—	—	—	—	—
Outrage à la pudeur	—	—	—	—	—	—	—	—	—	—	—
Contravention à la loi sanitaire	—	—	—	—	—	—	—	—	—	—	—
Tentative avec violence à la liberté du travail	—	—	—	—	—	—	—	—	—	—	—
Vagabondage	—	—	—	—	—	—	—	—	—	—	—
Conseil de guerre	—	—	—	—	—	—	—	—	—	—	—
Rébellion	—	—	—	—	—	—	—	—	—	—	—
Tenue de maison de jeu de hasard	—	—	—	—	—	—	—	—	—	—	—
Outrage par parole	—	—	—	—	—	—	—	—	—	—	—
Rixe	—	—	—	—	—	—	—	—	—	—	—
Tapage nocturne	—	—	—	—	—	—	—	—	—	—	—
Dénonciation calomnieuse	—	—	—	—	—	—	—	—	—	—	—
Viol	—	—	—	—	—	—	—	—	—	—	—
Bris de prison	—	—	—	—	—	—	—	—	—	—	—
Soustraction frauduleuse	—	—	—	—	—	—	—	—	—	—	—
Détournement	—	—	—	—	—	—	—	—	—	—	—
Mise en vente de viande corrompue	—	—	—	—	—	—	—	—	—	—	—
TOTAUX	40	50	21	»	1	1	1	89	22	1	2

SÉNÉGAL
PRISON DE DAKAR
ANNÉE 1892

ORIGINE de la PEINE	CONDAMNATIONS Courte peine	CONDAMNATIONS Longue peine	DIRIGÉ SUR ST-LOUIS	CONDAMNATIONS Travaux forcés	CONDAMNATIONS Réclusion	CONDAMNATIONS Relégation	DÉTENTION Thiès et Algérie	RÉQUISITOIRES	ORDRE de mise en liberté	ACQUITTÉ	DÉCÉDÉ
Vol simple	60	31	—	—	—	—	6	30	23	2	2
Vol qualifié	—	—	—	—	—	—	—	—	—	—	—
Meurtre	—	—	—	—	—	—	—	—	—	—	—
Coups et violences	13	2	—	—	—	—	—	—	—	—	—
Abus de confiance	—	—	—	—	—	—	—	—	—	—	—
Diffamation	1	—	—	—	—	—	—	—	—	—	—
Ivresse	1	—	—	—	—	—	—	—	—	—	—
Homicide	—	—	—	—	—	—	—	—	—	—	—
Faux en écriture	—	—	—	—	—	—	—	—	—	—	—
Prévenus	—	—	3	—	—	—	—	—	—	1	—
Escroquerie	—	—	—	—	—	—	—	—	—	—	—
Infanticide	1	—	—	—	—	—	—	—	—	—	—
Outrage à la pudeur	2	—	—	—	—	—	—	—	—	—	—
Contravention à la loi sanitaire	2	—	—	—	—	—	—	—	—	—	—
Tentative avec violence à la liberté du travail	4	—	—	—	—	—	—	—	—	—	—
Vagabondage	1	—	—	—	—	—	—	—	—	—	—
Conseil de guerre	—	—	—	—	—	—	—	—	—	—	—
Rébellion	—	—	—	—	—	—	—	—	—	—	—
Tenue de maison de jeu de hasard	—	—	—	—	—	—	—	—	—	—	—
Outrage par parole	—	—	—	—	—	—	—	—	—	—	—
Rixe	—	—	—	—	—	—	—	—	—	—	—
Tapage nocturne	—	—	—	—	—	—	—	—	—	—	—
Dénonciation calomnieuse	—	—	—	—	—	—	—	—	—	—	—
Viol	—	—	—	—	—	—	—	—	—	—	—
Bris de prison	—	—	—	—	—	—	—	—	—	—	—
Soustraction frauduleuse	—	—	—	—	—	—	—	—	—	—	—
Détournement	—	—	—	—	—	—	—	—	—	—	—
Mise en vente de viande corrompue	—	—	—	—	—	—	—	—	—	—	—
TOTAUX	85	33	3	»	»	»	6	30	23	3	2

PRISON DE DAKAR
ANNÉE 1893

ORIGINE de la PEINE	CONDAMNATIONS		DIRIGÉ SUR St-LOUIS	CONDAMNATIONS			DÉTENTION Thiès et Algérie	RÉQUISITOIRES	ORDRE de mise en liberté	ACQUITTÉ	DÉCÉDÉ
	Courte peine	Longue peine		Travaux forcés	Réclusion	Relégation					
Vol simple.	58	31	—	—	—	1	—	24	28	—	3
Vol qualifié	—	—	—	—	—	—	1	—	—	—	—
Meurtre.	—	—	—	—	—	—	—	—	—	—	—
Coups et violences	16	1	—	—	—	—	—	—	—	—	—
Abus de confiance	2	—	—	—	—	—	—	—	—	—	—
Diffamation	1	—	—	—	—	—	—	—	—	—	—
Ivresse	1	—	—	—	—	—	—	—	—	—	—
Homicide	2	—	—	—	—	—	—	—	—	—	—
Faux en écriture	—	—	—	—	—	—	—	—	—	—	—
Prévenus	—	—	10	—	—	—	—	—	—	—	—
Escroquerie	1	—	—	—	—	—	—	—	—	—	—
Infanticide	—	—	—	—	—	—	—	—	—	—	—
Outrage à la pudeur	1	1	—	—	—	—	—	—	—	—	—
Contravention à la loi sanitaire	1	—	—	—	—	—	—	—	—	—	—
Tentative avec violence à la liberté du travail	—	—	—	—	—	—	—	—	—	—	—
Vagabondage	2	1	—	—	—	—	—	—	—	—	—
Conseil de guerre	—	—	—	2	4	—	—	—	—	—	—
Rébellion	2	—	—	—	—	—	—	—	—	—	—
Tenue de maison de jeu de hasard	—	—	—	—	—	—	—	—	—	—	—
Outrage par parole	—	—	—	—	—	—	—	—	—	—	—
Rixe	—	—	—	—	—	—	—	—	—	—	—
Tapage nocturne	—	—	—	—	—	—	—	—	—	—	—
Dénonciation calomnieuse	—	—	—	—	—	—	—	—	—	—	—
Viol	—	—	—	—	—	—	—	—	—	—	—
Bris de prison	—	—	—	—	—	—	—	—	—	—	—
Soustraction frauduleuse	—	—	—	—	—	—	—	—	—	—	—
Détournement	—	—	—	—	—	—	—	—	—	—	—
Mise en vente de viande corrompue	—	—	—	—	—	—	—	—	—	—	—
TOTAUX	87	34	10	2	4	1	1	24	28	»	3

SÉNÉGAL

PRISON DE DAKAR
ANNÉE 1894

ORIGINE de la PEINE	CONDAMNATIONS		DIRIGÉ SUR St-LOUIS	CONDAMNATIONS			DÉTENTION Thiès et Algérie	RÉQUISITOIRES	ORDRE de mise en liberté	ACQUITTÉ	DÉCÉDÉ
	Courte peine	Longue peine		Travaux forcés	Réclusion	Relégation					
Vol simple	78	29	—	—	—	—	—	43	16	—	1
Vol qualifié	—	—	—	—	—	—	—	—	—	—	—
Meurtre	—	—	—	—	—	—	—	—	—	—	—
Coups et violences	9	5	—	—	—	—	—	—	—	—	—
Abus de confiance	10	7	—	—	—	—	—	—	—	—	—
Diffamation	—	—	—	—	—	—	—	—	—	—	—
Ivresse	1	—	—	—	—	—	—	—	—	—	—
Homicide	4	1	—	—	—	—	—	—	—	—	—
Faux en écriture	—	—	—	—	—	—	—	—	—	—	—
Prévenus	—	—	4	—	—	—	—	—	—	—	—
Escroquerie	—	—	—	—	—	—	—	—	—	—	—
Infanticide	—	—	—	—	—	—	—	—	—	—	—
Outrage à la pudeur	—	—	—	—	—	—	—	—	—	—	—
Contravention à la loi sanitaire	—	—	—	—	—	—	—	—	—	—	—
Tentative avec violence à la liberté du travail	—	—	—	—	—	—	—	—	—	—	—
Vagabondage	2	—	—	—	—	—	—	—	—	—	—
Conseil de guerre	—	1	—	1	1	—	—	—	—	—	2
Rébellion	—	—	—	—	—	—	—	—	—	—	—
Tenue de maison de jeu de hasard	—	—	—	—	—	—	—	—	—	—	—
Outrage par parole	—	—	—	—	—	—	—	—	—	—	—
Rixe	—	—	—	—	—	—	—	—	—	—	—
Tapage nocturne	—	—	—	—	—	—	—	—	—	—	—
Dénonciation calomnieuse	—	—	—	—	—	—	—	—	—	—	—
Viol	—	—	—	—	—	—	—	—	—	—	—
Bris de prison	—	—	—	—	—	—	—	—	—	—	—
Soustraction frauduleuse	—	—	—	—	—	—	—	—	—	—	—
Détournement	—	—	—	—	—	—	—	—	—	—	—
Mise en vente de viande corrompue	—	—	—	—	—	—	—	—	—	—	—
TOTAUX	104	34	4	1	1	»	»	43	16	»	3

PRISON DE DAKAR
ANNÉE 1895

ORIGINE de la PEINE	CONDAMNATIONS Courte peine	CONDAMNATIONS Longue peine	DIRIGÉ SUR St-LOUIS	CONDAMNATIONS Travaux forcés	CONDAMNATIONS Réclusion	CONDAMNATIONS Relégation	DÉTENTION Thiès et Algérie	REQUISITOIRES	ORDRE de mise en liberté	ACQUITTÉ	DÉCÉDÉ
Vol simple	62	48	1	—	—	1	1	34	30	1	2
Vol qualifié	—	—	—	—	—	—	—	—	—	—	—
Meurtre	—	—	—	—	—	—	—	—	—	—	—
Coups et violences	19	7	1	—	—	—	—	—	—	—	—
Abus de confiance	1	2	—	—	—	—	—	—	—	—	—
Diffamation	—	—	—	—	—	—	—	—	—	—	—
Ivresse	6	—	—	—	—	—	—	—	—	—	—
Homicide	—	—	—	—	—	—	—	—	—	—	—
Faux en écriture	—	—	—	—	—	—	—	—	—	—	—
Prévenus	—	—	15	—	—	—	—	—	—	—	1
Escroquerie	1	1	—	—	—	—	—	—	—	—	—
Infanticide	—	—	—	—	—	—	—	—	—	—	—
Outrage à la pudeur	1	1	—	—	—	—	—	—	—	—	—
Contravention à la loi sanitaire	—	—	—	—	—	—	—	—	—	—	—
Tentative avec violence à la liberté du travail	—	—	—	—	—	—	—	—	—	—	—
Vagabondage	—	1	—	—	—	—	—	—	—	—	—
Conseil de guerre	—	—	—	—	—	—	—	—	—	—	—
Rébellion	1	—	—	—	—	—	—	—	—	—	—
Tenue de maison de jeu de hasard	—	—	—	—	—	—	—	—	—	—	—
Outrage par parole	—	—	—	—	—	—	—	—	—	—	—
Rixe	—	—	—	—	—	—	—	—	—	—	—
Tapage nocturne	—	—	—	—	—	—	—	—	—	—	—
Dénonciation calomnieuse	—	—	—	—	—	—	—	—	—	—	—
Viol	—	—	—	—	—	—	—	—	—	—	—
Bris de prison	2	—	—	—	—	—	—	—	—	—	—
Soustraction frauduleuse	1	—	—	—	—	—	—	—	—	—	—
Détournement	1	—	—	—	—	—	—	—	—	—	—
Mise en vente de viande corrompue	—	—	—	—	—	—	—	—	—	—	—
TOTAUX	95	60	17	»	»	1	1	34	30	1	3

SÉNÉGAL
PRISON DE DAKAR.
ANNÉE 1896

ORIGINE de la PEINE	CONDAMNATIONS Courte peine	CONDAMNATIONS Longue peine	DIRIGÉ SUR St-LOUIS	CONDAMNATIONS Travaux forcés	CONDAMNATIONS Réclusion	CONDAMNATIONS Relégation	DÉTENTION Thiès et Algérie	RÉQUISITOIRES	ORDRE de mise en liberté	ACQUITTÉ	DÉCÉDÉ
Vol simple	57	82	8	—	—	—	1	46	34	1	1
Vol qualifié	—	1	—	—	—	—	—	—	—	—	—
Meurtre	—	—	—	—	—	—	—	—	—	—	—
Coups et violences	40	7	2	—	—	—	—	—	—	—	—
Abus de confiance	3	7	1	—	—	—	—	—	—	—	—
Diffamation	—	—	—	—	—	—	—	—	—	—	—
Ivresse	8	—	—	—	—	—	—	—	—	—	—
Homicide	1	2	—	—	—	—	—	—	—	—	—
Faux en écriture	—	—	—	—	—	—	—	—	—	—	—
Prévenus	—	—	18	—	—	—	—	—	—	—	—
Escroquerie	2	1	1	—	—	—	—	—	—	—	—
Infanticide	—	—	—	—	—	—	—	—	—	—	—
Outrage à la pudeur	—	—	—	—	—	—	—	—	—	—	—
Contravention à la loi sanitaire	—	—	—	—	—	—	—	—	—	—	—
Tentative avec violence à la liberté du travail	—	—	—	—	—	—	—	—	—	—	—
Vagabondage	—	3	1	—	—	—	—	—	—	—	1
Conseil de guerre	—	1	—	1	1	—	—	—	—	—	1
Rébellion	1	—	—	—	—	—	—	—	—	—	—
Tenue de maison de jeu de hasard	—	—	—	—	—	—	—	—	—	—	—
Outrage par parole	1	—	—	—	—	—	—	—	—	—	—
Rixe	—	—	—	—	—	—	—	—	—	—	—
Tapage nocturne	8	—	—	—	—	—	—	—	—	—	—
Dénonciation calomnieuse	—	—	—	—	—	—	—	—	—	—	—
Viol	—	—	—	—	1	—	—	—	—	—	—
Bris de prison	—	1	—	—	—	—	—	—	—	—	—
Soustraction frauduleuse	1	1	—	—	—	—	—	—	—	—	—
Détournement	—	—	—	—	—	—	—	—	—	—	—
Mise en vente de viande corrompue	—	—	—	—	—	—	—	—	—	—	—
TOTAUX	122	106	31	1	2	»	1	46	34	1	3

PRISON DE DAKAR
ANNÉE 1897

ORIGINE de la PEINE	CONDAMNATIONS Courte peine	CONDAMNATIONS Longue peine	DIRIGÉ SUR St-LOUIS	CONDAMNATIONS Travaux forcés	CONDAMNATIONS Réclusion	CONDAMNATIONS Relégation	DÉTENTION Thiès et Algérie	RÉQUISITOIRES	ORDRE de mise en liberté	ACQUITTÉ	DÉCÉDÉ
Vol simple	33	78	8	—	—	—	4	29	28	1	1
Vol qualifié	—	—	—	—	—	—	—	—	—	—	—
Meurtre	—	—	—	—	—	—	—	—	—	—	—
Coups et violences	19	11	—	—	—	—	—	—	—	—	—
Abus de confiance	1	1	—	—	—	—	—	—	—	—	—
Diffamation	—	—	—	—	—	—	—	—	—	—	—
Ivresse	5	2	—	—	—	—	—	—	—	—	—
Homicide	—	3	1	—	—	—	—	—	—	—	—
Faux en écriture	—	—	—	—	—	—	—	—	—	—	—
Prévenus	—	—	23	—	—	—	—	—	—	—	—
Escroquerie	3	4	2	—	—	—	—	—	—	—	—
Infanticide	—	2	—	—	—	—	—	—	—	—	—
Outrage à la pudeur	—	1	—	—	—	—	—	—	—	—	—
Contravention à la loi sanitaire	—	—	—	—	—	—	—	—	—	—	—
Tentative avec violence à la liberté du travail	—	—	—	—	—	—	—	—	—	—	—
Vagabondage	1	1	—	—	—	—	—	—	—	—	—
Conseil de guerre	—	—	—	—	3	—	—	—	—	—	—
Rébellion	—	—	—	—	—	—	—	—	—	—	—
Tenue de maison de jeu de hasard	2	—	—	—	—	—	—	—	—	—	—
Outrage par parole	2	—	—	—	—	—	—	—	—	—	—
Rixe	3	—	—	—	—	—	—	—	—	—	—
Tapage nocturne	7	—	—	—	—	—	—	—	—	—	—
Dénonciation calomnieuse	2	—	—	—	—	—	—	—	—	—	—
Viol	—	—	—	—	—	—	—	—	—	—	—
Bris de prison	—	—	—	—	—	—	—	—	—	—	—
Soustraction frauduleuse	—	—	—	—	—	—	—	—	—	—	—
Détournement	—	—	—	—	—	—	—	—	—	—	—
Mise en vente de viande corrompue	—	—	—	—	—	—	—	—	—	—	—
TOTAUX	78	103	34	»	3	»	4	29	28	1	1

SÉNÉGAL

PRISON DE DAKAR
ANNÉE 1898

ORIGINE de la PEINE	CONDAMNATIONS		DIRIGÉ SUR St-LOUIS	CONDAMNATIONS			DÉTENTION Thiès et Algérie	RÉQUISITOIRES	ORDRE de mise en liberté	ACQUITTÉ	DÉCÉDÉ
	Courte peine	Longue peine		Travaux forcés	Réclusion	Relégation					
Vol simple	59	26	—	—	—	—	—	21	36	1	—
Vol qualifié	—	—	—	—	—	—	—	—	—	—	—
Meurtre	—	—	—	—	—	—	—	—	—	—	—
Coups et violences	14	1	—	—	—	—	—	—	—	—	—
Abus de confiance	3	—	—	—	—	—	—	—	—	—	—
Diffamation	—	—	—	—	—	—	—	—	—	—	—
Ivresse	8	—	—	—	—	—	—	—	—	—	—
Homicide	—	—	—	—	—	—	—	—	—	—	—
Faux en écriture	—	—	—	—	—	—	—	—	—	—	—
Prévenus	—	—	12	—	—	—	—	—	—	—	—
Escroquerie	—	1	—	—	—	—	—	—	—	—	—
Infanticide	—	—	—	—	—	—	—	—	—	—	—
Outrage à la pudeur	—	—	—	—	—	—	—	—	—	—	—
Contravention à la loi sanitaire	—	—	—	—	—	—	—	—	—	—	—
Tentative avec violence à la liberté du travail	1	—	—	—	—	—	—	—	—	—	—
Vagabondage	6	—	—	—	—	—	—	—	—	—	—
Conseil de guerre	—	—	—	1	—	—	—	—	—	—	—
Rebellion	—	—	—	—	—	—	—	—	—	—	—
Tenue de maison de jeu de hasard	—	—	—	—	—	—	—	—	—	—	—
Outrage par parole	3	—	—	—	—	—	—	—	—	—	—
Rixe	—	—	—	—	—	—	—	—	—	—	—
Tapage nocturne	—	—	—	—	—	—	—	—	—	—	—
Dénonciation calomnieuse	—	—	—	—	—	—	—	—	—	—	—
Viol	—	—	—	—	—	—	—	—	—	—	—
Bris de prison	—	—	—	—	—	—	—	—	—	—	—
Soustraction frauduleuse	—	—	—	—	—	—	—	—	—	—	—
Détournement	—	—	—	—	—	—	—	—	—	—	—
Mise en vente de viande corrompue	—	—	—	—	—	—	—	—	—	—	—
TOTAUX	94	28	12	1	»	»	»	21	36	1	»

CRIMINALITÉ

PRISON DE DAKAR

ANNÉE 1899

ORIGINE de la PEINE	CONDAMNATIONS Courte peine	Longue peine	DIRIGÉ SUR St-LOUIS	Travaux forcés	Réclusion	Relégation	DÉTENTION Thiès et Algérie	RÉQUISITOIRES	ORDRE de mise en liberté	ACQUITTÉ	DÉCÉDÉ
Vol simple	47	34	—	—	—	—	1	2	37	1	—
Vol qualifié	—	—	—	—	—	—	—	—	—	—	—
Meurtre	—	—	—	—	—	—	—	—	—	—	—
Coups et violences	18	2	—	—	—	—	—	—	—	—	—
Abus de confiance	4	2	—	—	—	—	—	—	—	—	—
Diffamation	1	—	—	—	—	—	—	—	—	—	—
Ivresse	2	—	—	—	—	—	—	—	—	—	—
Homicide	2	—	—	—	—	—	—	—	—	—	—
Faux en écriture	—	—	—	—	—	—	—	—	—	—	—
Prévenus	—	—	16	—	—	—	—	—	—	—	—
Escroquerie	1	—	—	—	—	—	—	—	—	—	—
Infanticide	—	—	—	—	—	—	—	—	—	—	—
Outrage à la pudeur	—	—	—	—	—	—	—	—	—	—	—
Contravention à la loi sanitaire	5	—	—	—	—	—	—	—	—	—	—
Tentative avec violence à la liberté du travail	—	—	—	—	—	—	—	—	—	—	—
Vagabondage	1	—	—	—	—	—	—	—	—	—	—
Conseil de guerre	—	—	—	—	1	—	1	—	—	—	—
Rébellion	—	—	—	—	—	—	—	—	—	—	—
Tenue de maison de jeu de hasard	—	—	—	—	—	—	—	—	—	—	—
Outrage par parole	2	—	—	—	—	—	—	—	—	—	—
Rixe	—	—	—	—	—	—	—	—	—	—	—
Tapage nocturne	2	—	—	—	—	—	—	—	—	—	—
Dénonciation calomnieuse	—	—	—	—	—	—	—	—	—	—	—
Viol	—	—	—	—	—	—	—	—	—	—	—
Bris de prison	—	—	—	—	—	—	—	—	—	—	—
Soustraction frauduleuse	—	—	—	—	—	—	—	—	—	—	—
Détournement	—	1	—	—	—	—	—	—	—	—	—
Mise en vente de viande corrompue	—	—	—	—	—	—	—	—	—	—	—
TOTAUX	85	39	16	»	1	»	2	2	37	1	»

PRISON DE SAINT-LOUIS

DIAGRAMMES DE LA CRIMINALITÉ

DE 1889 A 1898

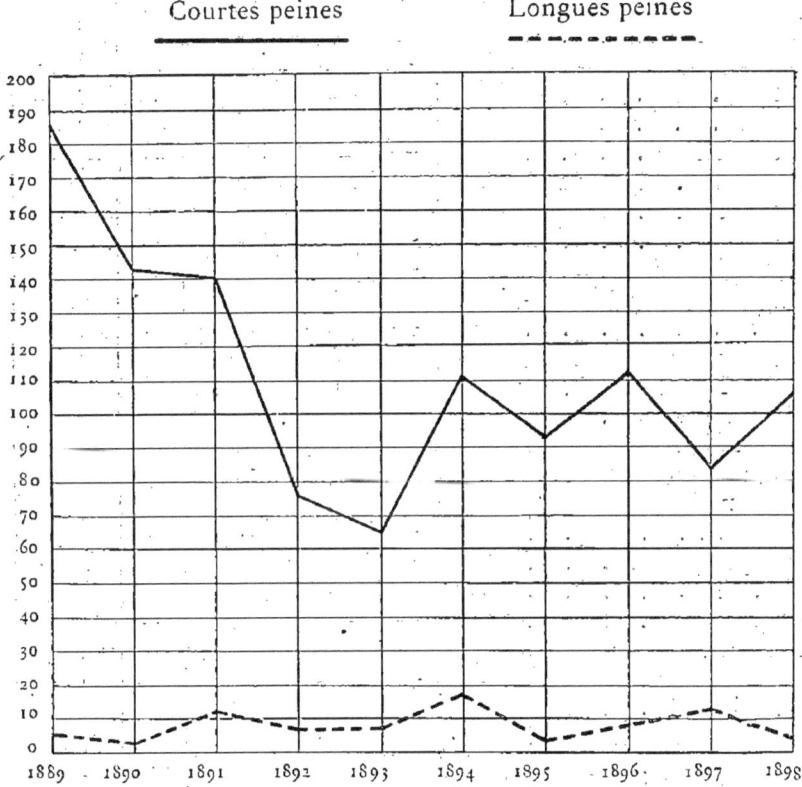

PRISON CIVILE DE DAKAR

DIAGRAMMES DU NOMBRE DE CONDAMNATIONS A LONGUES ET A COURTES PEINES

DE 1891 A 1899

CHAPITRE II

SERVICES FINANCIERS

Article 1. — Contributions directes

Le contrôle des contributions directes est assuré dans la colonie, sous la direction du secrétariat général, par trois fonctionnaires, en résidence à Saint-Louis, Dakar et Rufisque. L'action de ces contrôleurs, qui sont aussi vérificateurs des poids et mesures, s'exerce :

En ce qui concerne Saint-Louis, sur toute l'étendue de la commune, sur les points de traite du fleuve Sénégal situés en territoire d'administration directe et sur toutes les escales du chemin de fer comprises entre Saint-Louis et N'Dande inclusivement ;

En ce qui concerne Dakar, sur toute l'étendue de la commune, sur l'île de Gorée et sur tous les points de traite situés dans le Sine Saloum et sur la Petite Côte ;

En ce qui concerne Rufisque, sur toute l'étendue de la commune et sur tous les points de la voie ferrée compris entre Dakar et N'Dande.

Les contrôleurs des contributions établissent les rôles pour la perception des droits sur les patentes, les licences, l'impôt locatif et les poids et mesures. Nous avons fait connaître, dans la partie réservée à l'organisation financière, la nature et l'importance des droits perçus à ces divers titres. Il nous reste à indiquer les formalités qui précèdent l'établissement de ces rôles. Dans chacune des villes de Saint-Louis, Dakar, Gorée et Rufisque, fonctionne une commission des contributions à laquelle le contrôleur soumet la matrice des patentes, arrêtée conformément à la classification des patentables faite par les chambres de commerce de la colonie. La commission des contributions procède à l'estimation de la valeur locative des locaux affectés exclusivement à l'exercice du commerce, pour permettre la perception du droit proportionnel qui est fixé à 20 o/o. Indépendamment de ce droit qui n'atteint que les négociants et commerçants, il est perçu, sur toutes les maisons de Saint-Louis, Dakar, Gorée et Rufisque, à de rares exceptions près, un impôt de 4 o/o sur la valeur locative réelle ou estimée ; il appartient également à la commission des contributions de chaque commune d'en déterminer le montant. Des sous-comités ont été établis dans certaines escales de la voie ferrée et du Sine Saloum, pour l'évaluation des locaux commerciaux.

La progression croissante du nombre des petits commerçants constatée dans les états et tableaux ci-joints est due à l'extension prise par le commerce local dans ces dernières années. Tandis que les négociants et commerçants, établis depuis longtemps, semblaient abandonner les villes, pour se porter dans l'intérieur, au-devant des consommateurs indigènes, de nouvelles maisons se créaient à leur place, ouvrant des opérations secondaires dans les escales de la voie ferrée et donnant comme une impulsion nouvelle à la marche générale des affaires. Au lieu de se ressentir de ces déplacements successifs, auxquels des installations nouvelles ont succédé, nos villes, au contraire, ainsi que nos escales de l'intérieur, voient le nombre des commerçants augmenter chaque année. Cette constatation est si vraie que la location des immeubles n'est pas sans présenter parfois de grandes difficultés, occasionnées soit par la rareté des maisons disponibles, soit par la cherté des loyers. Il semblerait superflu d'ajouter que ces locations eussent été rendues plus faciles si le commerce avait déserté nos villes; or il est rare de trouver un immeuble non affecté en partie au moins à l'exercice du commerce, comme magasin de détail ou de dépôt.

Article 2. — Douanes

Après avoir subi diverses transformations, la législation douanière de la colonie a été définitivement arrêtée par le règlement sur le service des douanes du 29 juin 1865. De nombreux actes administratifs sont venus, dans la suite, compléter les prescriptions de l'arrêté de 1865, et, de nos jours encore, les nécessités du service, dont l'importance grandit sans cesse, ont amené le gouvernement local à provoquer l'application au Sénégal de dispositions nouvelles.

Parmi les multiples obligations du service des douanes, nous devons citer la liquidation des droits sur les marchandises importées et exportées, celle des taxes de navigation, de consommation et d'octroi, la préparation des mercuriales dont l'établissement est confié à une commission spéciale présidée par le chef du service des douanes, et au sein de laquelle les diverses chambres de commerce de la colonie sont représentées.

Le service des douanes n'émet que des liquidations, dont le montant doit être versé dans les caisses du trésorier payeur à Saint-Louis, faisant fonctions de receveur des douanes au Sénégal, et dans celles de ses représentants dans les villes de la colonie; ce n'est que pendant les jours et heures de fermeture du guichet du Trésor que ce service est autorisé à percevoir directement, dans les cas suivants, le montant des liquidations qu'il a établies:

1° S'il s'agit de marchandises susceptibles de s'avarier en restant exposées au dehors et dans tous les cas où il y aura urgence à procéder à leur enlèvement;

2° S'il s'agit de menues perceptions sur les bagages des voyageurs et les provisions de peu de valeur.

Toutefois, l'article 2 de l'arrêté du 21 août 1884 dispose que ces perceptions ne pourront se produire que pendant les heures de bureau, sans jamais dépasser cinq heures du soir.

Dans tous les postes du sud où il ne se trouve pas d'agent du Trésor, le service des douanes est chargé de la perception des droits.

Dans les villes, les droits devant être acquittés sur les colis postaux, sont perçus directement par l'agent des douanes préposé à la liquidation.

En ce qui concerne le paiement au trésor des droits de douane, le décret du 11 juillet 1887 a accordé au commerce local la faculté d'échelonner ses versements. Aux termes de cet acte, le service des douanes peut admettre à l'entrepôt dans les magasins du commerce, jusqu'au moment de leur consommation, à l'exception de celles atteintes d'avarie, toutes les marchandises qui sont soumises à leur entrée à des droits de douane, de consommation ou d'octroi de mer. Les formalités à remplir pour l'obtention du bénéfice de l'entrepôt consistent en la production d'une soumission cautionnée, en garantie du versement de l'impôt, dans un délai de quatre mois, et en la tenue d'un sommier sur lequel sont inscrites et signées par l'entrepositaire toutes les déclarations de mise en entrepôt et celles concernant les sorties pour la consommation ou la réexportation. Le délai pour le paiement des droits donne lieu à une perception supplémentaire de 3 0/0 l'an.

Art. 3. — Postes et télégraphes

Le service des postes et des télégraphes a été créé dans la colonie par l'arrêté du 31 décembre 1883. Précédemment, ce double service était assuré d'une manière distincte par des agents spéciaux, indépendants les uns des autres et affectés soit aux recettes des postes, soit aux bureaux télégraphiques de nos villes. Seul, le service télégraphique semble avoir été l'objet d'une réglementation particulière remontant au 21 février 1862, puis remaniée le 14 octobre 1880.

Avec la fusion des deux services eut lieu la centralisation à Saint-Louis des divers détails qui les composent. En ce qui concerne l'échange des correspondances postales, la colonie étant soumise aux règles et tarifs de l'union postale, la législation métropolitaine y est appliquée dans toutes ses parties. Quant au régime télégraphique, il est réglementé par la Convention de Saint-Pétersbourg (revision de Budapest 1896) pour ce qui a trait à la correspondance télégraphique internationale et par des arrêtés du gouverneur général, en ce qui touche la correspondance télégraphique locale.

La colonie du Sénégal est reliée à l'Europe par le câble de Saint-Louis, Ténériffe, Cadix et par celui de Praïa-Saint-Vincent; les câbles *West African Telegraph* et *African direct* la relient aux établissements français et étrangers de la côte occidentale et méridionale d'Afrique; enfin un câble sous-marin relie le chef-lieu à Pernambuco (Brésil) par Fernando de Noronha.

L'extension considérable prise par le service des postes et des télégraphes est en raison directe de l'accroissement de notre influence. La tranquillité assurée à nos nationaux dans toute l'étendue de la colonie, a vaincu les hésitations qui naguère se produisaient, lorsque des commerçants manifestaient le désir de se fixer dans les villages les plus reculés des contrées de l'intérieur. Aujourd'hui, sur tous les points importants, dans nos centres les plus populeux, le commerce s'établit en toute sécurité et l'agglomération d'intérêts qui s'y forme naturellement, après avoir décidé l'installation d'un bureau postal, rend inévitable ensuite l'extension d'un réseau télégraphique jusque dans cette escale, en voie de formation. C'est ainsi qu'ont été construites méthodiquement et à peu de frais ces nombreuses lignes télégraphiques qui sillonnent le Sénégal en tous sens et qui facilitent à un si haut degré les transactions commerciales. Tout récemment encore, il a été procédé à l'inauguration de la ligne télégraphique qui relie le chef-lieu à Sédhiou et Ziguinchor ; à cette occasion divers télégrammes ont été échangés entre l'administrateur supérieur de la région, le commerce, la population de cette dernière escale et le chef de la colonie. La construction de cette ligne répondait à des besoins urgents et de premier ordre. Aux dépêches qui lui ont été adressées, M. le gouverneur général a répondu aux habitants de la Casamance qu'il irait à bref délai leur porter lui-même l'assurance de l'intérêt très grand qu'il porte au développement et à la prospérité de leur pays.

Afin de donner une idée exacte du développement du service des postes et des télégraphes, il nous paraît intéressant de faire connaître les bureaux de la colonie où ce double service est assuré d'une façon régulière :

Aéré
Bakel
Dagana
Dakar
Fatick
Fissel
Foundiougne
Gorée
Hamdallaye
Joal
Kankéléfa
Kaédi
Kaolack
Kelle

La Barre
Lambaye
Louga
Matam
Malem
M' Pal
N' Dande
N' Gaye-Mekhé
Niakhar (Sine)
Nianing
Podor
Richard-Toll
Rufisque
Saint-Louis

Saldé	Thiès
Sédhiou	Tivaouane
Sénoudébou	Veligara
Sine	Ziguinchor

Un bureau postal fonctionne en outre à Carabane et à Nioro Rip; dans les escales de Sakal, Goumbo-Guéoul, Kébémer, Piregoureye, Pout et Sébikotane, un service postal auxiliaire est assuré par les chefs de gare.

Les bureaux des postes et des télégraphes établis au Soudan sont les suivants :*

Badumbé	Niagassola
Bafoulabé	Nafadié
Bamako	Nioro
Kankan	Ouagadougou
Kati	Oualia
Kayes	San
Kita	Ségou
Koulokoro	Siguiri
Koundou	Sokolo
Kouroussa	Sono
Médine	Sumpi
Nampala	Yako

Un bureau postal fonctionne également à Tombouctou.

Article 4. — Enregistrement

L'impôt de l'enregistrement et du timbre a été créé au Sénégal par le décret du 4 août 1860, promulgué le 3 août 1861. Deux bureaux d'enregistrement ont été institués dans la colonie, le premier à Saint-Louis et le second à Dakar; ils réunissent dans leurs attributions les différents services de l'enregistrement, du timbre, des domaines, des hypothèques et de la curatelle aux successions et biens vacants. Ces bureaux sont dirigés par des receveurs-conservateurs, relevant de l'administration locale; l'arrêté du 3 août 1861 promulguant le décret du 4 août 1860, fixe le cautionnement et les remises de ces fonctionnaires; ceux en date des 7 et 9 août de la même année réglementent la comptabilité et la manutention du service du timbre. Les receveurs sont chargés de la perception des droits de timbre, d'enregistrement, d'hypothèques, de greffe, de celle des produits domaniaux ainsi que du recouvrement des amendes, des frais de justice et de poursuites.

Au point de vue fiscal, l'ordonnance du 31 décembre 1878, qui n'est que la reproduction des dispositions essentielles de la loi fondamentale du 22 frimaire an VII, règle les tarifs des droits à percevoir. Tandis qu'en France les droits proportionnels s'étendent de 0 fr. 20 à 12 francs, au Sénégal ils varient entre 2 centimes et demi et 1 franc; la même progression existe en ce qui concerne les droits fixes. Il est également perçu des droits spéciaux de greffe, variant de 1 à 12 francs, sur les formalités et actes passés aux greffes des tribunaux; ces droits, acquittés par les parties entre les mains des greffiers, sont versés par ces derniers, après prélèvement du 10e qui leur est attribué, dans la caisse des receveurs.

L'ordonnance du 14 juin 1829 et le décret du 28 nov. 1861, relatifs aux hypothèques, ont été promulgués au Sénégal par l'arrêté du 21 janvier 1862 qui a, en outre, institué deux bureaux des hypothèques, l'un à Saint-Louis, pour le premier arrondissement, et l'autre à Gorée, transféré depuis à Dakar, pour le second arrondissement. Ce service est organisé dans la colonie dans les mêmes conditions de publicité que dans la métropole; les tarifs sont fixes, avec minimum d'un franc. Les receveurs conservateurs ont été chargés du service de l'hypothèque maritime par l'arrêté du 21 décembre 1893.

Jusqu'en 1828, le service de la curatelle était assuré par les greffiers des tribunaux; à partir de cette date, les officiers de l'état-civil ont été substitués à ceux-ci jusqu'au moment où l'arrêté du 20 janvier 1862 a confié la direction de ce service, dans chaque arrondissement judiciaire, au receveur de l'enregistrement.

Le mode de gestion des successions et biens vacants est déterminé par le décret du 27 janvier 1855; la manutention et la comptabilité de ce service sont réglées par l'arrêté ministériel du 20 juin 1864.

En matière domaniale, les terrains situés autour des gares, dans un rayon déterminé, peuvent être vendus en adjudication publique, pour le compte de l'Etat; ceux dépendant du domaine colonial sont concédés par le conseil général, sous certaines conditions et moyennant le paiement d'une redevance minime, après l'accomplissement des formalités prescrites par l'arrêté du 5 janvier 1887.

CHAPITRE III

INSTRUCTION PUBLIQUE

L'instruction publique, au Sénégal, comprend une partie de l'enseignement secondaire et l'enseignement primaire donnés dans un certain nombre d'écoles de garçons et de filles.

Pour remplir le rôle qui lui est dévolu par la loi et, à défaut d'une organisation complète du service de l'instruction publique au Sénégal, l'administration locale a institué diverses commissions, appelées à exercer un contrôle suivi sur les différents établissements scolaires et, plus particulièrement, sur ceux dépendant directement de la colonie. Une commission de surveillance est créée dans chacune des villes de Saint-Louis, Dakar, Gorée et Rufisque; elle est composée du maire, président, d'un délégué de l'administration et d'un habitant notable. Cette commission est appelée à visiter au moins une fois par trimestre les écoles de sa circonscription; les chefs d'établissement sont tenus de fournir toutes les indications qui leur sont demandées au cours de ces visites. Elle consigne dans un rapport les besoins des écoles, les améliorations à y introduire; elle veille à la méthode enseignée et formule, s'il y a lieu, ses observations sur ce point et sur le niveau des études dans chaque établissement. La commission de surveillance procède à l'inspection des écoles libres au point de vue de la moralité, de l'hygiène et de la salubrité, son droit de contrôle ne pouvant porter sur l'enseignement que pour vérifier s'il n'est pas contraire à la morale, à la constitution et aux lois. Les rapports établis par cette commission sont soumis au comité général d'instruction publique, institué au chef-lieu et appelé à donner son avis :

1° Sur l'état des différentes écoles de la colonie ;

2° Sur les réformes à introduire dans l'enseignement, la discipline et l'administration des écoles publiques ;

3° Sur les subsides et encouragements à accorder aux écoles primaires libres ;

4° Sur les demandes tendant à améliorer la situation des établissements scolaires publics ;

5° Sur les récompenses à accorder aux instituteurs ou sur les peines disciplinaires à leur infliger ;

6° Sur la déchéance des bourses accordées dans les établissements de la colonie ;

7° Sur les prévisions à inscrire dans l'intérêt de l'instruction publique au budget de chaque exercice ;

Et 8° sur toutes les questions relatives à l'organisation et au fonctionnement des établissements d'éducation déjà créés ou à créer au Sénégal.

Il est procédé dans chacune des villes de Saint-Louis, Gorée, Dakar et Rufisque, vers la fin de l'année scolaire, à des examens publics pour la délivrance du certificat d'études primaires. Deux sessions réglementaires d'examen ont lieu à Saint-Louis en mars et en juillet dans les conditions indiquées au décret du 4 janvier 1881 et à l'arrêté ministériel du 5 dudit mois, en vue de l'obtention des brevets de capacité pour l'enseignement primaire, comprenant le brevet élémentaire et le brevet supérieur.

Un concours annuel est ouvert pour la concession de bourses métropolitaines ou locales. La liste des candidats reconnus admissibles est présentée au conseil général à sa session ordinaire du mois de mai ; cette assemblée formule un avis sur le degré d'intérêt que présentent les diverses candidatures et l'administration locale, après s'être inspirée de la situation de fortune de la famille et des services rendus au pays par les parents des candidats, arrête définitivement, en conseil privé, la liste des titulaires de bourses ou subsides.

Les divers concours et examens précités sont passés devant une commission spéciale, instituée par arrêté du 27 juin 1897 et composée comme suit :

A Saint-Louis :

Le secrétaire général du gouvernement ou son délégué, président;

Un conseiller général;

Un délégué de la municipalité;

Un magistrat;

Le chef du bureau de l'instruction publique.

A Dakar :

Le délégué de l'Administration, président;

Un conseiller général;

Un délégué de la municipalité;

Le délégué du secrétariat général.

Le service de l'instruction publique au Sénégal comprend un personnel enseignant composé comme suit :

26 sœurs institutrices, appartenant aux congrégations de Saint-Joseph de Cluny ou de l'Immaculée-Conception;

37 frères instituteurs, appartenant à l'Institut de Ploermel, dont 8 professeurs affectés à l'école secondaire;

10 professeurs ou instituteurs laïques.

Le montant des dépenses annuelles supportées à ce titre par la colonie est de 350.000 fr. environ. En dehors des sommes inscrites pour 40 bourses entières métropolitaines et une demi-bourse, ainsi que 8 subsides destinés à des élèves bacheliers pour l'achèvement de leurs études, ce crédit est réparti dans les divers établissements suivants, dans la mesure de leurs besoins :

Ecole secondaire de Saint-Louis ;

Ecoles primaires congréganistes de garçons et de filles à Saint-Louis, Gorée, Dakar et Rufisque ;

Ecole laïque de garçons à Saint-Louis.

ÉCOLE SECONDAIRE

Cette école fut fondée en 1884, conformément à un vote du conseil général, dans le but de permettre aux élèves de compléter leurs études primaires. Dotée dès le début de 3 professeurs et d'un maître d'études, elle compte aujourd'hui 7 professeurs et un maître d'études ; le nombre de ses élèves a progressé de 11 à 60.

L'enseignement donné à l'école secondaire est classique ou moderne.

L'enseignement classique, dont les adhérents sont peu nombreux, une dizaine environ, comprend les cours de sixième, de cinquième et de quatrième. Le latin et le grec sont professés par un Père du Saint-Esprit.

L'enseignement moderne, fréquenté par la grande majorité des élèves, suit les programmes de France et comprend les classes depuis la sixième jusqu'à la seconde.

L'administration accorde chaque année un subside de 1000 fr. à l'élève le plus méritant de l'école, pour lui permettre d'aller perfectionner ses études en France et d'y obtenir, si possible, le baccalauréat moderne.

Les arts d'agrément enseignés à l'école secondaire sont la musique, l'escrime et la gymnastique.

Le recrutement des élèves fréquentant l'école s'opère parmi les enfants munis du certificat d'études primaires. Vingt-quatre bourses de 600 fr. chacune et d'une durée de 4 ans y ont été instituées par la colonie pour en permettre l'accès aux enfants des villes du 2e arrondissement. Elles sont décernées au concours.

La fréquentation de l'école comporte aussi bien des élèves musulmans que des élèves chrétiens.

ÉCOLE PRIMAIRE DES GARÇONS DE SAINT-LOUIS

La direction de cet établissement, institué en 1841, a été confiée aux frères de Ploermel. Le nombre des professeurs et maîtres qui y sont attachés, primitivement fixé à deux, atteint aujourd'hui le chiffre de douze.

Le programme qui y est appliqué ne comprenait au début que la lecture, l'écriture, le français, l'arithmétique, le catéchisme et l'histoire sainte. On adjoignit plus tard et progressivement à ces matières l'histoire de France, la géographie, l'algèbre, la géométrie, le dessin, la tenue des livres, l'histoire ancienne et l'histoire romaine. L'enseignement du latin, essentiellement facultatif, y fut introduit en 1849.

D'une façon générale, les diverses écoles primaires, créées par l'administration locale dans les différentes villes de la colonie, ont observé le programme qui précède jusqu'à la création de l'école secondaire. A la date du 9 mai 1896, un arrêté est venu réglementer les cours primaires réguliers des écoles, en créant le cours primaire complet et le cours annexe ; cet acte a, en outre, transformé les classes du soir en cours d'adultes. Le cours primaire est divisé en 4 classes où, suivant leur degré d'instruction, sont admis les élèves âgés de 5 à 15 ans ; le cours annexe est destiné à recevoir les élèves de 10 à 17 ans, ne sachant ni lire ni écrire ou trop âgés pour entrer dans le cours primaire ; aux cours d'adultes du soir ne sont admis que les élèves âgés de 18 ans révolus et les apprentis ouvriers âgés de 13 ans au moins, porteurs d'un certificat du maire de la commune, constatant qu'ils ont un engagement avec un maître ouvrier. Actuellement le programme d'études en vigueur dans la métropole est appliqué dans les écoles primaires de la colonie.

La fréquentation de l'école qui se chiffrait à sa création par 140 élèves du jour et 100 élèves du soir, compte aujourd'hui 166 élèves pour le cours primaire, 135 pour le cours annexe et 253 pour le cours d'adultes, soit un total de 554 élèves.

A leur sortie de l'école, la plupart des élèves du cours primaire, ayant obtenu leur certificat d'études, entrent à l'école secondaire ; en raison de leur âge avancé, quelques-uns seulement du cours annexe entreprennent des études secondaires.

ÉCOLE PRIMAIRE DES GARÇONS DE GORÉE

Créée en 1843, deux ans après celle de Saint-Louis, avec un personnel de deux frères instituteurs et une fréquentation de 60 élèves, l'école de Gorée fut fermée de 1846 à 1849. Réouverte au commencement de l'année 1849, elle comptait 80 élèves répartis en deux classes où étaient appliqués les programmes suivants :

1re classe. — La religion, l'écriture, l'histoire sainte, la lecture, le français, l'arithmétique et l'histoire de France.

2e classe. — La lecture, l'écriture et le catéchisme.

Il ne fut apporté de modifications à cet état de choses qu'en 1854 où, par suite de l'augmentation du personnel enseignant, il fut possible d'ouvrir une troisième classe ; en 1859 fut créé un cours du soir, et, en 1865, les 4 classes réglementaires du jour purent fonctionner d'une façon régulière.

Le programme actuellement suivi est celui du certificat d'études primaires.

Le nombre des instituteurs à l'école de Gorée est de 7. La fréquentation scolaire atteint 160 élèves pour les classes du jour ; l'unique cours du soir qui y est établi comporte plus de 100 inscriptions, mais il est très irrégulièrement suivi.

ÉCOLE PRIMAIRE DES GARÇONS DE DAKAR

Sa fondation remonte au 7 février 1869. Supprimée en juillet 1871, puis tenue par des Pères de la congrégation du Saint-Esprit, elle fut remise en 1882 aux Frères de l'institut de Ploermel.

En 1886, l'école ne comportait que deux classes du jour et une classe du soir; elle était fréquentée par 77 élèves le matin et 31 le soir. En 1888, le nombre total des écoliers s'élevant à 166, dont 58 pour les cours du soir, rendit nécessaire l'ouverture d'une troisième classe du jour; ce n'est qu'en 1894 que la quatrième classe du jour fut ouverte.

Le programme suivi dans les classes du jour est celui de l'enseignement primaire en France : instruction morale et civique, langue française, lecture, écriture, arithmétique, histoire et géographie, notions d'agriculture et dessin linéaire. Dans la classe d'adultes, on se borne à la lecture, à l'écriture, au calcul, à des exercices variés sur les éléments de la langue française.

Les professeurs de l'école de Dakar sont au nombre de 5. La fréquentation scolaire s'élève à 172 élèves du jour et 78 élèves du soir.

ÉCOLE PRIMAIRE DES GARÇONS DE RUFISQUE

L'école communale des Frères de l'instruction chrétienne de Rufisque ne date que du 4 novembre 1888.

A ses débuts, l'école avait deux maîtres réunissant 28 élèves du jour; un cours d'adultes en comptait 35. En 1893, le nombre des élèves fréquentant les cours du jour ayant augmenté, on prononça l'ouverture d'une troisième classe ; 70 élèves suivaient les cours du jour, tandis que le cours d'adultes en recevait 65. Aujourd'hui l'école distribue l'instruction à 184 élèves, répartis entre les cours du jour (112) et ceux du soir (72).

Chacune des 3 classes du jour correspond à un cours des programmes officiels (préparatoire, élémentaire et moyen).

La division de la journée scolaire dans les différentes écoles primaires de garçons de la colonie est arrêtée de la façon suivante :

MATIN :

6 h. 1/2 à 7 h. 1/2, étude ;
7 h. 1/2 à 8 h., récréation ;
8 h. à 10 h. 1/2, classe ;
10 h. 1/2 à 10 h. 45, récréation ;
10 h. 45 à 11 h. 15, étude.

SOIR :

1 h. 1/2 à 4 h., classe ;
4 h. à 4 h. 1/2, récréation ;
4 h. 1/2 à 5 h. 1/2, étude.

TABLEAU STATISTIQUE DES TRAITEMENTS DES MAITRES
DE L'ENSEIGNEMENT AU SÉNÉGAL

	fr.		fr.
Année 1888	139.455.59	Année 1894	163.246.40
— 1889	133.463.05	— 1895	184.064.31
— 1890	135.386.07	— 1896	179.281.31
— 1891	151.724.08	— 1897	172.785.94
— 1892	154.545.57	— 1898	177.743.21
— 1893	153.338.83		

TABLEAU STATISTIQUE DES DÉPENSES FAITES EN FAVEUR
DE L'ENSEIGNEMENT AU SÉNÉGAL

	fr		fr.
Année 1888	340.371.09	Année 1894	339.630.89
— 1889	242.114.99	— 1895	353.854.76
— 1890	251.135.07	— 1896	348.444.90
— 1891	314.149.34	— 1897	320.069.89
— 1892	305.750.99	— 1898	314.702.82
— 1893	308.168.48		

INSTRUCTION PUBLIQUE

DIAGRAMMES DES DÉPENSES FAITES POUR L'ENSEIGNEMENT

DE 1888 A 1898

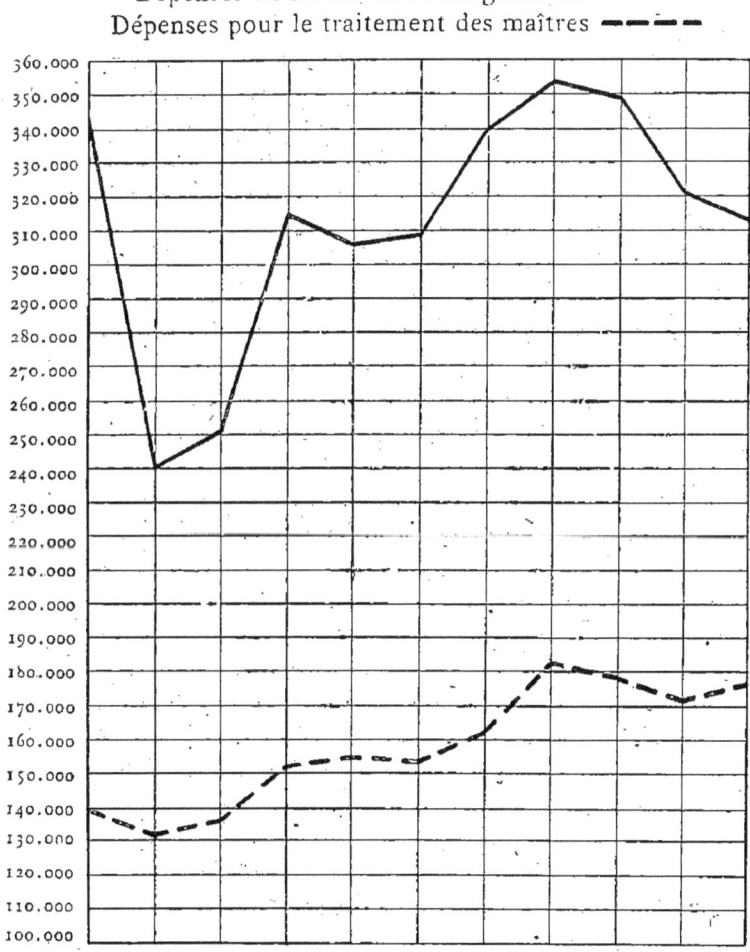

ÉCOLE PRIMAIRE
DES SŒURS DE SAINT-JOSEPH DE CLUNY A SAINT-LOUIS

Bien que fondée en 1819 par la Révérende Mère Javouhey, supérieure de l'hôpital militaire de Saint-Louis, cet établissement ne put réellement prendre son essor qu'en 1822.

Composée, dans ses débuts, d'un personnel de trois religieuses dirigeant une centaine d'élèves, cette école compte aujourd'hui 11 sœurs et 181 élèves réparties dans les sept cours suivants :

1re classe enfantine pour enfants de 4 à 6 ans ;
2e cours préparatoire pour élèves de 6 à 8 ans ;
3e cours élémentaire pour élèves de 8 à 10 ans ;
4e cours moyen pour élèves de 10 à 12 ans ;
5e cours supérieur pour élèves de 12 à 14 ans ;
6e cours complémentaire pour élèves de 14 à 17 ans ;
7e cours spécial pour les jeunes négresses domestiques.

Le programme, qui a été sensiblement modifié, comprenait l'instruction religieuse, la lecture, l'écriture, le français, les quatre règles de l'arithmétique, la couture, le blanchissage du linge et le soin du ménage ; il comporte aujourd'hui :

Instruction religieuse et morale, enseignement civique, lecture, récitation de fables, poésies, morceaux choisis, écriture, grammaire et orthographe, style, arithmétique, histoire et géographie, notions de sciences physiques et naturelles, économie domestique, solfège et chant, gymnastique, travail manuel, dessin.

ÉCOLE DES FILLES DE RUFISQUE

Confiée aux sœurs de Saint-Joseph de Cluny, cette école, fondée en 1888, comptait à cette époque 37 élèves ; en 1893 ce nombre s'élevait à 66, puis à 74 ; en 1898 et de nos jours il atteint 93. Le personnel enseignant est de trois sœurs institutrices.

En raison du nombre restreint des maîtresses et des élèves, le cours primaire complet n'a pu être organisé dans cet établissement scolaire. Cependant deux élèves ont pu obtenir l'année dernière le certificat d'études primaires.

Le programme qui y est enseigné correspond à ceux des cours préparatoire, élémentaire et moyen.

ÉCOLE DES FILLES DE GORÉE

Son institution date de 1822. Au début, de 1822 à 1848, elle comptait plus de 64 jeunes filles, confiées à 4 religieuses de Saint-Joseph de Cluny qui leur enseignaient l'instruction religieuse, la lecture, l'écriture, le français, les 4 règles de l'arithmétique, le blanchissage, le raccommodage du linge et le soin du ménage.

De 1848 à 1855, le nombre des élèves était environ de 190, réparties en quatre classes avec un personnel de cinq maîtresses. De cette époque à nos jours, le mouvement de la fréquentation scolaire a été le suivant :

De 1855 à 1860 l'école comptait 190 élèves
De 1860 à 1870 — 220 —
De 1870 à 1880 — 230 —
De 1880 à 1890 — 192 —
De 1890 à 1900 — 160 —

La diminution survenue provient du déplacement de la population de Gorée, qui s'est transportée, dans une certaine proportion, à Dakar, au moment où le siège du tribunal et celui des principales maisons de commerce ont été transférés dans cette ville.

Le programme est le même que celui des écoles primaires de France.

La division de la journée scolaire dans les différentes écoles de filles de la colonie est arrêtée de la façon suivante :

MATIN

7 h. à 8 h. 15, étude;
8 h. 15 à 8 h. 30, récréation;
8 h. 30 à 11 h., classe.

SOIR

1 h. 1/2 à 4 h., classe;
4 h. à 4 h. 1/2, récréation;
4 h. 1/2 à 5 h. 3/4, étude.

ÉCOLE DES FILLES DE DAKAR

L'école des filles de Dakar a été fondée en 1847 par la mission catholique qui a supporté l'intégralité de ses dépenses jusqu'en 1890, date à laquelle le conseil général a décidé de mettre à la charge de la colonie les frais résultant du fonctionnement de l'école. Toutefois, à partir de l'année 1876, une prévision spéciale était inscrite au budget local pour la rétribution d'une sœur institutrice. La fréquentation fictive était de 110 élèves inscrites; la moyenne des présences variait de 80 à 90 élèves. Aujourd'hui, le total réel de la fréquentation scolaire s'élève à 174 élèves.

Chacune des quatre classes de l'école correspond à un cours du programme officiel : préparatoire, élémentaire, moyen et supérieur.

Une maîtresse de piano est adjointe au personnel enseignant dans chacune des écoles de filles de la colonie.

ÉCOLE LAIQUE DES GARÇONS DE SAINT-LOUIS

Instituée en 1857 par le gouverneur Faidherbe, cette école n'a pu fonctionner alors que d'une façon irrégulière. Il est vrai de dire qu'à cette époque une seule classe du soir avait été ouverte;

la direction en fut confiée à un moniteur indigène. Ce n'est qu'en 1876 qu'une certaine impulsion fut donnée à cet établissement, à la tête duquel on venait de placer un professeur muni de diplômes universitaires et qui avait sous ses ordres un moniteur indigène ; la fréquentation scolaire était de 20 à 30 élèves pour les classes du jour et de 100 écoliers pour les cours d'adultes.

L'extension que prenait l'établissement nécessita une organisation plus complète ; l'administration fit l'acquisition d'un vaste immeuble où fut transférée l'école en 1883. De cette époque à 1896, l'établissement compta chaque année un nombre d'élèves, oscillant entre 600 et 650. Le personnel enseignant comprenait 2 instituteurs européens et 3 moniteurs indigènes, pour les classes du jour, 8 moniteurs pour les classes du soir. Ce personnel a été maintenu en fonctions, sauf en ce qui concerne quatre moniteurs du soir ; cette suppression avait d'autant plus sa raison d'être que par suite de la réglementation des cours primaires réguliers des écoles de la colonie et de la transformation des classes du soir en cours d'adultes, un certain nombre des élèves fréquentant ces classes se trouvaient dans l'obligation, vu leur âge, de les quitter et de demander leur admission aux classes du jour. Actuellement, l'école laïque de Saint-Louis, presque uniquement fréquentée par des enfants musulmans, compte de 400 à 500 élèves.

ÉTABLISSEMENTS SCOLAIRES PRIVÉS

ÉCOLES DE LA MISSION ÉVANGÉLIQUE

La Société des Missions évangéliques de Paris a décidé, dès l'année 1863, l'envoi sur la côte occidentale d'Afrique d'un missionnaire protestant français, dont la résidence fut d'abord fixée à Sédhiou en Casamance. Dès son installation, ce missionnaire fonda une école de garçons qui fut suivie, en 1866, d'une école de filles ; mais, à la suite de l'épidémie de fièvre jaune qui a fait tant de victimes au Sénégal en 1867, on dut fermer ces établissements.

En 1870, fut créée une école de garçons à Saint-Louis. Au début, cet établissement comptait 25 élèves ; il en réunit aujourd'hui 60. Une école de filles fut ouverte en 1876 avec 11 enfants ; elle en compte actuellement 23. Sur la totalité des élèves qui fréquentent ces divers cours, la mission prend à sa charge l'entretien de dix internes qui lui ont été confiés, soit par des parents pauvres, soit par le chef de la justice, tuteur légal des jeunes captifs libérés. Par suite des absences fréquentes du personnel enseignant, motivées par des raisons de santé, le siège de la mission a dû être transféré définitivement à Saint-Louis. Actuellement une seule école, celle des garçons, sous la direction d'un instituteur indigène, fonctionne au chef-lieu.

L'enseignement donné par la mission comporte la lecture, l'écriture, le calcul et des éléments d'histoire et de géographie de la France, de l'Afrique et du Sénégal. Les élèves qui montrent certaines aptitudes sont envoyés en France par la mission pour l'obtention du brevet d'instituteur ; en cas de succès, ils reviennent dans la colonie où ils peuvent être attachés dans les écoles de la mission.

ÉTABLISSEMENTS SCOLAIRES DE LA MISSION CATHOLIQUE DE LA SÉNÉGAMBIE

PETIT COLLÈGE DE SAINT-LOUIS

Le premier établissement créé par la Mission catholique au Sénégal est le petit collège de Saint-Louis. La date de sa fondation remonte à l'année 1840 ; il fut placé sous le haut patronage du chef de la colonie et la direction en fut confiée à MM. les abbés Boilat et Fridoil, assistés de M. Pradel, sous-officier d'infanterie de marine. Il était pourvu aux besoins du collège en grande partie par des souscriptions volontaires de la population; mais les ressources de l'établissement furent vite épuisées par les dépenses élevées qu'entraînait le fonctionnement normal du collège, indépendamment des sommes réclamées par l'institution de cours spéciaux organisés pour les arts d'agrément. Il s'ensuivit que le collège dut être fermé, sans avoir duré plus de dix ans.

ÉCOLES DE DAKAR ET DE SAINT-JOSEPH DE N'GAZOBIL

A peine instituée, la mission de Dakar se préoccupa de l'instruction de la jeunesse. Une école professionnelle et agricole fut établie par ses soins à Dakar, vers 1845, et le Père Warlop, ancien ingénieur et membre de la Communauté, en construisit l'édifice; mais le sol, sur ce point ayant paru peu propice aux cultures, M. l'abbé Kobès, préfet apostolique, décida le transfert de cet établissement à N'Gazobil, à 6 kilom. nord-ouest de Joal, dans le Sine. Cette nouvelle installation eut lieu en 1849 et réunit 25 enfants; cependant les déprédations des gens du Sine obligèrent la mission à la ramener à Dakar en octobre 1851. Elle fit aménager et agrandir les bâtiments construits par le P. Warlop, et en 1856, l'école comptait 70 internes, entretenus par la mission et auxquels on donnait, suivant leurs aptitudes, l'instruction classique ou l'enseignement professionnel. Cette institution dura jusqu'en 1866, époque à laquelle fut supprimé l'internat. Mais dans l'intervalle, la mission s'était décidée à retourner à N'Gazobil où, a côté d'une école de garçons, elle fonda en 1863 un établissement agricole; c'est à cette date que le département voulut bien lui accorder une concession de 1000 hectares dans le voisinage de Joal qui venait d'être conquis. En 1864, une école professionnelle fut établie à l'institution de Joal; elle reçut les élèves de l'internat de Dakar, en 1866, au moment de sa suppression.

En 1870, le personnel de la mission dut être réduit par suite de la guerre; plusieurs enfants qui avaient des parents ou des protecteurs dans la colonie furent remis à ces derniers, en vue de diminuer les charges de l'établissement qui entra dans une phase critique; ce ne fut qu'en 1885 que l'œuvre put se relever et se maintenir au niveau qu'elle a atteint aujourd'hui.

ÉCOLE DES GARÇONS A DAKAR

Bien que créée en 1846, cette école ne donna aucun résultat jusqu'en 1867, époque à laquelle on put réunir seulement une vingtaine d'élèves. En 1869, l'administration locale ayant fait l'acquisition de l'immeuble de la mission, confia la direction de l'école aux frères de Ploermel. Cette tentative ne fut point plus heureuse que la précédente, le manque d'élèves ayant obligé l'administration à fermer l'établissement en 1872.

La mission reprit plus tard l'initiative de l'ouverture de cette école qui, en 1882, fut remise aux frères de Ploermel qui en ont conservé la direction jusqu'à ce jour.

ÉTABLISSEMENT DU PÉNITENCIER DE THIÈS

En 1886, la mission catholique du Sénégal acheta un terrain de six hectares à Thiès et y bâtit une maison à étage. Une école y fut fondée dans laquelle étaient reçus quelques enfants rachetés de l'esclavage et quelques autres du village de Thiès.

L'administration conçut la pensée d'utiliser l'œuvre fondée par les missionnaires en leur confiant le soin des jeunes détenus pour lesquels le contact des prisons était une école de vices. Un arrangement intervint en 1889 entre la mission et la colonie, et le pénitencier de Thiès fut créé. Le nombre des détenus qui y furent internés fut d'abord de vingt, puis dépassa la trentaine. Mais depuis 1894, le nombre de ces enfants a diminué et est tombé actuellement à 21. Les missionnaires leur inculquent une instruction primaire élémentaire et leur enseignent l'agriculture et quelques arts professionnels.

ÉCOLE DE JOAL

Après l'occupation française du Sine, la mission catholique fonda à Joal, en 1860, une école de garçons. En 1874, cette école comptait 30 enfants fréquentant les cours assez régulièrement et assurait un cours d'adultes pour les soldats du poste. En 1886, le conseil général de la colonie accorda aux missionnaires une subvention de 5400 fr. pour les écoles de Joal. Mais la maladie et la mort ayant fortement éprouvé les maîtres, l'école se ressentit des vides survenus parmi le personnel; en 1896, le vicaire apostolique sollicita et obtint du conseil général un subside annuel de 1500 fr. pour cet établissement dont la marche normale se trouve assurée; l'école compte une trentaine d'élèves.

ÉCOLES DE LA CASAMANCE

ÉCOLE DE SÉDHIOU

La mission institua à Sédhiou, en 1876, une école de garçons qui, au début, fut fréquentée par 30 élèves; mais peu à peu le mauvais vouloir des habitants fit déserter l'établissement que les missionnaires durent transférer à Carabane en 1890.

ÉCOLE DES GARÇONS DE CARABANE

Cette école est ouverte de décembre à août de chaque année, et les vacances courent de septembre à novembre, par suite de la nécessité où se trouvent les parents, à cette époque, de se rendre avec leurs enfants dans les champs, pour la culture du riz.

Le personnel de l'établissement est constitué par deux missionnaires du Saint-Esprit.

Deux annexes à cette école ont été formées non loin de Carabane. La première établie au village de Diambering (3000 à 4000 âmes), est dirigée par un jeune homme de 20 ans environ, originaire du pays et sorti de l'école de Carabane; une centaine d'enfants forme sa fréquentation scolaire. A Elinkine, village de 300 âmes environ, se trouve la seconde succursale, forte de 30 élèves.

ÉCOLE DE ZIGUINCHOR

Dès que le Portugal eut cédé à la France le territoire de Ziguinchor, les missionnaires s'installèrent sur ce point et y fondèrent une école de garçons qui réunit 34 élèves. De 1888, époque de sa création, à 1893, l'établissement ne put être ouvert d'une façon régulière par suite de maladies fréquentes du personnel enseignant. Aujourd'hui l'école compte de 35 à 50 élèves qui suivent régulièrement les classes.

ÉCOLES DES PETITES MISSIONS

La préfecture apostolique du Sénégal possède encore d'autres stations secondaires où existent des écoles. Telles sont les stations du mont Roland, dans le N'Doute, de Fandène sur les confins du Baol, de N.-D. de la Délivrande à Popenguine, de M'Bodiène et de N'Dianda, dans le voisinage de N'Gazobil, de Fadioute près Joal et d'Elinkine, en Casamance.

L'école de Fandène reçoit un subside annuel du gouvernement, s'élevant à 1200 fr. Sa fréquentation scolaire est nulle, si on la compare à la population du centre où elle fonctionne : Fandène possède environ 1500 âmes et l'école ne compte qu'une quinzaine d'élèves, un pour cent.

La station du mont Roland, fondée depuis trois ans, réunit une moyenne de 50 enfants des deux sexes.

A Popenguine existe une école de garçons, ainsi qu'à Joal.

ÉCOLES DES MISSIONS DU SOUDAN

ÉCOLE DE KITA

Cette école fut créée en 1889 lors de l'installation des missionnaires à Kita. Dès sa fondation, l'administration lui accorda une subvention annuelle de 1800 fr. et, après avoir amélioré les locaux de l'établissement, institua des bourses d'élèves internes, entretenus aux frais de l'Etat.

L'*Alliance française* accorde en outre une subvention de 800 fr. par an à cette école qui compte aujourd'hui de 60 à 80 élèves, dont une cinquantaine d'internes.

ÉCOLE DE DINGUIRA

Les missionnaires ont également fondé, avec le concours de l'administration, un établissement scolaire à Dinguira, distant de 40 kil. de Kayes auquel le relie la voie ferrée.

Cet établissement, dont la création remonte à l'année 1894, compte maintenant 60 garçons qui reçoivent une instruction primaire et se livrent à des travaux agricoles et professionnels.

ÉCOLE DE KAYES

Dans cette école ne sont admis que les sujets provenant des établissements scolaires de Kita et de Dinguira qui viennent y compléter leur instruction. Ils fréquentent en outre les ateliers de l'artillerie à Kayes et se familiarisent ainsi avec les divers métiers. L'institution existe depuis le commencement de 1897 et produit de bons résultats. Le nombre des élèves qui y sont admis s'élève à 24.

ÉCOLES DE FILLES

En dehors des écoles de garçons qui viennent d'être énumérées, la mission catholique a institué sur divers points des écoles de filles confiées soit aux religieuses de l'Immaculée Conception de Castres, soit à celles de Saint-Joseph de Cluny ou aux religieuses indigènes du Saint-Cœur de Marie.

Cette dernière congrégation, fondée en 1858, par le préfet apostolique du Sénégal, M. l'abbé Kobès, est chargée de l'école de Joal, établie en 1863.

Des religieuses de cette communauté dirigèrent également à Dakar, où leur congrégation avait pris naissance, un établissement destiné à recueillir et à instruire les enfants abandonnés.

En 1878, les sœurs indigènes du Saint-Cœur de Marie s'établirent à Fadioute et à Sédhiou, en Casamance ; mais en 1885, elles quittèrent cette dernière région pour s'établir successivement en 1888, à Popenguine, en 1896, au mont Roland et, en mai 1898, à Carabane.

Les sœurs du saint Cœur de Marie donnent l'instruction en langue du pays ; dans les localités où la chose est possible, elles ont des classes de français.

Quant aux religieuses de l'Immaculée-Conception ou de Saint-Joseph de Cluny, elles sont établies dans les principales villes de la colonie où elles avaient été installées, au début, par la mission apostolique de la Sénégambie.

ENSEIGNEMENT MUSULMAN

A côté des écoles primaires, enseignant les matières qui figurent au programme de la métropole, se trouvent une multitude d'écoles musulmanes. La plupart de ces écoles comptent un très petit nombre d'élèves ; mais quelques-unes d'entre elles atteignent et dépassent parfois le chiffre cent.

Dans ces écoles, les maîtres ou marabouts, « Serignes » en langue ouolofe, apprennent aux enfants qui leur sont confiés, à reconnaître les caractères arabes et à psalmodier les versets du Coran.

L'instruction donnée à cette catégorie d'élèves s'arrête généralement là. Quelques-uns cependant poussent leurs études plus loin et, après avoir appris le Coran, entreprennent l'étude de la grammaire arabe (Nahou) et de quelques auteurs, principalement des jurisconsultes ; un petit nombre cherche à se familiariser avec la prosodie arabe.

L'enseignement se fait le plus souvent dans une cour à ciel ouvert ou sous un abri constitué par des piquets fichés en terre, surmontés d'une toiture en chaume.

Le matériel classique est des plus primitifs. Le maître est assis sur une peau de mouton et tient ouvert devant lui le Coran où il puise ses leçons. Accroupis sur le sol, dans un accoutrement sommaire, et tenant chacun une planchette sur laquelle se trouvent tracés des versets du Coran, les élèves entourent le marabout et répètent en chœur le mot qu'il vient de prononcer. La leçon apprise, on lave les planchettes dont le bois particulier se prête à cette opération, et la leçon du lendemain y est écrite au moyen d'une plume formée d'un roseau taillé, trempée dans une encre de suie délayée dans de l'eau gommée. Et cette méthode, scrupuleusement observée pendant le courant de l'année, est encore mise en pratique les années subséquentes, jusqu'à ce que les élèves aient appris à distinguer les caractères arabes et à réciter le Coran en entier !

Les écoles musulmanes sont ouvertes les jours de la semaine, en dehors du mercredi soir, du jeudi et du vendredi, de 7 h. à 9 h. et demie du matin et de 2 h. à 5 h. du soir. Le tableau suivant fait ressortir le nombre des écoles et des élèves qui les fréquentent, dans les villes de la colonie :

Indication des villes	Nombre des écoles	Nombre des élèves Garçons	Filles
Saint-Louis .	90	1280	429
Gorée . . .	1	40	12
Dakar . . .	21	250	26
Rufisque . .	5	73	17

TABLEAU DE LA FRÉQUENTATION

DE 1889

Saint-Louis : 90 Ecoles, 1280 Garçons, 429 Filles.

ANNÉES SCOLAIRES	ÉCOLE SECONDAIRE de Saint-Louis	ÉCOLE PRIMAIRE CONGRÉGANISTE DES GARÇONS DE SAINT-LOUIS			ÉCOLE PRIMAIRE LAÏQUE DES GARÇONS DE St-LOUIS	
		Cours du jour	Cours annexe	Cours du soir	Cours du jour	Cours du soir
	ÉLÈVES	ÉLÈVES	ÉLÈVES	ÉLÈVES	ÉLÈVES	ÉLÈVES
1889-1890	34	281		360	97	437
1890-1891	45	266		338	105	462
1891-1892	44	252		306	102	482
1892-1893	48	248		418	92	456
1893-1894	49	240		315	108	426
1894-1895	47	257		280	98	463
1895-1896	51	112	104	272	112	437
1896-1897	52	129	149	247	101	456
1897-1898	46	154	122	235	116	221
1898-1899	58	168	124	230	128	225

SCOLAIRE AU SÉNÉGAL

A 1898

GORÉE : 1 Ecole, 40 Garçons, 12 Filles.

ÉCOLE PRIMAIRE DES GARÇONS de Rufisque		ÉCOLE PRIMAIRE DES GARÇONS de Dakar		ÉCOLE PRIMAIRE DES GARÇONS de Gorée		ÉCOLE PRIMAIRE des filles de Saint-Louis	ÉCOLE PRIMAIRE des filles de Dakar	ÉCOLE PRIMAIRE des filles de Rufisque	ÉCOLE PRIMAIRE des filles de Gorée
Cours du jour	Cours du soir	Cours du jour	Cours du soir	Cours du jour	Cours du soir				
ÉLÈVES	ÉLÈVES	ÉLÈVES	ÉLÈVES	ÉLÈVES	ÉLÈVES	ÉLÈVES	ÉLÈVES	ÉLÈVES	ÉLÈVES
41	38	161	52	175	71	166	85	52	189
49	45	158	53	184	69	172	92	53	192
58	57	176	70	190	62	174	93	55	185
65	61	198	80	166	72	177	90	61	184
78	57	197	80	158	78	178	93	66	171
84	61	207	80	155	115	180	97	59	165
89	67	172	45	164	98	183	100	68	170
97	70	189	53	157	89	186	103	69	168
105	75	203	67	158	72	188	109	59	168
»	»	209	68	161	65	192	130	74	167

INSTRUCTION PUBLIQUE

DIAGRAMMES
DE LA FRÉQUENTATION SCOLAIRE DE 1889 A 1898

VILLE DE Sᵀ-LOUIS

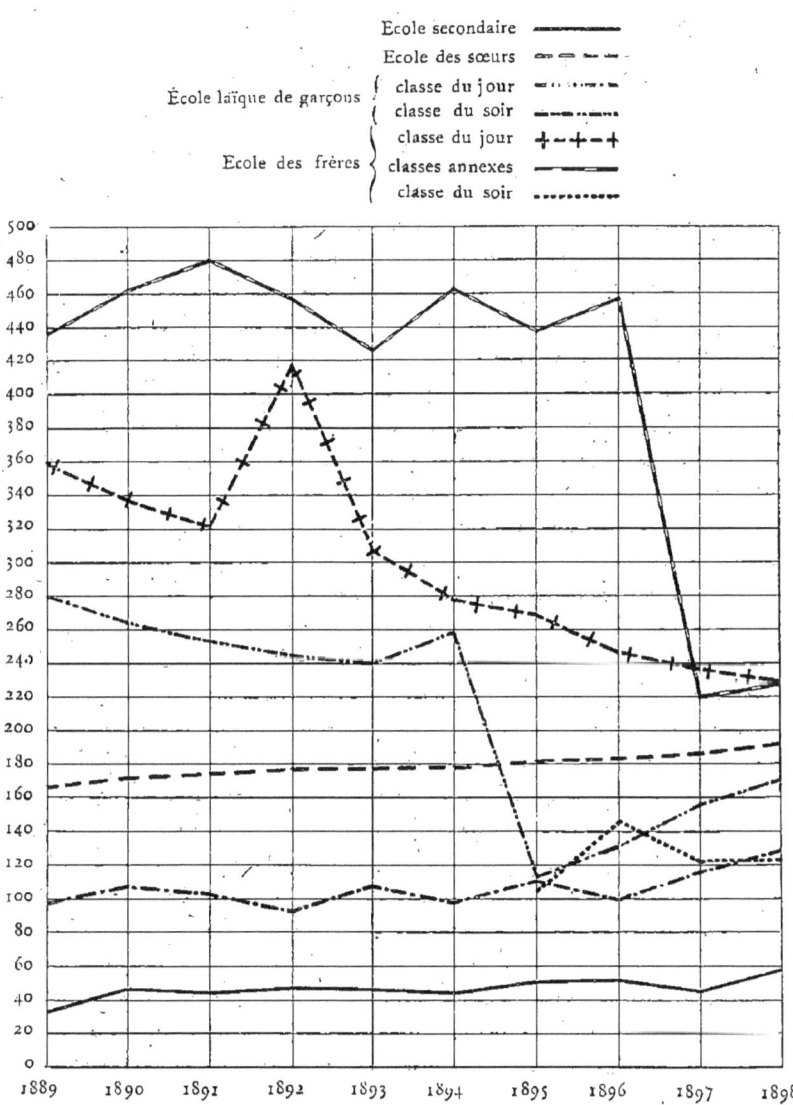

VILLE DE GORÉE

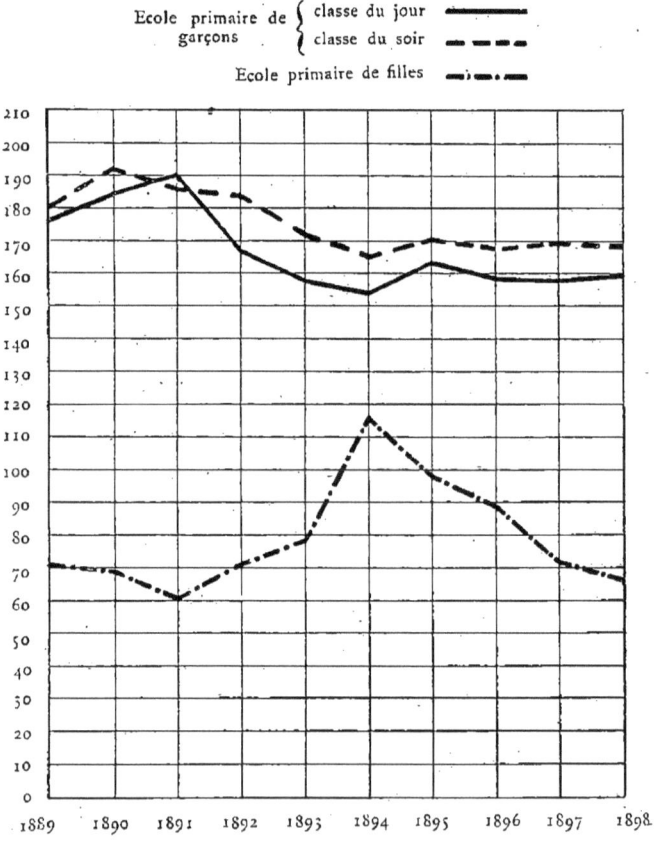

VILLE DE DAKAR

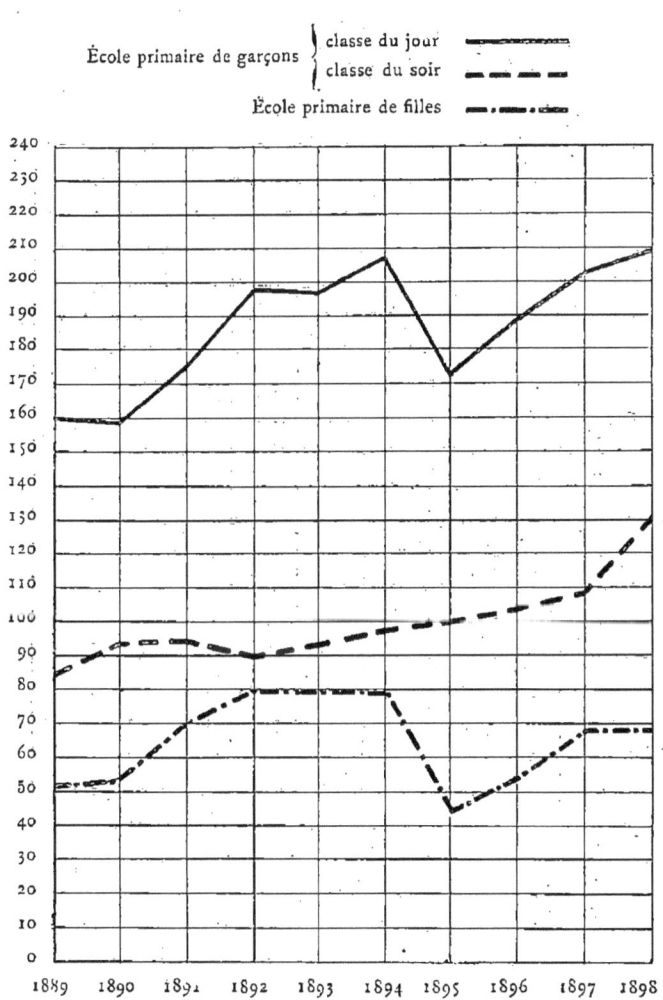

INSTRUCTION PUBLIQUE

VILLE DE RUFISQUE

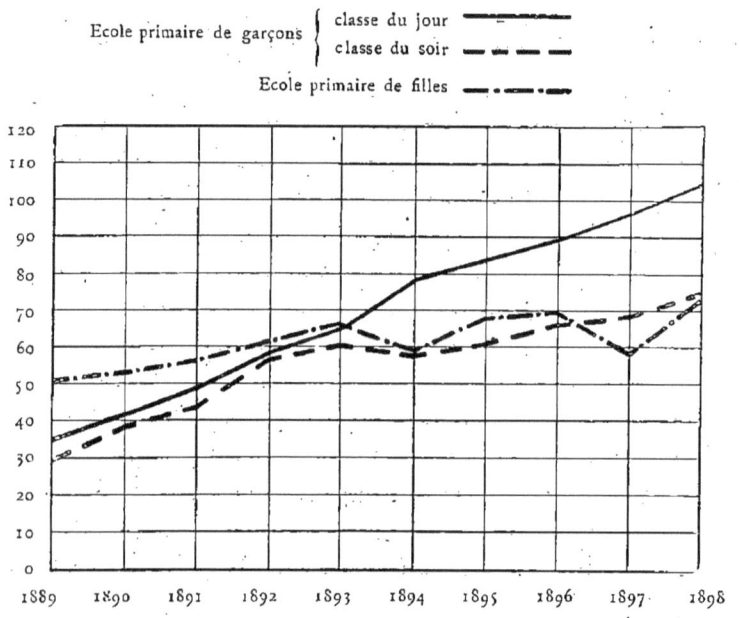

CHAPITRE IV

TRAVAUX PUBLICS

Le service des travaux publics a été institué au Sénégal par les arrêtés des 3 juillet 1841 et 22 septembre 1849. Antérieurement, ses attributions étaient exercées par la direction du génie où des agents civils avaient été détachés en qualité de conducteurs et de piqueurs.

Divers actes subséquents sont venus mettre en harmonie la réglementation intérieure de ce service avec ses besoins nouveaux et le développement qui lui a été donné. L'arrêté du 10 février 1883 a fixé les règles à suivre pour la tenue de la comptabilité et l'exécution des travaux en cours ; cet acte a été abrogé par celui du 23 avril 1898 qui a introduit dans le service des travaux publics certaines dispositions empruntées à la législation métropolitaine.

Le service des travaux publics est chargé pour le compte de la colonie :

1° De la préparation des projets, plans, devis et cahiers des charges des travaux publics, autres que ceux qui entrent dans les attributions des services militaires, de la conduite et de la surveillance de ces travaux, de la constatation des dépenses qui en résultent et de la préparation des pièces nécessaires à leur paiement;

2° De l'entretien et de la conservation des travaux publics, notamment des routes, chemins, rues et places faisant partie de la grande voirie, des ouvrages d'art et des plantations qui en dépendent, des quais, cales de déchargement, jetées établies aux frais de la colonie, des bâtiments civils, des réservoirs, machines et conduites de distribution d'eau établis dans les mêmes conditions, des phares et balises et de l'assainissement des marais;

3° De la préparation des arrêtés d'alignement le long des routes et chemins faisant partie de la grande voirie;

4° De la conservation des terrains faisant partie des domaines de la colonie, des rapports sur la délimitation, l'estimation, la concession ou la vente de ces terrains, et de la rédaction et du dépôt des titres et plans qui y sont relatifs;

5° Du contrôle des travaux exécutés par les concessionnaires pour le compte de la colonie;

6° Du contrôle des travaux exécutés par les municipalités avec le concours des fonds de la colonie.

A la tête de ce service se trouve placé un ingénieur des ponts et chaussées, directeur des travaux publics du Sénégal; ce fonctionnaire fait partie du conseil privé de la colonie.

Nous croyons devoir donner ci-après un aperçu des travaux, d'une certaine importance, exécutés par ce service ou sous sa direction pendant ces dernières années.

L'alimentation en eau des principaux centres de la colonie, question importante entre toutes, a été l'objet de toute la sollicitude de l'administration. Des études ont été ordonnées, au commencement de l'année 1898, en vue de l'amélioration de l'alimentation de la ville de Saint-Louis et de la création, dans les villes de Dakar et de Rufisque, d'un service de distribution d'eau potable satisfaisant dans la plus large mesure aux divers besoins.

Ces études, entreprises avec la plus grande célérité, ont pleinement abouti et le service des travaux publics s'est trouvé en mesure de présenter au conseil général, dans la session du mois de mai 1899, les projets définitifs qui lui étaient demandés.

Cette assemblée a adopté ces projets et a décidé, après leur approbation par le département, de les mettre à exécution sans délai.

Nous allons en faire connaître les lignes essentielles :

AMÉLIORATION DE L'ALIMENTATION EN EAU DE LA VILLE DE SAINT-LOUIS

Le service de l'alimentation en eau de la ville de Saint-Louis se fait de deux façons bien distinctes dans le courant d'une même année. Quand les eaux du fleuve sont douces à Saint-Louis, c'est-à-dire de fin juillet au commencement de décembre, soit pendant quatre mois et demi environ, les eaux destinées à l'alimentation sont prises dans le marigot de Korr, à deux kilomètres et demi de la ville, et refoulées dans les réservoirs de Sor, d'où elles se rendent dans le réseau de distribution par la gravité.

Ces eaux, provenant directement du fleuve dont le débit dépasse alors quatre mille mètres cubes à la seconde, sont assez pures au point de vue de leur composition chimique et ne contiennent qu'un très petit nombre de microbes, non pathogènes du reste ; elles sont donc propres à l'alimentation et présentent seulement l'inconvénient de tenir en suspension une certaine quantité d'argile très ténue et qui leur donne une couleur légèrement jaunâtre. Il serait, du reste, bien aisé de donner à ces eaux la limpidité qui leur fait défaut pour constituer d'excellentes eaux potables ; il suffirait de les faire passer sur des filtres à sable à leur sortie du marigot.

L'usine élévatoire de Korr est des plus modestes ; elle comprend simplement une machine verticale de dix chevaux, alimentée par une chaudière Field, actionnant une pompe à double effet.

Cette usine doit fonctionner d'une façon continue, nuit et jour, pendant la période précitée, pour fournir le volume d'eau strictement nécessaire, et le service de l'alimentation n'est pas sans présenter de graves aléas.

Quand les eaux du fleuve sont salées à Saint-Louis, c'est-à-dire de janvier à fin juillet et pendant le mois de décembre, les eaux destinées à l'alimentation sont prises à Makhana, à dix-huit kilomètres environ de la ville, dans le marigot de Kassak. Ce marigot, petit bras du fleuve, se remplit au moment des crues et on l'isole vers l'aval en fermant les pertuis d'un barrage en maçonnerie, existant à 600 mètres environ au-dessous de la prise, lorsque les eaux du fleuve commencent à baisser et à prendre un certain degré de salure.

L'usine élévatoire de Makhana fonctionne également nuit et jour pendant sept mois et demi de chaque année; elle comprend une installation en double, c'est-à-dire deux machines commandant chacune leurs pompes et deux chaudières. Ces machines marchent séparément et pourraient refouler en ville 2.200 mètres mètres cubes par 24 heures; mais la conduite de refoulement, dans la traversée de la saline de Makhana, sur une longueur de 3.000 mètres, a subi, sous l'action du sel, une véritable décomposition et il s'y produit des ruptures de tuyaux quand la pression à l'usine dépasse quatre atmosphères et demie.

On est donc obligé de ralentir assez sensiblement la marche des machines et on ne peut refouler en ville que 1800 mètres cubes d'eau environ par 24 heures. Ce débit dont une notable partie est employée à Sor, est aujourd'hui très insuffisant pour les besoins et devrait pouvoir être plus que doublé.

Depuis quelques années, le service de l'alimentation avec les eaux de Kassak avait donné lieu à de graves mécomptes; dès le mois de mars, ces eaux étaient pour ainsi corrompues; elles exhalaient une odeur nauséabonde et avaient un degré de salure très prononcé, les rendant même impropres à l'arrosage des jardins; enfin, le marigot s'asséchait presque complètement en mai et l'usine, faute d'eau, chômait chaque jour pendant plusieurs heures.

Ces graves inconvénients, pour ainsi dire sans remède, avaient paru inhérents à l'état naturel des choses. Ils avaient fait entrevoir la nécessité tout d'abord d'aller puiser l'eau dans le fleuve à Richard-Toll, où la salure ne se fait presque jamais sentir; puis, à la suite de l'abandon de ce projet, après un commencement d'exécution, celle d'augmenter, au moyen de digues, la capacité du réservoir naturel constitué par le marigot de Kassak, projet qui n'a pas eu de suite; enfin, simplement de reporter la prise d'eau à N'Diol, à dix kilomètres en amont de Makhana, loin des salines auxquelles on attribuait la salure de l'eau.

La conduite prévue pour Richard-Toll, étant posée jusqu'à N'Diol, on a construit en ce point une petite usine élévatoire, qui a fonctionné les mois de juin et juillet de l'année 1898, pour envoyer dans les bassins en maçonnerie de Makhana l'eau du marigot qu'on supposait être en ce point de bien meilleure qualité.

Les pompes de Makhana reprenaient cette eau pour la refouler en ville.

Les observations faites ces deux dernières années sont absolument concluantes et permettent d'attribuer les mécomptes des années antérieures à la fermeture trop tardive du barrage de Makhana; au retour au fleuve, par l'amont, des eaux emmagasinées dans le marigot de Kassak; enfin, à la communication des eaux de ce marigot avec celles du Gorum, quand ces dernières deviennent salées.

Des barrages provisoires établis dans le haut Kassak ont démontré en effet que ce marigot, transformé en réservoir et isolé du fleuve en temps utile, aussi bien par l'amont que par l'aval, peut fournir amplement l'eau douce nécessaire à la ville, pendant les huit mois de l'année pendant lesquels les eaux du fleuve sont salées à Saint-Louis.

Cette constatation était essentielle, parce que l'on peut avoir aujourd'hui la certitude que, si l'on prend pour le service de l'alimentation en eau tout le soin qu'il comporte, la ville de Saint-

Louis ne peut être exposée à manquer d'eau douce à quelque moment que ce soit.

Sans doute, les eaux emmagasinées dans le marigot de Kassak qui deviennent stagnantes après leur isolement du fleuve, et restent exposées au soleil, en contact avec les débris d'une puissante végétation qui tapisse tout le lit du bassin sur une longueur de plus de 40 kilomètres, et qui reçoivent les déjections de nombreux troupeaux qui viennent s'y alimenter; ces eaux, disons-nous, ne tardent pas à se contaminer et ne peuvent servir longtemps à l'alimentation des Européens. Mais elles suffisent pour les noirs et permettent d'entretenir les magnifiques jardins que l'on voit sur divers points de la ville et notamment à Sor. Telles qu'elles sont en ce moment, elles rendent donc les plus grands services, et, dans l'impossibilité absolue où l'on se trouve de s'en procurer de meilleures et en quantité suffisante dans des conditions pratiques, il convient d'entreprendre tout d'abord les travaux nécessaires pour que l'œuvre du général Brière de l'Isle, préconisée par le général Faidherbe et à laquelle on attache à juste titre un très grand prix, ne puisse être compromise ; puis ceux de parachèvement qui doivent permettre de tirer de ces travaux tout le parti possible, notamment la transformation à tout moment en eaux potables des eaux contaminées du marigot de Kassak dont, en somme, la grande teneur en matières organiques est due surtout aux végétaux qui naissent et pourrissent dans son lit.

Programme des travaux à entreprendre

ISOLEMENT DU MARIGOT DE KASSAK

L'alimentation de la ville de Saint-Louis avec les eaux emmagasinées dans le marigot de Kassak au moment des crues, repose essentiellement sur l'isolement de ce marigot quand les eaux du fleuve deviennent salées.

Reconstruction du barrage de Makhana. — L'ouvrage qui permet actuellement cet isolement à l'aval, se compose d'une digue en terre de 45 mètres de longueur et d'un barrage en maçonnerie de 15^{m}70 de longueur comprenant six pertuis de 1^{m}50 de largeur; il est en fort mauvais état et menace ruine; on a donc projeté un nouveau barrage entièrement en maçonnerie avec cinq pertuis : un de 4 mètres de largeur pour le passage des chalands au moment des hautes eaux, les quatre autres de 2 mètres de largeur seulement, tous étant fermés par des vannes métalliques se manœuvrant au moyen de crémaillères et de manivelles.

La planche ci-jointe indique l'emplacement adopté pour ce nouveau barrage qui aurait une longueur de 90 mètres et s'enracinerait à l'une de ses extrémités dans une dune au pied de laquelle coule le marigot dans la plaine de Makhana.

Il serait fondé sur pieux dont la tête serait noyée dans un massif de béton.

Nouveau barrage à construire à Ross. — L'utilité de l'isolement du marigot, dans sa partie haute, a été manifestement reconnue. On a donc projeté un nouveau barrage dont l'emplacement a été fixé à quarante kilomètres en amont du barrage de Makhana, en raison des considérations suivantes :

L'alimentation de la ville pendant huit mois de l'année fait baisser de dix centimètres seulement le niveau des eaux dans le marigot de Kassak; si on réduit de moitié la longueur du réservoir dont la largeur est sensiblement constante, l'abaissement dû à l'alimentation de la ville doublera, celui causé par l'évaporation restant sensiblement le même.

La hauteur d'eau restant dans le marigot de Kassak, à la fin de la saison sèche, atteignant près d'un mètre, il n'y a aucun inconvénient à réduire la longueur du réservoir. Cette solution présente du reste de sérieux avantages. C'est seulement à partir de Ross, en remontant vers l'amont, que les tambalayes ont envahi le marigot, au point, du reste, que sur des longueurs considérables on ne voit pas l'eau, le tapis de végétation atteignant près d'un mètre d'épaisseur.

C'est donc dans cette partie du marigot que les eaux prennent leur couleur verdâtre et se corrompent le plus rapidement ; il y a donc intérêt, au point de vue de la qualité des eaux, à ne pas la comprendre dans le réservoir d'approvisionnement.

Enfin, le barrage étant construit au point où il est projeté, permettra, sans gêner en rien l'alimentation de la ville, d'introduire, au moyen d'une tranchée pratiquée dans le lit du Boundoun (voir planche) les eaux salées du Gorum dans la partie haute du marigot de Kassak, de façon à détruire les tambalayes qui en obstruent le lit et ne tarderaient pas à le combler complètement.

Le barrage de Ross sera construit dans les mêmes conditions que celui de Makhana ; sa longueur sera seulement de soixante-quatre mètres ; les berges étant suffisamment hautes et le lit du marigot étant bien stable au point choisi, aucun mécompte n'est à craindre.

Filtres à sable de Khor. — L'établissement de filtres à sable à Khor permettra de donner à la ville de l'eau, pour ainsi dire parfaite, pendant quatre mois de l'année, c'est-à-dire, tant que les eaux sont douces dans le fleuve à Saint-Louis. Les expériences auxquelles on s'est livré permettent d'affirmer que ces mêmes filtres auraient sur les eaux de Makhana une action appréciable ; une partie des matières organiques qu'elles contiennent serait détruite ; leur coloration verte ainsi que leur odeur serait très atténuée.

Une planche fait connaître en détail les dispositions adoptées pour ces filtres.

Ils auront une surface totale de 1045 mètres carrés ; ils seront divisés en quatre compartiments indépendants ; trois d'entre eux pourront donc être constamment en service et, pour une consommation de 2.000 mètres cubes par 24 heures, le volume à filtrer serait seulement de $2^{m^3}54$ par mètre carré.

Les couches filtrantes auront une épaisseur totale de 1^m30 dont 0^m50 de sable fin, 0^m10 de gros sable, 0^m15 de coquilles de mer,

0ᵐ10 de petit gravier, 0ᵐ15 de gros gravier, enfin 0ᵐ30 de galets ou pierres cassées.

Dans le radier seront ménagées de petites rigoles transversales recouvertes par des briques posées à sec et laissant entre elles de petits vides pour le passage des eaux.

Au sortir des rigoles les eaux filtrées se déverseront dans un canal spécial à chaque compartiment pour se rendre ensuite dans un puisard d'où elles seront aspirées puis refoulées en ville par les pompes élévatoires.

Ces filtres seront établis près de la petite usine de Khor; ils seront construits en maçonnerie ordinaire avec enduits au mortier de ciment à l'intérieur et enduits au mortier de chaux hydraulique à l'extérieur.

CONSTRUCTION DE NOUVELLES USINES ÉLÉVATOIRES A MAKHANA ET A KHOR; DOUBLEMENT DE LA CONDUITE DE REFOULEMENT

Le conseil général ne s'est pas contenté de voter l'exécution des travaux précités, il a décidé en outre, dans le but de porter de 2.000 à 4.000 mètres cubes le volume d'eau à fournir à la ville par 24 heures, l'établissement à Makhana et à Khor de nouvelles usines élévatoires plus puissantes que celles existantes, le doublement de la conduite de refoulement, enfin l'extension du réseau de distribution de façon à livrer, en tous les points de la ville et à la hauteur du premier étage, de l'eau en quantité suffisante.

Tous ces travaux ont été évalués à un million de francs, non compris dix mille mètres environ de tuyaux de 250 millim. et de 300 millim. de diamètre devenus disponibles par suite de l'abandon de l'usine élévatoire de N'Diol reconnue inutile.

Il a, du reste, été entendu que la question de la stérilisation complète des eaux livrées à la ville, provenant soit directement du fleuve, soit du marigot de Khor, restait pleine et entière et qu'un projet spécial serait soumis ultérieurement à l'examen du conseil.

général, quand on serait à même de proposer une solution rationnelle et justifiée.

PUITS ARTÉSIEN

Deux sondages ont été exécutés anciennement à Saint-Louis en vue de la recherche de sources artésiennes ; aucun document n'a pu être retrouvé concernant le premier, mais on pense généralement qu'il n'a atteint qu'une faible profondeur, 50 mètres à peine.

Le deuxième sondage, entrepris à la pointe nord, a été commencé le 1er août 1861 et arrêté le 25 novembre 1864 ; il a atteint une profondeur de 254 mètres 4 centimètres.

A la profondeur de 102 mètres, dans une couche de sable quartzeux, noir et blanc, de 8^{m}60 d'épaisseur, l'eau qui s'était maintenue depuis le commencement du forage à 1^{m}65 au-dessous du sol s'est élevée dans le tubage à 1^{m}39 au-dessous du sol.

A la profondeur de 127^{m}05, dans des sables verts très gros, l'eau s'est élevée de nouveau de 0^{m}25 puis de 0^{m}45 à la cote 130,70 ; enfin à la profondeur de 219 mètres, dans de la marne, l'eau s'est élevée à 0^{m}45 au-dessous du sol.

Ainsi, jusqu'à la profondeur de 254 mètres, il n'existe pas de nappe jaillissant à la surface ; de plus, les eaux puisées ont toujours été trouvées légèrement saumâtres ; mais, à ce point de vue, la qualité d'expérience était loin d'être décisive, car on a remarqué que le niveau dans le tube suivait les fluctuations de l'eau dans le fleuve, soumis lui-même au jeu des marées ; on devait donc admettre qu'il y avait des infiltrations venant du fleuve ou de la mer.

On a donc décidé, pour être fixé une bonne fois sur la constitution du sol et sur la possibilité de l'alimentation en eau douce au moyen de nappes artésiennes, de reprendre un nouveau forage que l'on poursuivrait aussi loin que possible, tant que la constitution du sol remonté permettrait de conserver l'espoir de trouver une nappe artésienne.

Ce nouveau sondage, que l'on exécute dans le jardin de l'église, a été commencé le 15 mai 1899 avec un tube initial de 40 centim. de diamètre.

Il atteint aujourd'hui une profondeur de 119 mètres.

On a retrouvé à peu près exactement les couches traversées par le deuxième sondage antérieur de la pointe nord ; des alternances de grès calcaire avec un sable argileux et une couche d'argile très compacte, noirâtre de 3^m05 d'épaisseur à la profondeur de 12^m40.

La couche de sable gris à gros grain de 7^m75 d'épaisseur rencontrée à la cote 98^m, contient des pecten vareus caractéristiques du terrain pliocène.

L'eau dans le tubage s'est maintenue sensiblement au même niveau, à 1^m50 environ au-dessous du sol.

CRÉATION D'UN RÉSEAU DE DISTRIBUTION D'EAU DANS LA VILLE DE RUFISQUE

La ville de Rufisque, comptant avec les villages indigènes voisins près de dix mille habitants dont mille européens, n'est pas encore pourvue d'un service de distribution d'eau.

Quelques rares maisons ont des citernes dans lesquelles on reçoit, pendant l'hivernage, l'eau de pluie strictement nécessaire à l'alimentation pendant la saison sèche, mais la grande majorité des habitants sont obligés de s'alimenter, à chers deniers, avec de l'eau puisée dans des puits creusés dans des dunes de sable, à un kilomètre environ de la ville.

On avait songé depuis longtemps déjà à remédier à cette situation absolument déplorable à tous égards, et trois projets successifs ont été dressés pour l'alimentation en eau de la ville ; mais, en raison de circonstances de diverses natures, ces projets n'ont pas eu de suite.

L'étude de l'alimentation en eau de la ville de Rufisque a donc été reprise en entier ; et on a exécuté des sondages à Sangalcam, dans les sables qui constituent sur une bien grande étendue la rive gauche du marigot de même nom, pour reconnaître l'importance et la qualité des eaux dont l'existence dans ces sables sur une grande épaisseur avait été signalée depuis longtemps.

Ces sondages ont été très concluants, et, aucun doute ne pouvait subsister sur la possibilité de trouver dans les sables de Sangalcam toute l'eau potable nécessaire à l'alimentation de la ville, et sur la convenance de l'adoption de puits filtrants comme ouvrages de captation.

On a donc construit le long du marigot six puits, distants l'un de l'autre de 120 mètres, ayant un diamètre intérieur de 2^m50 et plongeant de 6 mètres environ dans la nappe aquifère.

Ces puits ont été foncés sur rouet métallique par le procédé dit de havage; ils sont divisés en deux groupes desservis chacun par une conduite de 200 millim. de diamètre, formant siphon, partant du puits le plus éloigné et se rendant, suivant une rampe de 2 millim. par mètre, à un puisard de 3 mètres de diamètre plus profond que les puits d'environ un mètre et dans lequel aspireront les pompes élévatoires (voir planche ci-jointe).

Les six puits filtrants avec le puisard d'aspiration qui fonctionne lui-même comme puits filtrant fourniront aisément les six cents mètres cubes d'eau que l'on veut fournir à la ville par 24 heures.

Sangalcam se trouve situé à environ 9.500 mètres de la ville, et la nappe aquifère atteint la cote 14 mètres au-dessus du niveau des basses mers.

Le sol, à partir de Sangalcam et dans la direction de Rufisque, s'élève d'une façon continue pour atteindre la cote maxima 35 mètres, à une distance de 4.600 mètres, et s'abaisse ensuite presque régulièrement jusqu'à la ville, bâtie sur le bord de la mer et à 4 mètres environ au-dessus des basses eaux.

On a donc projeté au point culminant des réservoirs d'approvisionnement dans lesquels l'usine élévatoire refoulera les eaux qui, de là, se rendront dans la ville par la simple gravité.

On a adopté pour la conduite de refoulement et pour la conduite d'adduction des tuyaux de 250 millim. que la colonie possédait en grand nombre.

Pour ne pas engager l'avenir, on a donné aux machines élévatoires une puissance suffisante pour refouler en 8 heures les 600 mètres cubes d'eau à fournir à la ville en 24 heures ; toute la machinerie du reste a été commandée en double.

Les réservoirs auront une contenance totale de mille mètres cubes et seront divisés en deux compartiments indépendants l'un de l'autre.

Le réseau de distribution dans lequel la pression ne sera pas inférieure à 15 mètres, au moment du plus grand débit, sera constitué en réseau maillé ; toutes les rues seront desservies par des canalisations ; les bornes fontaines à jet intermittent seront au nombre de 24 et les bouches d'arrosage au nombre de 30.

A l'heure actuelle, les ouvrages de captation sont terminés ; les conduites de refoulement et d'adduction sont posées ; on a commencé la construction du bâtiment de l'usine élévatoire et des réservoirs ; enfin on établit le réseau de distribution.

L'installation complète qui représente une dépense de près de six cent mille francs sera certainement achevée pour la fin de l'année ; avant un mois, on pourra donner de l'eau à la ville au moyen d'une locomobile et d'une pompe centrifuge dont on a fait l'acquisition en vue de l'exécution des travaux des barrages du marigot de Kassak et qu'on utilisera provisoirement à Sangalcam pour donner satisfaction à la population.

CRÉATION D'UN SERVICE DE DISTRIBUTION D'EAU A DAKAR

L'alimentation en eau potable de la ville de Dakar, bien qu'elle ait été imposée de bonne heure par la situation maritime même de la ville, est restée très rudimentaire pendant de longues années.

Il semblait d'ailleurs difficile, a priori, de trouver à Dakar une réserve naturelle d'eau douce pouvant être captée, pour être distribuée toute l'année en quantité désirable aux habitants de la ville.

On s'était arrêté à l'idée d'emmagasiner un cube considérable des eaux pluviales à la saison de l'hivernage et deux bassins d'une contenance totale de 3.600^{m3} furent construits près des quais du port. Ces eaux pluviales recueillies dans des galeries filtrantes construites dans la partie nord de la ville, se rendaient par la pente naturelle dans les citernes où elles se trouvaient à l'abri de l'évaporation, mais elles ne formaient qu'une faible portion du cube indispensable à la population pendant la saison sèche. On y suppléait par les puits et les citernes particulières et la marine militaire s'approvisionnait en outre directement, au moyen d'un bateau citerne pouvant accoster le long d'un appontement en bois portant une canalisation, à un bassin captant creusé près de Hann, lequel fournissait environ 30 mètres cubes en 24 heures (voir planche ci-jointe).

Les besoins de la ville s'accrurent rapidement et il fut utile de remédier au manque d'eau par de nouvelles recherches dans les environs de Dakar, qui donnèrent d'excellents résultats.

Les dunes sablonneuses de Hann présentent une surface de plusieurs milliers d'hectares et reçoivent, chaque année, une hauteur d'eau de cinquante centimètres. Les eaux pluviales pénétrant rapidement dans le sol au point même où elles tombent, ne subissent, pour ainsi dire, aucune évaporation et s'infiltrent presque en entier à travers les sables, essentiellement perméables, d'une épaisseur d'au moins dix mètres. Il s'est constitué ainsi une réserve souterraine très considérable qui se renouvelle en partie chaque année et s'épanche peu à peu vers la mer et peut fournir certainement, d'une façon indéfinie, toute l'eau nécessaire à la ville de Dakar.

Pour capter les eaux ainsi emmagasinées dans les sables très ténus des dunes de Hann, on a adopté, à la suite d'essais concluants, des galeries filtrantes en maçonnerie, avec radier en béton, dont le piédroit du côté des dunes est percé de barbacanes et le long duquel est établie une pierrée en graviers et coquilles de mer d'une épaisseur d'un mètre.

Ces galeries sont construites à 250 mètres environ du bord de la mer, le radier est établi à peu près au niveau des basses mers, soit à 1^m75 environ au-dessous de la nappe aquifère en fin d'hivernage ; le niveau de la nappe, par le seul fait de son épanchement vers la mer, s'abaisse de 0^m80 environ à la fin de la saison sèche ; les galeries ont donc un débit très variable dans le courant d'une même année ; ce débit ne paraît pas toutefois devoir descendre au-dessous de 1^m80 à 2 mètres cubes par mètre de galerie et avec les 450 mètres de galeries on pourra fournir à la ville un minimum de 800 à 1000 mètres cubes d'eau.

Une planche ci-jointe donne les dispositions d'ensemble et de détails de ces galeries. Si le besoin s'en fait sentir, on pourra aisément, en s'éloignant davantage de la mer et en enfonçant plus profondément les galeries dans la nappe aquifère, trouver le volume d'eau supplémentaire qui serait nécessaire.

Une usine élévatoire à proximité des galeries filtrantes refoulera les eaux ainsi captées dans des réservoirs d'une contenance de 2.000 mètres cubes, actuellement en construction sur un plateau situé au delà de la ville de Dakar et d'une altitude de 39 mètres au-dessus des basses mers.

Cette usine à vapeur comprendra deux machines à vapeur avec chacune sa chaudière et ses pompes élévatoires fonctionnant séparément et pouvant refouler 100 mètres cubes d'eau par 24 heures sous une charge d'environ 70 mètres.

Le bâtiment de l'usine est en construction ; toutes les dispositions en sont fournies dans les dessins de l'une des planches. La partie mécanique a été adjugée à MM. Piguet et Cie de Lyon ; ces constructeurs n'ont pas encore fourni à la colonie les dessins des machines et des pompes et celles-ci sont figurées sur les dessins simplement comme schéma.

La conduite de refoulement, posée en partie, sera constituée en entier par des tuyaux de 250 millim.; elle aura une longueur totale de 10 kilomètres. Elle traversera la ville et sera utilisée comme conduite de distribution pendant l'arrêt de l'usine.

Le réseau de distribution sera très complet ; il desservira toutes les rues habitées, tous les quais. Il comprendra 40 bornes-fontaines et soixante bouches d'arrosage. La pression en ville au moment du plus grand débit ne sera nulle part inférieure à 8 mètres ; elle dépassera 20 mètres dans les parties basses.

La dépense totale de la création du service d'alimentation en eau de la ville de Dakar atteindra 800.000 francs.

PUITS PROJETÉS DANS LES ESCALES DE LA LIGNE DU CHEMIN DE FER DE DAKAR A SAINT-LOUIS

Le conseil général a décidé de faire établir des puits dans les escales les plus importantes de la ligne du chemin de fer et où, pendant la traite, la population a beaucoup à souffrir de l'insuffisance de l'eau potable; une somme de 100,000 francs a été votée, à cet effet.

Dans quelques-unes de ces escales, le service des affaires indigènes a déjà fait construire des puits et la compagnie du chemin de fer, dans celles où il est installé une alimentation pour les locomotives, vient en aide aux habitants. Mais, en présence des besoins toujours croissants, force était d'envisager une solution définitive. La nature sablonneuse du sol à traverser pour atteindre la nappe aquifère qui se tient à des profondeurs assez considérables, dépassant 40 mètres en certains points, a obligé le service des affaires indigènes à adopter, pour ses puits, des viroles d'acier de $1^m,10$ et de $1^m,40$ de diamètre et d'une épaisseur de $0^m,004$, qui descendent aisément dans le sol au fur et à mesure du fonçage et garantissent les ouvriers contre tout accident.

C'est le système qui a été adopté pour les puits du service local, mais le diamètre des viroles a été porté à $1^m,60$, et l'on a prévu la construction d'un revêtement intérieur en maçonnerie de briques présentant plus de garantie, comme durée, que les viroles métalliques.

Les viroles employées au fonçage servent alors uniquement de protection et s'enlèvent au fur et à mesure que s'élève de bas en haut le revêtement en briques ; elles peuvent donc être successivement utilisées à la construction de plusieurs puits : ce qui diminue dans une notable proportion le prix de revient de ces derniers.

Les dessins des viroles d'acier et du revêtement en briques sont donnés dans l'une des planches ci-jointes ; la coupe géologique figurée sur cette planche est celle du puits creusé tout récemment dans l'escale de Louga.

La nappe aquifère rencontrée est en général assez peu abondante, et, tout en descendant le puits jusqu'au terrain imperméable, on n'arrive à obtenir qu'un débit assez faible. Il faut donc recourir, pour augmenter ce débit, à des galeries filtrantes que l'on établit au niveau du fond du puits.

Jusqu'à ce jour, on s'est contenté de monter l'eau des puits au niveau du sol, au moyen de seaux ou de sacs en peau ou en toile suspendus à des cordes auxquelles on attelle des chevaux ou des bœufs, ou que l'on tire simplement à la main. On doit admettre qu'à bref délai, l'administration se verra obligée, dans les escales d'une certaine importance, de fournir l'eau au niveau du sol, sinon à une hauteur suffisante pour être distribuée, à domicile, aux particuliers.

La solution qui paraîtrait devoir être adoptée consisterait dans l'établissement de pulsomètres et de réservoirs, dans chaque escale. Les pulsomètres seraient mis en fonctionnement aussi souvent que le débit des puits le permettrait et que les besoins l'exigeraient et un seul chauffeur pourrait ainsi desservir plusieurs escales.

VILLE DE SAINT-LOUIS

Des travaux très importants ont été exécutés depuis quelques années à Saint-Louis qui ont transformé cette ville du tout au tout et ont amélioré dans une large mesure l'état sanitaire.

Les rues, sur la plus grande partie du périmètre urbain de la ville proprement dite, ont été bétonnées ; des trottoirs y ont été aménagés et des caniveaux conduisent au fleuve les eaux pluviales.

A Guet N'Dar et à N'Dar Toute, les rues appartenant à la grande voirie, ouvertes à travers un sol sablonneux, ont été revêtues d'une couche de binite sur laquelle on a répandu des coquilles et la viabilité y est relativement satisfaisante.

A Sor, on a établi des chaussées du même genre dans un certain nombre de rues pour donner satisfaction aux nombreux habitants qui y possèdent des villas et des jardins où l'on voit, grâce au fonctionnement régulier du service de distribution d'eau, une végétation des plus luxuriantes.

Le service local a fait construire sur le grand bras du fleuve, en remplacement de l'ancien pont de bateaux, construit par le général Faidherbe, un pont métallique de 506 mètres de longueur et d'une largeur de 10^m20, comprenant une chaussée de 7m. et deux trottoirs de $1^m,60$ de largeur chacun.

Ce pont se compose de sept tabliers métalliques reposant sur deux culées et sept piles.

La culée de rive droite et les sept piles ont été fondées à l'air comprimé au moyen de caissons métalliques ; la culée de rive gauche a été fondée sur pilotis noyés à leur tête dans un massif de béton.

Les sept travées métalliques indépendantes se composent de deux poutres principales dont les membrures inférieures sont horizontales et les membrures supérieures paraboliques.

Ces poutres sont réunies, à leur partie inférieure, par des entretoises porteuses ; à leur partie supérieure, mais dans la région centrale seulement, par des entretoises et des contreventements en croix de Saint-André.

La chaussée est faite en béton hydraulique reposant sur des tôles cintrées en acier de $0^m,008$ d'épaisseur s'appuyant sur cinq cours de longerons et deux poutrelles de rive.

Les trottoirs, constitués par des madriers, sont supportés par des consoles placées en encorbellement au droit de chaque pièce de pont et reliées par des poutrelles de rive surmontées d'un garde-corps métallique de 1^m de hauteur.

La 2ᵉ travée, à partir de la rive droite, d'une longueur de 70 mètres, est mobile autour d'un pivot fixé au centre d'une pile. Elle repose sur un cercle de galets coniques de $7^m,50$ de diamètre. La manœuvre se fait à bras. Pour alléger cette travée tournante, on a remplacé, l'an dernier, la chaussée en béton par un pavage en bois. Le nouveau pont Faidherbe ainsi établi constitue un ouvrage réellement remarquable, il a coûté 1.990.000 fr. Cette dépense de 1ᵉʳ établissement est considérable eu égard aux ressources du service local ; elle est compensée en partie par les économies que l'on peut réaliser sur les frais d'entretien que nécessitait l'ancien pont de bateaux ; elle est justifiée en tous cas par les services que rend le nouvel ouvrage, soumis à une circulation des plus intenses.

On construit en ce moment, sur le petit bras du fleuve, en remplacement d'un pont en bois établi sur pilotis, un pont métallique de 135 mètres de longueur, reliant l'île de Saint-Louis à Guet N'Dar et à N'Dar Toute.

Ce pont aura une largeur de 9 m. comprenant une chaussée de 6m. et deux trottoirs de chacun 1^m,50.

Le platelage de la chaussée et des trottoirs sera constitué par des madriers en pitchpin.

Il sera ménagé dans ce pont une travée tournante de 34 mètres de longueur à volée double.

La dépense de construction de cet ouvrage, qui pourra être livré à la circulation dans le courant du mois de juillet 1900, est évaluée, en chiffres ronds, à 185.000 francs.

Le programme des travaux à exécuter sur les fonds de l'emprunt voté par le Conseil général dans sa session du mois de mai 1899, comprend un warf métallique de 600 mètres de longueur à établir sur la plage de Guet N'Dar, s'avançant au delà des brisants, jusque par des fonds de 8 m. 50 en marée basse.

Les grands navires pourraient donc s'en rapprocher à une très faible distance, et, avec un service de gabarrage, pourraient laisser ou prendre à Saint-Louis les passagers et les marchandises. On pense généralement que ce warf pourrait rendre de grands services, et aiderait puissamment à la prospérité de la ville de Saint-Louis.

Le dit programme comprend aussi l'exécution de chaussées empierrées et cylindrées sur les rues et avenues de la ville appartenant à la grande voirie, et aussi sur les routes de la banlieue dans la partie où elles sont le plus fréquentées.

Enfin, le conseil général, en votant une subvention annuelle de 100.000 francs à titre de garantie du capital de 1er établissement du chemin de fer du Niger, a demandé que la compagnie du chemin de fer de Dakar à Saint-Louis transfère la gare des voyageurs de Saint-Louis, à l'entrée du pont Faidherbe, sur un terre-plein qui serait exécuté dans le lit majeur du fleuve en avant de l'ancien cimetière. L'exécution de ces derniers travaux apporterait à l'état actuel des choses une amélioration qui serait grandement appréciée par l'administration.

VILLE DE DAKAR.

Les travaux du port militaire de Dakar dont la création a été décidée sont en cours d'exécution.

Les ouvrages existants du port de commerce sont manifestement insuffisants pour les besoins du trafic qui prend une extension toujours croissante. Cette situation florissante, qui s'explique aisément par la position géographique du port, les conditions nautiques particulièrement favorables dans lesquelles il se trouve, présente aux navires, en tout temps, un accès très facile et un abri absolument sûr.

Le conseil général, dans sa session du mois de mai 1899, a donc résolu d'y faire entreprendre de suite les premiers aménagements reconnus indispensables.

Afin de ne pas engager l'avenir on a, avant tout commencement d'exécution, étudié le projet d'ensemble du port de commerce pour lequel on dispose de toute la partie du littoral comprise entre la grande jetée et le terre-plein de l'arsenal et présentant un développement de 1200 mètres environ.

On a prévu la construction de quais de rive à 130 mètres en moyenne en avant des quais existants, de façon à fournir au commerce les emplacements qui lui font, à l'heure actuelle, complètement défaut et celle de quatre môles de 300 mètres de longueur et de largeur variant de 60 à 100 mètres.

Ces divers ouvrages, le long desquels pourraient accoster des bateaux de 6 mètres de calaison, présenteront un développement total de 3350 mètres, et ils seront bien plus que suffisants pour un trafic beaucoup plus considérable que celui que l'on peut prévoir d'ici longtemps.

Les travaux complets d'aménagement du port de commerce coûteraient 10 millions de francs environ.

Le conseil général a décidé d'affecter tout d'abord une somme de 1.300.000 francs aux ouvrages qui pourraient donner immédiatement satisfaction aux besoins les plus urgents.

Le conseil municipal de son côté, se rendant compte que la ville prendrait rapidement un grand développement, a voté récemment un emprunt de 800.000 francs pour l'exécution de travaux qui s'imposaient : l'établissement d'un réseau complet de distribution d'eau ; l'installation d'un service d'éclairage électrique ; la construction d'un hôtel de ville ; enfin la mise en parfait état de toutes les voies urbaines, c'est-à-dire l'exécution de chaussées macadamisées et cylindrées avec caniveaux pavés et bordures de trottoirs.

Cet emprunt a été approuvé par l'Administration supérieure et pourra, sans nul doute, être contracté sous peu ; on peut donc espérer que ces divers travaux, instamment réclamés par la population, pourront être mis en exécution à bref délai.

Une planche donne le plan général de la ville de Dakar avec l'indication exacte de toutes les constructions existantes, en maçonnerie ou en bois, et des quartiers habités par les indigènes.

Sur ce plan figurent les ouvrages à construire par la marine militaire et la partie du port qui sera spécialement affectée au mouillage des navires de guerre et aussi les ouvrages projetés pour le port de commerce.

VILLE DE RUFISQUE

La ville de Rufisque, située au fond de la baie formée par la presqu'île du Cap-Vert, est en pleine prospérité depuis quelques années ; elle est devenue l'entrepôt des escales du chemin de fer de Dakar à Saint-Louis, de la côte sud et du Sine Saloum, et l'on y voit de nombreuses et coûteuses installations pour l'emmagasinement des arachides. L'exportation de ce produit par le port de Rufisque atteint couramment de 40.000 à 50.000 tonnes. Cette année, en raison de l'extension progressive des cultures et de l'abondance de la récolte, le tonnage d'exportation s'élèvera à plus de 60.000 tonnes. Ce port reçoit, du reste, d'Europe et principalement de France, 10.000 tonnes de marchandises diverses qui s'écoulent dans les pays de production, le Cayor, le Baol et le Sine.

La ville présente un aspect tout particulier ; des voies Decauville sur lesquelles circulent de nombreux wagonnets pendant la traite, sillonnent pour ainsi dire toutes les rues ; elles desservent la gare du chemin de fer, les maisons de commerce qui font l'exportation des arachides, et les principaux comptoirs, et aboutissent à un wharf métallique, le long duquel se tiennent les gabarres et les côtres qui vont porter ou prendre en rade les produits et les marchandises.

Ce wharf, construit en 1887, a une longueur de 200 mètres et une largeur de 10 mètres. Il est devenu absolument insuffisant pour les besoins du trafic. On vient d'en construire un deuxième à 150 mètres à l'est du premier, qui, comme lui, s'avance à 200 mètres. Il sera utilisé pour la traite actuelle.

Le conseil général a décidé de faire établir en outre une jetée-abri destinée à créer un calme relatif dans la rade complètement ouverte vers la mer, à faciliter et à rendre moins onéreuses les opérations de chargement et de déchargement le long des wharfs et aussi le long des navires.

La dépense de cet ouvrage est évaluée à la somme de 2,500.000 francs.

La municipalité fait étudier en ce moment un projet d'assainissement de la ville qui serait basé sur le comblement du marigot qui la contourne et sur la construction d'un aqueduc couvert pour l'écoulement des eaux pluviales qui se déversent actuellement dans le marigot.

Elle attend l'achèvement du réseau de distributions des eaux pour faire bétonner ou empierrer les rues qui ne sont pas encore en parfait état de viabilité.

Elle a fait voter dernièrement, par le conseil municipal, une somme de 10.000 francs pour la continuation de la route de Sangalcan, qui mène à l'usine élévatoire et qui constituera un lieu de promenade des plus agréables.

La ville de Rufisque presque entièrement bâtie avec des pierres d'excellente qualité, que l'on trouve dans les environs, est tenue à tous égards d'une façon irréprochable ; bientôt elle n'aura plus rien à envier à un grand nombre de villes de France de même importance.

ORGANISATION MUNICIPALE

La création au Sénégal d'institutions municipales remonte au 10 août 1872. Après le décret du 1er février 1871 qui initiait la population à la vie politique, en la conviant à élire un député à l'Assemblée nationale, le gouvernement métropolitain ne pouvait moins faire que de compléter cette mesure libérale, en dotant ce pays, désormais français, d'institutions pouvant lui permettre de prendre une large part dans l'administration de ses propres affaires. Au surplus l'organisation projetée répondait aux besoins des deux villes de Saint-Louis et de Gorée, auxquelles s'appliquait le décret précité de 1872.

En exécution des dispositions contenues dans cet acte, le chef de la colonie, par un arrêté du 20 septembre 1872, a déterminé comme suit les limites des deux communes : la circonscription ayant pour chef-lieu Saint-Louis comprenait la ville de Saint-Louis et les faubourgs de Guet N'Dar, N'Dar Toute et l'île de Sor ; celle ayant pour chef-lieu Gorée comprenait les villes de Gorée et de Dakar. Afin d'assurer dans cette dernière ville le service de l'état civil, un adjoint spécial fut chargé des fonctions d'officier d'état civil, jusqu'au 17 juin 1887, date à laquelle les deux sections de la commune de Gorée-Dakar ont été, par décret, constituées en communes distinctes.

L'étendue des circonscriptions communales de Saint-Louis et de Gorée-Dakar, fixée à titre provisoire par l'arrêté local du 20 septembre 1872, a été définitivement maintenue par le décret du 10 mars 1873 qui a englobé dans le territoire de la commune de Gorée-Dakar, la banlieue de cette dernière ville.

En 1880, un décret portant la date du 10 juin institua au Sénégal une nouvelle commune ayant pour chef-lieu la ville de Rufisque; ses limites furent déterminées par le décret du 10 septembre 1881.

En 1884, par décret du 30 décembre, les limites de la commune de Saint-Louis ont été reportées à 2.500 mètres de N'Dar Toute, englobant le village de Gokhoumbaye, situé sur la langue de Barbarie, au nord-est de ce faubourg.

Les divers corps municipaux de la colonie ont été fixés comme suit par les actes organiques qui les concernent :

Un maire, deux adjoints et quinze conseillers municipaux pour Saint-Louis ;

Un maire, un adjoint et douze conseillers municipaux pour Gorée ; ce nombre a été depuis ramené à 10, dont 8 conseillers ;

Un maire, un adjoint et 8 conseillers municipaux pour Rufisque ;

Un maire, un adjoint et 12 conseillers municipaux pour Dakar.

Les sessions ordinaires des conseils municipaux ont lieu chaque année au commencement de février, mai, août et novembre; leur durée est de dix jours, sous réserve des prorogations accordées par le gouverneur général. Toutes les fois que les intérêts de la commune l'exigent, la convocation extraordinaire du conseil municipal est autorisée par le chef de la colonie sur la demande qui lui en est faite. Sous l'empire du décret du 10 août 1872, les séances des conseils municipaux n'étaient pas publiques ; cette disposition a été supprimée par le décret du 29 avril 1889 qui a rendu applicables à la colonie les articles 1 à 9 inclus et l'article 54 de la loi du 5 avril 1884 sur l'organisation municipale.

Déjà diverses modifications avaient été apportées aux prescriptions du décret du 10 août 1872 ; c'est ainsi que le décret du 26 juin 1884 avait mis en vigueur au Sénégal certaines dispositions de la loi du 5 avril 1884 sur l'élection des conseils municipaux et sur le mode de nomination des maires et des adjoints. C'est à partir de cette époque que ces magistrats municipaux ont cessé d'être nommés par le chef de la colonie.

Les attributions des maires et des conseils municipaux sont réglées par les articles 32 à 45 du décret de 1872.

Les dépenses des communes sont obligatoires ou facultatives ; toutes celles qui ne sont pas énumérées à l'article 46 du texte sus visé constituent les dépenses facultatives. Les recettes municipales sont ordinaires ou extraordinaires ; les unes et les autres sont déterminées par les articles 47 et 48 du décret précité.

Un arrêté en date du 16 juin 1874 règle la comptabilité des communes.

L'ensemble des recettes et des dépenses annuelles des diverses communes de la colonie peut être évalué comme suit :

De 400.000 à 450.000 fr. environ pour Saint-Louis ;
De 100.000 à 130.000 fr. environ pour Rufisque ;
De 90.000 à 120.000 fr. environ pour Dakar ;
De 9.000 à 12.000 fr. environ pour Gorée.

Au chef-lieu, comme à Dakar, les principales ressources communales sont fournies par les droits d'octroi municipal et les droits des marchés. A Gorée, port franc, l'application de modestes taxes permet d'assurer l'équilibre du budget de chaque année. A Rufisque où il n'existe pas d'octroi, la commune a établi une voie ferrée, système Decauville, traversant la ville en tous sens et dont se sert le commerce, moyennant indemnité, pour le transport de ses marchandises et produits ; les sommes perçues à ce titre constituent les deux tiers du budget des recettes de cette commune.

En dehors des emprunts contractés, les dépenses les plus importantes supportées par les communes sont représentées par les contingents qui leur ont été assignés, au titre de l'instruction primaire et de la police. Il n'est fait d'exception à cet égard qu'en faveur de la ville de Gorée qui a été dispensée de ce versement par le conseil général de la colonie.

Nous publions ci-après le mouvement des recettes et des dépenses des communes de 1889 à 1898.

VILLE DE SAINT-LOUIS

RECETTES MUNICIPALES

DIAGRAMMES DES RECETTES MUNICIPALES
DU 1er JANVIER 1889 AU 31 DÉCEMBRE 1898

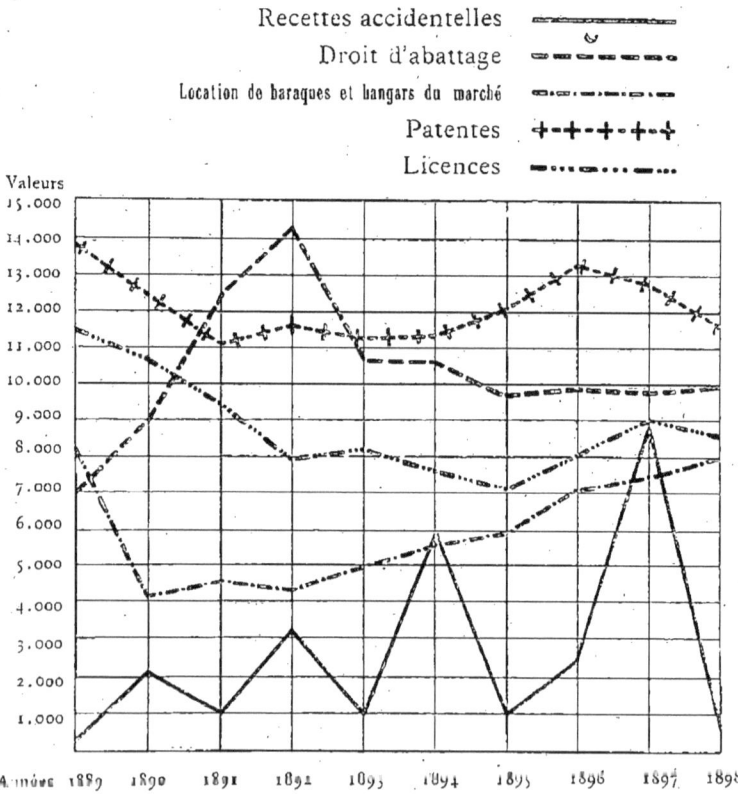

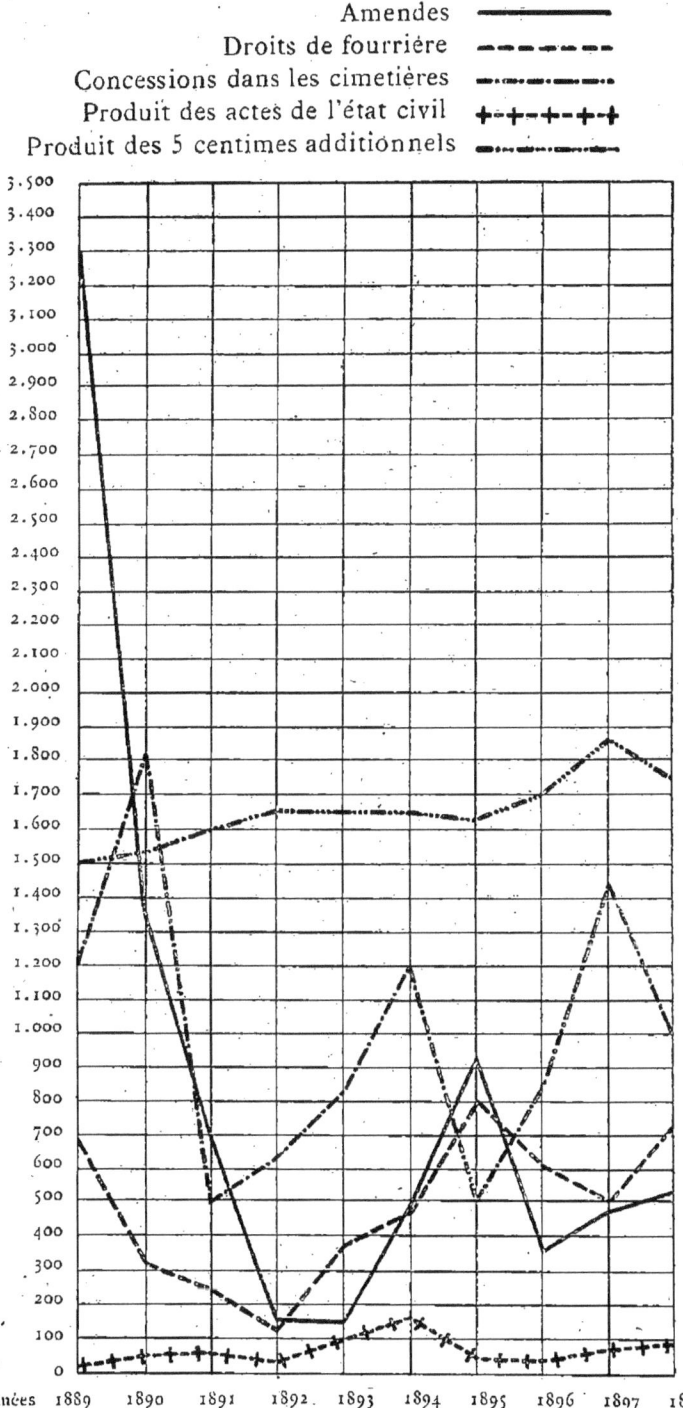

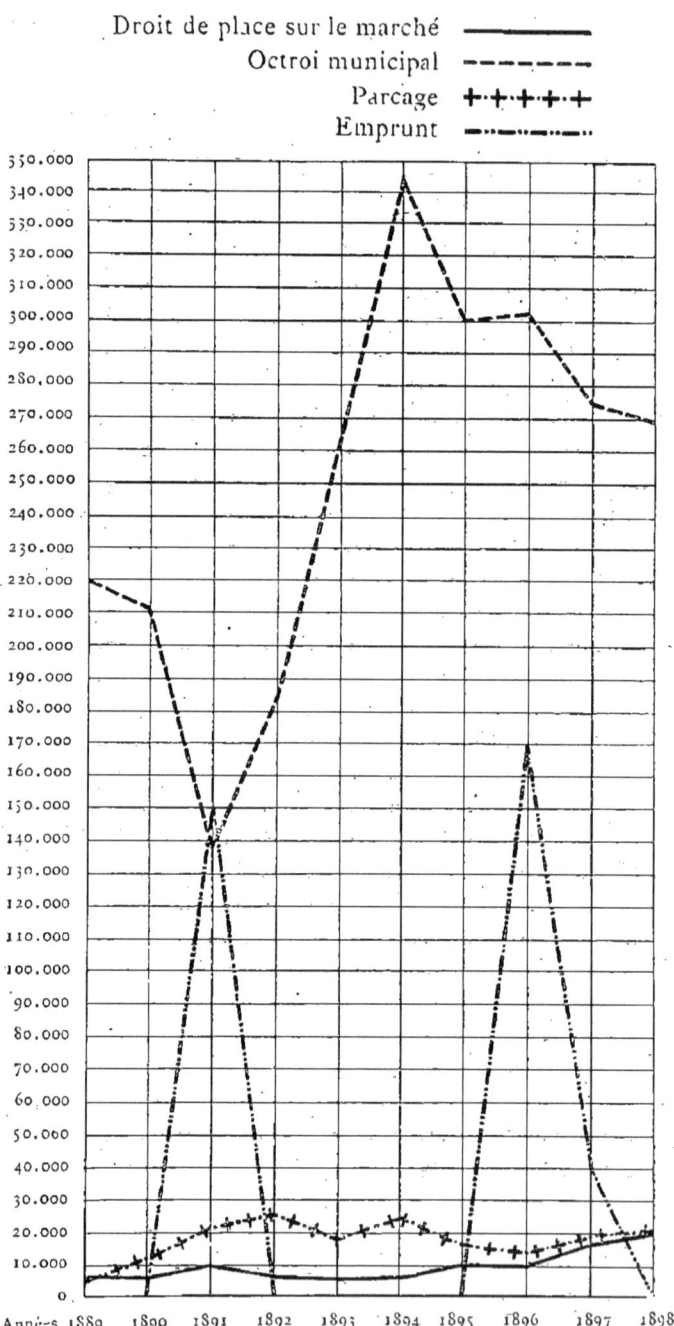

RELEVÉ SOMMAIRE DES RECETTES ET DES
DE 1889 A

ANNÉES	1889	1890	1891	1892
	RECETTES			
Ordinaires.	310.929 62	304.701 59	241.585 36	289 423 09
Extraordinaires (Emprunt)	»	»	160 080 »	»
Accidentelles. . . .	291 97	2.164 09	1.064 04	3.222 »
Excédents des Exercices clos	20.438 94	4 833 »	6.869 69	43.219 53
Totaux. . .	331.660 53	311.698 68	409 599 09	335.864 62
	DÉPENSES			
Dettes exigibles . . .	»	»	»	»
Dépenses obligatoires .	191.185 82	154.443 29	153 575 19	144.167 90
Dépenses facultatives .	91 861 95	143.541 92	159.344 36	153.287 42
Dépenses supplémentaires	43.779 76	6.873 78	53.460 01	32.504 05
Totaux. . .	326.827 53	304.828 99	366.379 56	329 959 37
Excédent de recettes fin de l'exercice . . .	4.833 »	6.869 69	43 219 53	5.905 25

DÉPENSES DE LA COMMUNE DE Sᵀ-LOUIS
1898 INCLUS

1893	1894	1895	1896	1897	1898
\multicolumn{6}{c}{RECETTES}					
358 984 49	446.201 22	400.026 23	402.175 69	386.304 59	379 787 09
»	»	»	175.000 »	50 000 »	»
847 16	6.120 15	1.012 55	2.468 30	8.959 47	377 56
5 905 25	39.963 15	103.147 81	154.959 38	402.323 41	214 262 57
365.736 90	492.284 52	504 186 59	734.603 37	847 587 47	594.427 82
\multicolumn{6}{c}{DÉPENSES}					
»	130.654 42	60.333 33	69.525 »	314.939 68	216.317 03
227.699 31	133.948 67	155.583 91	149.144 61	198.108 95	192 072 34
86.705 39	84 760 44	78.550 78	99.481 09	83.147 03	168.880 40
11.369 05	39 773 18	54 759 19	14.129 26	37.129 24	16.457 63
325.773 75	389.136 71	349.227 21	332.279 96	633.324 90	593.727 40
	39.963 15	103.147 81	154.959 38	402.323 44	214.262 57	700 42

ÉTAT COMPARATIF

PAR PARAGRAPHE ET PAR ANNÉE, DES RECETTES ET DES DÉPENSES DE LA COMMUNE DE DAKAR, PENDANT LES ANNÉES 1896, 1897, 1898.

NATURE DES RECETTES	ANNÉE 1896	ANNÉE 1897	ANNÉE 1898
7ᵉ des patentes	3.494 26	3.749 89	3.542 93
Totalité des licences	6.152 »	6.901 90	5.201 90
Centimes additionnels	367 04	381 04	» »
Part dans les amendes	529 62	326 64	145 60
Fourrière	637 31	710 15	259 21
Actes de l'état civil	22 50	54 »	34 50
Concessions au cimetière	420 »	460 »	880 »
Vin de palme	691 50	186 60	196 40
Droits d'abattage	6.236 »	4.785 »	5.044 »
Octroi municipal	53.054 35	88.944 17	104.476 41
Places du marché et stationnement	16.528 90	13.931 65	13.334 65
Droits de parcage	2.982 50	2.300 50	2.282 50
Taxe sur les chiens	» »	160 »	10 »
TOTAUX DES RECETTES ORDINAIRES	91.115 98	122.891 54	135.408 10
Subvention pour la fête nationale	2.425 »	2.425 »	2.425 »
— pour l'éclairage des jetées	2.500 »	» »	» »
— pour entretien des jardins et plantations	» »	» »	2.333 33
Recettes accidentelles et à divers titres	263 72	543 30	417 76
TOTAUX DES RECETTES EXTRAORDINAIRES	5.188 72	2.968 30	5.176 09
RÉCAPITULATION			
Recettes ordinaires	91.115 98	122.891 54	135.408 10
Recettes extraordinaires	5.188 72	2.968 30	5.176 09
TOTAUX GÉNÉRAUX DES RECETTES	96.304 70	125.859 84	140.584 19

NATURE DES DÉPENSES	ANNÉE 1896	ANNÉE 1897	ANNÉE 1898
Dettes exigibles	3.495 »	8.330 »	8.915 »
Personnel de la mairie	10.595 61	10.901 28	11.458 13
Frais de publications et criées	108 »	102 »	93 »
Registres de l'état civil	275 »	639 45	604 80
Frais de bureau	262 80	247 95	205 38
Abonnement au *Bulletin des lois*	» »	» »	»
Part dans les dépenses de l'instruction publique	11.844 75	23.000 »	23.000 »
Part dans les dépenses de la police	8.514 28	15.200 »	15.200 »
Abonnement au médecin au rapport	60 »	20 »	3.060 »
Dépenses aux hôpitaux	195 70	182 10	973 10
Remises au trésorier	913 80	1.226 37	1.209 08
Minimum au receveur municipal	3.995 64	5.778 50	5.088 07
Propreté de la ville	2.588 77	4.649 87	4.983 52
Entretien des cimetières	23 40	198 75	179 70
Bibliothèque de la mairie	64 »	756 »	254 08
Frais d'inhumation des inconnus	6 »	13 90	69 23
Achat d'imprimés pour le marché	56 95	1.001 15	469 66
Indemnité au desservant de l'église	1.200 »	1.200 »	1.200 »
Frais d'hospitalisation des indigents	130 »	723 »	»
Mobilier de la mairie	» »	499 45	421 68
Remises à l'agent voyer	1.565 85	» »	»
Allocation à un médecin civil	1.556 »	2.749 »	»
Fête nationale	3.425 »	3.500 »	4.000 »
Totaux des dépenses obligatoires	50.876 55	80.918 77	81.384 43
Frais de représentation	5.000 »	5.000 »	»
Fêtes patronale, locale et autres	250 »	500 »	5.572 75
Entretien des rues et bâtiments	7.991 80	7.999 97	»
Travaux neufs	» »	8.500 »	»
Entretien des vieux travaux	» »	1.999 98	»
A reporter	13.241 80	23.999 95	5.572 75

NATURE DES DÉPENSES	ANNÉE 1896	ANNÉE 1897	ANNÉE 1898
Reports. . .	13.241 80	23.999 95	5.572 75
Matériel de la voirie	182 35	909 79	475 57
Frais de déplacement.	6 »	221 »	36 »
Frais de correspondance . . .	50 »	88 »	99 70
Nourriture des chevaux	1.046 40	1.986 89	»
Indemnité aux sœurs du dispensaire .	500 »	500 »	500 »
Eclairage de la ville	4.311 70	8.218 20	7.878 »
Abonnement à *l'Officiel* de Paris . .	78 25	80 »	80 »
Entretien de l'hôtel de ville . . .	501 08	1.003 16	837 80
Horloge pour la ville et entretien . .	»	3.000 »	1 562 42
Visite de la viande	»	833 30	916 63
Agent voyer	»	185 »	90 »
Réfection des rues.	5.279 85	»	13.139 64
— des baraques et places du marché	»	6.998 98	6.395 20
Abonnement au téléphone	»	100 25	100 50
Gratification au personnel	»	600 »	600 »
Subvention à une musique	»	200 »	»
Achèvement de la mosquée. . . .	»	981 »	»
Croix pour le rond-point du cimetière	»	500 »	»
Jardins publics et plantations . .	»	»	2.143 14
Dépenses imprévues	2 428 44	10.563 37	3.418 41
Transfert jugement Ousmam Diène .	314 44	»	»
Reste à payer sur la succession François de Saint-Jean.	6.096 56	»	»
Totaux des dépenses facultatives	34.036 87	60.968 89	43.845 76
Dépenses obligatoires	50.876 55	80.918 77	81.384 43
Dépenses facultatives	34.036 87	60.968 89	43.845 76
Totaux généraux des dépenses.	84.913 42	141.887 66	125.230 19

ÉTAT COMPARATIF DES RECETTES ET DÉPENSES

DE 1889

DÉPENSES

CHAP. I. — SECTION I DÉPENSES OBLIGATOIRES	1889.		1890		1891	
Annuité de l'emprunt	»		»		»	
Personnel de la mairie	8.320	»	8.520	»	8.700	»
Loyer de la mairie	3.000	»	3.000	»	3.000	»
Agent voyer	»		»		»	
Crieur public	75	»	50	»	50	»
Agents de perception des marchés	1.200	»	1.200	»	1.800	»
Surveillant des marchés	2.400	»	2.400	»	2.400	»
Registres de l'état civil	500	»	500	»	760	»
Impression et registres	2.000	»	1.500	»	1.000	»
Abonnement au *Journal Officiel*	25	»	»		25	»
Remises au trésorier particulier	1.150	»	1.000	»	1.000	»
Remises au receveur municipal	3.500	»	3.500	»	3.800	»
Personnel et matériel de police	8.700	»	7.465	»	7.403	»
Instruction publique	12.324	99	6.350	»	7.987	50
Indemnité au desservant	1.000	»	1.000	»	1.000	»
Secours à la fabrique	»		»		»	»
Entretien cimetière, parc, abattoir, marché, fourrière	1.600	»	1.250	»	750	»
Frais de police et de salubrité	500	»	250	»	250	»
Ambulance civile et dispensaire	»		»		»	
Frais des élections	»		»		»	
Frais d'hospitalisation des indigents de la commune	»		»		»	
TOTAL DES DÉPENSES OBLIGATOIRES	46.294	99	37.985	»	39.925	50

DE LA COMMUNE DE RUFISQUE
A 1898 INCLUS

DÉPENSES

1892		1893		1894		1895		1896		1897		1898	
»		2.025	»	7.750	»	7.750	»	7.200	»	6.925	»	6.650	»
9.300	»	10.080	»	8.080	»	9.680	»	9 800	»	10.800	»	10.800	»
3.000	»	»		»		»		»		»		»	
4.000	»	»		6.000	»	5.000	»	5.000	»	5.000	»	5.000	»
50	»	50	»	50	»	50	»	50	»	50	»	50	»
1.200	»	1.200	»	1.200	»	2.000	»	1.200	»	1.320	»	1.320	»
2.400	»	2.400	»	2.400	»	1.500	»	2.400	»	2.000	»	2.400	»
»		650	»	650	»	600	»	650	»	800	»	800	»
1.500	»	1.500	»	1.500	»	1.500	»	1.500	»	1.500	»	1.500	»
25	»	100	»	100	»	100	»	100	»	100	»	100	»
1 000	»	1.200	»	1.200	»	2.500	»	2.000	»	1.500	»	1.500	»
4.000	»	4.500	»	4.500	»	6.000	»	7.000	»	7.000	»	4.500	»
7.643	»	7.643	»	7.643	»	7.643	»	7.650	»	12.470	95	12.857	50
8.112	»	8.115	»	8.115	»	8.115	»	8.115	»	19.300	»	19.300	»
1.000	»	1.000	»	1.000	»	1.000	»	1.000	»	1.000	»	1.000	»
»		»		1.200	»	1.200	»	1.200	»	1.200	»	1.200	»
750	»	2.150	»	800	»	1.000	»	1.000	»	750	»	1.000	»
300	»	500	»	500	»	500	»	500	»	100	»	100	»
»	»	»	»	»		»		5.000	»	»	»	2.000	»
200	»	200	»	200	»	200	»	500	»	300	»	500	»
										»			
500	»	500	»	500		500	»	»		»		»	
45.730	»	49.813	»	53.388	»	56.838	»	61.865	»	72 115	95	72.577	50

ÉTAT COMPARATIF DES RECETTES ET DÉPENSES

DE 1889

DÉPENSES

CHAP. I. — SECTION II DÉPENSES FACULTATIVES	1889	1890	1891
Hôtel de ville (mobilier, entretien, frais divers)	200 »	250 »	300 »
Entretien des rues et places	2 500 »	3.000 »	2.000 »
Secours aux indigents	1 500 »	1 500 »	1.500 »
Subvention	1.000 »	500 »	500 »
Fête Nationale	2.000 »	1.500 »	2.300 »
Allocation à un médecin et inspection sanitaire	4.400 »	4.000 »	4.400 »
Surveillant de la voie ferrée	2.400 »	5.000 »	4.500 »
Frais d'avocat	500 »	500 »	500 »
Frais de représentation du maire	3.000 »	3 000 »	3.000 »
Éclairage de la ville, de l'église et du presbytère	»	»	5.225 »
Frais d'hospitalisation des employés municipaux	»	»	100 »
Voie ferrée (Entretien, location)	3.000 »	10.000 »	4 000 »
Entretien et réparations de l'école	»	»	»
Encouragement société des courses	»	»	»
Phare de Rufisque	»	»	»
Subvention Vaubourg	»	5.000 »	2.600 »
Divers (entretien, travaux, assurances...)	10.275 »	125 »	»
Dépenses imprévues	4.381 10	755 »	824 50
TOTAUX	35 156 10	35.130 »	31.749 50

DE LA COMMUNE DE RUFISQUE
A 1898 INCLUS

DÉPENSES

1892		1893		1894		1895		1896		1897		1898	
300	»	1.500	»	500	»	5.500	»	500	»	500	»	500	»
2.000	»	4.000	»	8.000	»	15.000	»	21.680	»	8.000	»	1.400	»
1.500	»	2.500	»	1.500	»	1.500	»	3.000	»	2.000	»	3.000	»
500	»	500	»	500	»	500	»	500	»	500	»	500	»
4.000	»	4.425	»	4.425	»	4.425	»	5.000	»	5.000	»	5.000	»
8 280	»	8.280	»	8.280	»	8.279	96	8.400	»	8.400	»	8.400	»
4.000	»	3.600	»	3.600	»	3.600	»	3.600	»	3.600	»	3.600	»
500	»	500	»	500	»	500	»	1.000	»	1.000	»	1.000	»
3.000	»	3.000	»	3.000	»	3.000	»	3.000	»	3.000	»	3.000	»
7.725	»	7.425	»	7.425	»	7.425	»	9.225	»	8.725	»	8.725	»
100	»	300	»	300	»	300	»	300	»	300	»	300	»
7.337	»	7.287	»	3.297	»	5.300	»	3.300	»	4.300	»	700	»
»		»		200	»	300		500	»	4.500	»	500	»
»		»		»		»	»	500	»	500	»	500	»
582		582	»	582	»	582	»	»		»		»	
»		2.600	»	»		»		»		»		»	
2.558	10	58	10	58	10	60	»	650	»	1.370	»	325	25
1.669	90	1.941	90	1.946	90	2.867	04	2.850	»	1.644	05	2.347	25
44.052	»	48.499	»	44.114	»	59.139	»	64.005	»	53.339	05	39.797	»

Sénégal.

ÉTAT COMPARATIF DES RECETTES ET DÉPENSES

DE 1889

DÉPENSES

CHAPITRE II. — SECTION I DÉPENSES OBLIGATOIRES SUPPLÉMENTAIRES	1889	1890	1891
Restes à payer au service local pour la dépense de l'instruction publique	6.687 50	»	1.707 20
Restes à payer au service local pour la dépense de la police	6.080 16	1.869 89	»
Remises au trésorier particulier et au receveur municipal	355 17	200 »	»
Médecin, ambulance, dispensaire	»	4.013 34	3.670 »
Réception du ministre	»	»	»
Dépenses diverses et imprévues	8.242 44	4.986 46	6.082 57
Soldes à divers	150 87	5.922 99	270 81
Entretien et travaux neufs	1.690 70	15.162 21	23.638 »
Totaux	23.206 84	32.154 89	35.368 58
CHAPITRE II. — SECTION II DÉPENSES FACULTATIVES SUPPLÉMENTAIRES			
Voie ferrée	»	»	»
Secours aux indigents	»	»	»
Entretien et travaux neufs	»	»	»
Imprévus et divers	»	»	»
Totaux	»	»	»

DE LA COMMUNE DE RUFISQUE
A 1898 INCLUS

DÉPENSES

1892	1893	1894	1895	1896	1897	1898
»	»	»	»	»	564 »	4.825 »
»	»	»	»	»	»	3.125 »
»	2.800 »	3.500 »	3.400 »	1.000 »	2.000 »	2.000 »
»	»	»	27.951 98	7.000 »	3.166 60	166 60
»	»	»	»	»	»	1.965 14
5.825 »	2.808 28	600 »	»	5 »	250 »	25 25
2.200 »	3.500 »	»	»	450 »	»	1 405 »
22.501 »	29.000 »	101.000 »	94.775 »	8.500 »	»	500 »
30.526 80	38.108 28	105.100 »	126.126 98	16.955 »	5.980 60	14.011 99
»	»	15.000 »	17.000 »	3.000 »	5.505 »	4.000 »
60.000 »	»	1.000 »	3.000 »	1.000 »	1.000 »	1.000 »
»	»	54.500 »	11.200 »	3.851 »	30.750 »	37.400 »
»	»	4.054 43	5.653 35	1.689 09	3.016 54	2.861 23
60.000 »	»	74.554 43	36.853 35	9.540 09	40.271 54	45.261 23

ÉTAT COMPARATIF DES RECETTES ET DÉPENSES

DE 1889

RECETTES

DÉSIGNATION	1889	1890	1891
CHAP. I. — SECTION I. **RECETTES ORDINAIRES**			
Droits d'abattage	1.500 »	1.250 »	1.250 »
Droits de parcage	850 »	500 »	400 »
Location halle boucherie	1.000 »	1.000 »	1.000 »
Droits de marché	10.000 »	7.000 »	8.000 »
Domaine communal	6.500 »	5.000 »	5.000 »
Fourrière	250 »	250 »	200 »
Droit sur le vin de palme	700 »	500 »	750 »
Concessions dans les cimetières	120 »	»	»
Expédition des actes de l'état civil	10 »	15 »	15 »
Voie ferrée Decauville	12.000 »	50.000 »	45.000 »
1/7e des patentes	3.500 »	4.000 »	6.000 »
Centimes additionnels	1.250 »	1.400 «	1.800 »
Totalité des licences	1.500 »	1.500 »	1.500 »
Amendes et frais de justice	100 »	100 »	160 »
Divers	42.171 09	600 »	600 »
TOTAUX	81.451 »	73.115 »	71.675 »
SECTION II. **RECETTES EXTRAORDINAIRES**			
Droits de stationnement et de circulation	»	»	»
Vente de terrains communaux	»	»	»
Contribution au bail de l'école des garçons	»	»	»
Subvention pour la fête nationale	»	»	»
Subvention du service local pour un médecin	»	»	»
Subvention pour le feu de Rufisque	»	»	»
Recettes accidentelles	»	»	»
TOTAUX	»	»	»

DE LA COMMUNE DE RUFISQUE
A 1898 INCLUS

RECETTES						
1892	1893	1894	1895	1896	1897	1898
1.300 »	1.200 »	1.500 »	1.500 »	1.700 »	1.500 »	1.700 »
500 »	300 »	500 »	500 »	1.200 »	1.200 »	1.200 »
960 »	960 »	1.100 »	1.000 »	800 »	900 »	1.000 »
8.000 »	7.000 »	7.000 »	7.000 »	10.300 »	12.000 »	12.000 »
5.000 »	8.000 »	6 000 »	6.000 »	5.000 »	5.000 »	2.500 »
300 »	250 »	1.000 »	1.000 »	600 »	700 »	800 »
1.000 »	1.800 »	1.500 »	1 500 »	3.500 »	3.000 »	3.000 »
120 »	120 »	150 »	150 »	100 »	150 »	150 »
15 »	15 »	15 »	15 »	15 »	50 »	20 »
55.000 »	60.000 »	60.000 »	80.000 »	80.000 »	82.000 »	90.000 »
4.000 »	4.200 »	4.500 »	4.500 »	4.250 »	4.200 »	4.250 »
1.400 »	1.800 »	1.700 »	1.700 »	1.500 »	1.500 »	1.500 »
1.500 »	1.250 »	1.200 »	1.200 »	1.000 »	900 »	600 »
300 »	300 »	200 »	300 »	100 »	50 »	150 »
10.387 »	»	»	»	100 »	»	»
89.782 »	87.195 »	86.365 »	106.365 »	110.165 »	113.150 »	118.870 »
»	1.500 »	1.500 »	1.500 »	1.000 »	500 »	500 »
»	1.200 »	1.200 »	1.200 »	6.500 »	5 000 »	1.000 »
»	1.500 »	1.500 »	1.500 »	1.500 »	»	1.500 »
»	2.425 »	2 425 »	2.425 »	2.425 »	2.425 »	2.425 »
»	3.880 »	3 880 »	3.880 »	3.880 »	3.880 »	3.880 »
»	582 »	582 »	582 »	»	»	»
»	30 »	50 »	100 »	400 »	500 »	400 »
»	11.117 »	11.137 »	11.187 »	15.705 »	12.305 »	9.705 »

ÉTAT COMPARATIF DES RECETTES ET DES DÉPENSES DE 1889

RECETTES

DÉSIGNATION	1889	1890	1891
CHAP. II. — SECTION I.			
RECETTES ORDINAIRES SUPPLÉMENTAIRES			
Excédent de recettes des exercices antérieurs.	5.122 47	13.527 47	7.941 09
Remboursement par le service local des dépenses de l'instruction publique.	5.794 77	3.143 61	3.200 »
Remboursement par le service local des dépenses de la Police.	931 48	642 94	339 82
Reste à recouvrer domaine communal.	6.623 81	6.810 98	4.742 55
Vente de terrains communaux	»	»	12.500 »
Subvention pour travaux divers, Hospice, quai Carnot, éclairage jetée, route cimetière, église	1.690 70	»	»
Divers.	3.043 61	8.029 89	6.645 12
Totaux.	23.206 84	32.154 89	35.368 58
SECTION II.			
DÉPENSES EXTRAORDINAIRES SUPPLÉMENTAIRES			
Emprunt de la ville pour la réfection des rues.	»	»	»
Travaux divers, église, hospice, éclairage jetée.	»	»	»
Vente de terrain, immeuble communal	»	»	»
Totaux.	»	»	»

RÉCAPITULATION

	1889	1890	1891
Recettes ordinaires.	81.451 09	73.115 »	71.675 »
— extraordinaires	»	»	»
— ordinaires supplémentaires.	23.206 84	32.154 89	35.368 58
— extraordinaires supplémentaires.	»	»	»
Totaux.	104.657 93	105.269 89	107.043 58
Dépenses obligatoires	46.294 99	37.985 »	39.925 50
— facultatives	35.156 10	35.130 »	31.749 50
— obligatoires supplémentaires.	23.206 84	32.154 89	35.368 58
— facultatives supplémentaires.	»	»	»
Totaux.	104.657 93	105.269 89	107.043 58

DE LA COMMUNE DE RUFISQUE

A 1898 INCLUS

\-	RECETTES						
1892	1893	1894	1895	1896	1897	1898
21.765 45	30.292 04	74 410 94	119.492 20	13.798 13	35.037 04	43 148 35
2.061 »	»	»	»	» »	» »	» »
3 04	»	»	»	» »	» »	» »
3.603 69	816 24	1.273 49	2.194 50	4.763 21	9.560 85	13.824 87
1.525 »	2.000 »	2.000 »	4.941 25	1.843 75	» »	» »
»	5.000 »	101.000 »	35.000 »	» »	» »	» »
1.568 62	»	970 »	1.352 38	90 »	1.654 25	» »
30 526 80	38 108 28	179 654 43	162.980 33	20.495 09	46.252 14	56.973 22
60.000 »	»	»	»	» »	» »	» »
»	»	»	»	6.000 »	» »	» »
»	»	»	»	» »	» »	2.300 »
60.000 »	»	»	»	6.000 »	» »	2.300 »
GÉNÉRALE						
89.782 »	87.195 »	86.365 »	106.365 »	110 165 »	113.150 »	118.870 »
»	11.117 »	11.137 »	11.187 »	15.705 »	12.305 »	9.705 »
30.526 80	38.108 28	179.654 43	162.980 33	20.495 09	46.252 14	56.973 22
60.000 »	»	»	»	6.000 »	»	2.300 »
180.308 80	136.420 28	277.156 43	280.532 33	152.365 09	171.707 14	187.848 22
45.780 »	49.813 »	53.388 »	56.838 »	61.865 »	72.415 95	72 577 50
44.052 »	48.499 »	44.114 »	60.714 »	64.005 »	53.339 05	39.797 50
30.526 80	38.108 28	105.100 »	126 126 98	16.955 »	5.980 60	14.011 99
60.000 »	»	74.554 »	36.853 35	9.540 09	40.271 54	45.261 23
180.358 80	136.420 28	277.156 »	280 532 33	152.365 09	171.707 14	161.648 22

ÉTAT COMPARATIF DES RECETTES ET DES DÉPENSES

DÉPENSES

DÉSIGNATION	1889	1890	1891
SECTION I. — DÉPENSES OBLIGATOIRES			
Personnel de la mairie	6 085 »	6.120 »	5.531 62
Frais de bureau	147 20	99 40	359 10
Frais de timbre, impression, etc.	68 40	300 »	260 40
Abonnement au *Bulletin des lois*	» »	» »	» »
Réparations de la maison commune	509 80	106 30	21 »
Part dans les dépenses de la police	4.000 »	2.601 33	820 40
Part dans les dépenses de l'instruction publique	810 »	5.132 85	6.120 06
Abonnement au médecin au rapport	249 96	249 96	249 96
Allocation à la Chambre de commerce	200 »	200 »	» »
Dépenses aux hôpitaux	90 »	40 »	5 »
Remises au trésorier-payeur	227 09	240 44	124 61
Minimum garanti au receveur municipal	1.000 »	1.000 »	1.053 24
Entretien de l'église	500 »	500 »	500 »
Entretien de l'horloge	399 96	399 96	399 96
Entretien de la pompe à incendie	4 50	» »	» »
Propreté de la ville	» »	246 50	333 30
Surveillance et entretien du cimetière	109 »	120 »	120 »
Eclairage de la mairie	129 80	» »	» »
Mobilier de la mairie	» »	11 25	» »
Bibliothèque de la mairie	» »	» »	» »
Agent-voyer	299 99	299 99	300 »
Frais d'hospitalisation des indigents ayant domicile dans la Casamance	» »	» »	» »
Allocation au pharmacien	» »	» »	» »
TOTAUX	14 830 70	17.667 98	16.198 65
SECTION II. — DÉPENSES FACULTATIVES			
Frais de représentation	1.500 »	1.500 »	1.500 »
Frais de reposoir	100 »	100 »	100 »
Fête patronale de la ville	500 »	500 »	» »
Fête nationale	290 35	500 »	500 »
Entretien des rues et bâtiments	381 90	326 85	299 50
Matériel de la voirie	68 »	6 »	22 50
Frais des crieurs et publications	49 80	44 25	39 »
Frais de correspondances	19 70	1 80	» »
Allocation pour tirer le canon du Castel	180 »	180 »	180 »
Eclairage de la ville	1.493 28	1.309 15	1.058 89
Dépenses imprévues	611 74	787 34	» »
Frais de déplacement des employés municipaux	» »	» »	» »
TOTAUX	5.194 77	5.255 39	3.699 89

DÉPENSES						
1892	1893	1894	1895	1896	1897	1898
6.038 20	5.205 »	4.500 »	4 200 »	4.200 »	4.250 »	3 600 »
219 65	147 55	106 35	196 95	167 25	125 50	89 40
252 70	249 20	199 05	186 75	201 90	188 65	161 75
» »	» »	» »	» »	» »	» »	» »
376 60	197 75	212 35	15 50	» »	» »	100 »
2.334 98	1.500 »	» »	» »	» »	» »	» »
4.697 »	2.503 »	900 »	» »	» »	» »	» »
249 96	249 96	249 96	249 96	249 96	249 96	249 96
» »	» »	» »	» »	» »	» »	» »
244 »	» »	» »	» »	» »	» »	» »
222 12	149 06	145 58	159 14	140 57	119 24	101 38
1.293 63	1.101 02	1.325 27	941 45	1.323 26	782 47	718 90
» »	500 »	500 »	500 »	500 »	500 »	500 »
399 96	399 96	399 96	249 96	249 96	249 96	249 96
» »	» »	» »	» »	» »	» »	» »
414 50	432 05	542 60	590 15	476 »	431 »	467 25
150 »	120 »	120 »	120 »	120 »	120 »	720 »
» »	6 10	» »	» »	» »	» »	» »
» »	» »	» »	» »	» »	» »	» »
23 10	» »	» »	18 »	12 05	14 »	» »
300 »	250 »	300 »	300 »	300 »	300 »	300 »
100 »	155 »	107 33	230 47	124 »	239 50	235 »
399 96	399 96	399 96	399 96	249 96	249 96	249 96
17.716 36	13.565 61	10.008 46	8.358 29	8.314 91	7.820 24	7.743 56
1 500 »	1.500 »	1.500 »	1.500 »	1.500 »	1.500 »	1.500 »
100 »	100 »	100 »	100 »	» »	100 »	100 »
» »	252 »	250 »	» »	250 »	» »	» »
500 »	500 »	500 »	500 »	500 »	500 »	500 »
487 55	303 81	555 40	781 20	157 40	275 59	» »
33 05	9 75	49 »	45 35	35 52	48 15	24 88
45 »	24 »	64 »	33 »	50 »	38 »	11 »
» »	» »	20 »	20 »	20 »	20 »	20 »
180 »	180 »	180 »	165 »	» »	» »	» »
904 20	1.136 17	1 378 41	1.615 53	1.251 53	1.244 41	1.105 35
559 57	297 35	710 30	651 70	145 65	154 33	» »
87 »	91 »	65 »	32 »	87 »	66 »	69 »
4.396 37	4.394 08	5.372 11	5.443 78	3.997 10	3.946 48	3.330 23

ETAT COMPARATIF DES RECETTES ET DES DÉPENSES

DÉPENSES

DÉSIGNATION	1889	1890	1891
DÉPENSES SUPPLÉMENTAIRES			
Quote part dans les dépenses de l'instruction publique	5.000 »	»	»
Mobilier de la mairie	938 20	»	»
Frais de bureau	246 50	57 05	»
Fête nationale	500 »	1.600 »	2.425 »
Frais de représentation	500 »	»	»
Réparations de la mairie	274 51	»	»
Mandat de M. Guintreau	» »	»	»
Mandat de M. le Directeur des Frères	» »	»	»
Mandat de M. le président de fabrique	500 »	»	»
Mandat des condamnés	45 40	»	»
Mandat de M. Butmann	120 28	»	»
Solde des remise du receveur municipal 1888	565 64	»	»
Remboursement des frais de purge d'hypothèque du terrain Samson	164 40	»	»
Dépenses imprévues	452 44	»	9 10
Frais de criées et publications	»	20 40	»
Entretien de l'horloge	»	10 62	»
Restes à payer	»	136 89	»
Remboursement des frais de voyage de M. Legros (1890). — Déplacement des agents du service municipal (1891)	»	63 10	74 »
Allocation au pharmacien hôpital	»	133 32	399 96
Installation marché aux poissons et construction	»	»	»
Dépenses accidentelles	»	»	»
Aménagement citerne	»	»	»
Renouvellement reverbères	»	»	»
Réfection toiture maison commune	»	»	»
Mandat éclairage en souffrance	»	»	»
Réfection marché et abattoir	»	»	»
Totaux	9.307 37	2.021 38	2.908 06

DE LA COMMUNE DE GORÉE (DE 1889 A 1898 INCLUS)

			DÉPENSES			
1892	1893	1894	1895	1896	1897	1898
»	»	»	»	»	»	»
»	»	»	»	»	»	»
»	»	»	»	»	»	»
2.425 »	»	»	»	»	»	»
»	»	»	»	»	»	»
»	»	»	»	»	»	»
»	»	»	»	»	»	»
»	»	»	»	»	»	»
»	»	»	»	»	»	»
»	»	»	»	»	»	»
»	»	»	»	»	»	»
»	»	»	»	»	»	»
»	»	»	»	»	379 10	»
»	»	»	»	»	»	»
»	»	»	»	»	»	»
»	»	»	»	»	»	»
»	»	»	»	»	»	»
»	»	»	»	»	»	»
521 »	»	»	»	»	»	»
»	2.437 50	3.125 »	8.125 »	2.475 »	1.950 »	1.800 »
»	»	250 »	795 63	» »	»	»
»	»	»	714 70	» »	»	»
»	»	»	299 »	2.410 98	»	»
»	»	»	»	»	200 »	»
»	»	»	»	»	719 25	»
2.946 »	2.437 50	3.375 »	9.934 33	4.885 98	3.248 35	1.800 »

ÉTAT COMPARATIF DES RECETTES ET DES DÉPENSES

RECETTES

DÉSIGNATION	1889	1890	1891
SECTION I. RECETTES ORDINAIRES			
Attributions sur les patentes	1.838 34	1.409 84	1.592 55
Totalité des licences	1.830 60	1.800 50	2.326 »
Centimes additionnels	229 28	236 74	213 54
Part dans les amendes	831 74	537 35	435 89
Droits de fourrière	73 69	12 »	3 75
Produits des actes de l'état-civil	34 50	26 70	»
Droits d'entrée sur le vin de palme	1.165 »	1.310 98	1.377 13
Droits d'abattage	971 10	798 30	725 40
Concessions au cimetière	300 »	660 »	220 »
Droits d'octroi sur mer	14.616 85	18.782 05	7.064 26
Produits des droits de place sur le marché	1.383 48	1.139 39	855 »
Augmentation de l'octroi	» »	» »	» »
Rendement du hangar	» »	81 »	» »
Droits de place du marché au poisson	» »	» »	» »
Passeports	» »	» »	» »
Colis postaux	» »	» »	» »
TOTAUX	23.274 58	26.794 85	14.813 52
SECTION II. RECETTES EXTRAORDINAIRES			
Excédent de recettes 1888, 1889, 1890, 1891, 1894, 1895, 1896	7.525 49	1.836 03	5.613 75
Restes à recouvrer de 1888 1889, 1890	44 25	327 62	160 »
Recettes accidentelles	327 55	» »	» »
Subvention pour la Fête Nationale	» »	1.600 »	2.425 »
Passeports	» »	» »	13 50
Subvention Chambre de Commerce	» »	» »	» »
TOTAUX	7.897 29	3.763 65	8.212 25

RÉCAPITULATION

	1889	1890	1891
RECETTES ordinaires	23.274 58	26.794 85	14.813 52
— extraordinaires	7.897 29	3.763 65	8.212 25
TOTAUX	31.171 87	30.558 50	23.025 77
DÉPENSES obligatoires	14.830 70	17.667 98	16.198 65
— facultatives	5.194 77	5.255 36	3.699 89
— supplémentaires	9.307 37	2.021 38	2.908 06
TOTAUX	29.342 84	24.944 75	22.806 60

DE LA COMMUNE DE GORÉE (DE 1889 A 1898 INCLUS)

RECETTES

1892	1893	1894	1895	1896	1897	1898
1.351 10	1.219 31	1.082 10	904 28	898 55	744 14	772 22
2.101 40	1.719 80	1.350 40	1.350 50	1.050 40	1.050 50	1.200 40
168 78	158 »	137 »	127 50	119 20	59 77	» »
184 73	117 39	182 86	617 89	123 76	43 68	87 36
45 60	58 50	73 58	3 15	15 75	10 80	25 20
57 »	25 50	» »	» »	27 »	15 »	30 »
550 »	1.389 69	897 39	636 56	1.094 93	418 32	531 72
1.667 89	673 20	592 20	587 70	511 20	458 10	486 »
767 88	110 »	» »	500 »	200 »	250 »	360 »
13.661 75	10.327 66	10.779 28	9.001 19	7 506 43	6.714 43	6.590 37
801 13	1.008 83	902 71	891 05	1.019 72	900 41	839 21
» »	» »	» »	» »	» »	» »	» »
500 »	500 »	500 »	500 »	» »	» »	443 68
314 10	870 30	725 40	773 10	824 50	665 10	528 30
» »	32 40	16 20	18 90	5 40	2 70	» »
» »	» »	» »	» »	» »	» »	» »
22.171 36	18.210 58	17.239 12	15.911 82	13.396 84	11.332 95	11.894 46
» »	» »	» »	1.809 44	2.149 86	1.333 71	» »
200 »	» »	» »	» »	» »	» »	» »
» »	2.437 50	700 »	8.165 »	2.485 »	2.182 51	1.800 »
2.425 »	» »	2.425 »	» »	» »	» »	» »
43 20	» »	» »	» »	» »	» »	» »
» »	» »	» »	» »	500 »	» »	» »
2.668 20	2.437 50	3.125 »	9.974 44	5.134 86	3.516 22	1.800 »

GÉNÉRALE

22.171 36	18.210 58	17.239 12	15.911 82	13 396 84	11.332 95	11.894 46
2.668 20	2.437 50	3.125 »	9.974 44	5.134 86	3.516 22	1.800 »
24.839 56	20.648 08	20.364 12	25.886 26	18.531 70	14.849 17	13.694 46
17.716 36	13.565 61	10.008 46	8.358 99	8 314 91	7.820 24	7.743 56
4.396 37	4.394 08	5.372 11	5.443 78	3.997 10	3.946 48	3.330 23
2.946 »	2.437 50	3.375 »	9.934 33	4.885 98	3.248 35	1.800 »
25.058 73	20.397 19	18.755 57	23.736 40	17.197 99	15.015 07	12.873 79

ORGANISATION COMMERCIALE

L'institution des chambres de commerce au Sénégal remonte à l'année 1825. Elle s'est manifestée à cette époque sous la forme d'un comité de commerce établi à Saint-Louis, par arrêté local du 7 novembre 1825 et se composant de cinq membres, un président et un vice-président. L'ordonnateur était de droit membre et président de l'assemblée. Le vice-président était choisi parmi les commissaires et nommé pour une année par le commandant et administrateur, sur une liste de trois candidats présentée par le comité. Des autres membres, trois étaient pris parmi les négociants établis dans le pays et y faisant le commerce directement avec la France, au moins depuis cinq années; deux parmi les traitants faisant le commerce de la rivière et des escales ; enfin le septième membre parmi les subrécargues ou capitaines de bâtiments armés au compte de négociants domiciliés en France.

La durée du mandat confié aux membres du comité était fixée à deux ans; ils devaient être renouvelés par moitié chaque année.

Les attributions dévolues à ce comité étaient :

De donner son avis sur les questions qui lui seraient soumises par le commandant et administrateur; de lui présenter des vues sur les moyens d'améliorer la situation du commerce;

De déterminer le cours du change, des marchandises et denrées de toute espèce, des assurances, du fret ou nolis;

De délivrer des parères sans que ce droit lui soit cependant attribué exclusivement;

De donner son avis sur les cas d'urgence ou sur les circonstances de force majeure où il deviendrait indispensable d'accorder des permis de débarquement à la consommation pour des objets dont l'introduction n'est pas ordinairement permise;

De surveiller l'exécution des travaux publics dont le commerce aurait fait les frais, en totalité ou en partie, et l'exécution des lois, ordonnances et arrêtés concernant la contrebande;

Enfin de tenir registre de tous les négociants ou marchands établis à Saint-Louis. A cet effet toutes personnes faisant des affaires commerciales devaient présenter leurs noms à cet enregistrement dans les 6 mois de leur résidence.

Le nombre des membres du comité fut porté de sept à douze par un arrêté du 5 novembre 1827. Les cinq nouveaux membres devaient être choisis : un parmi les négociants remplissant les mêmes conditions que ceux précédemment admis dans la composition du comité; deux autres étaient pris parmi les marchands payant la patente de 1re classe et deux parmi les habitants notables faisant le commerce.

L'arrêté du 26 juin 1834 vint porter des modifications importantes dans l'organisation du comité de commerce. Le nombre des membres fut maintenu à 12 ainsi répartis : 4 négociants, 3 habitants notables faisant le commerce des escales, 3 marchands patentés, un capitaine au long cours et l'ordonnateur, président. Le comité, tel qu'il était constitué, fut dissous et l'on procéda à sa réorganisation, non plus en laissant la nomination des membres au gouverneur, comme le prescrivait l'art. 6 de l'arrêté du 7 novembre 1825, mais en confiant leur élection à leurs classes respectives, à la majorité des suffrages.

Le comité de commerce n'existait qu'à Saint-Louis. En 1834, sur une demande des commerçants de Gorée tendant à donner une certaine extension aux dispositions de l'art. 5 de l'arrêté du

19 novembre 1828, créant une commission des patentes dans cette île, le gouverneur de la colonie prit un arrêté le 15 septembre, par lequel il supprimait la commission des patentes et établissait à Gorée une commission commerciale chargée de dresser les rôles des patentes et licences, conformément au dispositif de l'arrêté du 19 novembre 1828, et investie à peu de chose près des mêmes attributions que le comité de commerce du chef-lieu. Cette commission était composée du chargé du service administratif, président ; d'un négociant, de deux notables, de deux marchands et d'un capitaine au long cours, quand il s'en trouverait dans l'île. Comme pour l'assemblée de Saint-Louis, les membres étaient élus par leurs classes respectives : les négociants et les marchands par tous les négociants et les marchands réunis, les notables par les notables de l'île.

Bientôt la nécessité se fit sentir de réunir en un seul corps les dispositions des divers arrêtés relatifs aux comités de commerce, d'en modifier quelques-unes et de les mettre en concordance avec la nouvelle organisation que l'ordonnance organique du 7 septembre venait de donner au gouvernement du Sénégal. Un arrêté du 27 décembre 1842 rapporta ceux des 7 novembre 1825, 5 octobre 1827, 26 juin et 5 septembre 1834 en condensant dans son corps leurs dispositions diverses. Certaines attributions précédemment dévolues à ces assemblées furent supprimées et conférées par la nouvelle législation au conseil général et au conseil d'arrondissement. La composition des assemblées reçut une légère modification : le capitaine au long cours compris dans la formation de la commission commerciale de Gorée fut supprimé, et celui qui entrait dans celle du comité de Saint-Louis remplacé par un subrécargue ou un capitaine des bâtiments armés au compte de négociants, domiciliés en France.

En 1854, le 7 août, un nouvel arrêté vint augmenter le comité de deux membres, l'un négociant, l'autre traitant ; cet acte fixait en outre les conditions imposées aux traitants pour être admis à participer à l'élection des membres choisis dans leur classe, en même temps qu'il disposait que quatre membres choisis par le comité seraient appelés à émettre leur opinion devant le conseil d'administration de la colonie, sur toutes les questions qui lui seraient soumises par le comité de commerce. Trois mois après, le comité de commerce de Saint-Louis fut dissous par l'arrêté du 24 novembre 1854. La commission commerciale de Gorée, quoique continuant à subsister, cessa de fonctionner peu de temps après.

Les choses en demeurèrent là jusqu'en 1869, époque à laquelle on procéda à la reconstitution de ces assemblées, que l'on remplaça par des chambres de commerce, établies à Saint-Louis et à Gorée, et composées de sept membres. L'arrêté du 29 décembre 1869, constitutif de ces assemblées, indique le mode d'élection des membres et la durée de leur mandat qui fut fixé à trois ans. Les chambres de commerce eurent la faculté de choisir dans leur sein leurs présidents et vice-présidents. Leurs attributions étaient purement facultatives. En 1877, un arrêté du 30 avril apporta quelques changements aux dispositions du texte constitutif de 1869 en ce qui concerne l'éligibilité des membres et le mode d'élection. Un autre arrêté du 31 mai 1878 porta à neuf le nombre des membres des chambres de commerce.

Rufisque, primitivement village sans importance, avait vu quelques commerçants s'établir sur sa plage et y ouvrir un commerce qui n'avait pas tardé à prendre de l'extension et qui nécessita, le 9 janvier 1883, l'institution d'une chambre de commerce à laquelle on rendait applicables les dispositions des arrêtés précités de 1869, 1877 et 1878.

Le décret du 17 juin 1887, promulgué dans la colonie le 17 octobre 1887, ayant érigé les sections de Gorée et de Dakar en deux communes distinctes, il fallut doter la nouvelle commune de Dakar d'une chambre de commerce. L'arrêté du 14 décembre 1887 porta institution de quatre chambres de commerce dans la colonie : à Saint-Louis, Dakar, Rufisque et Gorée. Ce texte ne fut qu'une refonte des dispositions des précédents arrêtés sur la matière ; quelques-unes furent cependant modifiées ou complétées ; le nombre des membres fut maintenu à neuf et la durée de leur mandat à 3 ans.

Enfin, l'arrêté actuellement en vigueur du 29 janvier 1892, modifié dans certaines de ses dispositions par celui du 27 février 1899, a donné aux chambres de commerce la constitution qu'elles ont aujourd'hui. Ce texte fixe à neuf le nombre des membres pour les chambres de Saint-Louis et de Rufisque, à sept pour celle de Dakar et à cinq pour celle de Gorée. Il a rendu applicables en partie à leur élection les principes en vigueur dans la métropole.

Tous les négociants et commerçants patentés, domiciliés dans la colonie, tous les fondés de pouvoirs généraux des maisons de commerce établies dans la colonie et dont les pouvoirs auront été déposés au greffe, sont inscrits sur la liste électorale, ainsi que les anciens membres de la chambre de commerce, les administrateurs des compagnies anonymes de commerce, de finance et d'industrie, les agents de change, les capitaines au long cours et les maîtres de cabotage, ayant commandé des bâtiments pendant 5 ans et domiciliés depuis 2 ans dans le ressort de la chambre, et les traitants exerçant pour leur compte le commerce de la traite depuis 5 ans au moins.

Les attributions des chambres de commerce continuent à être purement facultatives ; elles présentent leurs vues sur les moyens d'accroître la prospérité de l'industrie et du commerce, sur les améliorations à introduire dans toutes les branches de la législation commerciale, sur l'exécution des travaux et l'organisation des services publics qui peuvent intéresser le commerce et l'industrie. Elles donnent, d'une façon générale, à l'administration les avis et les renseignements que celle-ci leur demande, notamment sur les créations de bourses et de charges d'agent de change ou de courtiers, sur les tarifs et règlements des services de transport et autres établis à l'usage du commerce, sur les usages commerciaux, les tarifs et règlements de courtage maritime et de courtage en matière d'assurance de marchandises ou denrées, sur la création des tribunaux de commerce, sur les établissements de banque et autres institutions de crédit public, sur les projets de travaux publics locaux relatifs au commerce et à la navigation, sur les projets de règlement locaux concernant le commerce et l'industrie.

Les chambres de commerce ont en outre l'administration des établissements créés pour l'usage du commerce, comme les magasins de sauvetage, entrepôts, cours publics pour la propagation des connaissances commerciales et industrielles, si ces établissements ont été formés au moyen de contributions spéciales sur les commerçants.

Les chambres de commerce ont à leur disposition un budget spécial, alimenté soit au moyen de subvention fournie par le budget local, soit au moyen d'une contribution sur les patentes de leur circonscription. Cette contribution, qui ne doit pas dépasser le maximum de cinq centimes par franc, est votée annuellement par chacune des chambres et autorisée par le conseil général. Nous croyons devoir reproduire, à la suite de ce paragraphe, une étude intéressante sur le commerce du Sénégal faite par M. Maine, chef du service des douanes.

LE COMMERCE AU SÉNÉGAL

APERÇU PRÉLIMINAIRE

Le commerce du Sénégal fut pendant des siècles inféodé à de grandes compagnies monopolisatrices qui seules avaient le droit d'y trafiquer, vendre et acheter.

Leurs opérations portaient principalement sur le morfil (ivoire), l'or, les amandes oléagineuses, et surtout le bois d'ébène-vivant, en échange desquels objets elles apportaient des tissus, des fers en barres, du sel, de mauvaises armes, dites de traite, et de mauvaise poudre dénommée de même.

ACTION DE LA MÉTROPOLE

Les Compagnies. — Ces Compagnies sont d'abord :

L'Association des marchands de Dieppe et de Rouen (1626 à 1664);
La compagnie des Indes Occidentales (1664 à 1673);
— d'Afrique (1673 à 1682);
— du Sénégal (1682 à 1695);
— — Cap Nord et Côte d'Afrique (1695 à 1709);
— du Sénégal (1709 à 1719);
— des Indes (1719 à 1758).

En 1758, la colonie tombait au pouvoir des Anglais qui la gardèrent jusqu'en 1779 (29 janvier), année où le duc de Lauzun la leur reprit (1).

Le Sénégal est désormais colonie royale, gouvernée par des gouverneurs royaux. Mais son commerce n'en est pas plus libre. Il est toujours aux mains des Compagnies privilégiées et monopolisatrices et de plus, tout échange quelconque lui est interdit autrement qu'avec la Métropole ou par l'intermédiaire de celle-ci. Il doit demander à celle-ci tout ce qui lui est nécessaire et à celle-ci seule il doit adresser ses propres richesses en échange.

Droit commun sous le pacte colonial.

Temps anciens. — Ce régime dure jusqu'à l'aurore de la Révolution. Le 18 janvier 1791, un décret, sanctionné le 23, dit avec concision :
Art. 1er « Le commerce du Sénégal est libre pour tous les Français. »

Toutefois, aucune des anciennes entraves n'est abolie. La colonie n'a toujours le droit de commercer qu'avec la métropole, ou les entrepôts réels des ports de la métropole, et ce, par navires exclusivement français.

Le 29 mars 1793, un décret établit que « les bâtiments des États-
« Unis d'Amérique et ceux des nations avec lesquelles la France
« n'est point en guerre, qui seront armés dans ses ports et pour
« le compte de négociants français, seront admis à la traite de la
« gomme du Sénégal » — aux mêmes conditions naturellement que les bâtiments français.

Voici les principales de ces conditions :
L'armement du navire doit être déclaré au moins 3 mois d'avance.
Engagement « au greffe du tribunal qui remplace celui de l'ami-
« rauté » par soumission cautionnée obligeant les armateurs,

---

(1) Un fait à noter, dans la capitulation de 1758, la population indigène stipule que lorsque les Français reviendront reprendre Saint-Louis elle ne serait pas astreinte à les combattre. Et ainsi fut fait !

« sous peine de 40 livres d'amende par tonneau de contenance,
« de faire directement le retour desdits bâtiments dans un port
« du royaume, et sans toucher à l'étranger, hors le cas de relâche
« forcée, de naufrages ou autres accidents. »

Dépôt d'une expédition de cette soumission au bureau des douanes de départ.

Les marchandises étrangères destinées aux colonies acquitteront les droits d'entrée dans le royaume, mais non ceux de sortie — non plus que les marchandises nationales pour la même destination du reste.

Pourtant, moyennant des précautions minutieuses, sont affranchis *des droits d'entrée dans le royaume*, les bœufs, lards, beurres, saumons salés et chandelles venant de l'étranger à destination des colonies françaises ;

Les capitaines devront rapporter au retour du navire ou dans les 18 mois de son départ les acquits à caution pris en France revêtus de l'attestation que tout le chargement est bien arrivé dans la colonie destinataire ;

Défense de rien charger sur les bâtiments destinés aux colonies ou d'en rien décharger, dans les ports de France, sans un permis spécial ;

Et ce n'est pas tout, car il y a 33 articles plus minutieux les uns que les autres.

La liberté donnée par le décret du 18 janvier 1791 était donc simplement celle d'être très peu libre, mais étendue à tous, au lieu d'être restreinte à quelques compagnies.

En résumé, sous la garantie de minutieuses précautions, les colonies ne peuvent faire commerce qu'avec la France. Leurs produits doivent y être intégralement envoyés ; elles ne peuvent s'approvisionner qu'en France ; les marchandises que la France ne peut produire et du reste tous les produits étrangers doivent être pris dans les *entrepôts réels de France*, et ne sont embarqués, sauf les bœufs, les lards, les beurres, les saumons salés et les chandelles déjà nommés, non plus, qu'après avoir payé les droits d'entrée en France. Les transports sont réservés aux bâtiments nationaux, puis encore aux bâtiments des États-Unis et à ceux des nations « avec qui la France n'est pas en guerre ». Aux mêmes conditions les uns et les autres.

Cette dernière facilité durera seulement jusqu'en 1801. En effet un arrêté du 25 frimaire an X dit : « A compter du jour « de la publication du présent arrêté à Saint-Louis du Sénégal, « les bâtiments français seront seuls admis à faire le commerce « dans toutes les parties de la colonie française du Sénégal. »

Les neutres « en chargement » ont deux décades « pour l'achever. »

« *Un réveil*. — Le commerce du Sénégal sort enfin de la longue « inaction à laquelle les circonstances de la guerre l'avaient condamné ! » s'écrie une circulaire dithyrambique du temps (13 floréal an X) commentant le décret du 8 précédent (28 avril 1802) englobé depuis dans la loi du 8 floréal an XI (28 avril 1803) lequel restitue à cette branche importante du commerce national les privilèges que lui avaient accordés les lettres patentes de janvier 1716 et instructions postérieures », il étend la nomenclature des marchandises de *traite*, d'origine étrangère, que le Sénégal pourra puiser dans les entrepôts de France.

On fera grâce au lecteur de l'arsenal des précautions prises, mais voici, à titre de curiosité, la nomenclature « *étendue* » de ces articles de *traite*, avec la terminologie et l'orthographe du temps : « couteaux de traite, flacons de verre, rassades et autres verroteries, grosse quincaillerie, tabac de Brésil à fumer, toiles dites *Guinées*, des bajulapaux, des néganepaux et autres toiles à carreaux des Indes, cauris, fers de Suède, pipes de Hollande, platilles de Breslaw, vases de cuisine venant de Saxe, barbuts, moques de faïence bariolées, poteries d'étain, rhum, tafia des colonies françaises et de l'étranger, féverolles de Hollande, neptunes, bassins, chaudrons, baquettes, manilles, trompettes, cuivre rouge, clous de cuivre, verges rondes et barres plates, plombs de 2 points, gros carton brun de 43 à 49 cent. sur 119 à 130 cent., les bonnets de laine, grelots, clochettes en métal, les baïettes. » C'est tout. Beaucoup de ces mots n'ont plus de sens précis pour bien des gens.

La contre-partie continue à consister uniquement en gomme, en morfil, c'est le mot du temps, en poudre d'or pour le continent, et en..... « noirs » pour les colonies d'Amérique. Seulement, la prime allouée par le gouvernement précédent à cette intéressante industrie a cessé d'être payée depuis 1793, sans toutefois avoir été supprimée en principe (décret du 19 sept. 1793).

Mais 1809 arrive, et avec lui les Anglais aux mains desquels la colonie restera jusqu'au 25 janvier 1817, bien qu'elle nous fût rendue en droit dès le 30 mai 1814 (art. 8 du traité).

Dès le 29 août 1814, cependant, l'administration française s'occupe de rechercher les moyens à prendre « en vue de rétablir, s'il
« y a lieu, les privilèges que les anciens règlements avaient atta-
« chés au commerce spécial de la poudre d'or et des autres pro-
« ductions de l'Afrique », en attendant que le gouvernement ait repris possession « de l'établissement français au Sénégal ainsi
« que des différents comptoirs qui nous ont appartenu sur la côte
« et qu'il ait des agents pour constater et régulariser ce com-
« merce. ».

Je cite cette phrase textuellement parce qu'elle peint en traits concis et précis l'état de notre colonie en 1809 et par suite en 1814. Un établissement au Sénégal (les îles de Gorée et de Saint-Louis), des comptoirs sur la côte.

Mais en attendant, le pieux gouvernement de la Restauration estime et écrit cyniquement (n'est-ce pas plutôt naïvement?) que « la traite des nègres (sic) peut être immédiatement rétablie avec
« les privilèges résultant des anciennes dispositions que les cir-
« culaires du 13 floréal an X et du 27 frimaire an XI (3 mai et
« 18 décembre 1802) ont remises en vigueur, et dont l'exécution

« pourra se concilier avec celle de la loi du 8 floréal an XI (Vid.
« supra). Je n'attendais, pour vous en adresser l'ordre, que la
« décision que Son Excellence le ministre, secrétaire d'état des
« finances, vient de rendre sur les expéditions à destination des
« colonies, ces deux questions se trouvant liées et subordonnées
« l'une à l'autre. »

Les navires armés dans le but en question pourront prendre non seulement les « espèces » énumérées plus haut, mais (let- « tres patentes de janvier 1716, art. 6) à l'intérieur, « les toiles « de toutes sortes, la quincaillerie, la mercerie, la verroterie, le « corail, le fer en barres, les fusils et sabres de traite et les « pierres à fusil. » Tous ces objets seront exemptés du droit « de sortie en assurant leur destination pour la traite des « noirs. »

Les objets d'avitaillement du navire et les vivres pour la nourriture des « nègres » dont il fera la traite sont également exemptés des droits de sortie du royaume « en calculant les quantités sur « le temps qu'exige l'opération double de se les procurer par des « échanges sur les côtes d'Afrique, et de les transporter aux colo- « nies françaises. »

L'importation des nègres dans les colonies devra être certifiée par le chef supérieur de l'administration ou un de ses « princi- paux délégués » par nombre et valeur. Cette valeur doit contre- balancer *exactement* celle des exportations et réexportations en fran- chise tolérées au navire, mais dans les commencements, vu la dureté des temps, on usera de tolérance. Ce trafic lucratif ne sera, comme de juste et comme d'ailleurs tout le commerce « de nos colonies », permis « qu'aux bâtiments français. »

Tout cela est renouvelé d'une circulaire du 27 frimaire an XI (18 décembre 1802) explicative d'une loi du 30 floréal précédent (20 mai 1802) qui rétablit la traite des nègres — ce n'est qu'ex- ceptionnellement qu'on trouve le mot « noir » à ces époques lointaines — et en ajoute le bénéfice à celui de la traite de la gomme, du morfil, de la poudre d'or et autres denrées que nous appelons aujourd'hui : Produits du cru.

Je n'ai point trouvé trace que des modérations de droits fussent accordées à ces produits. Les seules exceptions que j'ai pu relever sont en faveur des colonies d'Amérique, en faveur desquelles aussi la traite, d'abord supprimée par la Révolution à une date que je n'ai pu retrouver, fut rétablie deux fois, en 1802 (30 floréal an X) et en 1814. La vieille tradition était dans toute sa vigueur et la métropole ne voyait encore dans ses colonies que le moyen de s'assurer le commerce du sucre et des épices, directement par les unes, indirectement par les autres, dont le Sénégal, et subsidiairement, d'exercer ses marins en promenant son pavillon sur toutes les mers du globe. Toutes les nations maritimes en étaient là du reste ou à peu près et cela explique toute leur politique coloniale de cette époque et la nôtre.

Période transitoire. — Donc les produits sénégalais supportaient le tarif de droit commun.

Toutefois, en prévision de la reprise prochaine des relations avec notre colonie, l'administration continue à étudier les questions sénégalaises. En 1816, une division de vaisseaux du roi part de Rochefort pour aller reprendre possession du Sénégal.

En annonçant cette bonne nouvelle à ses directeurs par lettre du 10 juillet, le directeur général des douanes leur trace le programme des futures relations.

Et d'abord, la traite est abolie, cette fois, et pour jamais. Il ajoute : « aucun armement ne peut plus avoir cet objet ; mais
« les établissements français du Sénégal vont de nouveau prêter
« un appui au commerce particulier qui tend à nous procurer
« directement, par cette voie, les gommes, le morfil, la poudre
« d'or et les autres produits de l'Afrique. Je vous autorise à réta-
« blir, dès ce moment, les privilèges de ce commerce, d'après

« les dispositions des lettres patentes de 1716 qui peuvent se
« concilier avec la législation des douanes. »

Les opérations ordinaires jouiront désormais des avantages précédemment accordés à la traite des nègres, faculté d'entrepôt, exemption du droit de sortie, pour les marchandises de traite et les vivres des équipages, moyennant acquit à caution à faire décharger au Sénégal.

La valeur des retours devra toujours contre-balancer celle des expéditions, mais on évitera d'engager des discussions lorsque la disproportion ne sera pas très marquante et que d'ailleurs les acquits à caution auront été régulièrement déchargés par qui de droit.

Pour la première fois, il est question de privilèges accordés aux marchandises de retour. Ils sont encore minces et consistent uniquement en une « modération de droits » accordée par la loi du 28 avril 1816, pour les gommes et le morfil importés sur navires français.

« Les règlements, remarque M. le directeur général, n'ad-
« mettent aucune autre assimilation des objets provenant du
« commerce du Sénégal avec les productions de nos colonies ».
« Toujours la vieille tendresse pour les colonies à sucre et à
« épices. Pourtant la betterave est née !

Cette « modération » consiste, pour la gomme, à ne payer que 10 fr. par 100 kilogs, à l'importation, tandis que les autres provenances paient 20 fr., 25 fr., et, par navires étrangers, 30 fr.; pour le morfil appelé cette fois-ci : dents d'éléphants entières, la modération consiste à ne payer que 80 fr. par 100 kilogs contre 90, 100 et 105, selon les provenances et 110 par navires étrangers.

Les dents d'éléphant non entières paient un droit double.

Tous les autres articles importés du Sénégal sont soumis au tarif commun — lequel, ceux-ci étant en général des matières premières, est peu élevé. La poudre d'or paie 0 fr. 25 l'hectogramme, les bois d'ébénisterie-acajou 40 fr., autres 27 fr., les peaux sèches 5 fr., la cire brute, 8 fr., plumes de parure brutes, grandes 400 fr.; petites 100 fr., cornes et os bruts, 1 fr.; le tout par 100 kilogs; objets de collection, 1 o/o ad valorem.

Je n'ai pas trouvé trace des amandes de palme, ni du coprah; de l'arachide pas davantage, du caoutchouc, encore moins, naturellement.

En 1817 apparaissent, comme articles d'exportation, le caïlcédra, provenant des établissements français en Afrique — il obtient un droit de faveur de 10 fr., — au lieu de 27, et la cire brune des mêmes établissements, tarifée à 3 fr. au lieu de 8.

En 1818, un pas décisif est franchi.

1º Les chargements du Sénégal, leur arrivée une fois constatée au port français de départ, peuvent être réexpédiés pour toute destination intérieure ou extérieure — cette dernière moyennant un droit de balance minime, 0 fr. 15 o/o ad valorem, ou 0 fr. 50 par 100 kilogs (5 janvier 1818).

2º Le Sénégal est enfin traité « quant aux productions à l'ins- « tar de nos colonies ».

Le Sénégal érigé au rang de colonie de culture. — En cette année-là de grandes choses se préparent. « Deux expéditions « extraordinaires sont parties, annonce le directeur général, « l'une en juillet, l'autre en décembre 1818, à l'effet d'y préparer « un plan de colonisation adopté par le gouvernement. Elles se- « ront bientôt suivies d'une troisième. Déjà le coton et l'indigo « donnent des produits susceptibles d'entrer dans le commerce. « On cultivera aussi en grand le café, la canne à sucre, et les « autres végétaux précieux des deux Indes. »

Toujours la vieille tradition ! On s'occupe enfin du Sénégal, mais dans l'espoir unique de le convertir en une colonie à sucre, à café et à épices !

On sait ce qu'il advint de ces beaux rêves. Incohérence et incurie! Un désastre maritime devenu légendaire.

Il en resta néanmoins ceci, que le Sénégal, tout en conservant les avantages dont il jouissait comme établissement commercial, acquit désormais ceux d'une colonie à culture et que le principe demeure dès lors admis que le régime des douanes de la Métropole devait être modifié en sa faveur, au même titre qu'il l'était en faveur des îles d'Amérique et de la Réunion, qui seules jusqu'alors avaient été considérées comme de vraies colonies.

Recherche des cultures dites riches. — Le coton et l'indigo participent d'ores et déjà, moyennant certificats d'origine, « au « privilège accordé par les lois existantes à ceux des colonies « françaises et la même assimilation sera successivement accordée « aux autres productions du Sénégal à mesure que leur ré- « colte deviendra assez abondante pour faire partie des charge- « ments. »

Facilités accordées. — On cesse aussi d'exiger que la valeur de la cargaison de retour contrebalance celle des chargements de départ.

En attendant qu'une « réduction spéciale de droits » soit accordée aux peaux brutes du Sénégal, elles seront assimilées à celles des autres colonies (1 fr. par 100 kilogr.), concession régularisée par la loi du 7 juin 1820.

Tolérance de tonnage. — Enfin, eu égard aux « difficultés que présente la navigation de la rivière du Sénégal » le tonnage exigé par l'article 78 de la loi du 8 floréal an XI, soit 100 tonneaux et au-dessus, pour la réexportation d'entrepôt des marchandises prohibées (les guinées qui entrent dans tous les chargements, le sont) est abaissé à 60 tonneaux et au-dessus pour notre colonie (circulaire du 23 janvier 1819).

Le branle est donné ! La colonie ne cessera plus, commercialement parlant, de se développer de plus en plus.

Cependant les marchandises autres que celles énumérées ci-dessus doivent toujours, si elles sont étrangères, payer avant leur expédition au Sénégal les droits d'entrée dans le royaume, qui ne les bonifie pas à la colonie, d'ailleurs.

Le 28 octobre 1820 est étendue l'exemption aux armes de traite, blanches et à feu ; le 7 juin précédent avait signalé l'admission du coton du Sénégal au droit réduit de 5 fr. le quintal métrique déjà accordé à celui de Cayenne dans un but d'encouragement.

Entrepôt de Gorée. — L'année 1822 voit naître (janvier) la création de l'entrepôt de Gorée — point de départ de la franchise de cette île — la réduction du droit sur les bois de caïl-cédra originaire du Sénégal de 10 fr. à 5 fr. et l'apparition, comme produits de cette colonie, de la salsepareille et des follicules de séné, admises respectivement à 40 fr. et à 20 fr. par 100 kilogr. avec certificats d'origine (ord. roy. du 25 décembre 1822).

L'ordonnance royale (relative aux douanes) du 13 juillet 1825 confirme ces différents privilèges de tarif, et abaisse le droit d'entrée sur les caïl-cédras à 1 fr. par 100 kilogr., taux rendu commun à tous les bois d'ébénisterie de la Guyane et du Sénégal.

PREMIÈRE PÉRIODE D'ÉVOLUTION

Ce qu'était le Sénégal et quel fut son avenir. — Mais qu'était ce Sénégal, d'abord si négligé, puis tenant dans les préoccupations économiques de la France cette place de plus en plus grande ?

C'était en commençant par le nord, à partir du cap Cansado, le cap Blanc, le cap d'Arguin (qui est le même nom en langue bretonne) l'île d'Arguin, célèbre par le radeau de la Méduse, Portandic, où coula tant de noble sang hollandais, portugais et français, points aujourd'hui abandonnés commercialement ; l'île de Saint-Louis, perdue entre le monde maure et le monde noir, comme un vaisseau battu des flots ; la presqu'île du cap Vert habitée par l'héroïque petite république Léboue, qui sut préserver son territoire de la tyrannie des Damels, eut ses Thermopyles et son Léonidas, et finalement ne fut pas conquise, mais se donna à nous par libre accession, après nous avoir fourni de nombreux contingents, contre l'ennemi commun, le Kayor ; Gorée, la mère (le ventre, Bôr, disent les indigènes) du Sénégal français, des comptoirs disséminés sur la côte, établissements précaires maintenus à force de cadeaux (coutumes) aux roitelets de l'intérieur, toujours à la merci d'une incursion de leurs Tièdos (caste libre qui formait l'armée de ces princes) et qui devinrent Dakar, Rufisque, Nianing, Portudal, Joal, Foundiougne, quelques établissements échelonnés sur la Casamance (Sénégal actuel) ; — sur les Rios Cassini, Nunez, Pongo, sur les rivières Konkouré, Forécaréah, Mellacorée, Scarcies (Guinée française actuelle) ; — sur et entre les fleuves Cavally, San Pedro, Sassandra, Bandama, Comoé et leurs innombrables sous-bassins côtiers (Côte d'Ivoire actuelle) ; — puis la côte du Bénin.

Tout cela disséminé, dispersé sans lien autre qu'une nationalité commune et le rattachement administratif à Gorée, puis à Saint-Louis.

Ces points disséminés s'agrégeront peu à peu par la force des choses, par des conquêtes successives sur les indigènes, en répression de brigandages, par des traités et aussi par la direction donnée dès 1854 par Faidherbe à la politique sénégalaise, tant pour la pénétration dans l'intérieur par le Sénégal — région dite d'abord : Haut-Fleuve, puis Soudan français et aujourd'hui répartie entre le Sénégal et les autres colonies de la Côte occidentale — et par les autres cours d'eau, que pour la conquête et l'organisation de la partie côtière, direction dont on ne s'est jamais écarté sans désastres et qui finit par faire du Sénégal un tout homogène.

Un mot sur ce qu'il est aujourd'hui. — Pour la bonne administration l'on dut bientôt subdiviser cet empire trop vaste en un certain nombre de centres administratifs autonomes, Sénégal et dépendances, Casamance comprise ; Guinée française, ci-devant Rivières du sud du Senégal ; Côte d'Ivoire, ci-devant établissements français de la Côte d'Or ; Dahomey, ci-devant établissements français du golfe du Bénin.

Ces quatre autonomies ont aujourd'hui un lien commun destiné à y assurer l'unité d'action de l'administration et à faire converger tous les efforts vers un but commun, la prospérité générale du groupement, en mettant fin aux tiraillements de colonie à colonie, qui sont de la force perdue, et pis encore parfois. Ce lien commun est le gouvernement général de l'Afrique occidentale française inauguré par M. l'inspecteur général Chaudié. Il suffit de jeter un coup d'œil sur nos budgets et sur nos statistiques commerciales pour constater que son administration a ouvert une ère de prospérité croissante, et sans précédents au Sénégal.

On n'insistera pas davantage, tout autre développement ferait double emploi avec les notices fort bien faites insérées en tête de l'Annuaire du Sénégal et dépendances de 1899 et l'on passera immédiatement à l'examen du développement purement commercial.

Coup d'œil rétrospectif. Epoque transitoire. — Voyons d'abord ce que fit la colonie pour répondre aux efforts de la métropole et à l'espoir que celle-ci mettait en elle.

Nous partirons du 9 mars 1822, création de l'entrepôt de Gorée. Nous passerons très vite, car nous nous heurterons souvent à cette mention : voyez ledit règlement du..., n°..., registres... Registres qui, s'ils existent encore, sont enfouis sous des montagnes d'archives postérieures qu'il y aurait sans doute un puissant intérêt à débrouiller !

Nous nous bornerons à noter au passage les grands faits commerciaux, primes à la culture, modification de tarifs, pour arriver à la situation actuelle dont nous donnerons un tableau aussi fidèle que possible.

L'indigo et le coton ne tinrent point ce que l'on en attendait. Pourtant l'indigo du pays égale les meilleures sortes des Indes et les indigènes, les Bambaras notamment, en tirent un parti merveilleux. Quant au coton, le pays en produit plusieurs espèces que les indigènes filent, tissent et teignent depuis des siècles. Il paraît même que certaines présentent une fibre tout à fait méritante.

Il reste dans le fleuve des traces d'indigotières qui prouvent que l'essai fut sérieusement tenté, de même que pour le coton, mais les documents manquent.

Entrepôt de Gorée. Presque port franc. — Quoi qu'il en soit, dès le 1er avril 1822 (Décision royale du 7 janvier), Gorée est érigée en entrepôt. Elle peut recevoir, moyennant un droit très minime, insignifiant : 1° toutes les productions naturelles *étrangères à l'Europe* apportées par les navires de tous les pavillons ; 2° les produits *de toute origine*, mais provenant de France (entrepôts) et apportés par navires français.

Par exception à la règle toujours strictement appliquée, les entrepôts de Gorée peuvent expédier à Saint-Louis du Sénégal des bois et des tabacs en feuilles *étrangers*, moyennant un droit de 2 o/o à l'arrivée.

Les produits du cru, ce mot n'existe pas encore (gomme, cire brune, caïlcédra, morfil et peaux brutes), apportés de la Côte d'Afrique à Gorée, ne peuvent en être réexportés que pour France.

Les objets non réexportés, ou réexportés pour la traite dans les autres possessions de la Côte d'Afrique (Saint-Louis du Sénégal compris sauf pour les bois et tabacs) paieront un droit de consommation peu considérable encore comme on va voir par le petit tableau ci-après :

Marchandises apportées par navires français :

    Sucre et café, par 100 kilogs . . 0 fr. 35
    Tabac en feuilles   — . . . 0   65
    Vin et eau-de-vie, par hectolitre . 0   20
    Bois à construire, par stère . . . 0   10
    Autres marchandises : emballées par
                      100 kilogs. 0   50
      —   en vrac par 100 k. 0   25

Marchandises venues par navires étrangers :
Le double des droits ci-dessus.

Droit de consommation, le quadruple.

Ce régime dura longtemps, il fit la prospérité de Gorée, prospérité qui rayonna sur tout le littoral.

Cette petite île est bien réellement, selon l'énergique expression indigène, *le ventre* qui enfante le Sénégal à l'influence et à la civilisation françaises !

Les cotons payaient un droit de sortie de Saint-Louis. Je n'en ai pas trouvé la quotité, mais le 1er mars 1822, il fut réduit à 1/8 o/o soit 12 centimes 1/2 pour 100 fr. de valeur, par décision du baron Roger.

AGRICULTURE.

Encouragement à la culture. Coton. — Le 16 mai 1822, le baron Roger, au nom du roi, promit une prime de 10,000 à celui « qui aura planté et conservé en bon état au 1er mars 1823 au

« moins 200,000 pieds de cotonnier », à raison, sans plus, de 1200 par « 50 ares ». Entre 100 et 200,000 pieds, la prime sera de 6,000 fr. Dans les cultures de coton herbacé, les pieds ne seront pas comptés, mais le total sera évalué à raison de 1200 pieds par « 50 ares. »

Les cultures du gouvernement ne concourront pas, non plus que « les plantations qui pourront être faites sur l'habitation royale, « son excellence le ministre de la maison du Roi ayant déclaré « renoncer à tout avantage pour cet établissement, créé dans la « vue d'encourager les cultures, et non dans un intérêt privé. »

De nouvelles primes seront annoncées l'an prochain.

Il y a aussi des primes « pour encourager la culture directe du « coton par les nègres du Walo et des pays voisins. »

On leur promettra, et distribuera même des primes. « L'agent « spécial de la colonisation aura mission de promettre aux indi- « gènes que leur coton leur sera payé à un prix qui ne sera pas « moindre de 30 centimes par kilogramme brut. »

C'est encore là la meilleure des primes, surtout si, comme la suite de la proclamation semble le prouver, on a l'intention de tenir la promesse, car le gouvernement s'engage à acheter à ce taux les récoltes qui n'y trouveront pas preneur et à les revendre aux enchères.

Des primes sont en outre promises à l'exportation.

Comité de commerce. — Le 7 novembre 1825, le baron Roger constitue un comité du commerce composé de 7 membres, dont l'ordonnateur, président.

Il compte trois négociants établis faisant directement le commerce avec la France depuis au moins 5 ans;

Deux traitants faisant le commerce de la rivière et des escales;

Un capitaine ou un subrécargue des bâtiments armés au compte de négociants domiciliés en France.

Ce comité est purement consultatif en général, mais il a le

droit « de présenter au commandant des vues sur les moyens « d'améliorer la situation du commerce ».

Il détermine le cours du change, des marchandises, des assurances, du fret, etc.

Enfin, il tient registre de tous les négociants ou marchands établis à Saint-Louis.

On voit que la colonie se compose toujours de l'île de Saint-Louis en tout et pour tout !

Primes à la culture. Indigos, cafés, rocous, cochenille. — La même année nous montre, sous forme d'un nouveau règlement sur les primes, les encouragements et les secours accordés aux cultures en 1826, que les essais continuent sur les cotonniers et les indigos, et que l'on y ajoute le ricin palma christi, le caféier, le rocouyer, le cactus nopal.

Primes à l'exportation. — Outre les primes à la culture, mieux réparties qu'en 1822 puisqu'elles portent sur le nombre de pieds à l'hectare, il est créé une prime à l'exportation très élevée.

Coton et ricin, 15 o/o de la valeur à Saint-Louis.

Pour l'indigo — « bien fabriqué et pouvant avoir cours dans « le commerce » — 5 fr. par kilog.

Le tout jusqu'au 1er mai 1827.

Pour la cochenille, 20 o/o de la valeur en France, jusqu'au 1er janvier 1828.

Pour le café — « net et bien préparé » — et pour le rocou, 75 centimes par kilog jusqu'au 1er janvier 1830.

Comme précédemment on assure aux indigènes — les nègres du Walo — un prix minimum de 30 centimes par kilog pour leurs cotons et leurs feuilles d'indigo bien séchées.

Un arrêté du 6 avril 1826 nous révèle que tous les produits étaient grevés d'un droit de sortie, car *il le réduit*, comme il avait été fait déjà le 13 mars 1822 en faveur du coton indigène, à un

huitième pour cent, de la valeur, soit 0,125 0/0, « sur l'indigo
« du Sénégal et sur tous les autres produits pour la culture des-
« quels le gouvernement alloue des primes. »

Enfin l'arrêté du 18 mai 1827, traitant des primes et encouragements pour cette année, marque une tendance sérieuse à remplacer les primes à la culture par des primes à l'exportation, « considérant que de celles-ci il doit résulter, dit le baron Roger, « que les habitants de Saint-Louis rechercheront davantage les « produits de la culture directe des indigènes, ce qui tend à « favoriser à la fois la colonisation et le commerce. » Pensée très sage d'un homme pratique, connaissant bien et aimant le pays, comme il l'a prouvé à d'autres égards.

La prime à la culture n'est conservée que pour l'indigo. Celles à l'exportation sont portées, pour le café, à 20 0/0 de la valeur à Saint-Louis; pour l'indigo, à 10 fr. le kilog ; pour le chanvre du pays (une sorte d'hibiscus), à 40 centimes le kilog ; « le tout « du 1er de ce mois (mai 1827) jusqu'au 30 avril 1828 ».

Pour le café, le rocou, la cochenille, rien de changé.

Le 11 juin 1828 voit disparaître complètement la prime à la culture, trop facile à surprendre, « attendu, dit un arrêté signé Jubelin, que la prime à l'exportation est « l'encouragement le plus « efficace, le plus positivement mérité qu'on puisse donner, et « celui, d'ailleurs, dont il résulte le moins d'abus.

La prime d'exportation du coton est maintenue jusqu'au 1er janvier 1829 seulement. Celle de l'indigo est portée à 12 fr. par kilog, jusqu'au 30 avril 1829.

Ce dernier produit doit donner des espérances, car l'année précédente le baron Roger, cette année le gouverneur Jubelin cherchent à lui donner un cachet d'identité qui puisse le faire reconnaître sur les marchés d'Europe. L'un et l'autre, en effet, décident que l'indigo devra être « marqué d'un timbre fabriqué « par les soins du gouvernement et qui sera imprimé sur les « pains avant leur dessiccation. »

Il n'est plus question des autres produits. Caféiers, rocouyers et nopal sont confondus dans un oubli commun, symptôme d'un insuccès complet.

En 1829 — (arrêté du 7 mai) le coton a disparu à son tour. L'indigo persiste et paraît prospérer ; qu'on en juge : la prime d'exportation est réduite à 8 fr. le kilog — mais il est créé des surprimes à la grande production, savoir, 4 fr. par kilog pour toute production supérieure à 800 kilog ; 3 fr. de 600 à 800 kil. ; 2 fr. de 400 à 600 kilog. et 1 fr. de 200 à 400 kil. ; rien à 200 et au-dessous. L'obligation du timbre du gouvernement est maintenue et son apposition sur les pains entourée des précautions nécessaires pour créer une marque estimée.

Insuccès. — Fut-ce manque de persévérance, fut-ce manque de suite, fut-ce mauvaise orientation des efforts, mais toujours est-il que les sacrifices furent vains! Le 8 décembre de la même année 1829, M. Brou, arrivé dans la colonie le 11 mai précédent, sonne en ces termes le glas des cultures : « considérant qu'il n'est plus « permis de douter que l'insuccès des cultures au Sénégal (là où « elles ont été tentées) tient à des obstacles surhumains, qu'il « faut bien enfin reconnaître pour couper court à des dépenses « que le gouvernement répète chaque année sans avantage pour « la France comme sans fruit pour le commerce et sans résultat « pour le progrès de la civilisation en Afrique ; etc. » Résultats : les primes à l'exportation de l'indigo sont seules conservées.

Les causes. — Pour nous la cause de l'insuccès est triple. D'abord, la colonie n'a, pour ainsi dire, pas de territoire propre en terre ferme, mais seulement des installations précaires (Richard Tol et Faff) ; en outre, les peuplades de l'intérieur ne sont ni soumises à notre influence ni même toujours en paix entre elles. A ces conditions d'instabilité, des plus préjudiciables à l'agriculture, il faut ajouter un certain laisser aller dans la distribution des primes à la culture, lesquelles prêtent d'ailleurs à la *pseudo-culture*.

Mais il faut ajouter que le moment n'était pas venu, car les primes à l'exportation, et surtout l'achat assuré à un taux raisonnable de tout produit convenablement préparé furent d'excellentes mesures, qui eussent créé la production si cela eût été possible alors, tout comme il en est advenu de l'arachide dès son apparition. Mais les temps n'étaient pas les mêmes.

En effet, la cause principale de l'insuccès fut, il faut avoir le courage de le dire, l'hostilité sourde des négriers d'exportation, dont le trafic coupable, pour être devenu clandestin, n'en était pas moins actif. La culture rendant les bras nécessaires dans le pays même, et tendant à fixer le noir à la terre, augmentait sa valeur d'achat et rognait d'autant les bénéfices de l'intéressante corporation.

La culture fut donc vaincue, non par des obstacles surhumains, mais par l'insécurité des temps, un peu aussi par la légèreté de certains agents de colonisation, et surtout par de *mystérieux* incendies, venus on ne savait (?) d'où, qui ravageaient les plantations au moment de la récolte. Le planteur comprenait et n'y revenait pas, ruiné.

Et cependant les initiateurs de cette campagne avaient vu juste! Le Sénégal était une colonie à culture et la culture devait lui faire l'avenir brillant qui est notre présent. Seulement leur esprit était hanté par la vision des cultures riches, les cultures de l'Inde et des Antilles, le sucre, les épices, la cochenille, l'indigo, cultures auxquelles venaient s'ajouter par surcroît la récolte de l'ivoire, le fameux morfil, et la poudre d'or de Guinée! Ce fut leur erreur que l'avenir répara.

L'arrêté de 1829 de M. le gouverneur Brou dont on a cité le préambule plus haut fut bien l'oraison funèbre des cultures riches. Il n'en est plus jamais question depuis; tout ce qui a survécu, c'est le café du Rio-Nunez, très estimé encore de nos jours, mais dont la production n'a jamais pu prendre une grande extension.

Dans la partie agricole, on trouvera l'exposition plus complète des résultats matériels de ces efforts administratifs.

COMMERCE

Gommes. Grande traite.

Mais pendant ce temps d'essais infructueux de quoi vit le commerce du Sénégal ? De la gomme, uniquement.

La traite de la gomme prospérait au milieu des dangers qui paralysaient l'agriculture. C'était la grande traite.

Chaque année, à date à peu près fixe, en janvier ou en février, un coup de canon ouvre la grande traite, que fermera un autre coup de canon vers le mois d'août, sauf prolongation accordée par le gouverneur.

La nécessité pour le gouvernement de protéger, à main armée, ce commerce vital de la colonie l'a amené à l'entourer d'un grand nombre de précautions et à le réglementer avec une minutie qui nous paraît parfois puérile aujourd'hui, mais qui avait sa raison d'être alors.

Corps des traitants. — Ne sont admis à faire ce commerce que des marchands, européens ou indigènes, triés sur le volet, dont la liste — dite liste générale des traitants — est arrêtée en conseil d'administration par le gouverneur lui-même, conformément à l'article 3 de l'ordonnance royale du 15 novembre 1842 : elle est enregistrée au Greffe du tribunal de Saint-Louis, et publiée au Bulletin des actes administratifs sous forme d'arrêté. Les vacances survenues aux listes primitives sont comblées dans la même forme, enregistrées et publiées de même.

Syndicat. — L'assemblée générale des traitants, convoquée par arrêté du gouverneur, élit une commission syndicale, qui, présidée par l'inspecteur colonial, jouit d'attributions assez étendues. Elle surveille les opérations de la traite, fonctionne souvent comme un vrai tribunal, recouvre des cotisations destinées à former une sorte de fonds de prévoyance, en assure l'administration et veille à sa répartition.

A propos de la moindre des infractions le traitant est rayé de la liste pour un temps plus ou moins long, parfois pour toujours, ses gommes peuvent être retenues, ou confisquées en tout ou en partie et des amendes considérables le frapper.

Il fallait être bien trempé pour se livrer à ce commerce. Le marchand était doublé du soldat et devait souvent passer de la romaine ou de la balance au mousquet. Tout en protégeant les escales, le gouvernement avertissait ses « protégés » qu'ils eussent à se tenir en état de se protéger eux-mêmes. Un arrêté dont la date m'échappe aujourd'hui, mais que j'ai lu avec émotion, énumère l'armement dont les bateaux traitants doivent se pourvoir, fusils, poudre, balles et les précautions qu'ils doivent prendre en marche.

Ce corps des traitants, avec ses laptots et ses maîtres de langue (interprètes jurés), constitue peu à peu le noyau d'une population un peu rude, mais énergique et brave, entraînée, probe généralement, intelligente et rompue aux affaires, population qui se trouva juste à point pour rendre possibles les plans de Faidherbe, car il y puisa largement et y trouva pour ses entreprises, administrateurs, officiers, soldats et même diplomates! La plupart des familles qui ont marqué ou marquent encore au Sénégal, blanches ou de couleur, trouvent les noms de leurs ancêtres enregistrés dans ces listes de traitants, arrêtées et délibérées en conseils d'administration par les vieux gouverneurs des temps héroïques de la colonie. C'est un héritage dont on peut s'honorer, je le déclare en connaissance de cause.

La gomme. Au désert. — La gomme recueillie par les Maures au fond des forêts d'acacias de l'intérieur où le chaud vent d'est, fendant les écorces, la fait exsuder abondamment du tronc des arbres, était ensuite par eux amenée en des points déterminés, dits escales, en dehors desquels, pendant la durée de la grande traite, tout commerce de gomme était absolument interdit, sous peine de confiscation, d'amende, de suspension, pis même. Chaque tribu avait la sienne, escale des Bracknas, Le Coq, escales des Trarzas, le Désert, escale des Darmankours. Le service des escales était dans les attributions du directeur des affaires extérieures. Un « bâtiment du roi », pendant toute la durée de la grande traite, montait et descendait incessamment le fleuve, s'arrêtant successivement à chaque escale où, assisté d'une commission élue de quatre traitants, son commandant jugeait et conciliait, sauf appel à la commission syndicale ou au gouverneur, tous les litiges soulevés et toutes les infractions constatées en son absence. Ce commandant était le commandant des escales.

La gomme. A Saint-Louis. — Mais pendant que les caravanes maures, rappelées par la belle saison et le retrait des eaux débordées, s'avancent vers le fleuve, à Saint-Louis l'activité est grande ; dans les grands chalands, embarcations spacieuses et beaucoup plus élégantes de coupe que ne le ferait supposer leur nom, dans les grands chalands s'entassent d'abord les Guinées, dont chaque pièce vaut 16 kilos de gomme, les barres de fer d'une coudée, qui valent 1 franc, les manoques de tabacs en feuilles, dites têtes de tabac, qui sont aussi une monnaie, les boules d'ambre, grosses comme des œufs, dont, aux beaux temps, deux ou trois valaient une jeune femme, les verroteries, l'antique rassade de nos pères, la cassonade et la mélasse pour abreuver les fils du prophète, mille bibelots de bazar, dont un assortiment complet, sous le nom de « bagatelle » doit faire l'appoint de tout marché — un arrêté défend même expressément de donner plus d'une « bagatelle » par marché

— puis une ample provision de mil. La viande se trouvera sur place, par la chasse et l'achat de bestiaux.

Départ pour la traite. — Les provisions faites, on embarque : d'abord les traitants pour l'escale des Bracknas, la plus éloignée, puis quelques jours après les traitants pour les escales des Trarzas et des Darmankours, et en route, le canon a tonné.

Précautions. — A bord, les traitants, et avec ceux qui sont illettrés un secrétaire agréé de l'administration, car tout doit se passer régulièrement et ils ont une rude comptabilité à tenir, que la commission syndicale épluchera au retour, les laptots ou matelots, gens de peine et griots, et enfin, détail absolument local, les pileuses. Celles-ci pileront au jour le jour, dans des mortiers de bois, le mil qui sera pendant des mois le fond de l'alimentation générale.

Tout ce monde, pileuses comprises, doit figurer au rôle d'équipage et a patte blanche (par manière de dire !) à montrer pour obtenir d'y être inscrit.

A l'escale, défense d'aller au-devant des caravanes, on n'en reviendrait, du reste, généralement pas. Seuls les maîtres de langue, êtres à part, peuvent s'y rendre, mais ils doivent, avant de partir, déposer leur fusil.

La coûtume. — A chaque escale, devant le commandant du navire de guerre, chaque traitant débat avec le représentant du roi maure dont elle dépend, l'importance de la « coûtume » qui lui assurera la liberté de ses opérations et paie la somme, laquelle est inscrite sur le registre du commandant. Puis les maîtres de langue se mettent en campagne.

La traite. — Au contact de la caravane, assaut d'éloquence ! C'est à qui des maîtres de langue, les bien nommés, vantera le plus haut la richesse et surtout la générosité de son maître, et la variété de son assortiment, la magnificence, la qualité, etc.

Les Maures assourdis, tiraillés de ci, de là, ne savent auquel entendre. Enfin, chaque maître de langue a capturé sa ou ses victimes et les emmène triomphalement. A l'escale, le Maure est hébergé et nourri chez son acheteur, lui, ses bêtes et ses gens, toute la durée du marché, aussi le fait-il traîner, Dieu sait!

Les guinées-monnaie sont d'un type obligatoire. Toute gomme achetée est pesée *au poids public*, prise en charge et embarquée. Il en sera pris compte à Saint-Louis, en douane et à la commission syndicale et la gomme y sera repesée! Elle devra être réexpédiée en France. Entre temps on fait bonne vie, on mange, on boit, on danse, les griots prodiguent leurs chants. Les chalands cependant se vident de marchandises et s'emplissent de gomme.

Incidents. — Mais parfois la fête est troublée! Une querelle, voulue généralement, dégénère en rixe, la rixe en mêlée générale, le marché se transforme en champ de bataille. Les Maures, gens peu honnêtes, essaient à la faveur du tumulte, de reprendre leurs gommes en gardant les cadeaux, ou de razzier les femmes — ou bien une bande de dissidents, ou de maraudeurs fait irruption dans le même but — il faut faire le coup de feu, regagner les chalands et tâcher de sauver choses et gens!

Le commandant déclare alors la traite fermée! Il menace parfois de faire abolir l'escale par le gouverneur. Mais comme on a besoin les uns des autres, nous de gomme, les Maures de guinées, la paix se rétablit bientôt, on enterre les morts, s'il y en a, et tout reprend comme si rien ne s'était passé, jusqu'au coup de canon du 1er août.

Petite traite et voyage de Galam.

A côté de la grande traite, fleurit la petite traite, plus libre, mais moins protégée matériellement quoique encore minutieusement réglementée. Celle-ci commence généralement le 15 août et coïncide avec le *voyage de Galam*, voyage escorté naturellement. Les eaux croissantes ont éloigné les Maures des rives du fleuve et les ont chassés dans leurs déserts. Avec leur départ renaît une sécurité relative, qui permet de laisser aux petits traitants, colporteurs et marigotiers, un peu plus de liberté.

L'arrêté du 11 août 1845, calqué sur les précédents, et que copiera le suivant, résume les principales précautions. Il dit d'abord : « Le voyage de Galam par la Grande Rivière (le Sénégal même) « et le commerce des divers produits autres que la gomme dans « le marigot de l'Ile au Morfil, sont ouverts à la population du « Sénégal. » Le terme du voyage de Galam est Bakel (Galam, exactement N'Galeum, est toute une région, non une ville).

Précautions. — Comme précautions : Défense de traiter la gomme en route et dans les marigots; défense de quitter la Grande Rivière, en allant comme en revenant; « toutes gommes trouvées « à bord des embarcations qui entreraient dans le marigot de l'île « au Morfil pour opérer leur retour seront considérées comme « traitées en fraude et saisies ». A l'aller, il n'est permis aux embarcations de pénétrer dans le marigot, que jusqu'à un village nommé M'Ballo et de redescendre ensuite ; dans le fleuve même, les seuls bâtiments expédiés pour le voyage de Galam entier peuvent dépasser un point dit Banam.

Les bâtiments, soit pour Galam, soit pour les marigots (marigotiers) se font expédier du 15 août au 15 septembre, ni plus tôt ni plus tard; tous ceux qui ne sont point partis le 16 septembre risquent de se voir retirer leur expédition.

La coûtume. — Le commandant du navire de guerre mouillé à Saldé fait payer en sa présence les coûtumes à l'envoyé de l'Almamy (chef politique et religieux élu d'un empire fédératif noir, le Fouta-Toro, que nous avons amoindri et disloqué depuis) au fur et à mesure que les bâtiments arrivent, après quoi, ils sont libres d'aller à leurs affaires sous la protection de l'Almamy en vertu d'un traité. Une fois « en Galam » tout se passe comme nous avons dit à propos de la grande traite.

Quant aux traitants marigotiers, gens de moindre importance, ils se débrouillent comme ils peuvent avec les petits chefs locaux des contrées bordant les marigots où ils opèrent. Ces chefs, la coûtume payée, sont cependant liés, d'abord par le grand traité avec l'Almamy, leur suzerain, puis par des traités particuliers fixant le montant des coûtumes exigibles.

Sens et origine du mot coûtume. — En passant, ce mot coûtume ne veut pas dire redevance habituelle, coutumière, mais bien redevance régulière, droit de péage, de douane, sens qu'a conservé dans la langue anglaise son frère jumeau Custom, qui signifie simplement Douane; c'est pourquoi nous l'écrivons : coûtume, avec l'accent circonflexe.

L'arrêté que nous étudions comme type finit ainsi : « Au « retour du voyage de Galam, c'est-à-dire au mois de décembre « prochain, le gouvernement prendra les mesures que comman- « deront les circonstances pour protéger les embarcations. »

Il y a aussi une interdiction que nous retrouvons toujours, presque jusqu'à nos jours, c'est celle d'acheter des captifs, soit pour les revendre dans l'intérieur, soit pour les amener à Saint-Louis en qualité d'engagés à temps. Si la première partie de la défense est plus que légitime, je ne puis accepter la seconde, car en somme, l'engagement à temps avec les garanties de loyauté et la surveillance voulues est une libération par le travail. Il prend un esclave sauvage et vous rend au bout du terme, un homme libre, civilisé, accoutumé au travail et ne devant sa liberté qu'à lui-même, ce dont il doit s'enorgueillir à juste titre.

Objets de traite. Marchandises à troquer. — Les objets de ce commerce sont, de notre côté, les tabacs en feuilles, les guinées, d'autres tissus divers, le cuivre en baguettes, le fer en barres, le sel, des poteries, de la verroterie, des armes et de la poudre de traite, des balles, des vêtements divers; du côté des Maures, c'est la gomme principalement, puis des objets de sellerie et de maroquinerie, des nattes jonc et cuir excellentes; du côté des noirs, des dents d'éléphants, de sangliers (énormes), des plumes d'autruche et d'aigrette, et en grande quantité, des mils divers, puis de l'or natif. Celui-ci ne peut être revendu, car l'or est comme la gomme, « sa traite » est soumise aux mêmes règlements et il doit comme elle, être expédié intégralement en France; dans les rivières du sud, à la Côte d'Or, au Bénin, les choses se passent de façon analogue, mais aux articles d'échanges il faut ajouter les peaux d'oiseaux, les amandes et huiles de palme, le coprah, etc., le tout à diriger obligatoirement sur France par bâtiments français.

Commerce sédentaire.

Mais ces traitants ne formaient pas à eux seuls tout le commerce sénégalais.

Quelques-uns à la vérité travaillaient pour leur propre compte, ils étaient alors en même temps commerçants établis et patentés (car le Sénégal connaît la patente depuis longtemps!) à Saint-Louis. Les autres, et c'était le plus grand nombre, opéraient pour le compte de puissantes maisons de commerce de la place, soit qu'ils leur fussent attachés en qualité d'employés gagés, soit que celles-ci leur eussent simplement confié, à titres d'avances à rembourser en gommes, au retour, des pacotilles plus ou moins considérables.

Les commerçants établis qui avaient ainsi des marchandises engagées sur le fleuve avaient le droit de monter pour en surveiller l'emploi, mais ils devaient obligatoirement se faire porter au rôle d'équipage du navire où ils embarqueraient! Dans cette navigation aventureuse, tout le monde *sans exception* devait être minutieusement inscrit et catalogué. Cela permettait d'établir avec exactitude, le cas échéant, le bilan des pertes en vies humaines. Les commanditaires avaient aussi, comme de juste, un droit de privilège sur les gommes traitées au moyen de leurs marchandises.

Ce commerce sédentaire établi à Saint-Louis et à Gorée faisait en outre d'abondantes affaires avec les peuplades continentales.

Les arrêtés de police publiés dans l'une et l'autre ville, tant quant aux personnes que quant aux véhicules qui les amènent, savoir les pirogues, nous laissent l'impression que ces visiteurs étaient nombreux, qu'ils étaient généralement pacifiques et enfin que l'administration était maternelle et pleine de sollicitude pour eux.

Ces gens venaient dans l'île troquer les produits de leurs terres et de leur modeste industrie, savoir, des amandes et huiles de palme, du beurre du pays, du lait, des volailles, du gibier, des noix de coco, des bois à brûler, des chevaux et moutons, de la cire brute, du coton du pays, égrené ou non, des fils au fuseau, tels qu'ils les savaient faire avec leur coton, du mil et sa farine, de l'orseille du Cap-Vert, des pains de feuilles d'indigo séchées, des peaux de bête, des graines oléagineuses : béref (melon), ricin, pourguère, du riz du pays, de la salsepareille, des poteries poreuses et des pipes en terre du pays, plus, occasionnellement, de l'or natif et de l'ivoire mort (le morfil des ordonnances).

En échange, ils emportaient les produits manufacturés ou naturels dont nous leur avions donné le goût et l'habitude : allumettes, métaux divers, perles d'ambre de dimensions et de formes très variées, de la mercerie, des alcools variés, des bougies et de la chandelle, des tissus divers, des cordes à carder le coton, des marmites en fonte, du corail, du coton filé retors qu'ils ne savaient pas faire, de l'eau de Cologne, beaucoup d'eau de Sénégal.

Cologne *pour la boire*, des armes de traite, de la poudre idem, des balles et du plomb, des machètes, des miroirs, du papier, des bouilloires en fer blanc ou en cuivre dites satalas, et encore des *bonnets de coton*, le classique casque à mèche normand, teint en noir, apporté ici par les marchands de Dieppe et de Rouen en 1626 et qui coiffe encore aujourd'hui toute la population mâle pauvre, seulement il ne vient plus de Rouen !

Ce commerce sédentaire était très prospère. Il avait même devancé (de combien d'années ?) nos grands bazars universels modernes, car chaque maison était un microcosme où l'on trouvait de tout, absolument !

Résultats moraux. Evolution vers un état plus régulier. — Cet état particulier, la colonie réduite à une île et à de simples pied à terre sur le continent, et sa conséquence, le genre de vie que nous avons décrit, genre de vie actif, sain, trempant la race, la faisant ce que nous la voyons encore aujourd'hui, où le Sénégal prodigue ses enfants sur tous les champs de bataille coloniaux, avait tellement développé chez elle les qualités de bravoure, de témérité même, que l'on fut obligé d'établir des peines draconiennes pour réprimer les actes d'imprudence. Aussi quand Faidherbe enrôla ces gens là et les lança contre les Maures, ceux-ci, chassés comme la poussière au vent, disparurent-ils rapidement de la rive gauche qui leur resta dès lors fermée. Cette forme de trafic devait naturellement décliner le jour où la France se déciderait enfin à prendre pied solidement sur le continent même et à y imposer son autorité, par le refoulement des Maures, exploiteurs des noirs, d'abord, puis par la soumission des noirs eux-mêmes.

Aussi à mesure que cette œuvre, amorcée par Faidherbe, continuée avec des intermittences plus ou moins longues par ses successeurs, avance, le commerce de traite perd-il de plus en plus son caractère spécial et se rapproche-t-il du commerce normal.

Aux « coûtumes » acquittées par les traitants furent substitués des revenus fixes, proportionnels aux affaires traitées à l'escale, versés aux chefs maures (en pièces de guinées) par le commandant de l'escale dans le principe, puis par le gouvernement lui-même. Celui-ci trouvait là un moyen facile de forcer les chefs à respecter les traités, soit par des menaces de retenue, soit même par des retenues effectuées, à titre de châtiment des infractions constatées. Ce mode est encore en usage aujourd'hui où la traite n'existe plus que de nom.

A l'escale a succédé le comptoir, à côté s'est élevé un fortin pour le défendre — commandé souvent par un traitant officier de milice — le fortin est devenu fort, le comptoir est devenu village, habité toute l'année, mais il a continué à s'appeler *escale*, comme le commerce, du reste, a continué à s'appeler *traite*; tout lieu où l'on s'arrête pour acheter, changer et vendre (en un seul mot *traiter*), au bord de la mer, dans les fleuves, le long du chemin de fer, dans les terres, est resté et restera l'*escale* dans la langue courante.

SECONDE PÉRIODE D'ÉVOLUTION

Révélation de l'arachide. — La révélation de l'arachide et la part de plus en plus prépondérante prise dans les échanges du Sénégal par cette graine, la graine, la graine tout court, la graine par excellence, contribua pour beaucoup à accélérer le mouvement de transformation qui devait faire de la traite, étroitement surveillée et réglementée, le commerce de nos jours.

Je vois apparaître officiellement pour la première fois l'arachide dans une dépêche ministérielle du 4 mars 1848 autorisant «l'exemp-« tion des droits de sortie en faveur des arachides récoltées dans « les contrées intermédiaires entre le Sénégal et la Gambie ». Il s'ensuivit un arrêté du 22 mai, même année, exemptant les arachides du Kayor. — (Code du Sénégal n° 26.) Au compromis de 1850 (3 avril) la barrique d'arachides est évaluée 34 kil. de gomme, portés à 40 k. puis à 45 en 1851 (2 pièces de Guinée). Modeste protection, suivie d'un bien autre succès que les onéreux encouragements du baron Roger et du gouverneur Jubelin aux produits dits riches!

Un arrêté du 17 août 1850 interdit, sous des peines assez sévères, toute traite de la graine du Kayor, ailleurs qu'à Saint-Louis même ou à Sor où elles devront être apportées.

Voilà l'arachide, la reine du Sénégal pour 50 ans, reconnue et installée.

En 1852, un arrêté (17 juin) nous apprend que l'extension qu'a prise le commerce des arachides « dans le pays de Galam, né-
« cessite l'emploi de grandes allèges qui deviendraient très oné-
« reuses à leurs propriétaires si les droits actuels de navigation
« continuaient à leur être appliqués », et ces droits sont réduits.

En 1859, l'arachide sera suffisamment implantée pour supporter le rétablissement du droit de 2 o/o et celui-ci sera rétabli par arrêté du 18 janvier exécutoire le 1er avril suivant.

Déclin de la traite réglementée. — Mais le temps marche, l'influence de la France s'affirme sur la terre ferme, après avoir laissé trop longtemps, par insouciance, sans doute, aux scheiks et émirs maures, aux roitelets et chefs de républiquettes noires l'illusion qu'elle était une puissance de leur ordre, avec laquelle ils pouvaient traiter d'égal à égal, à laquelle même ils pouvaient imposer des tributs, coûtumes, elle se redresse enfin! et ne se courbera plus.

Un arrêté du 17 mai 1854, signé : Protet, dit : « Aucune
« coûtume, si ce n'est le souper et les bagatelles, ne sera payée
« au ministre des escales par MM. les traitants. Le gouverneur
« fixe la coûtume à payer par MM. les traitants à une pièce de
« guinée par millier de livres traitées. Cette coûtume sera perçue
« par M. le commandant de l'escale et à sa demande. »

Déclin des escales anciennes et fin des « coûtumes ». — Les escales obligatoires anciennes disparaissent ; leur nom ne figure même plus à la carte. Elles se transportent près de nos postes, Aéré, Saldé, Bakel, où « *MM. les traitants* », je souligne, car c'est la première fois qu'ils sont si poliment traités, trouvent sécurité et dispense de coûtume.

Mais Faidherbe arrive (16 décembre 1854), la liberté du commerce s'affirme de plus en plus.

« Le commerce des produits du sol, quels qu'ils soient, est déclaré libre dans le Cayor. » — « Tout commerçant qui fera des échanges à bord de son navire ne devra payer aucune coûtume aux chefs du Cayor. » (Arrêté du 17 janvier 1855).

Les escales libres se multiplient. Celle de Podor, longtemps point terminus (V. arr. du 27 avril 1830, S. Brou), distancée aujourd'hui par Bakel, est ouverte ce même 17 janvier 1855. « Les commerçants établis à terre ou traitant à bord de leurs navires n'auront à payer aucune coûtume *à qui que ce soit*. »

Seulement au vieux droit d'entrée à Saint-Louis, lequel est de temps immémorial de 2 o/o ad valorem pour toutes les provenances (c'est l'origine de notre droit d'importation actuel), s'ajoutera une pièce de guinée en nature — dite petite filature de l'Inde, — par 500 kilog. de gommes traitées dans le bas du fleuve.

« Cette guinée est destinée, dit Faidherbe, à faire des présents aux chefs riverains du fleuve qui ne nous auront donné aucun sujet de mécontentement. »

La perception de cette Guinée, après bien des péripéties, tantôt supprimée, tantôt rétablie, selon la conduite « des chefs riverains du fleuve », comportant ou ne comportant pas des présents »; (ce n'est plus la coûtume, droit de douane, droit de souveraineté, c'est un don gracieux ! Un abîme franchi !) a fini par devenir notre droit forfaitaire d'exportation actuel sur les gommes du bas du fleuve. En effet 7 fr. 50, valeur de la Guinée à l'origine perçue en nature, par 500 kil. de gomme, font bien 1 fr. 50 par 100 kilogs.

Coup d'œil anticipé. Liberté commerciale dans le fleuve. Abolition définitive des coûtumes. — Un décret du 22 mars 1880 décidant que la « traite des gommes dans le Sénégal sera libre comme tout autre commerce, efface jusqu'aux dernières traces de l'ancienne traite. Le même décret abolit toutes les anciennes entraves. Les traitants de gomme sont désormais des commerçants comme les autres, peuvent s'occuper de tout autre commerce en même temps, et sont astreints aux mêmes écritures que tous les commerçants quelconques.

Le décret visé proclame la liberté commerciale du fleuve.

Un arrêté du 15 octobre suivant supprimera décidément la perception de la pièce de guinée et la remplacera par un droit de sortie, perçu à l'exportation de la colonie des gommes traitées au-dessous de Bakel à raison de 1 fr. 50 par 100 kilogs.

Mais nous anticipons.

Après l'escale de Podor, celle de N'dioum, marigot de l'Ile au Morfil, jadis prohibé, celle de Mbirboyam, Marigot de Saldé (23 août 1857), celle de Médine, marigot de Doué (alors Douay).

Déclin de la grande traite réglementée de Galam. — Le grand voyage de Galam, qui eut successivement pour point terminus Podor, puis Saldé, puis Bakel (2 septembre 1853), se pousse dès 1857, malgré l'approche d'El Hadj Omar, par convois protégés, bien entendu, jusqu'à Médine (Haut-Sénégal) et jusqu'à Sénoudébou (Falémé), (arrêté du 17 février 1857, Faidherbe). Encore quelques années, toutes les escales ont disparu, le commerce des gommes, délivré de la plupart de ses entraves de temps et de lieux, est centralisé *dans nos établissements* de Saint-Louis, Dagana, Podor, Saldé, Matam, Bakel, Médine ; les commandants de ces postes délivrent aux patrons des navires ou embarcations qui descendront à Saint-Louis chargés de ce produit, un certificat d'origine indiquant la quantité de gomme embarquée. Ce certificat est remis à la douane qui en constate l'exactitude et assure — toujours ! — la destination de la gomme pour la France.

Liberté de fait dans le fleuve. — Le commerce de tous les autres produits est complètement libre en rivière, de Saint-Louis à Médine, sauf simples mesures de police à respecter (24 décembre 1861). Le décret cité plus haut, du 22 mars 1880, proclamant la liberté du commerce dans le fleuve Sénégal, n'a plus qu'à régulariser une situation acquise en fait.

Escales devenues chefs-lieux. — Nous sommes en 1861. Les sept escales dénommées plus haut deviennent, avec Sedhiou, dans la Casamance, les chefs-lieux d'autant d'arrondissements administratifs (Arr. 28 décembre « 1861), division destinée à régulariser « l'action gouvernementale dans les territoires soumis à l'action « de la France. »

PÉRIODE CONTEMPORAINE

Déclaration du 4 novembre 1863. — Des temps nouveaux s'annoncent ; nous sommes à un tournant de l'histoire commerciale du Sénégal. Les arrêtés réglementant périodiquement la grande traite, la petite traite, le colportage, le marigotage, le voyage de Galam, disparaissent des recueils. Le commerce est enfin normal et régulier dans la colonie enfin conquise. Seulement le fameux pacte colonial : tout de la Métropole, tout à la Métropole, entrave encore son essor.

Un instant d'hésitation et l'ère nouvelle, universellement désirée et pressentie au Sénégal, s'ouvrira par la magistrale déclaration de principes qu'a discutée, arrêtée et formulée, « sur l'in-

« vitation de son Excellence le ministre de la marine », le conseil
« d'administration du Sénégal dans sa séance du 4 novembre
1863.

Le *Moniteur du Sénégal et dépendances*, journal officiel, a eu le bon esprit de nous conserver, sous le titre de « régime douanier du Sénégal » en son n° 435, du 26 janvier 1864, ce morceau qu'il faut citer, car c'est tout un programme, qui, chose rare, s'est vu réaliser pour ainsi dire tout entier. Il se compose de 11 articles.

« Le conseil, dans le sein duquel tous les intérêts étaient re-
« présentés, ceux de l'administration coloniale, ceux des négo-
« ciants, ceux des marchands, ceux des habitants, a formulé les
« vœux ci-après :

« 1° Le conseil demande à l'unanimité que les marchandises
« étrangères de toute nature et de toute provenance soient
« admises dans toute la colonie, aux mêmes conditions que les
« marchandises françaises, et que les produits de la colonie puis-
« sent être exportés pour toute destination ;

« 2° Comme conséquence, le conseil demande, à l'unanimité,
« que les guinées de l'Inde ne soient plus obligées de passer par
« les entrepôts de la Métropole avant d'être admises dans la
« colonie ;

« 3° Le conseil demande à l'unanimité que le pavillon étranger
« soit admis dans tous les ports et rades de la colonie aux mêmes
« conditions que le pavillon français ;

« Pour des motifs d'ordre et de police intérieure, le conseil
« désire, à l'unanimité, que le pavillon étranger ne puisse pas
« remonter dans le fleuve du Sénégal au-dessus de Saint-
« Louis ;

« 5° Le conseil demande à l'unanimité que la franchise absolue
« de Gorée soit maintenue (on n'y paie aucun droit d'impor-
« tation ni d'exportation) ;

« 6° Le conseil demande à l'unanimité que la franchise abso-

« lue de Gorée, s'étende à la ville de Dakar, qui ne fait qu'un
« avec Gorée ;

« 7° Le conseil demande à l'unanimité que la côte, depuis
« Dakar exclusivement jusqu'à la pointe de Sangomar, ne jouisse
« pas de la franchise de Gorée et contribue à l'avenir à l'alimen-
« tation des recettes locales ;

« 8° Le conseil demande à l'unanimité que, depuis la tour
« de N'diago jusqu'à Dakar exclusivement, les marchandises
« soient soumises, à leur entrée, à un droit de 4 0/0 et que les
« produits du pays, au contraire, soient libres de tout droit de
« sortie. Le gouvernement local supprimera alors les droits de
« tonnage, de congé, et de passeport à l'intérieur ;

« 9° Le conseil demande à l'unanimité que, de Dakar exclusi-
« vement à la pointe de Sangomar, les produits paient à la sortie
« un droit de 4 0/0. Les importations resteraient, dans cette éten-
« due, libres de tout droit ;

« 10° Le conseil demande à l'unanimité que, pour la liquida-
« tion des droits relatifs aux marchandises non portées sur les
« mercuriales, la douane consulte à son choix ou les factures
« originales ou les expéditions et que les valeurs indiquées sur
« ces documents soient forcées de 30 0/0 pour atteindre les frais
« postérieurs à l'achat en France ou à l'étranger, et qu'on arrive
« ainsi à l'estimation exacte de la plus-value de la marchandise
« à son entrée ;

« 11° Le conseil demande à l'unanimité la faculté d'entrepôt
« réel ou fictif à Saint-Louis, pendant 6 mois ;

« Ces vœux sont ceux de toutes les classes de la population
« sans exception. Ce pays, gêné par un système prohibitif qui
« n'est plus en rapport avec les besoins et les idées de l'époque
« actuelle, attend avec confiance une réforme complète dont
« l'effet soit de délivrer le commerce des entraves qui s'opposent
« à son développement. »

Ce qui, de ces vœux, était réalisable, c'est-à-dire presque tout, l'a été, en peu d'années, pour le plus grand bien de la colonie.

Arrêté du 30 novembre 1864. Abolition officielle des entraves intérieures. — Une première satisfaction est donnée dès le 30 novembre 1864 par un arrêté local qui supprime (art. 1er) la déclaration en douane et le congé pour la navigation en rivière, et (art. 2), les passeports pour les voyages, à l'intérieur, bien entendu, et (art. 9), une foule d'entraves minutieuses créées au commerce par les arrêtés des 22 janvier 1829, 1er juin 1835, 27 décembre 1842, 28 janvier et 13 août 1850, 20 octobre 1857, 21 juin 1858, et quelques autres étrangers au cadre de notre étude. Vœu 8° et paragr. final.

Décret du 24 décembre 1864. Abolition du pacte colonial. Liberté de commerce et de navigation. — Les vœux 1, 2, 3, 4, 5, 8 et 11 reçoivent satisfaction du décret du 24 décembre suivant, publié dans la colonie le 15 février 1865.

« Les marchandises de toute nature et de toute provenance
« peuvent être importées par tout pavillon à Saint-Louis (Séné-
« gal) et à l'île de Gorée » (art. 1er). — Vœux n°s 1 et 2. —
Les guinées de l'Inde sont implicitement comprises en cet article.

« Les produits chargés dans les ports de Saint-Louis et de
« Gorée peuvent être exportés pour toute destination et par tout
« pavillon. » (art. 4). — Fin du vœu n° 10.

Voilà le pacte colonial, de néfaste mémoire, brisé ; le vœu n° 3 est réalisé du même coup.

« L'accès du fleuve du Sénégal, au-dessus de Saint-Louis,
« continue à être interdit aux bâtiments étrangers » (art. 2).
Voici le vœu n° 4 satisfait.

Gorée port franc. — En ce qui concerne Gorée, la constitution de cette île en port franc, préparée par l'ordonnance royale du 7 janvier 1822 (Vid. supra), sanctionnée par le décret du 8 février 1852, reste acquise par le paragr. 3 du décret qui nous occupe, lequel y affranchit les marchandises de « tout droit de douane et de navigation. » Elle sera maintenue par le décret du 2 décembre 1890 qui nous régit actuellement; mais la franchise de l'île ne sera rendue complète, par le retrait de la douane, car on l'y avait toujours maintenue, qu'à une époque toute récente, par arrêté du 9 décembre 1899.

Quant au vœu n° 6, il ne pouvait être exaucé, étant plus sentimental que pratique. Ce qui aurait pu être fait et pourrait encore l'être, ce serait d'affranchir le port marchand de Dakar, mer et quais, et de reporter la ligne de douane en arrière de cette zone restreinte, fermée d'un mur de mer en mer, avec portes gardées. Mais ce n'était pas dans les idées du temps. Dakar d'ailleurs a été séparé de Gorée et érigé en commune distincte.

Ouverture de l'entrepôt fictif à Saint-Louis. — Le même décret du 24 décembre 1864 donne encore satisfaction au vœu 8, en établissant (art. 1er, paragr. 2) un droit d'entrée de 4 0/0 à Saint-Louis, puis au vœu 11 en y ouvrant l'entrepôt fictif (art. 3) avec un délai d'un an; le vœu ne demandait que 6 mois. Un décret ultérieur (19 juin 1880) étendra le bénéfice de cette mesure aux villes de Dakar et de Rufisque.

Droit de sortie de Dakar à la Mellacorée. — Le vœu n° 7 demandant que la côte au sud de Dakar, jusqu'à la pointe Sangomar, contribuât à l'avenir à l'alimentation des recettes locales et le vœu n° 9 concluant à ce que cette part contributive fût obtenue au moyen d'un droit de sortie, a attendu son accomplissement jusqu'en 1867, mais l'arrêt rendu alors (26 avril 1866 exécutoire du 1er janvier suivant) a, l'assimilation ayant eu le temps de progresser, étendu l'effet de la mesure aux rivières du Saloum, de la Casamance, du Rio Nunez, du Rio Pongo et de la Mellacorée. Un décret du 9 février 1868 confirme cet arrêté.

Décret du 20 janvier 1879. Droits d'entrée étendus de Saint-Louis au Saloum inclus en remplacement des droits de sortie. — Toutefois, dès 1879, on avait eu le temps d'apprécier la justesse d'une observation émise par le ministre de 1864 qui n'avait « pas pensé qu'il fût possible d'établir sur un même ter-« ritoire deux régimes de douane différents, c'est-à-dire un droit « à l'entrée à Saint-Louis et un droit à la sortie à Rufisque. » En effet, rien de plus favorable à la fraude des deux droits. Il suffit d'importer par la zone soumise au tarif de sortie et d'exporter par l'autre, car on ne peut établir de barrière entre les deux! Aussi le 20 janvier un décret, promulgué par un arrêté du 6 mars suivant, étend-il jusqu'au Saloum inclus, en remplacement du droit de sortie, les droits d'entrée perçus à Saint-Louis. Ces droits, dénommés pour la première fois : droits d'importations, avaient été, de 4 o/o, portés, par le décret du 20 juin 1872, à 15 o/o pour les armes et munitions de guerre, à 10 o/o pour les tabacs en feuilles et à 5 o/o pour les autres marchandises, tarif encore en vigueur.

Droit de sortie de la Casamance à la Mellacorée. — Le droit de sortie est conservé, et peut l'être sans inconvénient pour la Casamance, la Gambie anglaise interposée fournissant la barrière nécessaire entre la région à tarif d'entrée et la région à tarif de sortie.

Droits sur valeur de facture ou de mercuriale. — Enfin, le vœu n° 10 a reçu pleine satisfaction par l'arrêté du 29 juin 1865, qui établit le calcul des droits sur la valeur de facture majorée de 30 o/o. Ce taux de majoration a été abaissé à 25 o/o, par le décret actuellement en vigueur du 2 décembre 1890.

Mais à mesure que la colonie se développe, le besoin de ressources budgétaires nouvelles se fait sentir, et c'est naturellement au commerce qu'on les demande.

Octrois municipaux. — Les villes de Gorée, Dakar et Saint-Louis se donnent un octroi, la première le 30 novembre 1874 et la seconde le 19 décembre de la même année, à valoir au 1ᵉʳ janvier suivant. Ces octrois plusieurs fois remaniés existent encore sans grand changement.

Taxe de consommation. — Une taxe de consommation — cela pouvait-il manquer ? — est instituée le 28 janvier 1877 ; bornée à la ville de Rufisque, elle fut étendue le 13 avril suivant à toute la côte, de Bel-Air à Kaolack et, le 23 mars 1889, à tout le Sénégal.

Premier droit différentiel. — La même année signale l'apparition du premier droit différentiel, c'est-à-dire de douane proprement dit, et c'est à propos de la Guinée, cette âme du commerce sénégalais.

Un décret du 19 juillet 1877 frappe d'un droit de 0 fr. 04 par mètre courant les guinées de toute provenance, France et Inde française comprises, et ajoute que les guinées non françaises paieront 0 fr. 04 en plus, ces 0 fr. 04 constituent le premier droit de douane perçu au Sénégal.

Un décret du 14 juin 1881 abaissera le droit d'importation sur les guinées de toute provenance, de France et des colonies françaises comprises, à 0 fr. 025 par mètre, mais maintient le droit de douane de 0 fr. 04 pour les guinées étrangères. Ce droit est aujourd'hui de 0 fr. 06 par mètre.

Entrepôt étendu à Dakar, Rufisque. Colis postaux. Chemin de fer. — Les années 1880, 1881, 1882 sont fécondes pour le commerce sénégalais. La première voit l'institution de la faculté d'entrepôt à Dakar et à Rufisque, la seconde, grâce au décret du 30 juillet 1881, voit le Sénégal entrer dans l'Union générale des postes, et bénéficier du régime des colis postaux. La troisième voit, par la loi du 29 juin 1882, autoriser l'établissement de la ligne de chemin de fer Dakar-Saint-Louis.

Le service des colis postaux a pris une grande extension et, grâce au dévouement de notre administration des postes et à sa bonne organisation, rayonne, moyennant des surtaxes très raisonnables, jusque vers les points les plus reculés du Sénégal et du Soudan.

Evolution douanière. — Encore une étape à franchir; le Sénégal jusqu'ici presque libre échangiste, sans droits différentiels, en tous cas, sauf sur la Guinée, va subir l'évolution commune, mais par patriotisme uniquement, et pour aider, comme il l'a fait déjà dans le même esprit pour ladite Guinée, la mère-patrie à lutter contre l'importation étrangère et à conserver son marché ; il deviendra dans toute la mesure à lui permise protectionniste.

Dès le 4 novembre 1887, le ministre avise le gouvernement local qu'il met à sa charge certaines dépenses jusqu'alors supportées par la métropole, d'où nécessité de créer de nouvelles ressources, et il propose dans ce but le relèvement des droits de sortie; il ajoute que « le moment lui paraît venu d'instituer au « Sénégal, comme cela a été fait déjà dans la plupart de nos co- « lonies, des droits protecteurs de l'industrie française ». Le ministre propose deux solutions : ou garder le tarif actuel d'importation et lui superposer un tarif de douane ne touchant que la production étrangère, ou bien faire un tarif unique plus élevé et dégrever les produits nationaux de 40 à 50 o/o.

C'est la première solution qui fut adoptée. Un décret du 12 octobre 1888, rendu en suite des délibérations de l'assemblée locale, en date des 25 et 26 juin précédent, élève de 5 à 7 o/o, la taxe de sortie perçue de l'embouchure du Saloum à la Mellacorée.

Régime actuel. — Un autre décret, 23 mars 1889, visant les mêmes délibérations de l'assemblée, frappe, jusqu'au 31 décembre suivant, d'un droit d'entrée supplémentaire de 2 o/o les marchandises de toute provenance importées de l'embouchure du Saloum à la frontière nord de la colonie déjà tarifées à 5 o/o. Il ajoute sur les liquides divers droits spécifiques qui deviendront notre taxe de consommation actuelle. Prorogé jusqu'au 30 décembre 1890 par un décret du 25 décembre 1889, il fut définitivement remplacé, le 2 décembre 1890, par un dernier décret qui est encore la base du régime actuellement suivi au Sénégal, savoir :

Casamance : taxe de sortie sur tous les produits du cru ; pas de droit d'entrée.

Sénégal proprement dit : droit d'importation sur les marchandises de toute provenance ; droit de douane sur les marchandises étrangères.

Gommes traitées au-dessous de Bakel : droit de sortie de 1 fr. 50 par 100 kilos, représentatif de feue coûtume.

Taxe de consommation sur les tabacs et les liquides.

On trouvera les tarifs ci-après.

Le régime de l'entrepôt *fictif*, qui était un peu trop fidèle à son nom, avait été régularisé peu de temps avant la dépêche ministérielle citée plus haut, soit le 11 juillet, et entouré de quelques garanties qui lui manquaient.

Coup d'œil rétrospectif.

Comparaison. — Voyons maintenant quelle évolution a suivi le commerce parallèlement à la législation locale, puis donnons par quelques chiffres une idée de son état de prospérité actuelle comparativement au passé.

Ce qui était. — D'abord, aux temps que j'ai qualifiés de primitifs, durant la période transitoire de la traite, grande et petite, du voyage annuel à Galam, sous la protection de la flottille armée, l'emport des espèces métalliques dans le fleuve était sévèrement défendu et sévèrement réprimé. Les marchandises de traite étaient seules admises avec les cauris (coris) dans les chargements des navires.

Le troc en nature était la règle, l'achat en numéraire était l'exception, une contrebande d'ailleurs. Les produits du pays, gomme, or, ivoire, une fois achetés, ou plutôt troqués, traités, ne pouvaient être recédés ni servir à d'autres échanges, quelque profitables qu'ils s'offrissent. Ils étaient immédiatement inscrits, pris en compte et devaient obligatoirement arriver à Saint-Louis, où la commission syndicale des traitants d'une part, le service de la douane de l'autre, les repesaient, les réinscrivaient et les reprenaient en compte. Les petits traitants, marigotiers et colporteurs, hors le mil, les plumes, les peaux et autres marchandises inférieures, n'avaient le droit d'acheter directement ni des Maures ni des indigènes, mais seulement des grands traitants et c'était alors toute une histoire, pis que pour un transfert de titre nominatif!

Tout ce que le commerce sénégalais traitait et produisait devait obligatoirement être expédié en France. Toutes les marchandises qui lui étaient nécessaires pour la consommation locale comme pour la traite, devaient non moins obligatoirement venir de France; exception faite pour quelques articles de production extra-européenne, exception qui comportait elle-même une exception, les guinées et le sucre.

Ce qui est. — Aujourd'hui, l'achat en numéraire est la règle. Le troc en nature est l'exception, sans être devenu contrebande toutefois.

Aujourd'hui, depuis le tournant de 1863, grâce au régime actuel, lequel n'est que le développement normal des principes inaugurés par le décret du 24 décembre 1864, la traite de tous les produits du pays, fussent-ils la gomme, l'or et l'ivoire, est accessible librement à chacun, où, quand et comme il lui plaît.

Le commerce sénégalais expédie ses produits librement où il trouve à les vendre le plus avantageusement, et de même il s'approvisionne où il trouve ce qui convient le mieux à son genre d'affaires et aux meilleures conditions.

Vœu de 1791 seulement accompli. — De ce jour-là, et de ce jour-là seulement, cette affirmation du décret-loi de 1791 : « Le commerce du Sénégal est libre pour tous les Français », par laquelle s'ouvre ce travail, est entrée enfin dans le domaine de la réalité.

Au produit aléatoire, qui fut pendant des siècles la raison d'être du Sénégal, la gomme, produit non de culture mais de cueillette, dont l'arrivée sur nos marchés est à la merci soit des événements climatériques, vent d'est trop hâtif ou trop tardif, pluies intempestives, etc..., soit des événements humains, guerres, troubles, pillages ou razzias réciproques, choses encore fréquentes chez les peuples mi-sauvages qui récoltent, ou plutôt font récolter la gomme par leurs esclaves, s'est, non substitué, mais ajouté un produit plus sûr, un produit de culture, l'arachide.

Nous avons vu vers 1848 les débuts modestes de cette plante qui, du Kayor, passa dans le pays de Galam et couvre aujourd'hui tout le Sénégal ; le développement de l'arachide rendit désirable et possible la création du chemin de fer et celui-ci, à son tour, centupla la production de la précieuse graine en lui assurant, dans tout le Kayor, un sûr et rapide débouché vers les ports : Saint-Louis, Rufisque, Dakar.

Rôle de l'arachide. — On peut dire aujourd'hui que l'arachide est le régulateur du commerce sénégalais dans sa maturité, comme le fut la gomme aux temps héroïques de sa jeunesse. C'est là une situation précaire pour le pays, car la monoculture est un danger. L'arachide est au Sénégal ce que fut la canne aux Antilles; instrument de prospérité tant qu'elle fut un monopole, celle-ci ne fut plus qu'une inutilité lorsque la betterave fut née en Europe. Les Antilles se relèvent lentement aujourd'hui, par les cultures longtemps dites secondaires.

Sénégal.

Au Sénégal, le danger gît dans l'avilissement progressif du prix de la graine. De 40 francs et plus, vers ses débuts, elle passe successivement par 20 fr. en 1892, 17 fr. 50 en 1893, 15 fr. en 1894 et 1895, 12 fr. 50 en 1896 et 15 fr. en 1897, en 1898 et en 1899, cours de Rufisque, ville qui est la métropole de l'arachide, car elle centralise les récoltes du Baol, du Kayor, du Djolof et d'une grande partie des pays sérères.

Un avilissement par trop grand dans les prix, venant soit d'une surproduction relativement à la demande, soit de taxes prohibitives ou même seulement gênantes en Europe, soit de la découverte d'un succédané quelconque — la graine de coton constitue, avec son bas prix, un danger réel à cet égard — dégoûterait bientôt l'indigène de cette culture. Ce serait la ruine de tout ce qui est au Sénégal européen ou européanisé.

En effet, la gomme suffisait à un Sénégal réduit à l'île de Saint-Louis, qui a 1500 à 2000 mètres de long sur 300 de large ! mais elle ne suffirait plus à un Sénégal aussi vaste que le nôtre aujourd'hui. D'ailleurs elle ne fut pas et ne fut jamais un objet de commerce de même nature que l'arachide. Les Maures qui nous la vendent arrivent au fleuve, ne viennent pas jusqu'à Saint-Louis. Les traitants l'achètent en guinées ou en pièces de 5 francs fort appréciées et la rapportent.

Traite actuelle. Escales extérieures. — Il n'en va pas de même de la traite des autres produits, vendus par les noirs, de l'arachide notamment.

Les indigènes noirs, à dos de bœufs à bosse, ou à tête de porteurs, ou sur de primitives charrettes, amènent leurs produits à l'escale, cela s'appelle toujours ainsi. Soit qu'il s'agisse de Zighinchor, futur Rufisque de la Casamance, de Carabane, de Kaolack, de Foundiougne, tous ports en rivière, de Portudal, de Joal, de Nianing, de M'Bour, de Rufisque, de Dakar, qui sont des ports de mer, de Pout, de Thiès, de Tivaouane, de Gaye Mékhé, de Kelle, de N'Dande, de Louga, de M'Pal, ou de Saint-Louis qui sont des gares de chemin de fer, c'est toujours l' « escale » de traite.

Donc voilà le noir arrivé à l'escale, puisque escale il y a ; si sa récolte n'est pas d'avance retenue par telle ou telle maison avec laquelle il est en compte, il est, comme le Maure, son confrère pour la gomme, assailli par les maîtres de langue, aujourd'hui courtiers marrons, qui se l'arrachent, se le disputent. Le plus habile, au moyen de petits cadeaux et de belles paroles, le circonvient et l'amène à ses patrons. Ceux-ci pèsent, achètent et paient. Mais, le maître de langue aidant souvent, l'indigène passe à la « boutique de vente » de l'acheteur lui-même (à moins qu'un autre aux aguets ne le lui enlève) ; il y laisse généralement, pour s'approvisionner selon ses besoins, et, si l'année est fructueuse, se payer les fantaisies les plus inattendues, une bonne partie de l'argent touché au comptoir. On dit l'argent, car aujourd'hui les échanges en nature sont restreints aux escales tout à fait retirées et lointaines et à la traite avec les Maures pour qui la guinée est un article indispensable, vu qu'elle fait tous les frais de leur costume. Les noirs préfèrent la pièce de cent sous un peu vieille. Ils se méfient des pièces neuves.

Dans les villes. — Dans les villes les choses se passent un peu différemment. Le maître de langue qui les a racolés et qui n'est plus qu'une sorte de courtier marron, interprète et guide, devient, après la vente de leurs denrées, leur cicérone et les promène de boutique en boutique. Ce n'est généralement qu'après en avoir vu un grand nombre qu'ils se décident enfin pour une et, au lieu de la traverser silencieusement, s'accoudent au comptoir et se mettent en devoir de faire leurs achats. Et ce sont des acheteurs sérieux ! Le temps n'est plus, s'il a jamais été, où on leur pouvait vendre un bouchon de champagne, comme l'auteur l'a lu quelque part, avec sa capsule d'étain pour son poids d'or natif! Il n'y a pas de paysan retors, même en Normandie, qui pût leur en remontrer pour l'astuce et la ténacité!

Et tout cela roule sur des sommes considérables, car la vie commerciale est intense. Janvier à août, la traite de la gomme dans le fleuve et sa vente à Saint-Louis; novembre à mai, traite des arachides dans les escales et charroi aux points d'embarquement. Les gares de chemin de fer sont alors encombrées d'arachides en sac filant du centre aux extrémités de la ligne, qui sur Saint-Louis, qui sur Rufisque. Cette dernière ville est alors encombrée d'arachides empilées en plein air, en tas immenses, dit ici Sekos, grands et hauts comme des cathédrales, avec une cabine de guetteur au sommet pour chasser les oiseaux voraces. C'est alors une vie de fourmilière qui secoue pour un instant l'apathie africaine. Les grands vaisseaux arrivent, dégorgent leurs chargements variés, s'emplissent et repartent; peu à peu les sekos s'affaissent, puis disparaissent et tout retombe dans le calme; la torpeur de l'hivernage s'étend pour 4 ou 5 mois sur la colonie somnolente.

A Saint-Louis, l'écoulement des gommes et des arachides se fait partie par mer, partie par chemin de fer.

Caoutchouc. — Après la gomme et l'arachide, il faut nommer comme principal article d'exportation, le caoutchouc, un nouveau venu, mais qui sera, je crois, la ressource de notre avenir.

En effet, il ne paraît pas que la production de la gomme puisse être accrue; c'est d'ailleurs un produit adventif, de hasard et dont la production ne dépend pas de nous. L'arachide pourra se maintenir quelque temps, mais ne pourra pas vaincre sur les marchés d'Europe les graines à bon marché, la graine de coton notamment, qui, étant un déchet, un surproduit, se présente forcément à bas prix. Le Sénégal produisant lui-même le coton avilira encore le prix de cette graine inférieure. Et pourtant c'est dommage, car l'huile d'arachides est une des meilleures qui soient, nous ne disons pas la meilleure pour ne pas humilier l'olive, mais pourtant...

Le caoutchouc a, au contraire, l'avenir pour lui. Bien des années et des années s'écouleront avant que l'offre soit approximativement égale à la demande. Or le Sénégal produit une liane appelée Tol par les indigènes (un Landolphia), liane très répandue du Kayor à la Casamance et produisant un caoutchouc d'excellente qualité. Les indigènes l'extraient et le préparent de différentes manières, d'où provient la diversité des sortes qu'exporte la Casamance ; l'on pourra juger, par les échantillons exposés, qu'il y en a de qualités très diverses, de tout à fait supérieures et..... le contraire! Ils ne sont pas fumés comme ceux du Para, mais à cela près !

Mais à ces caoutchoucs naturels, qui ne seraient jamais qu'un produit analogue à la gomme, je veux dire de cueillette, et non de culture, soumis à tous les caprices de l'imprévu, s'ajouteront, dans peu d'années, les caoutchoucs de culture, qui seuls pourront donner à cette branche importante du commerce sénégalais la sécurité nécessaire en lui assurant un rendement régulier, voulu et toujours croissant avec la multiplicité des plantations.

Sous l'intelligente et énergique impulsion de M. le gouverneur général Chaudié, qui a pris à cœur tout ce qui intéresse le développement économique de la colonie confiée à ses soins, de nombreuses plantations de Céara ont été tentées un peu partout. Elles auront le double avantage, une fois développées, le Céara étant un arbre de haute futaie, de donner le produit d'exportation demandé, le caoutchouc, d'améliorer le régime des eaux et d'égaliser la température.

Le Céara semble se plaire admirablement au Sénégal. Il en existe déjà de vastes plantations de 1, 2 et 3 ans. En Casamance le produit a été reconnu bon.

Enfin la liane Toll elle-même ne pourrait-elle être améliorée et son rendement régularisé par une culture intelligente ? Des mesures de protection peuvent aussi être édictées dans l'intérêt des plants spontanés de Landolphias.

Principaux produits d'exportation autres. — A ces trois articles primordiaux, gomme, arachides, caoutchouc, qui forment le fond de l'exportation sénégalaise, il faut ajouter : les oiseaux vivants, les peaux d'oiseaux préparées et les plumes de parure, la cire de Casamance qui débute seulement, l'ivoire brut, les amandes de palme de Casamance, l'or natif, plus des articles de maroquinerie d'origine maure très originaux, des bandes et pagnes tissés dans le pays, et pourvus par un jeu local indigène à la Jacquard, mû par les pieds du tisserand, de dessins parfois très originaux, et d'une réelle valeur, et d'objets de vannerie réellement bien travaillés, tels que paniers de diverses dimensions et de formes variées, d'un tissu très serré, qui servent dans le pays à enserrer les provisions, des chapeaux ou casques de soleil remplissant fort bien leur but, des nattes et une foule de bibelots.

Des gommes, la totalité suit l'ancien courant et se rend à Bordeaux, tout comme du temps du pacte colonial.

Les arachides se partagent entre la France, l'Angleterre, l'Allemagne, la Hollande et la Belgique.

Le caoutchouc, est demandé par la France principalement, et quelque peu par l'Angleterre.

Parmi les articles secondaires, *les oiseaux vivants* vont en France ; ils proviennent généralement du sud de la colonie, des parties non encore déboisées ;

Les peaux d'oiseaux et plumes de parure viennent des mêmes régions et beaucoup aussi du Haut-Fleuve (ex-Soudan). Destination, la France en presque totalité.

Ivoire, vient du fond de l'Afrique par le Soudan; les expéditions sont d'ailleurs exceptionnelles, le Sénégal n'étant plus compris dans le parcours de l'éléphant et l'ivoire mort de l'île à Morfi, ancien cimetière d'éléphants, étant dès longtemps épuisé. Serait avantageusement suppléé, pour les objets de petit volume, par les défenses de sanglier, qui sont énormes, jusqu'à 30 cm. de développement et une partie pleine de moitié environ.

Amandes de palme. — Exportation de Casamance. Dirigée sur la France et l'Angleterre. Cette dernière, en échange, nous renvoie l'huile de palme dont les indigènes font une grande consommation pour leur cuisine et leur toilette capillaire.

Or de Galam. — Provient de l'intérieur, du Bambouk et de tout le bassin de la Falémé. Cet or est très disséminé, comme à Madagascar, et l'auteur pense que le seul moyen de l'obtenir fructueusement est de se borner aux moyens d'exploitation les plus primitifs et les moins coûteux, qui sont ceux des indigènes. Destination, la France. Le service des douanes estime que la production réelle est le triple environ du chiffre des statistiques. Le reste échappe par le moyen des colis-postaux et dans les bagages des rentrants.

Les autres articles énumérés plus haut n'ont point encore de courant établi; ce sont des exportations accidentelles, mais plusieurs mériteraient de prendre rang comme articles d'exportation; peut-être l'exposition de 1900 amènera-t-elle pour eux cet heureux résultat.

Ci-après (pages 338-348) : 1° Un tableau des exportations de gomme de 1889 à 1899, avec, par une heureuse chance, une colonne comparative des mêmes exportations de la période correspondante, un siècle avant extraite du livre de Labarthe, Dentu, 1802.

2° Un tableau des exportations d'arachides de 1889 à 1899 inclus, avec destinations ;

3° Un tableau des exportations de caoutchoucs de 1889 à 1899.

4° Un tableau de l'exportation des principales marchandises sénégalaises pendant la même période.

Importation.

Mais nous ne nous sommes occupés jusqu'ici que du commerce d'exportation. Passons à la contre-partie, et voyons les articles et les chiffres d'importation.

Articles d'importation. — Nous commencerons l'énumération des principaux articles d'importation par ceux qui sont destinés à la traite, c'est-à-dire à la consommation indigène, nous indiquerons ensuite ceux qui sont à l'usage des Européens et Européennes.

Articles destinés à l'indigène. — Articles de traite proprement dits :

Farineux alimentaires, savoir, *farine de froment, biscuit de mer* et *riz* — les autres articles du chapitre ne figurent que pour mémoire.

L'indigène est amateur de pain, mais comme friandise ; il consomme beaucoup de biscuit, détrempé avec de l'eau et un peu de sucre ; il se sert du riz comme succédané du mil lorsque celui-ci a été dévasté par les criquets, ce qui arrive parfois. Le fond de sa nourriture est une bouillie de mil concassé, fort relevée et assaisonnée de lalo, qui est la feuille du baobab (une malvacée émolliente) finement pulvérisée. C'est un mets analogue au couscous d'Algérie, dont on lui a donné le nom, mais que les indigènes appellent tjéré, tjogom, susal ou dang, selon la façon dont il est préparé.

Les farines viennent de France et les *biscuits* de même, sauf une très légère fraction. *Les riz* viennent de France pour les 2/3 et de l'Allemagne pour le reste (1898).

Noix de kola. — La noix de kola consommée au Sénégal est originaire des colonies anglaises de la côte. Il y aurait un intérêt primordial pour la Guinée française, qui la produit en abondance et de bonne qualité, à trouver un moyen de se substituer à Sierra-Léone, car la consommation de la noix de kola (guru, pr. gourou), on peut le voir par le tableau ci-joint p. 350, est considérable au Sénégal. C'est un mode de tarification à trouver. On le cherche.

Sucres. — Le sucre est très prisé de l'indigène, mais il a ses habitudes auxquelles il faut obéir. Les Noirs achètent volontiers le sucre scié, en boîtes. Les Maures préfèrent les pains de moyen et petit volume. Souvenir du temps de la traite. Ces gens sont très traditionnels. Viennent de France, sauf quantités minimes encore.

Tabacs en feuilles. — Article d'échange très demandé. La « tête de tabac » ou manoque a une valeur monétaire, et comme monnaie de compte et comme monnaie d'échange.

Fourni presque exclusivement par les Etats-Unis d'Amérique. Quelque peu par les colonies anglaises.

Huile de palme. — V. supra amandes, p. 327. Les 4/5 nous viennent des colonies françaises et de la côte, l'autre cinquième d'Angleterre.

Alcool à dédoubler pour faire de l'eau-de-vie de traite (Sangara, Alougou).

Voici le principal article de traite. Il pourrait enrichir les régions distillatrices de la France. Des essais faits en ces dernières années ont failli réussir. Le produit plaisait, l'écart de prix, grâce à l'énorme protection dont jouit au Sénégal l'alcool français, n'était pas trop grand avec les prix allemands ; mais tout manqua par suite de l'infériorité de la futaille. Les fûts arrivaient avec un premier déchet de route ; ici, pour peu qu'ils ne fussent pas rentrés immédiatement ou qu'un vent d'est se déclarât (pendant le vent d'est l'hygromètre marque zéro, tout se grippe, se gondole, craque et saute) les fissures devenaient fentes et l'alcool s'évaporait rapidement, comme on peut penser, ce qui relevait sensiblement le prix de revient. La futaille allemande, très épaisse, est, au contraire, irréprochable et pour ainsi dire indestructible. Les intermédiaires qui avaient par patriotisme consenti à rogner leurs gains en se servant en France, mais qui ne voulaient pourtant pas aller jusqu'à la perte, n'y revinrent pas et retournèrent à leurs premiers fournisseurs, id est, à Hambourg, qui livre rendu à Dakar moins cher que nos distilleries devant la porte de l'usine. D'où il résulte qu'un mouvement qui s'annonçait si bien se ralentit subitement. Voir les chiffres.

Les deux fournisseurs sont l'Allemagne et la France.

Métaux, fer et cuivre, en barres principalement, et aussi en verges au gros fil.

La barre de fer plat, de 4 pattes, dont chacune a 9 pouces de long, et qui, dans l'ancienne traite, sous le régime des lettres patentes, servait d'unité de compte, a été longtemps un article d'échange valant monnaie. Sa valeur a souvent varié, du simple au double.

La barre d'aujourd'hui, d'une coudée, est la patte de ce temps-là. Elle sert encore parfois de monnaie, mais elle est surtout appréciée par les forgerons, fort adroits, du pays. La France est, à peu de chose près, l'unique fournisseur.

Verroteries. — Il s'agit de perles de toutes formes et de toutes grandeurs que l'on verra dans les vitrines. Les négresses, fort coquettes, en tirent un très grand parti sous forme de colliers à plusieurs rangs et d'ornements de tête, dont certains sont fort jolis.

La fourniture se partage entre la France et l'Allemagne, mais la première l'emporte de beaucoup.

Fils de lin et de coton, le second surtout, simple et retors pour tissage; laine exceptionnellement.

Les indigènes emploient ces fils pour le tissage, concurremment avec ceux qu'ils filent et teignent eux-mêmes. Ils recherchent surtout les fils retors qu'ils ne savent pas faire.

La fourniture est faite en majeure partie par la France, mais elle trouve dans l'Angleterre un concurrent sérieux.

Guinées. — Monnaie de compte et monnaie d'échange dans tout le Sénégal et jusqu'au Soudan, partout où il y a des Berbères nomades; ceux-ci ne se servent pas d'autres tissus pour se vêtir. Ils en font une consommation énorme, et comme vêtement et comme monnaie accumulée. C'est un article de première importance. Les sacrifices faits pour s'emparer de son marché seront largement compensés pour qui y réussira.

La France, grâce à l'Inde française dont la marque est toujours recherchée de l'indigène, tient la tête avec 777,000 pièces environ sur 1.000.000 dépensés au Sénégal en 1900. La différence est fournie par l'Angleterre, la Hollande et même la Belgique.

Tissus autres de coton. — L'indigène voudrait bien se vêtir de soie et de laine, mais ses moyens ne le lui permettent pas. Il se rabat alors sur le coton et en fait une énorme consommation.

Selon les races, certains affectionnent les teintes unies, d'autres les tissus à dessins. Les uns les veulent foncés, d'autres clairs; d'aucuns n'admettent que le blanc pur, mais tous obéissent à un sens esthétique particulier, qui, pour n'être quelquefois pas d'accord avec le nôtre, n'en est pas moins respectable. Du reste, nous autres, qui vivons au milieu d'eux, sommes souvent obligés de reconnaître que leur goût est adéquat à leur type et de leur donner raison dans leurs choix.

On ne s'étendra pas davantage sur ce sujet. Le lecteur trouvera dans les vitrines un choix de tous les tissus, guinées et autres, et de tous les dessins et nuances acceptés. Une notice très bien faite par un négociant très compétent accompagne cet envoi. Ceux qui voudraient faire des affaires fructueuses au Sénégal feront bien de suivre ses conseils, même en ce qui regarde le mode d'emballage et de parure de la marchandise.

Si nos dessinateurs veulent créer, qu'ils restent *dans le style*, surtout! — Ici, après avoir été la maîtresse incontestée du Marché, la France s'est laissé distancer, puis évincer, pour avoir méconnu les principes rappelés plus haut et pour avoir voulu imposer ses goûts à des gens qui n'en avaient que faire, en ayant d'autres, bien à eux!

Après avoir imposé son nom à une étoffe qui le porte encore, (mais ne vient plus de Rouen), Rouen est aussi inconnu au Sénégal que Pékin et pour cette seule raison! sur 2.000.000 kilos environ de tissus divers importés en 1900, la France figure seulement pour un peu moins de 400.000 kilos. L'Angleterre en fournit 1.500.000 kilos et le reste se partage entre l'Allemagne et quelques autres pays secondaires.

Ouvrages en fonte et fer. — Ce sont principalement des réchauds à pieds, de la poterie en fonte, des récipients en fer battu et en fer blanc, de la casserie et de la clouterie, plus des outils aratoires.

La terre cuite indigène disparaît peu à peu devant la marmite en fonte et la casserie de métal, comme le système des trois pierres, l'ouvert au vent, devant la grille sur pieds.

Sur ce chapitre la France garde ses avantages. Sur 4.700.000 k. environ, elle en fournit 4.500.000.

Armes de traite. — Fusils à pierre et à piston recherchés des indigènes, principalement pour la chasse aux oiseaux qui alimente l'exportation.

La France en fournit les 2/3.

Poudre de traite. — Même usage que ci-dessus. Dans le sud, elle sert bien encore un peu aux Noirs pour se massacrer mutuellement, mais cela devient de plus en plus l'exception.

Sur 250.000 kilos introduits, la France en a fourni 212.000 (1899).

Corail taillé, ambre ouvré. — Autrefois de première importance comme articles de traite et d'échange, ils sont tombés à rien ! La « mode » n'y est plus. Peut-être aussi que l'argent manque un peu, car ce sont des articles chers.

Articles destinés à l'Européen. — Les articles importés à l'usage des Européens roulent naturellement sur des chiffres beaucoup moins importants, et même parfois absolument dérisoires.

Les principaux sont :

Les produits alimentaires de toute nature, en boîte, ou non, qui viennent, sauf certaines SPÉCIALITÉS américaines ou anglaises, exclusivement de France ;

Les sucreries et *bonbonneries* de toute nature, de France également ;

Les huiles comestibles d'olive et autres, ainsi que l'huile de lin, viennent en majeure partie de France, mais elles sont écrasées par *l'huile de coton* dont l'Angleterre et l'Amérique nous envoient 1.200.000 kilogs ! (1898).

Les vins et *les eaux-de-vie de table* viennent intégralement de France, sauf quelques hectolitres de vin tirés d'Espagne.

Les matériaux nous sont fournis par la France, presque uniquement, par contre *la houille* nous vient presque intégralement d'Angleterre et *le pétrole* des Etats-Unis.

La poterie nous vient presque toute de France, *la verrerie* par moitié de France et de l'étranger, mais les totaux sont peu élevés.

Les tissus de soie, laine et vêtements confectionnés, qui sont à l'usage exclusif des Européens, viennent pour les 2/3 de France ; ce qui, sur l'ensemble des tissus importés (ceux pour l'indigène compris) met la France à 4 millions et demi sur 11 et demi (1898).

Machines et mécaniques. — 1.000.000 de kilos à peu près, venus intégralement de France (1899).

Ouvrages en métaux. — Le chiffre comprend des charpentes en fer pour construction, d'origine française.

Ouvrages en bois. — Viennent en presque totalité de France. Comprennent des maisons démontées.

Enfin, le chapitre *des objets en matières diverses* a donné à l'importation française 400.000 fr. sur 551.000 en 1898.

En résumé, de cet aperçu rapide il ressort que, sauf en ce qui concerne les alcools de traite et les tissus (guinées exceptées), la métropole tient sur le marché sénégalais la place qui convient. Nous avons indiqué franchement les causes de son infériorité sur ces points. Le seul moyen pour elle d'obvier à l'infériorité signalée est de s'attacher à en faire disparaître les causes. Les tarifs n'y feront rien. Modérés ? L'étranger prendra tout ou partie du droit à sa charge et fera affaire quand même. Draconiens ? L'étranger fera la contrebande et le commerce sénégalais honnête sera ruiné ou devra s'aller poster de l'autre côté de la frontière. Il n'y a pas de milieu. Et nunc erudimini.

Nous avons parlé jusqu'à présent *du commerce*, être de raison, d'une façon abstraite. Voyons-le d'un peu plus près. Ce commerce, être composite et multiple, qui a fait le Sénégal ce qu'il est, se borne à une demi-douzaine de fortes maisons; inutile de les nommer, leur nom est dans toutes les bouches, assises sur des capitaux accumulés qui leur permettent de braver les événements et de se retrouver toujours debout après la « tornade ». Celles qui n'avaient pas cette solidité ont disparu.

Ces maisons sont à la fois importatrices, exportatrices, marchandes en gros, en demi-gros et en détail. Elles ont des agences dans les principaux centres commerciaux non seulement du Sénégal, mais encore de toute l'Afrique. Sauf une qui a son siège à Marseille, leur centre est Bordeaux. Elles sont aussi armateurs, car elles possèdent des navires qui leur amènent non seulement leurs propres marchandises, mais encore celles de leurs clients du moyen et du petit commerce.

En effet, à l'ombre de ces gros arbres, un nombre respectable de commerçants de moindre envergure trouve encore à vivre. Ils s'approvisionnent partie en France, par les steamers des grosses maisons, partie sur place, dans les magasins de gros ou de demi-gros des dites maisons.

Les uns et les autres ont des magasins de détail, que l'on appelle boutiques ou opérations, non seulement dans les villes, mais un peu partout, dans le fleuve, dans les escales (stations) de la ligne, dans les petits ports du littoral, dans les villes naissantes de l'intérieur, Zighinchor et Sédhiou, en Casamance, Foundiougne, Kaolack, dans le Saloum; ces boutiques ou opérations sont gérées par un boutiquier ou opérateur.

On appelle plutôt opérations les magasins du dehors. Les opérateurs sont ainsi à la fois vendeurs, toute l'année, et acheteurs, pendant la traite.

Et tous les ans nous assistons à ce phénomène, régulier comme un phénomène de la nature, et qui prouve l'inépuisable richesse du Sénégal et sa vitalité intense :

Vers le mois de janvier l'argent se fait rare, se resserre, à tel point qu'on ne trouve même plus de monnaie pour le marché et que, pour s'en procurer, la banque vous livre gratuitement des traites sur France, contre numéraire argent. Un peu plus elle vous paierait encore! En même temps, les maisons, grosses, moyennes, et petites reçoivent de leurs maisons mères de Bordeaux ou de Marseille ou de leurs commanditaires des sommes considérables en pièces de cinq francs. La traite se prépare.

La traite s'ouvre. Tout cet argent se transforme en gomme, en arachides, en caoutchouc, en ivoire, et en toutes sortes de denrées secondaires de traite. Il file donc aux mains de l'indigène, mais n'y séjourne pas longtemps! Aux mains de l'indigène l'argent se transforme encore, mais en étoffes, en outils, en barres de fer, en poêlerie, casserie, en colifichets pour ses femmes, car l'indigène est un fervent de la polygamie, en armes, en poudre, en plomb pour la chasse, etc., et retourne ainsi à la boutique pour la majeure partie et de là dans les tonnelets qui l'ont amené.

Cela dure six mois environ et les tonnelets, de nouveau remplis, s'en retournent avec les gommes, arachides, ivoire, peaux d'oiseaux, caoutchouc et autres articles que leur contenu a payés.

Et c'est toujours à recommencer, et tous les ans le même cycle s'accomplit. C'est comme l'eau tombée du ciel qui, après avoir fécondé la terre, y retourne en vapeur, pour retomber de nouveau, remonter encore et retomber toujours, et toujours faire germer de nouvelles moissons.

Ci-joint un état des principales marchandises de traite importées de 1889 à 1899, avec leur pays d'origine (5e tableau) pages 350 à 364, et un état du chiffre total des importations et des exportations durant la même période.

Mais nous voici au terme de la tâche que nous nous sommes assignée : montrer le commerce sénégalais dans le passé et dans le présent, donner surtout une idée des difficultés qu'il eut à surmonter ainsi que de la ténacité qu'il a mise à le faire.

Puissé-je avoir réussi à faire mieux connaître une colonie méritante, pleine de vitalité, et avoir contribué à la faire apprécier comme elle le mérite, car il me semble pouvoir avancer qu'elle a été jusqu'ici tant soit peu méconnue. Elle n'a pas les appas attrayants de ses sœurs fleuries d'Amérique et du Pacifique, mais n'en est-elle pas un peu plus sérieuse?

MAINE,
Inspecteur en Chef du Service des Douanes.

TABLEAU COMPARATIF DES GOMMES

PENDANT LES ANNÉES 89 à 98

ANNÉES	DESTINATION :							
	FRANCE		ANGLETERRE		HOLLANDE		AUTRES PAYS	
	POIDS	VALEURS	POIDS	VALEURS	POIDS	VALEURS	POIDS	VALEURS
1889	2.730.323	4.689.384	»	»	»	»	28.636	82.968
1890	2.901.765	3.310.631	»	»	»	»	4.872	5.646
1891	3.652.044	4.253.745	»	»	»	»	1.246	875
1892	3.773.066	3.841.070	»	»	»	»	»	»
1893	3.541.312	2.596.775	»	»	»	»	831	665
1894	3.651.093	2.157.509	»	»	»	»	65.297	36.033
1895	3.979.292	2.328.816	»	»	»	»	»	»
1896	3.641.679	2.979.742	»	»	»	»	»	»
1897	4.928.403	4.721.495	»	»	»	»	»	»
1898	5.144.150	4.228.506	161.267	145.140	114.664	92.381	586	218
1899	4.216.227	3.521.875	»	»	»	»	4.131	3.718

EXPORTÉES DU SÉNÉGAL
des XVIIIe et XIXe siècles

TOTAL DE L'ÉTRANGER		TOTAL GÉNÉRAL		XVIIIe SIÈCLE		OBSERVATIONS
POIDS	VALEURS	POIDS	VALEURS	ANNÉES	POIDS EN LIVRES (1)	
28.636	82.968	2.758.959	4.772.352	1789	1.434.024	QUELQUES CHIFFRES ANTÉRIEURS
4.872	5.646	2.906.637	3.316.277	1790	1.423.400	Nous avons pu nous procurer les chiffres globaux des années suivantes, savoir :
1.246	875	3.653.290	4.254.620	1791	1.409.683	
»	»	3.773.066	3.841.070	1792	»	EXPORTATION DE LA GOMME
831	665	3.542.143	2.597.440	1793	229.333	1828 — 1.491.809 k.
65.297	36.033	3.716.390	2.193.542	1794	946.666	1830 — 2.044.578
						1835 — 1.464.878
»	»	3.979.292	2.328.816	1795	916.000	1840 — 3.100.377
						1845 — 3.656.495
»	»	3.641.679	2.979.742	1796	742.666	1850 — 1.319.107
»	»	4.928.403	4.721.495	1797	1.144.984	1851 — 1.848.484
						1852 — 1.810.686
276.517	237.739	5.420.667	4.466.245	1798	1.478.614	1853 — 3.718.154
						1854 — 2.529.700
4.131	3.718	4.220.358	3.525.593	»	»	(1) La gomme valait alors 60 à 75 centimes la livre (1802).

EXPORTATION DES ARACHIDES

DE 1889

ANNÉES	DESTINATION							
	FRANCE		ANGLETERRE		ALLEMAGNE		HOLLANDE	
	kilog.	fr.	kilog.	fr.	kilog.	fr.	kilog.	fr.
1889	28.475.165	6.701.716	»	»	»	»	»	»
1890	22.431.525	4.477.661	»	»	»	»	»	»
1891	19.820.218	4.148.672	»	»	»	»	»	»
1892	31.673.957	7.884.971	»	»	»	»	»	»
1893	43.318.100	8.526.140	»	»	»	»	»	»
1894	49.762.041	8.565.861	358.880	63.488	»	»	3.373.250	607.724
1895	34.366.747	4.990.007	143.323	20.178	3.579.574	547.132	»	»
1896	45.304.358	6.429.691	244.865	22.569	6.021.527	903.229	1.182.500	170.040
1897	41.329.498	5.817.670	»	»	6.137.044	920.562	7.450.957	1.117.644
1898	73.348.163	10.326.005	930.884	139.632	4.966.952	745.073	9.184.191	1.377.628
1899	66.168.910	9.227.937	150.683	15.069	4.973.710	746.056	10.532.625	1.579.894

(1) Le Danemarck a exporté en 1899 300.000 ks. d'arachides pour une valeur de 37.500 fr.

EXPORTÉES DU SÉNÉGAL
A 1899

BELGIQUE		AUTRES PAYS		TOTAL DE L'ÉTRANGER		TOTAL GÉNÉRAL	
kilog.	fr.	kilog.	fr.	kilog.	fr.	kilog.	fr.
»	»	»	»	3.434.486	856.940	31.906.654	7.558.656
»	»	»	»	4.789.684	948.144	27.224.206	5 425.805
»	»	»	»	6.570.628	1.330.805	26.390.846	5.479.477
»	»	»	»	15.116.416	3.750.973	46.790 373	11.635.944
»	»	»	»	15 984.336	3 162.450	59.302.436	11 688.590
»	»	11.794.386	2.120.505	15 526.516	2.794.717	65.288.557	11.357.578
»	»	13.510.702	2.118.204	17.233.599	2.685.511	51.600.346	7.675.518
»	»	10.803.350	1.620.483	18.251.242	2.716 324	63.555.600	9 146.012
2.804.000	420.600	401.205	60.180	16.793.206	2.518.986	58.122.704	8.336.656
1.831 000	274.650	5.013.814	752.074	22.206.935	3.289.054	95 955.098	13.615.056
740.111	111.000	2.977.572 (1)	439.136	19.374.704	2.894.155	85.543.611	12.419.092

EXPORTATION DES CAOUTCHOUCS DU SÉNÉGAL

DE 1889 A 1899

ANNÉES	DESTINATION								TOTAL de L'ÉTRANGER		TOTAL GÉNÉRAL	
	FRANCE		ANGLETERRE		ALLEMAGNE		AUTRES PAYS					
	kilog.	fr.	kilog.	fr.	kilog.	fr.	kilog.	fr.	kilog.	fr.	kilog.	fr.
1889	137.565	412.695	—	—	—	—	38.452	115.356	38.452	115.356	176.017	528.051
1890	95.003	237.537	—	—	—	—	34.558	86.395	34.558	86.395	129.561	323.932
1891	42.787	120 617	—	—	—	—	18.927	52.239	18.927	52.239	61.714	172.856
1892	32.244	97.272	—	—	—	—	67.114	201.342	67 114	201.342	99 538	298.614
1893	273.880	755.904	—	—	—	—	»	»	»	»	273.880	755.904
1894	340.800	831.134	52.025	121.902	—	—	10.199	30.597	62.224	162.499	403.024	983.633
1895	135.092	472.830	27.528	96.343	—	—	»	»	27.528	96.343	168.782	590.734
1896	122.108	423.878	43.378	152.174	12.348	46.718	419	1.466	56.245	200.358	178.353	624.236
1897	25.604	89.594	38.896	136.136	91.338	319.683	»	»	130.234	455.819	155.831	545.413
1898	150 529	524.271	171.095	600.855	16.607	58.124	2.807	8,599	190.099	667.578	340.628	1.191.849
1899	286.935	1.365 614	173.246	777.341	»	»	17.124	75.489	190.370	852.830	477.305	2.218.444

TABLEAU
DES PRINCIPAUX PRODUITS DU CRU
EXPORTÉS DU SÉNÉGAL DE 1889 A 1900

TABLEAU DES PRINCIPAUX PRODUITS DU CRU

DÉSIGNATION DES PRODUITS	ANNÉES	FRANCE		ANGLETERRE		ALLEMAGNE		BELGIQUE	
		POIDS	VALEURS	POIDS	VALEURS	POIDS	VALEURS	POIDS	VALEURS
Peaux et plumes d'oiseaux	1889	kilog. —	63.530	—	—	—	—	—	—
	1890	—	66.297	—	—	—	—	—	—
	1891	—	113.412	—	—	—	—	—	—
	1892	—	47.123	—	—	—	—	—	—
	1893	—	31.243	—	—	—	—	—	—
	1894	4.779	46.793	—	—	—	—	—	—
	1895	3.588	47.350	200	563	—	—	—	—
	1896	3.286	63.153	9.708	116.449	150	500	—	—
	1897	19.767	202.611	89	2.333	—	—	—	—
	1898	186.698	206.472	957	971	25.517	16.406	—	—
	1899	36.416	122.643	329	4.940	—	—	—	—
Dents d'éléphants	1889	1.023	9.073	—	—	—	—	—	—
	1890	1.941	18.145	—	—	—	—	—	—
	1891	1.060	10.595	—	—	—	—	—	—
	1892	1.807	18.070	—	—	—	—	—	—
	1893	2.178	20.033	—	—	—	—	—	—
	1894	1.057	8.454	145	1.164	—	—	—	—
	1895	1.605	13.347	—	—	—	—	—	—
	1896	1.251	9.990	—	—	—	—	—	—
	1897	1.003	8.021	292	2.336	115	920	—	—
	1898	5.363	42.907	1.115	8.916	—	—	—	—
	1899	4.031	32.248	703	5.624	—	—	—	—
Arachides	1889	28.475.165	6.701.716	—	—	—	—	—	—
	1890	22.431.525	4.477.661	—	—	—	—	—	—
	1891	19.820.218	4.148.672	—	—	—	—	—	—
	1892	31.673.957	7.884.971	—	—	—	—	—	—
	1893	43.318.100	8.526.140	—	—	—	—	—	—
	1894	49.762.041	8.565.861	358.880	63.488	—	—	—	—
	1895	34.366.747	4.990.007	143.323	20.178	3.579.574	547.132	—	—
	1896	45.304.358	6.429.694	244.865	22.569	6.021.527	903.229	—	—
	1897	41.329.498	5.817.670	—	—	6.137.044	920.562	2.804.000	420.600
	1898	73.348.163	10.326.005	930.881	139.632	4.966.952	745.073	1.831.000	274.650
	1899	66.168.910	9.227.937	150.683	15.069	4.973.710	746.056	740.111	111.000

EXPORTÉS DU SÉNÉGAL de 1889 à 1900

HOLLANDE		AUTRES PAYS		TOTAL DE L'ÉTRANGER		TOTAL GÉNÉRAL	
POIDS	VALEURS	POIDS	VALEURS	POIDS	VALEURS	POIDS	VALEURS
—	—	—	585	—	585	—	64.115
—	—	—	—	—	—	—	66.297
—	—	—	—	—	—	—	113.412
—	—	—	—	—	—	—	47.123
—	—	—	350	—	350	—	31.593
—	—	—	—	—	—	4.779	46.793
—	—	—	—	200	563	3.788	47.913
—	—	—	—	9.858	116.949	13.144	180.102
—	—	—	—	89	2.333	19.856	204.944
—	—	—	—	26.474	17.371	213.172	223.843
—	—	—	—	329	4.940	36.745	127.583
—	—	—	—	—	—	1.023	9 073
—	—	—	—	—	—	1.941	18.145
—	—	—	—	—	—	1.060	10.595
—	—	45	446	45	446	1.852	18.516
—	—	—	—	—	—	2.178	20.033
—	—	—	—	145	1.164	1.202	9.618
—	—	58	468	58	468	1.663	13.815
—	—	—	—	—	—	1.251	9.990
—	—	—	—	407	3.256	1.410	11.277
—	—	—	—	1.115	8.946	6.478	51.823
431	3.448	—	—	1.134	9.072	5.465	41.320
—	—	3.431.486	856.940	3.431.486	856.940	31.906.651	7.558.656
—	—	4.789.681	948.144	4.789.681	948.144	27.221.206	5.425.805
—	—	6.570.628	1.330.805	6.570.628	1.330.805	26.390.846	5.479.477
—	—	15.416.416	3.750.973	15.416.416	3.750.973	46.790.373	11.635.944
—	—	15.984.336	3.162.450	15.984.336	3.162.450	59.302.436	11.688.590
3.373.250	607.724	11.794.386	2.120.505	15.526.516	2.791.747	65.288.557	11.357.578
—	—	13.510.702	2.118.201	17.233.599	2.685.511	51.600.346	7.675.518
1.182.500	170.040	10.803.350	1.620.483	18.251.242	2.716.321	63.555.600	9.146.012
7.450.957	1.117.644	401.205	60.180	16.793.206	2.518.986	58.122.704	8.336.656
9.184.191	1.377.628	5.013.811	752.071	22.206.935	3.289.054	95.955.098	13.615.056
10.532.625	1.579.894	2.677.572	404.636	19.374.701	2.891.155	85.543.611	12.119.092

TABLEAU DES PRINCIPAUX PRODUITS DU CRU

DÉSIGNATION DES PRODUITS	ANNÉES	FRANCE		ANGLETERRE		ALLEMAGNE		BELGIQUE	
		POIDS	VALEURS	POIDS	VALEURS	POIDS	VALEURS	POIDS	VALEURS
Amandes de palme	1889	kilog. 1.218.050	146.166	—	—	—	—	—	—
	1890	1.327.132	199.070	—	—	—	—	—	—
	1891	1.020.800	222.402	—	—	—	—	—	—
	1892	781.091	195.272	463.445	115.861	—	—	—	—
	1893	745.139	184.545	—	—	—	—	—	—
	1894	1.221.415	221.322	8.620	1.293	—	—	—	—
	1895	438.939	74.619	49 377	8.394	—	—	—	—
	1896	344.258	58.524	28.836	4.052	—	—	—	—
	1897	332.496	56.534	45.384	7.715	—	—	—	—
	1898	230.232	34.535	22.500	3.375	—	—	—	—
	1899	411.826	62.774	—	—	—	—	—	—
Gommes	1889	2.730.323	4.689.384	—	—	—	—	—	—
	1890	2.901.765	3.310.631	—	—	—	—	—	—
	1891	3.652.044	4.253.745	—	—	—	—	—	—
	1892	3.773.066	3 841.070	—	—	—	—	—	—
	1893	3.541.312	2.596.775	—	—	—	—	—	—
	1894	3.651 093	2.157.509	—	—	—	—	—	—
	1895	3.979.292	2.328.816	—	—	—	—	—	—
	1896	3.639.918	2.977.981	—	—	—	—	—	—
	1897	4.928.403	4.721.495	—	—	—	—	—	—
	1898	5.144.150	4.228.506	161.267	145.140	—	—	—	—
	1899	4.216.227	3 521.875	—	—	—	—	—	—
Caoutchouc	1889	137.565	412.695	—	—	—	—	—	—
	1890	95.003	237.537	—	—	—	—	—	—
	1891	42.787	120.617	—	—	—	—	—	—
	1892	32.244	97.272	—	—	—	—	—	—
	1893	273.880	755.904	—	—	—	—	—	—
	1894	340.800	831.134	52.025	124.902	—	—	—	—
	1895	135 092	472.830	27.528	96.343	—	—	—	—
	1896	122.108	423.878	43.378	152.174	12.348	46.718	—	—
	1897	25.604	89.594	38.896	136.136	91.338	319.683	—	—
	1898	150.529	524.271	171.095	600.855	16.607	58.124	—	—
	1899	286.935	1.365 614	173.246	777.341	—	—	—	—

EXPORTÉS DU SÉNÉGAL de 1889 à 1900

HOLLANDE		AUTRES PAYS		TOTAL DE L'ÉTRANGER		TOTAL GÉNÉRAL	
POIDS	VALEURS	POIDS	VALEURS	POIDS	VALEURS	POIDS	VALEURS
—	—	—	—	—	—	1.218.050	146.166
—	—	2.810	422	2.810	422	1.329.942	199.492
—	—	—	—	—	—	1.020.800	222.402
—	—	—	—	463.445	115.861	1.244.536	311.133
—	—	—	—	—	—	745.139	184.545
—	—	—	—	8.620	1.293	1.230.035	222.615
—	—	—	—	49.377	8.394	488.316	83.013
—	—	—	—	28.836	4.052	373.094	62.576
—	—	—	—	45.384	7.715	377.877	64.249
368.300	55.245	3.700	555	394.500	59.175	624.732	93.710
—	—	—	—	—	—	411.826	62.774
—	—	28.636	82.968	28.636	82.968	2.758.959	4.772.352
—	—	4.870	5.646	4.872	5.646	2.906.637	3.316.277
—	—	1.246	875	1.246	875	3.653.290	4.254.620
—	—	—	—	—	—	3.773.066	3.841.070
—	—	831	665	831	665	3.542.143	2.597.440
—	—	65.297	36.033	65.297	36.033	3.716.390	2.193.542
—	—	—	—	—	—	3.979.292	2.328.816
—	—	—	—	—	—	3.641.679	2.979.742
—	—	—	—	—	—	4.928.403	4.721.495
114.664	92.381	586	218	276.517	237.739	5.420.667	4.466.245
—	—	4.131	3.718	4.131	3.718	4.220.358	3.525.593
—	—	38.452	115.356	38.452	115.356	176.017	528.051
—	—	34.558	86.395	34.558	86.395	129.561	323.932
—	—	18.927	52.239	18.927	52.239	61.714	172.856
—	—	67.114	201.342	67.114	201.342	99.538	293.614
—	—	—	—	—	—	273.880	755.904
—	—	10.199	30.597	62.224	162.499	403.024	983.633
—	—	—	—	27.528	96.343	168.782	590.734
—	—	419	1.466	56.245	200.358	178.353	624.236
—	—	—	—	130.234	455.819	155.831	545.413
—	—	2.397	8.399	190.099	667.578	340.628	1.491.849
—	—	17.124	75.489	190.370	852.830	477.305	2.218.444

TABLEAU DES PRINCIPAUX PRODUITS DU CRU EXPORTÉS DU SÉNÉGAL de 1889 à 1900

DÉSIGNATION DES PRODUITS	ANNÉES	FRANCE		HOLLANDE		TOTAL GÉNÉRAL	
		POIDS	VALEURS	POIDS	VALEURS	POIDS	VALEURS
Or de Galam	1889	38 k. 967	105.567	—	—	38 k. 967	105.567
	1890	40 023	120.069	—	—	40 023	120.069
	1891	125 645	362.411	—	—	125 645	362.411
	1892	17 916	53.748	—	—	17 916	53.748
	1893	12 314	36.641	—	—	12 314	36.641
	1894	20 000	59.301	—	—	20 000	59.301
	1895	32 888	98.664	—	—	32 888	98.664
	1896	48 458	145.374	—	—	48 458	145.374
	1897	85 044	255.132	—	—	85 044	255.132
	1898	127 726	383.178	1.140	3.420	128 866	386.598
	1899	184 439	549.318	—	—	184 439	549.318

TABLEAUX
DES PRINCIPALES MARCHANDISES
IMPORTÉES AU SÉNÉGAL DE 1889 A 1900

TABLEAU DES PRINCIPALES MARCHANDISES

DÉSIGNATION DES MARCHANDISES	ANNÉES	FRANCE & COLONIES		ANGLETERRE et Colonies		ALLEMAGNE		ÉTATS-UNIS	
		POIDS	VALEURS	POIDS	VALEURS	POIDS	VALEURS	POIDS	VALEURS
Farineux alimentaires	1889	kilog. »	354.144	»	»	»	»	»	»
	1890	»	420.903	»	»	»	»	»	»
	1891	»	918.222	»	»	»	»	»	»
	1892	»	1.559.357	»	»	»	»	»	»
	1893	»	1.254.396	»	»	»	»	»	»
	1894	»	5.024.939	»	149.547	»	249.305	»	79.689
	1895	7.609.723	2.070.273	334.353	73.582	214.384	54.919	30.834	10.568
	1896	9.204.497	2.279.812	132.080	27.952	171.547	29.740	95.662	11.478
	1897	8.932.984	1.973.040	68.641	13.408	15.269	3.206	99.008	32.331
	1898	14.830.937	3.388.504	344.980	65.939	2.925.481	614.437	36.929	11.601
	1899	9.668.082	2.536.954	33.272	6.923	62.799	14.133	20.770	8.437
Noix de kola	1889	kilog. »	»	108.797	543.984	—	—	—	—
	1890	1.093	5.268	148.767	694.254	—	—	—	—
	1891	2.351	8.084	167.814	588.258	—	—	—	—
	1892	2.845	14.685	332.515	1.983.544	—	—	—	—
	1893	1.574	4.722	174.787	524.062	—	—	—	—
	1894	31.850	94.531	242.759	674.201	—	—	—	—
	1895	6.887	19.549	224.582	886.910	—	—	—	—
	1896	2.732	13.655	281.569	1.374.349	—	—	—	—
	1897	13.358	66.791	290.732	1.513.666	—	—	—	—
	1898	1.236	6.180	234.489	1.517.445	—	—	—	—
	1899	9.479	75.834	166.616	1.332.928	—	—	—	—
Sucres réunis	1889	kilog. 784.635	465.038	—	—	—	—	—	—
	1890	540.187	334.654	—	—	—	—	—	—
	1891	967.732	594.625	—	—	—	—	—	—
	1892	1.383.134	831.438	—	—	—	—	—	—
	1893	1.023.577	632.618	—	—	—	—	—	—
	1894	1.476.947	853.482	—	—	—	—	—	—
	1895	1.676.575	845.445	—	—	—	—	—	—
	1896	879.389	778.376	—	—	—	—	—	—
	1897	2.091.330	911.080	—	—	—	—	—	—
	1898	1.840.858	807.444	—	—	—	—	—	—
	1899	2.664.737	1.472.851	—	—	—	—	—	—

IMPORTÉES AU SÉNÉGAL de 1889 à 1900

ESPAGNE		AUTRES PAYS		TOTAL de l'Étranger		TOTAL GÉNÉRAL	
POIDS	VALEURS	POIDS	VALEURS	POIDS	VALEURS	POIDS	VALEURS
»	»	»	2.317.062	»	2.317.062	»	2.674.206
»	»	»	1.289.995	»	1.289.995	»	1.610.898
»	»	»	1.455.636	»	1.455.636	»	2.363.858
»	»	»	644.614	»	644.614	»	2.203.971
»	»	»	133.735	»	133.735	»	1.385.131
»	»	»	17.402	»	495.943	»	5.520.882
»	»	288.401	52.462	867.972	193.331	8 477.695	2.263.604
»	»	469.247	104.759	868.536	173.929	10.093.033	2.453.744
»	»	92.499	15.021	275.417	63.966	9.208.401	2.037.006
»	»	723.709	154.225	4.035.475	846.202	18.866.412	4.234.706
21.918	2.630	34.484	9.928	173.643	42.054	7.841.725	2.579.002
—	—	—	—	108.797	543.984	108.797	543.984
—	—	—	—	148.767	694.254	149.860	699.522
—	—	—	—	167.814	588.258	170.165	596.342
—	—	—	—	332.515	1.983.544	335.360	1.998.229
—	—	—	—	174.787	524.062	176.361	528.784
—	—	—	—	242.759	674.204	274.609	768.732
—	—	—	—	224.582	886.910	231.469	906.459
—	—	—	—	281.569	1.374.349	284.301	1.388.004
—	—	—	—	290.732	1.543.666	304.090	1.580.457
—	—	—	—	231 489	1.517.445	232.775	1.163.625
—	—	1.179	9.432	167.795	1.342.360	177.274	1.418.494
—	—	800	400	800	400	782.435	465.438
—	—	147.156	89.655	147.156	89.655	687.343	421.309
—	—	67.392	34.850	67.392	34.850	1.035.124	629.475
—	—	14.296	7.243	14 296	7.243	1.397.430	838.684
—	—	6.603	4.303	6.603	4.303	1.030.180	637.001
—	—	7.557	5.028	7.557	5.028	1.484.504	858.510
—	—	24.304	14.387	24.304	14.387	1.700.879	859.332
—	—	13.487	6.067	13.487	6.067	892.876	784.443
—	—	23.672	9.773	23.672	9.773	2.115.002	920.853
—	—	7.945	3.420	7.945	3.420	1.848.803	810.684
—	—	7.421	3.266	7.421	3.266	2.672.158	1.176.117

TABLEAU DES PRINCIPALES MARCHANDISES

DÉSIGNATION DES MARCHANDISES	ANNÉES	FRANCE & COLONIES		ANGLETERRE et Colonies		ALLEMAGNE		HOLLANDE	
		POIDS	VALEURS	POIDS	VALEURS	POIDS	VALEURS	POIDS	VALEURS
Tabac en feuilles et en côtes	1889	kilog. »	»	—	—	—	—	—	—
	1890	»	»	—	—	—	—	—	—
	1891	»	»	—	—	—	—	—	—
	1892	»	»	—	—	—	—	—	—
	1893	»	»	—	—	—	—	—	—
	1894	1.554	2.098	277.458	420.249	—	—	963.487	1.434.287
	1895	»	»	38.150	64.805	—	—	906.127	1.540.425
	1896	»	»	3.395	6.284	—	—	678.098	1.494.378
	1897	»	»	»	»	—	—	703.945	1.299.869
	1898	4	7	237.466	438.757	—	—	669.854	1.239.224
	1899	»	»	128.212	237.192	3.779	6.994	803.526	1.486.518
Bois de construction	1889	stères 2.072	178.060	»	»	»	»	»	»
	1890	552	50.844	»	»	»	»	»	»
	1891	443	42.419	»	»	»	»	»	»
	1892	702	64.648	»	»	»	»	»	»
	1893	4.634	103.433	»	»	»	»	»	»
	1894	3.433	394.982	1	80	»	»	1.767	242.895
	1895	1.093	126.420	7	1.210	»	»	383	46.505
	1896	1.353	118.835	27	2.325	»	»	603	55.500
	1897	1.484	121.435	19	1.484	5	425	725	56.384
	1898	1.524	137.497	14	1.210	»	»	323	26.866
	1899	2.260	181.602	»	»	»	»	98	8.703
Vins de toutes sortes	1889	litres »	385.381	—	—	—	—	—	—
	1890	»	629.232	—	—	—	—	—	—
	1891	»	541.874	—	—	—	—	—	—
	1892	»	717.852	—	—	—	—	—	—
	1893	»	555.420	—	—	—	—	—	—
	1894	4.649.918	4.027.684	—	—	—	—	—	—
	1895	1.266.385	804.117	—	—	—	—	—	—
	1896	1.594.326	839.272	—	—	—	—	—	—
	1897	1.223.927	748.599	—	—	—	—	—	—
	1898	1.403.060	933.903	—	—	—	—	—	—
	1899	2.329.736	1.486.616	—	—	—	—	—	—

IMPORTÉES AU SÉNÉGAL de 1889 à 1900

SUÈDE & NORVÈGE		AUTRES PAYS		TOTAL de l'Étranger		TOTAL GÉNÉRAL	
POIDS	VALEURS	POIDS	VALEURS	POIDS	VALEURS	POIDS	VALEURS
—	—	205.739	401.597	205.739	401.597	205.739	401.597
—	—	688.351	1.065.243	688.351	1.065.243	688.351	1.065.243
—	—	661.054	957.070	661.054	957.070	661.054	957.070
—	—	1.165.762	1.865.223	1.165.762	1.865.223	1.165.762	1.865.223
—	—	366.345	601.488	366.345	601.488	366.345	601.488
—	—	»	»	1.240.945	1.854.536	1.242.499	1.856.634
—	—	1.783	3 034	946.060	1.608.261	946.060	1.608.261
—	—	»	»	681.493	1.200.659	681.493	1.200.659
—	—	»	»	703.915	1.299.869	703.915	1.299.869
—	—	»	»	1.404.937	2.044.215	1.404.941	2.044.222
—	—	95.934	177.473	1.031.448	1.908.174	1.031.448	1.908.174
»	»	797	69.942	797	69.942	2.869	248.002
»	»	3.253	295.895	3.253	295.895	3.805	346.696
»	»	985	95.327	985	95.327	1 428	137.746
»	»	3.119	288.705	3.119	288.705	3.821	350 323
»	»	1.319	126.413	1.319	126.413	2.950	229.816
»	»	1.166	167.110	2.934	410.085	6.367	805.067
»	»	2.432	237.268	2.822	284.983	3.914	414.403
3.371	288.160	»	»	4.001	345.985	5.354	464.824
1.994	175.490	30	2.970	2.773	236.753	4.254	358.488
3.829	316.104	19	3.140	4.185	347.320	5.709	474.847
2.313	190.827	91	7.312	2.502	206.842	4.762	388 444
—	—	»	98	»	98	»	385.479
—	—	»	4.281	»	2.281	»	633.513
—	—	»	6.713	»	6.713	»	548.584
—	—	»	5.965	»	5.965	»	723.847
—	—	»	9.277	»	9.277	»	564.697
—	—	1.622	1.752	6.622	1.752	1.651.540	1.029.433
—	—	6.683	7.700	6.683	7.700	1.273.068	808.847
—	—	53.468	32.572	53.468	32.572	1 647.794	871.844
—	—	4.836	5.491	4.836	5 491	1.228.763	754.090
—	—	76.779	48.008	76.779	48.008	1.479.839	981.911
—	—	94.443	53.274	94.443	53.274	2.423.879	1.539.890

Sénégal.

TABLEAUX DES PRINCIPALES MARCHANDISES

DÉSIGNATION DES MARCHANDISES	ANNÉE	FRANCE & COLONIES		ANGLETERRE et Colonies		ALLEMAGNE		HOLLANDE	
		POIDS	VALEURS	POIDS	VALEURS	POIDS	VALEURS	POIDS	VALEURS
Boissons distillées (1)		litres							
	1889	»	68.276	»	»	»	»	—	—
	1890	»	159.474	»	»	»	»	—	—
	1891	»	148.257	»	»	»	»	—	—
	1892	»	255.913	»	»	»	»	—	—
	1893	»	142.770	»	»	»	»	—	—
	1894	265.830	180.388	7.020	4.685	286.700	245.137	—	—
	1895	52.496	66.379	5.201	3.113	15.919	8.515	—	—
	1896	231.207	159.900	10.669	4.878	607.667	284.791	—	—
	1897	222.558	240.075	4.825	3.255	811.622	291.454	22.277	11.165
	1898	526.921	340.480	2.953	1.505	246.243	118.866	—	—
	1899	439.905	521.020	2.179	1.105	1.123.552	559.824	—	—
Matériaux de construction		kilos							
	1889	135.901	135.901	—	—	—	—	»	»
	1890	141.090	141.090	—	—	—	—	»	»
	1891	145.998	145.998	—	—	—	—	»	»
	1892	265.475	265.475	—	—	—	—	»	»
	1893	179.585	179.585	—	—	—	—	»	»
	1894	5.251.840	246.587	—	—	—	—	»	»
	1895	6.897.794	484.262	—	—	—	—	»	»
	1896	4.589.128	264.522	—	—	—	—	»	»
	1897	3.436.156	285.587	—	—	—	—	»	»
	1898	6.776.909	280.935	—	—	—	—	»	»
	1899	6.461.807	477.863	—	—	—	—	2.800	1.120
Fers de toutes sortes	1889	47.371	15.263	»	»	»	»	—	—
	1890	92.737	29.714	»	»	»	»	—	—
	1891	46.969	14.651	»	»	»	»	—	—
	1892	100.655	32.209	»	»	»	»	—	—
	1893	64.791	20.624	»	»	»	»	—	—
	1894	168.137	53.199	»	»	»	»	—	—
	1895	114.047	36.619	9.484	2.371	»	»	—	—
	1896	113.916	35.723	45.304	11.338	»	»	—	—
	1897	117.212	48.381	54.598	13.649	»	»	—	—
	1898	115.643	37.321	39.039	15.830	25.480	6.370	—	—
	1899	115.541	83.410	28.502	8.567	28.479	7.120	—	—

(1) Les alcools proprement dits viennent principalement d'Allemagne comme les genièvres et absinthes *de traite* (usage des indigènes).
Les eaux-de-vie de table, cognac, rhum et similaires et les liqueurs viennent intégralement de France, sauf quelques liqueurs de Hollande (usage des Européens).

IMPORTÉES AU SÉNÉGAL de 1889 à 1900

ITALIE		AUTRES PAYS		TOTAL de l'Etranger		TOTAL GÉNÉRAL	
POIDS	VALEURS	POIDS	VALEURS	POIDS	VALEURS	POIDS	VALEURS
—	—	—	307.969	—	307.969	—	376.245
—	—	—	548.388	—	548.388	—	707.862
—	—	—	236.879	—	236.879	—	385.136
—	—	—	589.912	—	589.912	—	845.285
—	—	—	182.617	—	182.617	—	324.587
—	—	—	»	293.720	249.822	559.550	430.210
—	—	128	102	21.120	11.628	73.616	78.007
—	—	26.776	26.889	645.712	312.958	876.919	472.858
17.184	8.200	393	778	862.896	319.372	1.085.454	529.447
»	»	42.539	21.948	292.128	142.513	819.049	482.993
»	»	84.290	31.495	1.210.024	592.424	1.649.926	1.113.444
—	—	»	»	6.724	6.724	»	142.625
—	—	»	»	2.688	2.688	»	143.778
—	—	»	»	685	685	»	146.683
—	—	»	»	»	»	»	265.475
—	—	»	»	1.770	1.770	»	184.355
—	—	27.476	1.001	27.476	1.001	5.279.316	247.588
—	—	7.060	815	7.060	815	6.904.851	485.077
—	—	1.889.595	65.131	1.889.595	65.131	6.478.723	326.653
—	—	24.275	1.216	24.275	1.216	3.469.431	286.803
—	—	5.220	448	5.220	448	6.782.129	281.383
—	—	»	»	2.800	1.120	6.464.607	478.983
SUÈDE & NORVÈGE							
—	—	26.944	8.621	26.944	8.621	74.312	23.88
—	—	165.021	56.648	165.021	56.648	257.758	83.33
—	—	96.462	29.648	96.462	29.648	143.334	44.29
—	—	196.624	65.217	196.624	65.617	297.279	97.82
—	—	37.144	12.305	37.144	12.305	101.932	32.92
—	—	115.685	35.635	115.685	35.635	283.822	88.83
—	—	179.865	44.964	189.349	47.335	303.396	83.95
182.749	45.678	»	»	228.023	57.046	344.939	92.73
159.379	39.845	»	»	213.977	53.494	331.489	74.87
102.874	25.703	66.337	17.462	233.670	65.065	349.313	102.38
7.655	1.914	105.983	26.496	170.649	44.097	586.160	127.50

TABLEAU DES PRINCIPALES MARCHANDISES

DÉSIGNATION DES MARCHANDISES	ANNÉES	FRANCE & COLONIES		ANGLETERRE et Colonies		ALLEMAGNE		BELGIQUE	
		POIDS	VALEURS	POIDS	VALEURS	POIDS	VALEURS	POIDS	VALEURS
Sels marins de toutes sortes	1889	kilog »	1.409	»	»	»	»	—	—
	1890	»	2.670	»	»	»	»	—	—
	1891	»	6.646	»	»	»	»	—	—
	1892	»	1.872	»	»	»	»	—	—
	1893	»	5.379	»	»	»	»	—	—
	1894	439.356	13.324	47.610	1.349	»	»	—	—
	1895	290.535	8.371	53.051	2.681	2.880	948	—	—
	1896	1.378.660	34.793	32.564	2 087	9.075	273	—	—
	1897	602.727	17 887	255.223	12.652	»	»	—	—
	1898	493.892	20.938	49.165	1.997	27.500	1.238	—	—
	1899	1.209.224	47.291	318	170	24.370	625	—	—
Verroterie (grains)	1889	»	59.973	—	—	—	—	—	—
	1890	»	39.862	—	—	—	—	—	—
	1891	»	34.492	—	—	—	—	—	—
	1892	»	56.283	—	—	—	—	—	—
	1893	»	41.136	—	—	—	—	—	—
	1894	76.843	37.759	186	244	93 256	35.285	—	—
	1895	26.154	38.722	11.604	17.035	14.786	20.072	—	—
	1896	47.275	60.537	1.542	2.198	50.207	75.487	—	—
	1897	18.096	40.418	670	1 885	12.315	18 579	—	—
	1898	25.676	55 126	566	5.875	23.127	69.400	—	—
	1899	76.361	108.289	4.219	9.309	42.082	62.269	—	—
Fils de lin et de coton	1889	kilog. 55.232	195.503	—	—	—	—	—	—
	1890	39.125	143.820	—	—	—	—	—	—
	1891	30.944	120.074	—	—	—	—	—	—
	1892	80.617	259.124	—	—	—	—	—	—
	1893	95.738	285.648	—	—	—	—	—	—
	1894	115.263	392.849	42.294	132.338	—	—	—	—
	1895	35.034	101.839	30.256	87.248	—	—	—	—
	1896	30.312	97.285	22.628	67.883	—	—	31.726	65.888
	1897	34.756	130.895	6.926	25.737	1.250	5.000	28.202	75.920
	1898	50.346	151.175	34.010	86.935	1.208	5.990	»	»
	1899	73.145	202.989	40.330	110.964	»	»	252	1.258

IMPORTÉES AU SÉNÉGAL de 1889 à 1900

PORTUGAL		AUTRES PAYS		TOTAL de l'Étranger		TOTAL GÉNÉRAL	
POIDS	VALEURS	POIDS	VALEURS	POIDS	VALEURS	POIDS	VALEURS
—	—	—	56	—	56	—	1.465
—	—	—	13.412	—	13.412	—	16.082
—	—	—	3.328	—	3.328	—	9.974
—	—	—	115	—	115	—	1.987
—	—	—	2.774	—	2.774	—	8.153
—	—	307.779	7.876	355.389	9.225	794.745	22.549
—	—	391.898	10.676	447.829	14.305	738.364	22.676
—	—	89.685	2.633	131.324	4.993	1.509.984	39.786
—	—	439.589	11.121	693.812	23.673	1.296.539	41.560
205.728	8.312	46.334	1.517	328.727	13.064	822.619	34.002
278.826	11.153	2.316	1.235	305.830	13.183	1.515.051	60.474

HOLLANDE

—	—	—	—	—	—	—	59.973
—	—	—	47.727	—	47.727	—	87.289
—	—	—	54.179	—	54.179	—	88.674
—	—	—	52.142	—	52.142	—	108.325
—	—	—	58.446	—	58.446	—	99.582
—	—	168	136	93.640	35.865	170.453	73.624
—	—	»	»	25.390	37.107	51.544	75.829
—	—	2.340	4.352	54.089	82.037	101.364	142.574
18.408	9.606	10.958	17.792	42.351	47.862	60.447	88.280
»	»	30.178	54.512	53.871	126.787	79.547	181.913
»	»	84.808	125.496	131.109	197.074	207.470	305.363

—	—	99	297	99	297	55.231	195.800
—	—	68.366	285.804	68.366	285.804	107.491	429.624
—	—	43.755	170.876	43.755	170.876	74.246	290.947
—	—	81.029	274.972	81.029	274.972	161.646	534.093
—	—	34.481	119.699	34.481	119.699	130.219	405.347
—	—	110	405	42.404	132.743	157.657	525.592
—	—	9.589	22.572	39.845	109.820	74.879	211.659
772	1.972	4.270	11.352	69.396	147.095	99.708	244.380
»	»	4.438	18.110	40.816	124.767	75.572	255.662
»	»	67.018	211.722	102.236	304.647	152.582	455.822
»	»	49.539	134.375	90.121	246.597	163.266	449.586

TABLEAU DES PRINCIPALES MARCHANDISES

DÉSIGNATION DES MARCHANDISES	ANNÉES	FRANCE & COLONIES		ANGLETERRE et Colonies		ALLEMAGNE		BELGIQUE	
		POIDS	VALEURS	POIDS	VALEURS	POIDS	VALEURS	POIDS	VALEURS
Guinées	1889	pièces. 194.911	1.311.727	1.100	7.150	—	—	213.707	1.709.656
	1890	»	120.296	»	696	—	—	»	152.640
	1891	»	2.102.293	»	»	—	—	»	»
	1892	»	1.984.390	»	»	—	—	»	»
	1893	»	700.673	»	»	—	—	»	»
	1894	471.306	2.770.056	51.086	324.640	—	—	»	»
	1895	472.060	3.304.384	10.769	66.187	—	—	190.023	1.520.184
	1896	741.307	3.238.185	45.290	195.063	—	—	305.327	1.552.300
	1897	510.914	3.210.552	33.592	210.409	2.860	20.860	86.002	575.935
	1898	489.602	2.996.573	7.443	55.822	»	»	84.789	635.917
	1899	777.612	4.302.667	11.664	87.480	»	»	1.100	7.700
Autres tissus de coton	1889	kilog. »	1.526.988	—	—	—	—	—	—
	1890	»	456.036	—	—	—	—	—	—
	1891	»	698.468	—	—	—	—	—	—
	1892	»	1.186.866	—	—	—	—	—	—
	1893	»	351.305	—	—	—	—	—	—
	1894	242.290	709.009	760.620	3.205.734	80	343	—	—
	1895	131.003	508.869	545.107	2.919.945	6.087	8.597	—	—
	1896	128.670	640.072	643.969	2.596.168	2.108	5.765	—	—
	1897	617.640	1.133.091	1.679.709	5.951.668	9.524	42.549	600	1.896
	1898	465.527	504.009	2.886.484	3.022.225	16.184	33.766	43.933	10.797
	1899	379.238	835.107	1.538.576	5.465.394	13.755	55.883	40	151
Machines de toutes sortes	1889	kilog. »	4.235	»	»	»	»	—	—
	1890	»	44.764	»	»	»	»	—	—
	1891	»	17.837	»	»	»	»	—	—
	1892	»	158.713	»	»	»	»	—	—
	1893	»	151.573	»	»	»	»	—	—
	1894	34.581	32.037	4.020	3.673	»	»	—	—
	1895	764.661	744.183	13.383	6.709	18	155	—	—
	1896	37.403	37.917	6.450	5.711	54	120	—	—
	1897	49.120	51.968	1.167	1.092	45	131	—	—
	1898	51.195	116.531	44.738	56.826	273	1.208	—	—
	1899	894.337	521.081	565	1.443	»	»	—	—

IMPORTÉES AU SÉNÉGAL de 1889 à 1900

HOLLANDE		AUTRES PAYS		TOTAL de l'Étranger		TOTAL GÉNÉRAL	
POIDS	VALEURS	POIDS	VALEURS	POIDS	VALEURS	POIDS	VALEURS
—	—	—	—	214.807	1.716.806	409.718	3.028.533
—	—	—	423.430	»	576.766	»	697.062
—	—	—	1.993.230	»	1.993.230	»	4.095.523
—	—	—	1.693.097	»	1.693.097	»	3.677.487
—	—	—	258.953	»	258.953	»	959.628
—	—	144.519	849.780	192.605	1.174.420	663.911	3.944.476
—	—	24.500	164.000	221.292	1.750.371	693.352	5.054.752
325	1.450	28.798	136.427	379.750	1.885.240	1.091.057	5.123.425
97.431	744.837	1.765	10.214	221.650	1.562.255	732.564	4.772.807
98.528	738.960	61.080	458.100	251.840	1.888.799	741.742	4.885.372
8.502	59.514	234.068	1.644.044	255.334	1.798.738	1.032.946	6.101.405

ÉTATS-UNIS

—	—	—	83.135	—	83.135	—	1.610.123
—	—	—	2.249.227	—	2.249.227	—	2.705.263
—	—	—	2.214.606	—	2.214.606	—	2.905.074
—	—	—	2.680.878	—	2.680.878	—	3.867.744
—	—	—	1.885.152	—	1.885.152	—	2.215.035
—	—	—	»	760.700	3.206.077	1.062.990	3.915.086
400	777	1.030	1.350	552.624	2.930.669	683.627	3.439.538
»	»	113.128	1.202.988	759.205	3.804.921	887.875	4.444.993
»	»	1.409	3.544	1.690.942	6.000.657	2.308.582	7.133.748
320	1.606	1.037.919	841.400	3.984.840	3.909.794	4.450.367	4.413.803
»	»	306.534	601.382	1.858.905	5.722.807	2.238.143	6.557.914

—	—	»	»	»	»	»	4.235
—	—	»	»	»	»	»	44.761
—	—	»	12.300	»	12.300	»	30.437
—	—	»	7.504	»	7.504	»	166.217
—	—	»	19.658	»	19.658	»	171.234
—	—	»	»	4.020	3.673	38.604	35.710
—	—	10.000	1.369	13.383	8.233	775.044	749.416
—	—	1.259	2.224	6.450	8.055	43.853	45.972
—	—	»	»	1.167	1.223	50.287	52.791
—	—	1.400	1.706	44.738	59.740	95.933	176.274
—	—	»	»	565	1.443	891.902	522.524

TABLEAU DES PRINCIPALES MARCHANDISES

DÉSIGNATION DES MARCHANDISES	ANNÉES	FRANCE & COLONIES		ANGLETERRE et Colonies		ALLEMAGNE		ÉTATS-UNIS	
		POIDS	VALEURS	POIDS	VALEURS	POIDS	VALEURS	POIDS	VALEURS
Ouvrages en fonte et fer	1889	kilog. 52.185	18.265	—	—	—	—	—	—
	1890	»	260.723	—	—	—	—	—	—
	1891	»	78.606	—	—	—	—	—	—
	1892	»	203.407	—	—	—	—	—	—
	1893	»	228.750	—	—	—	—	—	—
	1894	525.550	372.371	40.206	18.198	—	—	6.115	7.526
	1895	1.250.949	1.044.952	21.601	17.489	31.487	11.105	360	78
	1896	286.435	550.949	37.264	51.550	1.331	2.603	»	»
	1897	605.846	391.653	50.173	32.925	4.430	4.980	325	727
	1898	925.896	739.419	39.505	33.715	20.804	18.418	100	444
	1899	4.484.576	5.030.256	193.817	89.509	24.207	31.600	132	497
Armes de toutes sortes	1889	kilog. »	107.111	—	—	—	—	—	—
	1890	»	53.131	—	—	—	—	—	—
	1891	»	15.695	—	—	—	—	—	—
	1892	»	70.256	—	—	—	—	—	—
	1893	»	8.013	—	—	—	—	—	—
	1894	3.360	9.543	2.506	3.940	926	2.011	—	—
	1895	10.739	15.503	1.944	4.525	202	300	—	—
	1896	3.863	53.669	251	2.521	145	1.200	—	—
	1897	6.876	21.843	6 575	26.753	»	»	5	150
	1898	143.003	264.186	4.157	16.099	10.101	21.871	536	1.225
	1899	»	104.686	»	32.040	»	3·892	»	»
Poudre à tirer	1889	kilog. 638	3.190	—	—	—	—	—	—
	1890	4.690	8.777	—	—	—	—	—	—
	1891	8.219	13.232	—	—	—	—	—	—
	1892	11.936	23.562	—	—	—	—	—	—
	1893	4.855	8 332	—	—	—	—	—	—
	1894	16.520	28.305	1.096	2.212	25.424	38.435	—	—
	1895	44.411	94.614	77.989	107.416	14.549	21.824	—	—
	1896	72.857	113.713	10.619	15.928	45.095	78.863	—	—
	1897	130.303	200.109	5.475	8.295	59.892	89.838	—	—
	1898	89.723	142.657	10.321	15.482	51.589	77.383	—	—
	1899	212.988	359.449	965	1.410	37.404	51.106	—	—

IMPORTÉES AU SÉNÉGAL de 1889 à 1900

BELGIQUE		AUTRES PAYS		TOTAL de l'Étranger		TOTAL GÉNÉRAL	
POIDS	VALEURS	POIDS	VALEURS	POIDS	VALEURS	POIDS	VALEURS
—	—	—	»	—	»	52.485	48.265
—	—	—	63.301	—.	63 301	»	324.024
—	—	—	40.421	—	40.421	»	149.027
—	—	—	25.130	—	25.130	»	228.537
—	—	—	10.651	—	10.651	»	239.404
—	—	1.210	515	47.534	25.969	573.081	398.340
—	—	6.102	3.302	59 550	31.874	1.310.499	1.046.826
—	—	30.034	48.128	68.629	102.281	355.064	653.230
875	924	1.602	1.361	57.425	40.917	663.274	432.570
»	»	13.367	9.563	73 976	61.840	999.872	804.259
»	»	16.697	13.593	234.853	134.899	4.719.429	5.165.155
—	—	—	2.925	—	2.925	—	410.036
—	—	—	97.912	—	97 912	—	151.043
—	—	—	82.950	—	82.950	—	98.645
—	—	—	67.078	—	67.078	—	137.334
—	—	—	45.673	—	45.673	—	23.686
—	—	1.355	3.764	4.787	9.715	8.147	49.258
—	—	2.354	7.762	4.497	11.587	15.236	27.098
—	—	1.746	17.666	2.142	21.387	6.005	75.056
16.201	36.324	960	4.549	23.741	67 776	30.617	89.619
»	»	32.005	84.245	46.819	123.440	189.822	387.626
»	3.479	»	34.082	».	73.493	»	478.179
—	—	44.314	66.471	44.314	66.471	44.952	69.661
—	—	77.330	106.640	77.330	106.640	82.020	115.447
—	—	29.663	45.762	29.663	45.762	37.882	58.994
—	—	42.751	65 011	42.751	65.011	54.687	88.573
—	—	14.308	21.991	14.308	21.991	19.163	30.323
—	—	»	»	26.520	40.347	43.040	68.652
—	—	»	»	92.538	129.240	136.949	223.854
—	—	».	»	55.714	94.791	128 571	208.504
—	—	10	40	65.367	98.173	495.680	298.382
—	—	1.001	4.879	62.911	94.744	152.634	237.401
—	—	»	»	38.369	57.516	251.357	416.965

TABLEAU DES PRINCIPALES MARCHANDISES

DÉSIGNATION DES MARCHANDISES	ANNÉE	FRANCE & COLONIES		ANGLETERRE ET COLONIES		ALLEMAGNE		ETATS-UNIS	
		POIDS	VALEURS	POIDS	VALEURS	POIDS	VALEURS	POIDS	VALEURS
Ouvrages en bois	1889	kilos »	30.799	»	»	»	»	»	»
	1890	»	48.055	»	»	»	»	»	»
	1891	»	117.699	»	»	»	»	»	»
	1892	»	103.129	»	»	»	»	»	»
	1893	»	117.295	»	»	»	»	»	»
	1894	174.720	126.048	2.112	1.458	2.190	1.182	8.296	3.930
	1895	90.395	78.024	42.218	9.138	»	»	944	1.250
	1896	116.289	60.694	22.159	14.100	»	»	545	1.232
	1897	78.057	60.672	32.013	8.458	680	790	2.205	934
	1898	113.772	104.861	808	1.624	1.875	1.191	9.437	3.433
	1899	106.494	126.396	27.033	4.755	7.671	1.982	19.239	5.446
Corail taillé monté ou non	1889	kilog. »	8.746	—	—	—	—	—	—
	1890	»	4.409	—	—	—	—	—	—
	1891	»	6.753	—	—	—	—	—	—
	1892	»	105.043	—	—	—	—	—	—
	1893	»	15.175	—	—	—	—	—	—
	1894	25	5.000	—	—	—	—	—	—
	1895	250	836	4	400	—	—	—	—
	1896	125	2.890	»	»	13	365	—	—
	1897	»	»	»	»	25	»	—	—
	1898	147	10.296	90	1.759	»	571	—	—
	1899	»	»	»	»	»	»	—	—
Ambre ouvré	1889	kilog. »	11.329	—	—	—	—	—	—
	1890	»	956	—	—	—	—	—	—
	1891	»	230	—	—	—	—	—	—
	1892	»	»	—	—	—	—	—	—
	1893	»	1.311	—	—	—	—	—	—
	1894	370	1.738	—	—	—	—	—	—
	1895	»	»	—	—	—	—	—	—
	1896	1.095	8.658	54	222	—	—	—	—
	1897	125	567	»	»	258	1.331	—	—
	1898	226	5.100	13	1.081	3	385	—	—
	1899	589	1.183	»	»	»	»	—	—

IMPORTÉES AU SÉNÉGAL de 1889 à 1900

SUÈDE		AUTRES PAYS		TOTAL de l'Etranger		TOTAL GÉNÉRAL	
POIDS	VALEURS	POIDS	VALEURS	POIDS	VALEURS	POIDS	VALEURS
»	»	»	4.407	»	4.407	»	32.206
»	»	»	18.920	»	18.920	»	66.975
»	»	»	11.856	»	11.856	»	129.555
»	»	»	18.476	»	18.476	»	121.605
»	»	»	9.116	»	9.116	»	126.414
»	»	256	128	12.854	6.698	187.574	132.746
»	»	455	294	43.314	10.682	133.709	88.706
2.400	1.615	90	269	25.194	17.216	141.483	77.910
»	»	3.536	3.257	38.434	13.439	119.491	74.111
»	»	3.295	7.596	15.415	14.864	129.487	119.725
»	»	33.350	41.474	87.293	53.657	193.737	180.053
—	—	—	»	—	»	—	8.746
—	—	—	37.824	—	37.824	—	42.233
—	—	—	122.924	—	122.924	—	129.677
—	—	—	88.037	—	88.037	—	193.080
—	—	—	4.680	—	4.680	—	16.855
—	—	—	»	—	»	25	5.000
—	—	18	1.588	22	1.988	272	2.824
—	—	»	»	13	365	138	3.255
—	—	»	»	»	»	»	»
—	—	295	7.541	440	9.871	557	20.467
—	—	125	5.034	125	5.034	125	5.034
—	—	—	19.615	—	19.615	—	30.944
—	—	—	14.475	—	14.475	—	15.431
—	—	—	2.591	—	2.591	—	2.844
—	—	—	14.932	—	14.932	—	14.932
—	—	—	897	—	897	—	2.208
—	—	—	»	—	»	370	1.738
—	—	—	»	—	»	»	»
—	—	202	781	256	1.003	1.351	9.664
—	—	»	»	258	1.331	383	1.898
—	—	100	6.082	116	7.548	342	12.648
—	—	13	11.182	13	11.182	602	12.365

TABLEAU DU MOUVEMENT COMMERCIAL DU SÉNÉGAL de 1889 à 1900

ANNÉES	IMPORTATIONS			EXPORTATIONS			TOTAL GÉNÉRAL
	DE FRANCE	DE L'ÉTRANGER	TOTAL	EN FRANCE	A L'ÉTRANGER	TOTAL	
	fr.	fr.	fr.	fr.	fr.	fr.	fr.
1889	9.440.060	13.844.920	22.984.980	13.651.349	2.172.580	15.823.929	38.805.909
1890	9.085.597	12.855.660	21.941.257	10.481.516	2.035.200	12.516.716	34.457.973
1891	9.116.090	9.092.074	18.208.164	10.946.847	2.001.511	12.948.358	31.156.522
1892	12.373.546	11.886.582	34.260.128	12.432.835	4.901.257	17.334.092	51.594.220
1893	9.022.318	7.863.249	16.885.567	13.883.133	4.101.597	17.984.730	34.870.297
1894	16.678.613	10.307.901	26.986.514	14.556.689	3.610.282	18.166.971	45.153.485
1895	18.438.915	9.830.145	28.269.060	9.199.588	3.236.300	12.435.888	40.704.948
1896	15.977.000	10.200.000	26.177.000	13.439.252	6.123.843	19.563.805	46.740.805
1897	16.986.000	12.193.000	29.179.000	16.405.467	5.031.184	21.436.651	50.316.651
1898	20.979.000	12.176.000	33.155.000	23.133.991	6.012.764	29.146.755	62.301.755
1899	36.260.028	16.175.282	52.435.310	17.466.912	6.241.372	23.708.284	76.143.594

AGRICULTURE

ORGANISATION DU SERVICE DE L'AGRICULTURE

C'est en janvier 1875 que fut fondé le premier comité agricole du Sénégal. Il reçut le nom de Société d'agriculture du Sénégal. Il était dû à l'initiative des habitants et des commerçants de Saint-Louis, le nombre des membres de la Société était illimité. Elle avait pour but de faire naître, de propager et d'encourager le goût de l'agriculture au Sénégal; à cet effet les statuts de la société instituaient des concours agricoles annuels ou bi-annuels à la suite desquels des récompenses devaient être distribuées.

Cette société, après avoir fonctionné quelque temps, fut réduite à l'inaction, faute de ressources et par suite du départ de la colonie et du décès d'un grand nombre de sociétaires, chargés de l'administration.

En 1896, l'initiative en fut reprise par l'administration locale. Un arrêté en date du 15 octobre institua à Saint-Louis un comité agricole dont la présidence appartenait au directeur de l'intérieur aujourd'hui secrétaire général. La composition de ce comité a été remaniée par un arrêté du 14 septembre 1899, par suite de la création au Sénégal, par l'arrêté du 21 juin 1898, d'une inspection d'agriculture chargée de centraliser tous les renseignements agricoles utiles et d'imprimer à l'agriculture une impulsion nouvelle par la vulgarisation des ressources qu'offre le pays.

Les attributions du Comité agricole consistent dans l'étude de tous les moyens propres à développer les cultures déjà existantes et à en implanter de nouvelles dans la colonie.

Depuis la reconstitution de cette chambre d'agriculture et la création d'un service agricole, des progrès nombreux ont été réalisés dans la colonie où semblent devoir s'implanter incessamment des systèmes de culture perfectionnés. Nous donnons ci-après un résumé des tentatives faites dans ce but et des résultats obtenus.

CONSIDÉRATIONS GÉNÉRALES

L'agriculture au Sénégal entièrement laissée aux mains des indigènes est encore à l'état rudimentaire.

Le sol, bien qu'il ne soit pas d'une fertilité exceptionnelle, peut néanmoins être cultivé sur sa plus grande étendue et produire des récoltes rémunératrices. Suivant les régions, on trouve des terres qui diffèrent notablement dans leur nature physique et leur composition chimique.

Les terres argilo-sablonneuses provenant des alluvions déposées par les cours d'eau dominent dans les bassins inférieurs du Sénégal, du Saloum et de la Casamance. Elles conviennent peu à la culture des arachides, mais sont très favorables au cotonnier et à certaines variétés de gros mil comme le *bassi*, le *félah* et le *gadiaba*.

Les terrains sablonneux silico-calcaires sont plus communs et couvrent en particulier la plus grande partie du Cayor et du Baol; ils conviennent à l'arachide, au manioc et aux variétés de petit mil appelées *souna* et *sanio*.

Les terres ferrugineuses constituées par la latérite (argile dense et durcie, de couleur rouge brique mélangée de quartz) sont les moins cultivées. Elles portent ordinairement de belles forêts, comme celles des environs de Thiès et des provinces Sérères;

parfois la latérite est recouverte par une couche de sable et fournit alors un sol agricole très fertile.

Dans l'intérieur du pays, principalement dans Fouta central, on rencontre un terrain schisteux, très propice à la culture du maïs, du gros mil.

Les cultures dominantes sont celles du mil et de l'arachide.

CULTURE DU MIL

Le mil (n'dougoup en ouolof) est le grain qui forme la base de l'alimentation des indigènes du Sénégal. On en distingue deux sortes : le gros et le petit, qui comprennent chacune un grand nombre de variétés.

Caractères botaniques. — Ces diverses variétés sont fournies par le genre « Sorgho vulgare » (Pers.) ou Holcus sorghum Z. ou andropogon sorghum Brot, qui appartient à la famille des graminées et à la tribu des andropogonés.

Ce sont des plantes annuelles qui peuvent atteindre une hauteur de 3 à 5 mètres. Les feuilles sont alternes, engainantes à la base, longues de $0^m,50$ à $0^m,80$ en moyenne et larges de $0^m,05$ à $0^m,10$. Leur limbe est entier, à nervures parallèles et terminé en pointe.

L'inflorescence est une panicule plus ou moins serrée.

« Les épillets sont composés de deux fleurs, l'inférieure neutre
« et à une seule glumelle, la supérieure hermaphrodite ou uni-
« sexuée ; ils sont géminés ou ternés, l'intermédiaire sessile et fer-
« tile, les autres pédicellés et stériles. Les glumes deviennent du-
« res et sont mutiques. Les glumelles, plus courtes qu'elles,
« sont, l'inférieure mutique ou aristée dans la fleur hermaphro-
« dite, la supérieure plus petite, mutique et quelquefois nulle.
« Les deux glumelles sont tronquées et ordinairement glabres.
« Il y a de une à trois étamines et un ovaire sessile, glabre, sur-

« monté de deux styles stigmatisés plumeux ». H. Baillon (Bot., page 183, 1er vol.).

Le fruit est un caryope libre entre les glumes ; c'est un grain de grosseur variable : arrondi, rougeâtre ou blanchâtre.

Les variétés les plus communes de gros mil sont, au Sénégal : le *diahnat*, le *gadiaba*, le *félah*, le *nianico*, le *bassi* et le *tigne*.

Le *diahnat* a une tige de 3 à 4 mètres de haut qui porte des feuilles glabres, longues de 1 mètre environ et à bords finement dentés.

La tige se termine par une panicule pubescente, rameuse, bien fournie, dont le poids la fait recourber en crosse lorsque les grains commencent à se former.

Le grain du diahnat est rouge et arrondi de 3 à 5 mm. de diamètre. Il fournit une farine grossière, réservée pour la nourriture des domestiques et des pauvres.

Le diahnat est très cultivé dans tout le Sénégal. Il demande des terres argileuses ; mais croît, également, assez bien dans les terres légères. Il se sème d'octobre à janvier dans les terres qui ont été inondées en hivernage par le Sénégal. Il se récolte en avril et mai dans le Fouta et en juin dans le Oualo.

Le *gadiaba* a une panicule bien fournie ; les axes des épillets sont longs et très nombreux. Son grain est blanc, arrondi, de la grosseur de celui du diahnat.

On le mélange ordinairement au petit mil (souna et sanio) et parfois au maïs. Ce mélange porte dans le commerce le nom de gadiaba.

On le sème en novembre et décembre après le retrait des eaux, dans les terres fortes inondées par les crues du fleuve. On le récolte en mai. Il fournit un excellent couscous et une bonne nourriture pour les chevaux.

Le *félah* présente une panicule très serrée, légèrement conique, dont le poids fait courber en crosse l'extrémité de la tige.

Son grain est blanc, arrondi et très farineux. Il est entouré d'une enveloppe rougeâtre ou blanchâtre. Il fournit un couscous très apprécié surtout s'il est mélangé de petit mil.

Il vient dans les terrains les plus divers; dans les terres sablonneuses et sèches du Cayor, comme dans les terres argileuses et humides des bords du fleuve.

Il se sème en juillet et août, dans l'intérieur et en novembre et décembre, sur les bords du fleuve.

C'est le Damga et le Fouta central qui en produisent le plus.

Le *nianico* est un grain moyen, aplati et très dur. Il est d'un blanc mat et donne un couscous rougeâtre peu apprécié, mais il est excellent pour les animaux (chevaux, bœufs, volailles, etc...).

Il se cultive surtout dans la région du haut fleuve. Il se sème en juillet dans *le diéri*, c'est-à-dire dans les terres éloignées des cours d'eaux et en novembre, dans le Oualo, c'est-à-dire, dans les sols inondés par les crues des rivières ou des marigots.

Le bassi, appelé *pim* en none (sérère), est surtout cultivé dans le Dighème, le Sine-Saloum, la Gambie, la Haute-Casamance.

Son grain est blanc, très dur et légèrement aplati. Il fournit un excellent couscous et on le donne aux chevaux, de préférence à tout autre gros mil.

Il exige des terres argileuses. Il se sème en août et se récolte en novembre et décembre.

Le *tigne* a une panicule peu serrée, longue de 30 à 40 centim.

Son grain a une enveloppe rougeâtre et présente une petite pointe noirâtre. Il est consommé ordinairement avec du riz. Il est très commun dans toute la colonie.

Il se sème en juillet dans les terres légères et sèches et se récolte en novembre. Sur les rives du fleuve et des marigots, les semis se font en décembre et la récolte en avril et mai.

Voici en résumé les caractères et les usages de ces diverses variétés de gros mil.

NOMS DES VARIÉTÉS	CARACTÈRES GÉNÉRAUX	USAGES
Diahnat	Panicule longue de 20 à 30 centimètres, bien fournie et de forme conique. L'extrémité de la tige courbée en crosse à la maturité. Grain rouge, arrondi de 3 à 5 millim. de diamètre.	Mil, un des moins apprécié pour l'alimentation.
Gadiaba	Panicule bien fournie avec des épillets très nombreux. Grain blanc de 3 à 4 mm. 1/2 de diamètre, à enveloppe noirâtre.	Donne un excellent couscous, surtout en mélange avec le souna et le sanio.
Félah	Panicule longue de 15 à 20 cm., épillets très serrés, à pédicelles courts; extrémité de la tige courbée en crosse à la maturité. Grain blanc, arrondi, à enveloppe rougeâtre ou blanchâtre, de 3 à 5 mm. de diamètre.	Donne un couscouc très apprécié. Se donne aux chevaux, volailles, etc.
Nianico	Panicule longue de 15 à 20 cm. Épillets peu serrés à pédicelles allongés. Grain aplati, très dur, de 2 à 3 mm. de diamètre moyen.	Fournit un couscous peu apprécié, mais excellente nourriture pour le bétail.
Bassi	Panicule longue de 20 à 30 cm. Épillets peu serrés à pédicelle allongé. Grain blanc, très dur, légèrement aplati. Diamètre moyen de 3 à 4 mm.	Il fournit une farine très appréciée pour le couscous. Bonne nourriture pour les chevaux.
Tigne	Panicule longue de 30 à 40 cm. Épillets peu nombreux à pédicelles très longs. Grain petit à enveloppe rougeâtre, de 2 à 3 millim. de diamètre.	Consommé comme couscous, souvent mélangé avec du riz.

Le petit mil est plus répandu que le gros mil au Sénégal. C'est le penicillaria spicata (Willd.) ou holcus spicatus L., panicum spicatum Rox b., penicillaria cylindrica R. et B.

On en distingue quatre variétés principales : le *souna*, le *sanio*, le *tiotandé* et le *m'bakat* ou *fonio* (en toucouleur).

Le *souna* (ouolof) appelé *tiop* (en none sérère) est le plus précoce et le plus estimé pour la préparation du couscous.

Sa tige atteint de 2 à 3 mètres de haut et se termine par une panicule cylindrique, longue de 30 à 40 centimètres, formée d'épillets très serrés à pédicelles très courts qui la font ressembler à un épi. Les glumes ne sont pas aristées. Le grain est très petit, de 1 à 2 millimètres, d'une teinte vert pâle et se conserve longtemps.

On le cultive partout, mais particulièrement dans les terres sablonneuses; les terres fortes lui conviennent peu. On le sème au mois de juin dès les premières pluies et on le récolte en octobre.

Sa précocité le rend précieux aux populations indigènes dont les réserves alimentaires sont, en général, épuisées à cette époque de l'année.

Sa prompte végétation le fait utiliser en Algérie et dans le midi de la France pour fournir un foin très estimé.

Les cendres retirées de ses tiges sont utilisées comme mordant (Ghémé) par les teinturiers.

« Sa racine est regardée comme un poison et serait une des « causes de la maladie terrible appelée au Sénégal « nélavan » « ou maladie du sommeil (1). ».

Le sanio ne se distingue du souna que par les barbes longues, raides et fortes que porte sa panicule.

Son grain rappelle celui du souna et est également très apprécié par les noirs pour la préparation de leur couscous.

Il préfère les terres fortes, silico-argileuses. Il se sème en juillet et ne se récolte qu'en novembre et décembre.

---

(1) R. P. A. Sébire, *Les Plantes utiles du Sénégal*, 1899, p. 275.

Les barbes raides de ses glumes le protègent contre les oiseaux et permettent d'en retarder la cueillette à volonté.

Le *tiotandé* a, comme les variétés précédentes, une panicule cylindrique formée d'épillets presque sessiles.

Son grain est petit, ovale, de couleur vert clair et très sucré. Les noirs ne le cultivent qu'en petite quantité et en font plutôt des mets de luxe que de consommation courante.

Il n'est pas utilisé pour faire le couscous. Il est réservé pour faire le *nak* (sorte de boulettes sucrées). On le trouve dans le Dimar, le Damga et la région du haut fleuve.

Il est semé aux bords des rivières ou marigots dans les terrains inondés au moment des crues.

Il n'est pas cultivé dans le Cayor.

Le m'bakat (en ouolof), paguiri (en toucouleur), dékélé (en bambara) ou mil des oiseaux, croît à l'état sauvage. Les noirs ne le recueillent que lorsqu'ils sont menacés par la famine. Ses graines sont très petites, oblongues, noirâtres, très nombreuses et groupées en une sorte d'épi très allongé.

Chez les Toucouleurs il est l'objet d'une culture rudimentaire. Ceux-ci, après avoir enlevé et brûlé les herbes des champs qu'ils veulent ensemencer, procèdent à un léger grattage du sol à l'aide d'une pioche rudimentaire appelée *tongou*. Ils répandent ensuite les semences à la volée vers le commencement de juillet, lorsque les premières tornades ont suffisamment détrempé la terre.

La récolte se fait vers fin novembre. Le m'bakat ainsi cultivé se nomme *fonio* en toucouleur. Avec ses grains, les indigènes préparent un couscous qui jouit d'une grande faveur.

Zones de production. — Ces diverses variétés de mil sont originaires de l'Afrique occidentale. De tous temps elles ont été cultivées par les noirs du Sénégal.

Le gros mil sous toutes ses formes est cultivé le long du fleuve Sénégal : dans le Boundou (Bakel), le Fouta, le Dimar, le Oualo.

Il est produit, également, en abondance, dans le Sine, le Saloum, le Dighème, le Rip, la haute Gambie et la haute Casamance.

Le petit mil est surtout cultivé dans le Cayor, le Baol, le M'Badane et la région du Haut-Fleuve.

Climat. — Le mil accomplit le cycle de sa végétation dans l'espace de quatre à cinq mois, aussi demande-t-il beaucoup de chaleur et une notable quantité d'eau.

Pour certaines variétés, il importe peu que la saison soit sèche ou pluvieuse, pourvu que la plante trouve dans le sol l'humidité qui lui est nécessaire.

C'est ainsi que le félah, par exemple, se sème au début de l'hivernage dans l'intérieur du pays (diéri) et en novembre, après le retrait des eaux, dans les terrains inondés par les crues du fleuve et des marigots. Il y a ainsi deux époques pour les semailles et les récoltes, selon que le terrain est ou n'est pas inondé par les eaux d'hivernage.

Le mil est peu sensible à l'action desséchante des vents d'est, pourvu que celle-ci ne se manifeste pas au moment de la formation des grains.

Terrain. — La nature du terrain a une grande influence sur la bonne végétation du mil. Certaines variétés préfèrent les terres sablonneuses et légères, d'autres ne prospèrent que dans les terres fortes et fraîches.

Le diahnat, le bassi, le sanio, le tiotandé demandent des terres plus ou moins argileuses. Le souna, au contraire, vient mieux dans les terres sablonneuses.

Deux systèmes de culture sont pratiqués : celui d'hivernage et celui de saison sèche.

1° Dans les terres légères du *diéri* le mil, quelle que soit la variété, est semé au début de l'hivernage en juin et juillet.

Le noir enlève les herbes et la broussaille qu'il brûle sur place ;

les cendres, répandues sur la surface du champ, constituent la seule fumure qui soit donnée à la terre.

Il fait ensuite, au moyen de l'hilaire, des trous distants de 0^m,75 à 1 m. et disposés vaguement en quinconces. Dans chacun d'eux, un enfant ou une femme laisse tomber quelques graines, de 5 à 10 pour le gros mil et de 10 à 20 pour le petit mil, et les recouvre de 3 à 4 cent. de terre ramenée avec le pied.

Dans les terres fortes du Pakao (Casamance) les Socès ou Mandingues font une espèce de labour préparatoire. Ils divisent leurs lougans par des sillons larges et profonds de 15 à 20 centimètres, séparés par des *ados*. Ils ensemencent le mil sur cette partie surélevée. Ils placent les graines dans des trous faits avec le talon du pied, à une distance de 0^m,50 à 0^m,80 environ les uns des autres.

L'outil dont ils se servent pour leur labour est le « donkoto ».

Les sillons ont pour but de faciliter l'écoulement des eaux des tornades torrentielles et d'empêcher que l'excès, en séjournant à la surface, ne nuise aux semis.

Cette pratique est d'autant plus rationnelle que les terrains sont plus argileux et par conséquent moins perméables.

Ces sillons ont, en outre, l'avantage d'empêcher le ravinement, par les eaux, dans les terres sablonneuses et inclinées assez communes en Haute-Casamance.

Le souna est le mil qui se sème le premier, ordinairement en juin, quelquefois en mai, lorsque les pluies sont très précoces.

Le sanio se sème habituellement en juillet ainsi que le félah et le bassi. Ce dernier est le plus tardif. Il est parfois ensemencé même en août.

La récolte a lieu 4 à 5 mois après les semailles. Elle est faite d'octobre à décembre.

Pendant sa végétation le mil exige des soins constants et des façons répétées.

Dès qu'il atteint de 5 à 10 centim. il reçoit un premier sarclage pour le débarrasser des mauvaises herbes.

Les touffes trop épaisses sont éclaircies et réduites à 4 ou 5 tiges. Lorsqu'elles sont séparées par des intervalles trop grands, l'indigène repique quelques pieds pour que le terrain soit occupé uniformément. Un deuxième sarclage est donné lorsque le mil atteint de 50 à 70 centim. de hauteur. Il est plus ou moins rapproché du premier selon la tendance des plantes adventices à se développer.

En principe, il faut que le sol soit absolument net pour que le mil puisse profiter de tous les éléments nutritifs que ses racines peuvent y trouver. Ce n'est qu'à cette condition qu'il pourra accomplir normalement et rapidement le cycle de sa végétation. C'est pourquoi un troisième et même un quatrième binage sont souvent nécessaires.

Ces façons sont toujours exécutées avec beaucoup de soins par les noirs. Ils se servent à cet effet de l'hilaire dans le Cayor, le Baol, le Sine Saloum. Dans le sud, les Socés emploient une petite houe à main très légère.

Lorsque les grains sont formés et presque mûrs les indigènes plient les tiges à 20 ou 30 centim. au-dessous des panicules.

Cette opération a pour but de hâter la maturité et soustraire le mil à l'attaque des oiseaux.

2° Dans les terres inondées pendant l'hivernage, les semis de mil ont lieu au fur et à mesure du retrait des eaux. Dans la région du Haut Fleuve, on commence en octobre ; dans le bas Sénégal, en novembre et décembre.

L'indigène pioche préalablement le terrain au moyen du « tongou » (ainsi dénommé en toucouleur). Puis, à l'aide d'un morceau de bois terminé en pointe, sorte de plantoir, il pratique des trous profonds de 8 à 10 centim. et distants de 1 mètre environ. Dans chacun d'eux il dépose 4 ou 5 graines et les recouvre d'un peu de sable.

Les mauvaises herbes sont enlevées au fur et à mesure qu'elles apparaissent. La surface du sol est fréquemment binée.

Lorsque les tiges de mil commencent à *monter* pour former la panicule, elles sont butées, ce qui facilite le développement des racines adventives qui assurent à la plante un supplément d'alimentation et une plus grande stabilité. Les binages fréquents sont indispensables ; ils ont pour effet de maintenir la surface du sol meuble et bien divisée et de diminuer ainsi l'évaporation de l'humidité.

La récolte a lieu d'avril à juin, selon les variétés : le nianico (cultivé surtout dans le Boundou) est l'un des premiers qui arrivent sur le marché.

Maladies et ennemis. — Le mil est atteint par plusieurs maladies cryptogamiques dont la plus fréquente et la plus redoutable par les dégâts qu'elle cause aux cultures est le charbon, dû à un champignon appelé Ustilago Sorghi.

En 1899, ce mal a sévi avec une grande intensité dans le Sine, où il a détruit en certains endroits près de la moitié de la récolte.

Dans les panicules attaquées les grains sont remplacés par une poche cylindrique qui dépasse les balles de 4 à 5 mm. L'enveloppe en est mince et assez friable. Elle est remplie d'une poussière brune formée par les spores du champignon parasite. Elle s'ouvre au sommet par une petite déchirure, lorsque la maturité est arrivée. Quand les spores sont sorties, on remarque une sorte de colonnette qui occupe l'axe de la cavité.

Pour protéger les céréales contre les maladies charbonneuses, le remède universellement employé est le sulfatage des semences. On se sert, à cet effet, d'une solution de sulfate de cuivre à la dose de 3 à 4 kilogs par hectolitre d'eau avec laquelle on asperge les graines quelques heures avant de les mettre en terre. Ce procédé donnerait, selon toute apparence, d'excellents résultats avec le mil.

Comme moyen préventif, il conviendrait d'obliger les indigènes à récolter et à brûler les pieds attaqués qu'ils ont l'habitude d'abandonner sur le champ. Les spores s'y conservent naturellement durant la saison sèche et infectent ensuite les cultures suivantes.

Plusieurs espèces de passereaux sont des ennemis terribles des cultures de mil ; ce qui leur a valu le nom expressif de « mange-mil ».

Pour s'en débarrasser, les noirs leur font une chasse continue. Des enfants et des femmes passent les journées dans les champs et par leurs cris stridents cherchent à les éloigner. Ils sont souvent obligés d'envelopper les panicules de feuilles de mil pour éviter leurs ravages.

Les *sauterelles* causent certaines années des dégâts considérables. En 1899 elles ont détruit de nombreux champs dans la région du fleuve. Le noir est si apathique qu'il ne fait rien pour les détruire. D'autres insectes tels que les charançons et les cétoines s'attaquent au mil soit sur pied soit dans les greniers.

Les charançons sont redoutables aux grains surtout aux gros mils mis en magasin. Les petits mils sont les moins attaqués.

Pour les éloigner, les indigènes mettent leur mil non égrené dans des greniers, sortes de grands paniers, faits avec les tiges de n'guèr (guiera senegalensis, Garill. et Perr.).

Récolte. — Après bien du travail et des soucis, le noir voit enfin son mil mûr et bon à récolter. Il coupe les tiges à la base des panicules qu'il laisse sécher quelques jours en plein soleil. Il les réunit ensuite en bottes qu'il emporte et emmagasine dans des greniers spéciaux, dressés à une certaine distance de sa case.

Ces greniers sont de grands paniers de forme cylindrique, surmontés d'un dôme conique en paille. Ils sont confectionnés, comme on l'a déjà vu, avec les branches tressées de n'guèr, de n'diamedame (Boscia senegalensis, Lautr.) dont l'odeur éloigne les insectes. Leur capacité est d'environ 1 mètre cube.

Une légère ouverture est ménagée sur le côté pour que la négresse puisse chaque jour prendre la quantité de grains nécessaire pour la préparation du couscous.

Rendement. — Le rendement du mil est essentiellement variable selon que le sol est plus ou moins fertile et les conditions climatériques plus ou moins favorables.

Voici néanmoins quelques rendements obtenus en 1899 à la ferme d'expériences de M'Bambey dans le Baol.

VARIÉTÉS	Parcelles d'expériences	RENDEMENT						A L'HECTARE					
		DES PARCELLES PRÉPARÉES											
		à la charrue	à l'hilaire	à la charrue	à l'hilaire	à la charrue	à l'hilaire	à la charrue	à l'hilaire	à la charrue	à l'hilaire	à la charrue	à l'hilaire
		Poids des tiges		Poids du mil non décortiqué		Poids du mil décortiqué		Poids des tiges		Poids du mil non décortiqué		Poids du mil décortiqué	
Bassi	un are	144 k.	132 k.	46.201 k.	33 k.	27 k.	14 k.	19210 k.	16500 k.	4621 k.	3300 k.	2700 k.	1400 k.
Souna	un are	144 k.	122 k.	16 k.	9 k.	12 k.	6 k.	14400	12200	1600	900	1200	600

Production. — La production moyenne annuelle du Sénégal, en mil, est approximativement :

    Pour le Souna   de 50.000 tonnes
    — Félah   de 12.000 —
    — Gadiaba   de 20.000 —
    — Nianico   de 12.000 —
    — Diahnat   de 25.000 —
    — Tiotandé   de 300 —
    — Sanio   de 7.000 —
    — Bassi   de 8.000 —
    — M'Bakat   de 1.000 —

Valeur commerciale. — Selon les années et les points du territoire que l'on envisage, le mil se paie à des prix assez différents.

Celui moyen du gros mil sur le marché de Saint-Louis est de 9 à 10 fr. Pour le petit mil, il est toujours plus élevé de quelques unités. Il varie d'ordinaire de 12 à 15 fr.

Traite. — Le commerce du mil a surtout lieu entre indigènes. Parmi les plus grands acheteurs se trouvent les Maures. Leur pays est trop pauvre, la sécurité n'est pas suffisante pour assurer au cultivateur le produit de ses récoltes, ils sont nomades et ne s'occupent, en conséquence, que fort peu de cultures. Ils achètent dans les escales du fleuve le mil dont ils ont besoin. Leurs caravanes sillonnent également le pays pour transporter, commercer, pour gagner l'argent nécessaire à leurs achats.

Quelques négociants européens achètent également du mil, le gros principalement, pour l'envoyer en France (Bordeaux est le port d'arrivée) où il est utilisé pour la production de farine ou d'alcool.

Le mil rend jusqu'à 41 o/o d'alcool à 95° (V. Lanessan).

Les exportations de mil du Sénégal ont été les suivantes pendant ces dernières années :

ANNÉES	QUANTITÉS EN KILOGR.	VALEURS	OBSERVATIONS
1898	51.429 k.		
1897	2.550	255 »	
1896	3.969	593 85	
1895	595	78 25	
1894	65.631	66 40	

Il n'existe encore aucune distillerie pour traiter le mil en vue d'en obtenir l'alcool. Il semble qu'une telle industrie aurait des chances de réussir. Elle trouverait sur place, à un prix rémunérateur, l'écoulement de son alcool.

Ce produit est, en effet, importé en grande quantité sur la côte occidentale d'Afrique, où il est consommé par les noirs fétichistes...

Il n'y a pas de gros mil à la côte et pas de petit. C'est le riz qui est la nourriture des indigènes de cette région.

GRAPHIQUE DU MOUVEMENT EN MIL
DANS LES ESCALES DE LA VOIE FERRÉE EN 1899

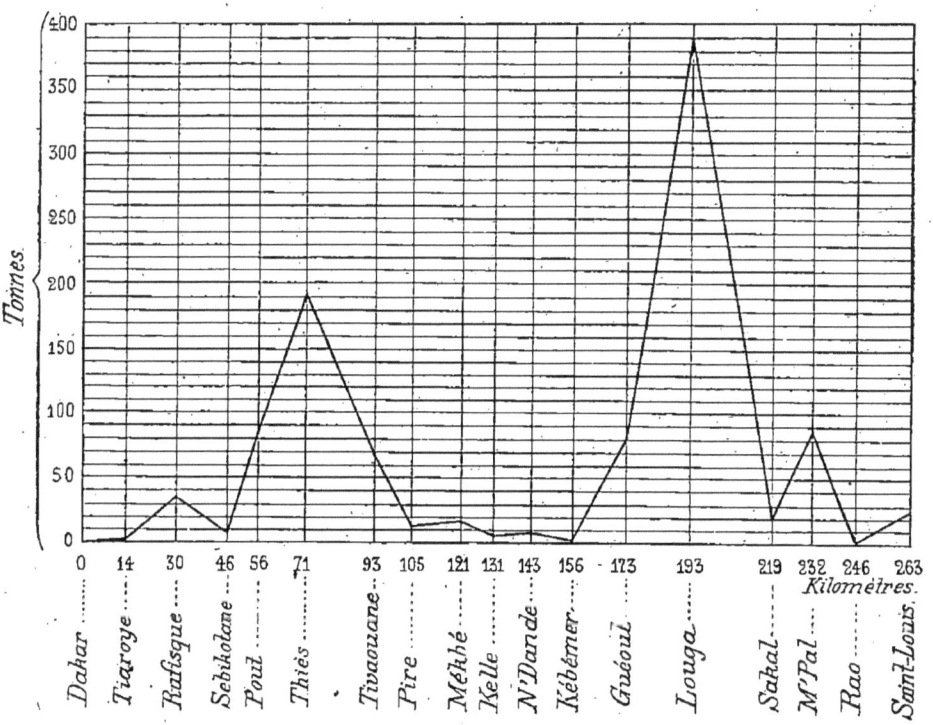

Usages. — Le mil constitue la base de l'alimentation du noir sénégalais, ainsi que de la plupart des populations autochtones de l'Afrique occidentale. C'est sous la forme de couscous qu'il est, ordinairement, consommé.

Le noir le mange parfois en entier, cru ou bouilli, mais le plus souvent concassé (sankal) ou transformé en farine (rouye).

Le rouye n'est autre que de la farine délayée dans une certaine quantité d'eau bouillante. Il est rendu clair ou épais, selon que la quantité de farine est plus ou moins grande. Mélangé avec du tamarin ou simplement pris avec du sucre, parfois avec du sel, il constitue un mets très léger, très nourrissant, excellent dans la convalescence.

Le tiotandé et le petit mil sont également mangés, lorsque le grain est encore vert et tendre (N'Guèye-N'Gal).

Le N'Guèye-N'Gal est simplement le tiotandé ou le mil cru, trempé dans de l'eau sucrée ou bouilli avec l'écorce. Il est même assez fréquemment mangé par l'indigène; mais celui-ci apprécie davantage le sankal et la farine.

Pour préparer le sankal, les grains de mil sont placés dans un mortier spécial et mouillés légèrement. Ils sont d'abord décortiqués au moyen d'un pilon. On les vanne ensuite à l'air libre en les faisant tomber d'une certaine hauteur, pour les séparer des débris d'enveloppe et d'écorce qui donneraient un goût désagréable. Après cette opération, ils sont lavés à grande eau, puis séchés pendant quelques heures.

Après avoir été pilés une deuxième fois dans le mortier, les grains réduits en fragments de la grosseur d'une tête d'épingle constituent le sankal.

On en fait une bouillie très épaisse à laquelle on ajoute une sauce faite avec du lait caillé sucré ou d'huile de palme (tir) ou simplement avec un délayage du fruit du baobab (bouye) et d'eau.

Ainsi préparé le sankal est appelé « lah » (1) en ouolof, « gniri » en toucouleur. C'est un mets qui n'est point détestable. Il est même appétissant lorsqu'il est préparé avec soin. Il ne se conserve pas longtemps, et, au bout de quelques jours, il prend un goût aigre qui le rend impropre à la consommation.

Le sankal se mange encore seul ou bien cuit avec de la viande

---

(1) Le lah est encore désigné sous le nom de *sanglé*.

ou du poisson (*garre*). Le garré est encore un mets très nourrissant et très estimé de la population, lorsqu'il est bien épicé.

La préparation de la farine est plus longue, elle ne diffère de celle du sankal que par le degré de pulvérisation où est amené le mil qui est réduit en poudre impalpable. On se sert également d'un mortier et d'un pilon.

Quand le grain est suffisamment pulvérisé on le met dans une calebasse et on lui imprime une sorte de mouvement circulaire qui fait monter à la surface les résidus ou grosses boulettes de farine que l'on désigne sous le nom de *carao*. Celles-ci sont séparées à la main, mises de côté et exposées au soleil. On en fait un mets très estimé des indigènes, surtout lorsqu'il est cuit à moitié et mélangé avec du lait caillé sucré (Fondé).

Le *fondé* est le plat favori du Saracolès et du Bambara.

Selon que l'ouvrière est plus ou moins habile dans son métier, le *carao* forme des boulettes plus ou moins petites.

On se sert du carao obtenu en petites boulettes pour faire encore du « lah » dans lequel on met une sauce faite simplement avec du lait pur sucré.

Lorsque la farine est nette, elle est douce au toucher, hygrométrique et présente, après avoir subi le travail indiqué plus haut, un aspect blanc grisâtre. Elle est séchée pendant quelques heures à l'air libre puis elle est mise dans un récipient ouvert, de forme ronde et percé de plusieurs trous dans le fond (*inédé*), lequel est exposé à la vapeur d'eau qui fait cuire le contenu. La cuisson faite, la farine devient le « couscous ».

On l'assaisonne d'une sauce relevée, après que l'on a eu soin d'humecter, au préalable, avec un bouillon à la viande ou au poisson, le couscous mélangé d'une pincée de feuilles de baobab pulvérisées (*lalo*).

Le mil est un excellent aliment, assez riche en matières azotées ; le noir n'a pas dîné s'il n'a pas absorbé sa ration de couscous.

Le couscous a la propriété d'être un bon laxatif.

D'après E. Raoul, la composition des graines de sorghum vulgare et de fonio est la suivante :

	Sorghum vulgare	Fonio
Matières azotées	9,18	10,84
Amidon	74,53	72,18
Matières grasses	1,93	3,01
— minérales	1,69	1,99
Eau	12,70	11,98
	100,03	100,00

Les Bambaras font avec le mil une sorte de boisson fermentée, alcoolique, qu'ils appellent le *dolo*. Cette boisson n'est point désagréable, malgré son goût un peu aigrelet. Mélangée avec du miel, elle forme un hydromel très apprécié par les noirs.

Les différentes variétés de mil ne sont pas exclusivement réservées à la nourriture des indigènes, elles servent également à l'alimentation des animaux. Depuis le 1er janvier 1899 il entre en remplacement de l'orge, dans la ration des chevaux et mulets des services militaires.

Les rations journalières sont composées comme suit :

	1° chevaux d'Algérie	2° chevaux du pays et mulets
Gros mil	4^{k}500	4^k
Foin de France	1^k	1^k
Paille d'arachides	3^k	3^k
Paille litière	2^k	2^k

Il suffit, pour faire apprécier l'avantage financier de l'emploi des graines et fourrages locaux, de rappeler les consommations d'orge et de foin de France faites pendant les années où il en était fait usage.

Années		Importance des consommations
1895	orge	118,672 kilog.
1897	orge	8,707 —
1896	foin	25,791 —
1897	foin	5,386 —

La paille des panicules de mil est également un excellent fourrage. Les chevaux, bœufs, chèvres et moutons en sont friands; mais elle est loin de valoir, en principes nutritifs, la paille d'arachides.

Les cendres de tiges de mil contiennent une notable quantité de sels potassiques. Les indigènes s'en servent pour faire une sorte de *savon* noir. Ils retirent des écorces de mil une teinture rouge dont ils se servent pour teindre les pailles destinées à la confection de chapeaux, de paillassons et de nattes.

Les tiges de mil sont encore utilisées dans le pays pour la construction des cases et des palissades.

Par suite de ces usages multiples, le mil est considéré, à juste titre, par les indigènes du Sénégal, comme la plante la plus précieuse.

Le *maïs* réussit bien dans la colonie, il est surtout cultivé dans le Foûta.

Les indigènes en distinguent deux variétés, le *jaune* et le *blanc*.

Le maïs blanc est préféré pour les animaux et ses rendements sont plus élevés. Le maïs est semé dès les premières pluies d'hivernage. Il pousse rapidement et est bon à récolter en septembre. Les indigènes en font une farine qu'ils mélangent à celle du mil pour préparer leur couscous.

Le maïs coupé vert constitue un excellent fourrage.

Le *riz* pousse à l'état spontané plutôt qu'il n'est cultivé dans le Oualo et le Saloum. Mais en Casamance, il est l'objet de beaucoup de soins. D'importantes rizières pourraient être établies dans les terrains qui bordent le fleuve Sénégal et dans toute la dépression inondée par le lac de Guiers.

La culture du *manioc* prend de jour en jour de l'extension. Ce tubercule, riche en matières amylacées, sert à la nourriture des indigènes; c'est une précieuse ressource alimentaire dans les années de disette, lorsque la récolte de mil vient à manquer.

CULTURE DE L'ARACHIDE

L'arachide ou pistache de terre (arachis hypogea Linné) est une plante oléagineuse annuelle dont la culture a pris une extension considérable au Sénégal.

Elle porte différents noms selon les régions et les dialectes locaux ; elle est dénommée « guerté » ou « aren » en oulof, « tiga » en malinké, « bandiagot » en diola, « mankara » en portugais (Casamance).

Caractères botaniques. — Elle appartient à la famille des légumineuses papilionacées et à la série des hédysacées. C'est une plante herbacée de 30 à 50 cm. de hauteur, velue et très touffue ; certains de ses rameaux sont dressés ; la plupart s'inclinent et se couchent sur la terre. Ils portent tous des feuilles composées, formées de deux paires de folioles opposées, obovales obtuses et longuement pétiolées. Les fleurs sont jaunes et disposées par paire à l'aisselle des feuilles. Le calice, dont le tube est filiforme, long de 6 à 8 mm. a son limbe formé de quatre divisions linéaires très profondes. La corolle est papilionacée ; les étamines, au nombre de dix, ont leurs filets réunis en un tube épaissi et charnu, terminé par des anthères biloculaires. L'ovaire est à une seule loge, renfermant un petit nombre d'ovules. Il est inclus dans un

Sénégal.

réceptacle formant un long tube rigide que parcourt le style très long et faisant saillie en dehors du tube formé par les étamines.

La fructification de l'arachide est des plus singulières : toutes les fleurs des rameaux dressés avortent, celles des tiges couchées fructifient seules. Après la fécondation, les enveloppes florales et les étamines tombent, laissant l'ovaire entouré à la base par le réceptacle.

Le pédoncule s'allonge et se recourbe vers le sol de manière à y faire pénétrer l'ovaire fécondé. Lorsque celui-ci est parvenu à une profondeur de 4 à 6 cm., il commence à grossir; il produit une gousse longue de 3 à 5 cm. A la maturité, cette gousse renferme de une à trois graines, rarement davantage. Elle est à peu près cylindrique, légèrement étranglée entre les graines; sa surface présente un réseau de rides saillantes, formées par des nervures, dont les unes longitudinales et les autres transversales.

Quand la gousse est mûre, ses parois deviennent jaune-grisâtre, un peu spongieuses et se brisent facilement sous la pression des doigts.

Les graines sont de la grosseur d'une noisette. Elles sont entourées d'une enveloppe rouge vineux et constituées par deux cotylédons huileux très épais et charnus. Fraîches, leur saveur rappelle celle du haricot vert; lorsqu'elles sont grillées, elle se rapproche de la noisette.

Origine et aire géographique. — Les auteurs ne sont pas d'accord sur le lieu d'origine de l'arachide. Les uns la croient originaire d'Asie, d'autres d'Amérique, d'autres enfin d'Afrique.

Le fait est qu'actuellement l'arachide est cultivée dans toutes les contrées intertropicales et même dans certains pays tempérés. Elle est connue depuis fort longtemps des noirs de l'Afrique Occidentale et, dans les régions les plus fermées à la civilisation, on rencontre des champs d'arachides auprès des villages.

Il est probable que ce sont les nègres emmenés comme esclaves qui en ont transporté des semences en Amérique et les ont cultivées en vue de leur alimentation.

Cette plante est connue dans tout le Sénégal, mais sa culture n'est développée que dans les régions où les voies de communication rendent les transports faciles et peu coûteux.

Son extension considérable dans le Cayor, le Baol et les provinces sérères est due en grande partie à l'établissement de la voie ferrée de Dakar à Saint-Louis. Dans les provinces éloignées des escales, comme le Djoloff, le Saloum oriental, le Niani, les indigènes commencent à cultiver l'arachide en vue de la vente.

La sécurité du pays, assurée par l'occupation française, a permis aux indigènes de s'adonner aux cultures, et aux traitants d'établir des comptoirs dans les points les plus reculés. De nombreuses routes et pistes ont été établies, convergeant vers les escales, où désormais les cultivateurs peuvent commodément transporter leurs produits. La carte ci-jointe donne une idée de la culture de l'arachide dans les diverses provinces de la colonie.

Historique de la culture. — La culture en grand de l'arachide au Sénégal remonte à 1840. A cette époque arrivèrent à Marseille dix sacs soit 722 kilogr. de graines, qui furent traitées dans les huileries ; leur rendement en huile fut si favorable que le commerce marseillais en redemanda aussitôt.

Les premiers envois furent faits par M. Granges (de Saint-Louis) et M. Rousseau (de Rufisque). Il convient de signaler l'initiative de ces deux commerçants qui fut le début d'une richesse qui va encore de nos jours en augmentant.

L'arachide a le double avantage de *servir à l'alimentation des noirs et d'être une denrée commerciale d'une vente facile*. D'ailleurs, le peu de soins qu'exige sa culture convient bien au caractère indolent de ces derniers.

Depuis les premiers envois d'arachides faits à Marseille vers

1840, l'exportation n'a pas cessé d'augmenter d'année en année.

En 1854 il était expédié du Sénégal 4,820,063 kilogs représentant 796,448 francs.

Pour ces dernières années, les statistiques de la douane donnent les quantités suivantes :

ANNÉES	POIDS	VALEUR
1892	46.790.373 kil.	11.635.944 fr.
1893	58.582.661	11.559.030
1894	65.288.557	11.357.578
1895	51.537.358	7.661.684
1896	63.555.600	9.146.012
1897	58.022.732	8.336.626
1898	95.555.098	13.615.059

Climat. — L'arachide, bien que cultivée dans le midi de l'Europe (Espagne et Italie) et le nord de l'Afrique (Algérie et Egypte), est surtout une plante des régions tropicales ou intertropicales. Elle trouve au Sénégal un climat très favorable à son développement.

Elle se cultive pendant l'hivernage, c'est-à-dire pendant la saison des pluies.

Les graines sont mises en terre dès les premières pluies ; les indigènes ensemencent lorsque les pluies ont suffisamment détrempé le sol, en juillet habituellement. Les plantes croissent rapidement et la récolte est pratiquée en novembre et décembre, c'est-à-dire au début de la saison sèche.

Pendant l'hivernage, la température se maintient entre 28° à 31° à l'ombre ; elle descend rarement à 20°, même durant la nuit. Au soleil, le thermomètre monte à 48 et 50° ; le ciel est souvent couvert, les tornades sont fréquentes surtout en juillet, août et septembre.

Les pluies ne sont pas très abondantes, cependant l'état hygrométrique de l'atmosphère est très élevé ; aussi l'humidité est-elle suffisante pour assurer la végétation de l'arachide.

La moyenne d'eau tombée durant l'hivernage est 350 à 400 mm. (d'après les observations faites à Saint-Louis). Les pluies se répartissent sur une trentaine de journées ; elles sont plus abondantes dans les régions sud du Sénégal. Elles sont surtout fréquentes du 15 juillet au 15 septembre ; elles sont rares avant et après cette période.

Terrain ou sol. — L'arachide exige des terres légères, sablonneuses ou silico-calcaires. Les sols argileux ne lui conviennent pas. Elle trouve au Sénégal des terrains très propices, surtout dans le Cayor, le Baol et le Sine. Les indigènes ne la sèment jamais dans les terres compactes où elle aurait de la difficulté à enfoncer ses graines. Dans celles qui sont de consistance moyenne silico-argileuses et riches en humus, ils la font précéder d'une sole au moins de mil.

Dans l'assolement indigène, l'arachide vient soit après jachère, soit après une culture de mil. Les deux suivants sont les plus fréquents :

I° Terres humifères silico-argileuses.　　II° Terres sablonneuses.

1er et 2e sole (mil, souna, sanio).　　1er sole : arachide.
3e sole : arachide.　　2e — mil.
4e — jachère.　　3e — jachère.

Grâce aux nodosités de ses racines, l'arachide prend directement à l'air l'azote nécessaire à son développement, c'est ce qui lui permet de prospérer même dans les sables complètement dépourvus d'humus ; elle n'épuise nullement le sol, contrairement aux assertions émises par certains auteurs.

Cependant, lorsqu'elle trouve au début un peu de matière azotée, sa végétation en est plus active, sa fructification plus abondante et ses rendements plus élevés. Aussi, pour faire cette culture d'une manière rationnelle, est-il bon de donner au sol, au moment des semailles, une fumure azotée facilement assimilable.

Elle demande beaucoup de chaleur; l'ombrage des arbres lui est défavorable, aussi vient-elle mal dans les terrains couverts; c'est même là une des raisons qui ont poussé les indigènes au déboisement dans les pays comme le Cayor, où la culture a pris une extension considérable. Elle réussit cependant assez bien sous le « cadde » (acacia abicans) qui se dépouille de ses feuilles en hivernage.

Préparation du sol. — Le terrain destiné à l'arachide reçoit une préparation très rudimentaire. Les arbustes et les herbes sont coupés; cette broussaille est mise en meules et brûlée, les cendres sont écartées sur le champ et constituent le seul engrais donné à la terre. Pour ce travail de débroussaillement, l'indigène se sert d'une espèce de sabre primitif, le « *diassi* » qui est une espèce de houe à main, et de l' « *hilaire* » (1). Le noir remue très superficiellement la surface de son champ ou « lougan » avec ce dernier instrument. Cette façon est un déchaumage de 3 à 5 cm. environ de profondeur. L'hilaire est surtout employé par les *Ouolofs*; depuis quelques années, ils utilisent également une pioche légère qu'ils dénomment « *tongou* » ou « *daba* »; elle est munie d'un manche long de 1^{m}50 environ; elle remplace avantageusement l'hilaire dont se servent d'ordinaire les Toucouleurs et les Bambaras; elle est préférable pour préparer les terres compactes argileuses du Sénégal ou « binite. »

---

(1) L'hilaire est formée par une lame plate en fer forgé, fixée à l'extrémité d'un manche droit de 2 mètres à 2^{m}50 de longueur.

Avec cette pioche, le noir ne remue pas le sol plus profondément qu'avec l' « hilaire », rarement au delà de 5 centimètres.

Les *Socés* et *Mandingues* utilisent très peu les instruments précédents ; ils se servent d'une espèce de sape appelée « *donkoto* » (1), et d'une binette à pousser à manche court, dénommée « *sokh-sokh* » (2).

Au moyen du « *donkoto* », les Socés labourent véritablement le terrain dont la surface est disposée en petits billons, lorsque le travail est effectué. Ils opèrent ainsi indistinctement pour l'arachide, le mil, le coton et l'indigo. Les terres qu'ils cultivent renferment toujours une assez forte proportion d'argile et exigent des façons plus complètes, des labours plus profonds que les sols sablonneux ; comme elles sont plus ou moins imperméables, il est nécessaire de faciliter l'écoulement de l'eau des tornades et d'éviter que l'excès, en séjournant à la surface, ne nuise aux semis. Cette pratique de labours est d'autant plus utile que les pluies sont plus abondantes dans le sud du Sénégal, pays des Mandingues, que dans le nord, où habitent les Ouolofs.

L'emploi de la charrue pourra rendre de grands services et donner d'excellents résultats dans ces régions sud où les terres sont souvent compactes et les pluies fréquentes.

Sans nul doute, les indigènes accepteront la charrue d'autant plus volontiers qu'ils font déjà des labours réguliers avec un instrument rudimentaire et manœuvré à la main.

Depuis deux années, le gouvernement du Sénégal engage les cultivateurs noirs à adopter des instruments plus perfectionnés que ceux qu'ils emploient actuellement. Quelques chefs semblent

---

(1) Le « *Donkoto* » se compose d'une palette en bois de 0^m,50 environ, munie d'une pointe et d'une armature en fer. Un manche court de 0^m,50 y est fixé sous un angle de 20°. L'ouvrier au travail est courbé complètement ; il creuse un sillon profond de 10 à 15 cm.

(2) Le « *Sokh-Sokh* » est formé d'une lame aplatie en fer analogue à celle du hilaire, portée par un manche en bois recourbé long de 0^m,50.

vouloir suivre les conseils qui leur sont donnés. Ils se sont déjà procurés des charrues et ont fait dresser des attelages de bœufs et de chevaux pour effectuer leurs travaux des champs.

Des essais faits dans plusieurs cercles ont démontré la supériorité de la charrue ou même du scarificateur pour préparer le sol sur l'hilaire, le tongou et les autres outils indigènes. Les récoltes ont été sensiblement plus élevées que la moyenne ordinaire obtenue dans le pays.

Engrais. — L'indigène ne connaît pas l'emploi des fumures. Il laisse s'accumuler en tas énormes, à quelques pas de sa case, des débris végétaux et des immondices d'animaux sans se douter que ce fumier est une matière fertilisante qui lui permettrait d'augmenter notablement le rendement de ses cultures.

Il est fort difficile, sinon impossible de lui inculquer cette idée, qui est aujourd'hui élémentaire chez les cultivateurs européens; le nègre est l'être routinier par excellence; son indolence naturelle et sa paresse sont proverbiales.

Choix des semences. — Quelques jours avant de procéder aux semis, l'indigène écosse les gousses; les graines grosses et petites sont mélangées et semées indifféremment; celles qui sont détériorées sont seules rejetées.

Ces semences proviennent parfois d'une réserve faite au moment de la récolte; le plus souvent, elles sont fournies par les traitants.

Il est étonnant de voir combien le nègre est peu prévoyant; il vend presque toujours sa récolte complète; il ne songe qu'à se procurer de l'argent pour acheter des bijoux ou des futilités. L'idée ne lui vient pas de faire des économies pendant les années d'abondance. Aussi est-il toujours sans ressources et, au moment des semailles, il est obligé de recourir aux traitants pour avoir les semences qui lui sont nécessaires. Ces avances lui sont faites sur gages et sont remboursables en nature à la récolte suivante.

L'idée de sélectionner ses graines n'est jamais venue à l'indigène. C'est cependant le moyen à la fois le plus pratique et le plus simple pour augmenter le rendement de ses cultures et améliorer la qualité des produits. On peut attribuer au mauvais choix des semences, tout autant qu'à l'épuisement du sol, la dégénérescence constatée actuellement sur les graines de la banlieue de Saint-Louis. Le pays fournit depuis longtemps des arachides. Son sol, par sa nature sablonneuse, leur est propice; mais comme il est peu fertile, il s'est épuisé rapidement par des cultures successives, d'autant plus qu'aucune fumure, aucun engrais n'a été apporté pour lui restituer les principes fertilisants enlevés par les récoltes. Aussi, n'est-il point surprenant que les arachides récoltées dans les environs de Saint-Louis soient très petites, surtout si on les compare à celles du Baol et des provinces sérères. Autrefois, elles étaient très cotées sur les marchés européens; maintenant, elles le sont beaucoup moins et sont toujours vendues de 10 à 12 fr. 50 par tonne, moins cher qu'à Rufisque. Il n'est pas douteux que si des perfectionnements ne sont pas apportés à leur culture, elles seront, dans un avenir peu éloigné, tellement dégénérées, qu'elles seront refusées en Europe. C'est l'avis de plusieurs commerçants de Saint-Louis.

Il est incontestable que par une bonne préparation du sol, au moyen de labours et de fumures, il est possible d'obtenir non seulement de meilleurs rendements, mais encore de plus beaux produits. Mais la sélection des semences n'en conserve pas moins son importance. Les graines grosses, bien conformées, seules doivent être semées; les petites doivent être rigoureusement écartées. De petites semences ne peuvent produire que des plants rachitiques, étiolés et ceux-ci ne fournissent qu'une faible quantité de mauvaises graines.

Les commerçants du Cayor rendraient un grand service au pays, en même temps qu'ils satisferaient leurs intérêts, s'ils renonçaient à vendre aux indigènes de mauvaises semences venues dans la région et leur donnaient des graines de bonne qualité récoltées dans le Baol et les provinces sérères.

Semailles. — Lorsque le sol est détrempé par deux ou trois pluies, c'est-à-dire du 15 juin au 15 août, l'indigène procède aux semailles. Armé d'une hilaire ou d'un tongou, il fait de petits trous profonds de 3 à 5 centimètres, disposés sensiblement en quinconces à une distance de 0^m40 à 0^m70. Dans chacun d'eux des enfants ou des femmes laissent tomber une ou deux graines qu'ils recouvrent ensuite d'un peu de terre avec le pied.

Lorsque le sol a reçu comme façons préparatoires un scarificage ou un labour à la charrue, il convient d'enfouir les semences peu profondément, comme la pratique locale l'indique. La chose serait facile avec un semoir qui enfouit et répartit très régulièrement les graines.

La quantité de semences décortiquées employées à l'hectare est de 45 à 50 kilogs.

Végétation. — Six à huit jours après le semis, les jeunes plantules commencent à paraître, frêles et délicates ; elles se signalent d'abord par deux feuilles cotylédonaires, vert pâle, puis, par plusieurs feuilles vert foncé. Des rameaux ne tardent pas à se développer, et la plante prend l'aspect qu'elle conserve à l'état adulte.

Trente à quarante jours après la levée, les fleurs apparaissent ; il s'en forme presque jusqu'à la fin de la végétation. Les dernières avortent ordinairement ; les premières, portées par les rameaux étalés sur le sol, arrivent seules à produire des gousses.

Lorsque les tiges se fanent, les gousses sont mûres et bonnes à récolter ; cela a lieu à partir de fin octobre.

Le cycle de végétation de l'arachide dure donc quatre mois environ :

SEMAILLES	SARCLAGES	FLORAISON	MATURITÉ
Du 15 juin au 15 août.	Plusieurs au cours de la végétation, le 1er dans la 1re quinzaine après la levée.	30 à 40 jours après la levée.	Fin octobre, la récolte se continue en décembre.

Façons d'entretien. — Au cours de sa végétation, l'arachide reçoit plusieurs sarclages qui ont pour but de détruire les plantes adventices.

Lorsqu'elle se distingue nettement, c'est-à-dire lorsque ses jeunes rameaux ont de 5 à 6 centim. de longueur, on procède au premier sarclage. Il se fait dans la première quinzaine qui suit la levée. La bonne venue de la plante en dépend, car, comme elle est très délicate dans son jeune âge, elle serait vite étouffée par les mauvaises herbes qui l'enserrent. Il est suivi d'un deuxième et même d'un troisième ; le noir se règle à cet effet sur la sortie des plantes adventices qu'il convient de faire disparaître ; le sol doit toujours être absolument net pour que l'arachide puisse se développer librement. Aussi dans certains terrains où la végétation spontanée se développe avec vigueur, l'indigène donne-t-il trois ou quatre sarclages et parfois un plus grand nombre. Ces sarclages répétés remplissent également le rôle de binages superficiels ; ils maintiennent meuble et bien divisée la surface du sol, le rendent plus perméable aux pluies torrentielles des tornades et diminuent l'évaporation en détruisant les solutions de continuité propices à la capillarité.

Le proverbe : « Un binage vaut un arrosage » n'est pas moins exact au Sénégal qu'en France. On peut dire qu'aucune culture n'est possible dans la colonie, sans sarclages et binages répétés.

Selon les régions, l'hilaire chez les Ouolofs et les Sérères et le « sokh-sokh » chez les Mandingues sont utilisés pour ces travaux ;

c'est un plaisir de voir avec quelle dextérité les travailleurs les exécutent.

Maladies. — Dans les lougans d'arachides se remarquent parfois des pieds languissants, à feuilles jaunâtres, qui forment comme des taches au milieu des plants vigoureux d'un feuillage vert foncé. Si l'on arrache un des plants malades, on constate que les gousses sont noires, à la surface, et les graines pourries à l'intérieur. C'est une sorte de *pourridié* qui atteint les racines, les gousses et les graines. Cette maladie a été observée cette année à Sor (près de Saint-Louis) dans un champ cultivé par un noir, à l'hilaire. Dans le terrain voisin préparé au scarificateur, remué plus profondément et mieux débarrassé des mauvaises herbes, nulle trace du mal n'a été constatée.

Récolte. — La récolte de l'arachide se fait ordinairement du 15 octobre au 15 novembre lorsque les tiges et les feuilles commencent à se faner.

Le noir avec son hilaire soulève et arrache les plants ; il les rassemble ensuite en petits tas analogues aux meules de foin que l'on fait en France au moment du fanage. Après quelques jours, il les réunit en grosses meules et les laisse ainsi jusqu'à complète dessiccation ; il les recouvre parfois de tiges de mil et d'épines pour les protéger des rôdeurs et des animaux. Lorsque la terre est légère et très meuble, les gousses mûres suivent facilement les tiges à l'arrachage ; mais lorsqu'elle est quelque peu argileuse et durcie par la sécheresse, le pédoncule des gousses se rompt facilement. L'indigène brise alors la croûte superficielle durcie du sol, en la frappant avec un bâton ; il retire ensuite à la main les gousses détachées des tiges. C'est un travail long et fastidieux, réservé d'ordinaire aux femmes et aux enfants. Ce procédé est surtout employé dans les provinces sérères et le Baol où la terre est plus compacte que dans le Cayor. Lorsque la saison des pluies se continue tardivement, jusqu'en novembre, la récolte doit également être faite à la main. C'est ainsi qu'en 1899, les noirs, redoutant les tornades tardives, n'ont pu récolter leurs arachides dès maturité. Ils craignaient de les voir se mouiller et pourrir en meules. Ils ont préféré les laisser en terre et compléter l'arrachage à l'hilaire par une recherche à la main des gousses détachées des tiges et restées dans le sol.

Battage. — La séparation des gousses et des tiges se fait habituellement à la main.

Ce sont les femmes et les enfants qui font ce travail. Ils prennent une à une les gousses entre leurs doigts et les pressent légèrement ; celles qui résistent sont bonnes, elles sont enlevées et mises dans des « calebasses » ; celles qui cèdent sont vides et sont laissées sur les tiges. Les fanes sont mises en meules ; elles constituent un excellent fourrage pour les chevaux, bœufs, chameaux, moutons et chèvres. Elles se vendent couramment à Saint-Louis de 5 fr. à 6 fr. les 100 kilogs.

Lorsque la récolte est abondante, et quand, par suite du manque de débouchés, la paille est à très bon marché, l'indigène procède par battage à la séparation des gousses. Sur une petite aire où le sol est nettoyé, il dispose les plantes sèches et les frappe au moyen d'un bâton ou d'une gaule. Les tiges se brisent et se séparent des gousses.

Ce procédé est plus expéditif que le précédent, mais il a l'inconvénient d'émietter la paille, de la rendre difficilement transportable et peu vendable.

Rendement. — Les quantités de gousses que donne l'arachide sont très variables. La moyenne est de 1500 à 1800 kilogs par hectare dans les bonnes terres cultivées par les noirs.

Voici quelques résultats d'expériences faites en 1899 dans les stations d'essais de la colonie :

LOCALITÉS	Superficie et parcelles d'expériences	RENDEMENT DES PARCELLES		RENDEMENT A L'HECTARE		OBSERVATIONS
		en gousses sèches	en paille sèche	en gousses sèches	en paille sèche	
M' Bambey	1 are	24 k. 500	28 k.	2450 k.	2800 k.	Parcelle préparée à la charrue.
	1 —	17	16	1700	1600	Parcelle préparée à l'hilaire.
Kaolack.	15 ares	280 k.	300 k.	1866 k.	2100 k.	Parcelles cultivées à la façon indigène.
	10 —	157	250	1570	2500	
	15 —	230	400	1533	2666	Terre préparée à la charrue, semences non décortiquées.
	10 —	150	250	1500	2500	Terre préparée à la charrue, semences sélectionnées et décortiquées.
	10 —	210	475	2100	4750	
	10 —	270	350	2700	3500	Terre fumée et préparée à la charrue, semences sélectionnées.
Tivaouane.	10 ares	103	205 k.	1030	2050	Façons culturales données avec l'hilaire, semences placées à 0^m,40 × 0^m,40.
	—	220	210	2200	2100	Façons culturales données avec l'hilaire, semences placées à 0^m,30 × 0^m,30.

Le salaire journalier donné ordinairement au noir est de 1 fr. A ce taux, le prix de revient pour la culture d'un hectare d'arachides est de 160 fr. environ :

    Préparation du terrain . . . . . 20 fr.
    Semences (50 k. à 20 fr. les 100 k.) . 10 —
    Semailles (main-d'œuvre) . . . . 10 —
    Sarclages (1 à 20 fr. et 2 à 15 fr.) . 50 —
    Arrachage et mise en meules. . . 30 —
    Battage et liage de la paille . . . . 40 —

                                     160 fr.

En utilisant des instruments modernes, charrues, scarificateurs, semoirs et houes, on peut diminuer sensiblement les frais de culture et augmenter les rendements.

Traite. — La traite des arachides commence aussitôt la récolte faite. Mais en novembre et pendant la première quinzaine de décembre, elle est peu active; elle ne porte que sur de petites quantités apportées par les femmes aux marchés et échangées contre des denrées d'usage journalier.

La traite bat son plein pendant la deuxième quinzaine de décembre et les mois de janvier et février. Elle diminue en mars et se termine vers fin avril.

Les escales (marchés) où sont installés les traitants sont toujours aux points d'où les expéditions sont faciles. Les plus importantes sont situées sur la voie ferrée de Dakar à Saint-Louis : Tivaouane, Thiès, Louga et les autres stations, ou sur les rivières du Saloum et de la Casamance : Foundiougne, Fatick, Kaolack, Sedhiou.

Les arachides achetées dans les escales de la ligne sont concentrées soit à Rufisque soit à Saint-Louis. La plupart de celles de la petite côte : Nianing, Joal, sont transportées au moyen de petits bateaux ou côtres jusqu'à Rufisque.

Les arachides de Casamance sont concentrées à Carabane; de là elles sont transportées à Rufisque ou emportées directement en Europe par de grands bateaux. Rufisque est le centre de la colonie le plus important pour ce commerce de l'arachide. C'est là que se trouve le siège principal des grosses maisons commerciales.

L'installation des traitants jusqu'à ces dernières années, et encore dans certains cas, était tout à fait rudimentaire. Logés ordinairement dans une maisonnette en bois, ils reçoivent les arachides que leur apportent les indigènes. Ils les mettent en tas (*séco*) et les expédient au fur et à mesure des achats, ou à la fin de la traite.

Dans ce dernier cas, le séco atteint souvent des dimensions énormes; il n'est pas rare, en effet, d'en rencontrer qui comprennent 500 tonnes.

Le traitant opère ordinairement pour le compte d'une maison. Il touche, en outre de ses appointements, de son logement et de ses frais de nourriture, une certaine somme par 100 kilogs de graines achetées en général 0 fr. 50.

Parfois il opère à ses risques et périls ; il achète naturellement le meilleur marché possible et vend à un prix convenu ses arachides à une maison de commerce avec laquelle il est en relation d'affaires.

Les arachides sont transportées aux escales à dos de chameaux, d'ânes ou de bœufs porteurs, assez fréquemment à tête d'hommes, lorsque l'indigène en a une faible quantité à vendre.

De nombreuses pistes et chemins ont été ouverts par les soins de l'administration française et ont rendu les communications plus faciles sur les routes plus fréquentées ; des puits ont été creusés tous les 30 kilom. environ pour abreuver les caravanes.

Au moment de la traite, un grand nombre de Maures viennent avec leurs chameaux et leurs bœufs et s'occupent des transports d'arachides. Les Gandiolais partagent avec les Maures ce rôle de commissionnaires.

Les indigènes ne comptent pas leur temps; aussi, leur arrive-t-il souvent de porter leurs arachides à une escale éloignée pour une minime augmentation du prix de vente.

Il y a quelques années encore, les traitants achetaient contre marchandises : c'était la véritable traite. Mais à présent, les indigènes connaissent notre monnaie et ne veulent être payés qu'en argent. Ils ont été poussés dans cette voie par la nécessité de payer leur impôt en argent, tandis que récemment encore, ils l'acquittaient en nature.

La vente a lieu au poids, l'habitude de vendre à vue, d'après le contenu des « calebasses », tend à disparaître. Lorsqu'un noir.

n'est pas au courant de nos poids, il a soin de se faire accompagner chez le traitant par un de ses amis plus expert. Il fixe avec attention la bascule et ne se laisse nullement tromper sur la quantité. Il faut reconnaître d'ailleurs que les traitants européens établis sont assez consciencieux.

L'expédition des arachides par la voie ferrée se fait en sacs pesant de 80 à 100 kilogs. Le poids de l'hectolitre de graines non décortiquées est de 75 à 100 kilogs.

GRAPHIQUE DU MOUVEMENT EN ARACHIDES

DANS LES ESCALES DE LA VOIE FERRÉE EN 1899

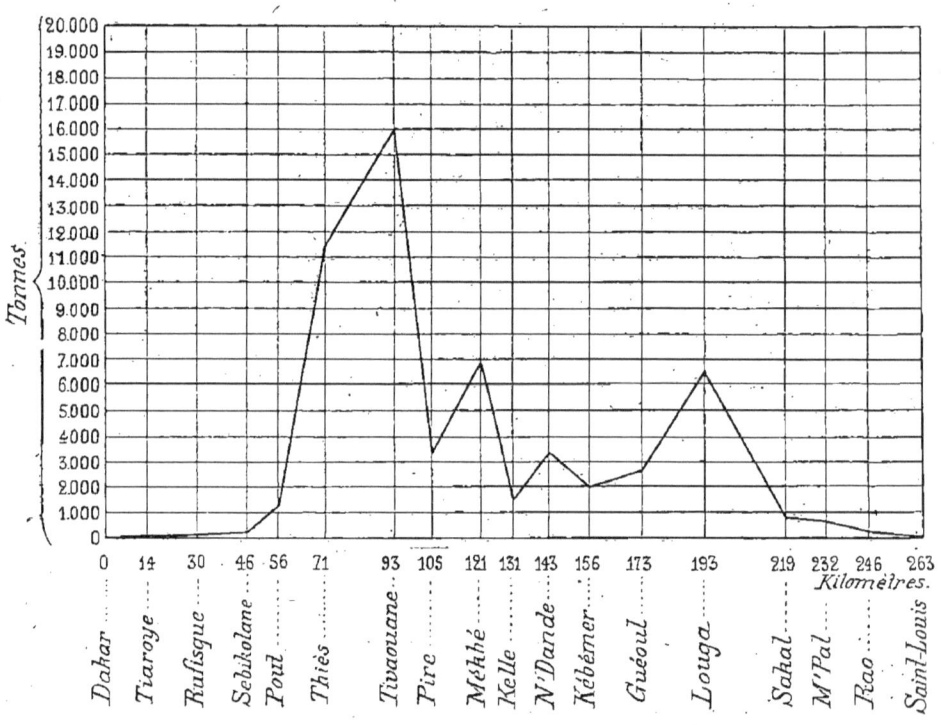

Valeur commerciale. — Les arachides sont cotées actuellement 17 fr. 50 les 100 kilogs à Rufisque; à Saint-Louis, elles sont achetées en moyenne 1 fr. de moins. Dans les escales, les prix varient selon le coût du transport jusqu'au port d'embarquement.

La place de Rufisque règle le cours. On compte 5 fr. en moyenne par 100 kilogs pour le transport de Rufisque en France (Bordeaux ou Marseille).

Les principales maisons de commerce d'exportation, toutes françaises d'ailleurs, qui s'occupent des arachides sont :

Maurel et Prom	Rufisque et Saint-Louis
Delmas et Clastres . . .	Rufisque et Saint-Louis
Peyrissac et Cie	Saint-Louis.
Buhan et Tesseire . . .	Saint-Louis et Rufisque
Maurel frères	Rufisque.
Devès et Chaumet. Cie française de l'Afrique Occid^{le} .	Rufisque et Saint-Louis

Le siège central de toutes ces maisons est à Bordeaux sauf celui de la Compagnie française qui a son siège à Marseille.

Les arachides du Sénégal sont achetées et expédiées en Europe non décortiquées. Elles sont transportées en vrac.

Huile. — Avec les graines d'arachides, on fabrique de l'huile par simple expression avec ou sans l'intervention de la chaleur.

D'après Corenwinder, l'amande de l'arachide contient :

Huile	51,75
Substances azotées . .	21,80
Matières organiques .	17,66
Potasse, chlore, etc. . .	2,03
Eau	6,76

Dans l'industrie, on retire de 35 à 40 o/o d'huile des graines du Sénégal.

On sépare le pellicule rougeâtre de l'amande et on enlève l'embryon, lorsqu'on veut obtenir une huile destinée aux usages domestiques.

Dans les grandes usines, on distingue plusieurs qualités :
1" Extra-superfine ;
2° Surfine ;
3° Fine.
qui sont obtenues par pression à froid.

La matière solide obtenue est broyée à nouveau, arrosée et chauffée avec des jets de vapeur d'eau ; elle est ensuite pressée et donne l'huile ordinaire marchande.

Une nouvelle trituration suivie d'une nouvelle pression donne l'huile lampante. On retire encore une huile pour le graissage des débris et balayures.

Celle que l'on extrait à froid est excellente ; elle est de couleur jaune verdâtre, très douce et conserve une légère odeur d'amande. Filtrée, elle devient presque incolore et d'une saveur agréable. Elle se conserve très longtemps sans rancir. Fraîche, elle se congèle à 3°. Sa densité est de 0,917 à 15°.

Obtenue par l'intervention de la chaleur, l'huile d'arachide présente une coloration foncée, une odeur et une saveur désagréables ; elle est alors impropre aux usages de la table, et ne peut être employée que pour l'éclairage ou la fabrication des savons.

Les noirs du Sénégal en préparent eux-mêmes une certaine quantité pour leurs besoins personnels ; ils débarrassent les amandes de leurs coques et les écrasent dans un mortier en bois ; ils projettent ensuite de l'eau chaude sur la masse obtenue.

Tourteaux. — Le tourteau d'arachides est blanchâtre par suite de la fécule qu'il contient. Il renferme de 6,07 à 7,32 o/o d'azote normal. D'après Corenwinder il contient :

Substances azotées . . .	41,62
Substances organiques . .	32,48
Potasse, chaux.	4,30
Huile	9,60
Eau	12,00
	100,00

Il est excellent pour la nourriture des bestiaux, en raison des principes alibiles qu'il contient. On prétend qu'il donne du goût à la chair des animaux engraissés ; mais il est facile de l'éviter en terminant l'engraissement avec des céréales.

Valeur commerciale. — Suivant la qualité, l'huile d'arachide vaut de 0 fr. 60 à 1 fr. 40 le kilog. Le tourteau se vend de 7 fr. à 10 fr. les 100 kilogs. La paille d'arachide se paye de 3 à 5 fr. dans les escales de la ligne et à Saint-Louis.

Fabrication de l'huile au Sénégal. — Plusieurs tentatives furent faites pour fabriquer sur place l'huile d'arachide.

La première est due à M. Pelin vers 1860. La deuxième est celle de M. Maroleau, elle remonte à 1873. Sa fabrique était installée à Saint-Louis et comprenait 4 presses et plusieurs décortiqueurs et broyeurs. Elle pouvait traiter de 1200 à 1500 kilogs d'arachides en coques donnant une moyenne journalière de 250 à 300 kilogs d'huile. L'huile valait 1 fr. 60 le kilog. en 1873 et 1 fr. 55 en 1875.

Jusqu'en 1878, le travail de trituration et de pression était fait à bras d'hommes ; cette année M. Maroleau employa une machine à vapeur comme force motrice. Mais la concurrence des huiles de coton venant d'Amérique et vendues à Saint-Louis de 0 fr. 70 à 0 fr. 75 le kilog, rendit bientôt impossible la tentative.

Une tentative plus importante fut faite par MM. Peyrissac. Une fabrique considérable fut établie à Sor (près de Saint-Louis).

Elle était fort bien outillée, possédait un matériel de 300.000 fr. environ et occupait 40 à 50 ouvriers. Elle faisait par jour 1800 à 2000 kilogs d'huile. M. Peyrissac baissa jusqu'à 0 fr. 90 le kilog le prix de son huile pour concurrencer celles de coton. Mais son usine cessa de rapporter des bénéfices et il dut la fermer. Il est triste de voir une telle industrie disparaître du pays.

Moyens d'augmenter la production de l'arachide. — Avant de terminer cette étude, il reste à indiquer brièvement les moyens d'augmenter la production des arachides au Sénégal. Ces moyens découlent de ce qui a été dit précédemment.

En premier lieu, il importe de multiplier les voies de communication et de faciliter les transports dans plusieurs provinces de l'intérieur comme le Djoloff, le Saloum Oriental, le Niani, etc... La culture de l'arachide y prendrait sûrement une extension comparable à celle qu'elle a acquise dans le Cayor, le Baol et le Sine, si les facilités de communication étaient plus grandes et les transports moins coûteux jusqu'aux ports d'embarquement.

L'établissement de voies ferrées, de routes et de pistes, ainsi que de points d'eau rapprochés, créerait dans ces régions un mouvement agricole et commercial des plus actifs qui en favoriserait la rapide mise en valeur.

En second lieu, il est nécessaire d'apporter certains perfectionnements aux procédés de culture indigène ; il faudrait enseigner au noir à sélectionner ses graines et l'amener à n'employer que d'excellentes semences ; il faudrait renouveler fréquemment les semences dans les sols peu fertiles comme ceux de la banlieue de Saint-Louis et de choisir de préférence des graines récoltées dans les terres fertiles des cercles de Thiès et du Sine-Saloum.

Enfin, il faudrait employer un matériel agricole moins rudimentaire pour exécuter plus rapidement les travaux de culture. C'est ainsi que la charrue, la houe, le scarificateur et même le semoir peuvent rendre les plus grands services et doivent être conseillés à tous colons qui veulent faire une culture rationnelle de l'arachide.

CULTURE DU COTONNIER

I

Parmi les plantes utiles qui croissent spontanément au Sénégal, l'une des plus intéressantes est le cotonnier.

Cette malvacée se rencontre partout et est l'objet d'une culture régulière de la part des indigènes. Son produit est utilisé sur place pour la confection d'étoffes grossières mais solides, servant à faire des vêtements.

Aire géographique. — Dans les cercles du « fleuve » le cotonnier est cultivé de préférence sur les rives du Sénégal et des marigots. Il est surtout abondant le long du lac de Guiers, des marigots de Bounoun, de Fanaye et de Doué.

Dans les cercles de la « ligne Saint-Louis Dakar » et principalement dans les provinces sérères autonomes, le Djoloff, le Sarriokhor, le Baol, on rencontre, en grand nombre, des champs de cotonniers autour des villages indigènes.

Dans le Sine-Saloum, ils sont aussi très communs.

Cette culture ne semble guère inconnue que dans la basse-Casamance.

Terrain. — L'indigène ne tient pas grand compte de la nature de son champ. Il sème en un point quelconque, le plus souvent à proximité de sa case.

Cependant, s'il trouve une bonne terre, relativement fraîche et de nature argileuse, il la choisit de préférence. Il recherche également les endroits les mieux abrités des vents chauds de l'est.

Les plus beaux champs de cotonniers s'observent dans les sols frais, silico-argileux, situés près des cours d'eau et dans les terres à « binite » qui reposent sur une couche de craie.

A Olingara, près de Louga, se trouvent des cotonniers remarquablement beaux; ils sont dans un terrain constitué par une faible épaisseur de sable. Le sous-sol est formé par une argile dite « binite », qui repose sur une assise de craie.

L'eau ne se rencontre qu'à une trentaine de mètres de profondeur; mais de nombreux arbres protègent les jeunes plants à la fin de l'hivernage contre l'action dangereuse des vents d'est.

A la ferme de M'Bambey (cercle de Thiès) les cotonniers réussissent fort bien.

La terre est silico-argileuse et le sous-sol est constitué par une assise d'argile dite « latérite » et un calcaire marneux.

L'eau, dans les puits, ne se rencontre pas à moins de 22 mètres.

Ces terrains favorables au cotonnier sont très communs dans la colonie; ils forment la majeure partie des cercles de Thiès et du Sine-Saloum.

Ils rappellent par leurs caractères « ces terres rouges, douces, friables, exemptes de pierres et de cailloux, plus ou moins sablonneuses suivant les localités (1) » qui fournissent la plus grande quantité du coton des Etats-Unis.

Les eaux ne séjournent pas à la surface, mais les plantes y trouvent toujours, par imbibition, la réserve nécessaire à leur végétation.

D'ailleurs, lorsque les pluies de l'hivernage ont cessé, des rosées abondantes viennent continuer leur action bienfaisante en apportant au cotonnier l'humidité indispensable.

Variétés. — Les indigènes distinguent trois variétés de coton : Mokho, N'Dar N'Gau, N'Guiné, qui semblent toutes se rapporter au Gossipium punctatum. Elles sont semi-ligneuses, vigoureuses et très résistantes à la sécheresse.

Le N'Dar N'Gau est le plus commun et le plus productif, il se trouve dans le Oualo, le Cayor, le Baol et le Sine-Saloum.

C'est probablement le même que les Toucouleurs appellent « lado », et qui est la variété la plus répandue le long du fleuve dans les cercles de Kaédi, Matam. Sa soie est courte, blanche et résistante, elle sert à confectionner des tissus solides et d'un long usage. Ses feuilles sont régulières et présentent une coloration rouge vineuse vers l'extrémité des lobes. Ses fleurs sont

---

(1) Deschamps, *le Cotonnier*.

jaunes avec l'intérieur de la corolle rougeâtre. Ses capsules sont assez bien développées; elles sont cueillies en novembre et décembre.

Le N'Dar N'Gau est vivace, il se dépouille de ses feuilles pendant l'hivernage.

Au bout de 3 à 4 ans, il est recépé près du sol et émet de nouveaux rejets. Au dire de l'indigène, il peut produire ainsi un temps presque illimité.

Le mokho est peu cultivé par suite de son faible rendement. Comparé à celui du N'Dar N'Gau, il acquiert un médiocre développement. Ses feuilles sont petites, régulières, à lobes arrondis; elles ne tombent point pendant l'hivernage. Ses fleurs sont jaunes; ses jeunes pousses brunâtres. Ses capsules sont petites, mais donnent les fibres les plus blanches, les plus fines et les plus résistantes. Son produit est fort estimé des indigènes qui apprécient, d'ailleurs grandement, la facilité avec laquelle il prend la teinture bleue d'indigo.

Il semble que ce soit la même variété que les Toucouleurs dénomment « rimo » et qu'ils réservent de préférence pour leurs tissus teints en bleu.

Le mokho est tardif. Sa récolte a lieu ordinairement de janvier à avril.

Le N'Guiné est la variété la moins cultivée. Le plus souvent il ne se rencontre qu'accidentellement dans les champs.

Il présente une belle végétation; ses feuilles sont grandes, lobées, parfois irrégulières, à acumen très accentué. Ses fleurs sont jaunâtres. Ses capsules sont grosses, mais fournissent des fibres légèrement rougeâtres et peu appréciées des noirs.

La récolte se fait en novembre et décembre. Il est vivace et sa plantation dure de 3 à 4 ans.

Préparation du terrain. — La culture du cotonnier, pratiquée par l'indigène, est des plus primitives.

Celui-ci défriche grossièrement la parcelle de terrain qu'il a choisie et lui donne une légère façon au moyen de l'hilaire.

Lorsque les pluies ont suffisamment imbibé la terre, c'est-à-dire en juillet et août, il fait des trous disposés vaguement en quinconces et distants de 0^m,75 à 1 mètre et dépose dans chacun d'eux 4 ou 6 graines qu'il recouvre de 2 à 3 centim. de terre.

Les Sérères sèment habituellement le coton dans des « lougans » (1) de petit mil (variété souna, sanio).

Ils pratiquent cette opération en septembre après le deuxième ou le troisième sarclage du mil.

Les Toucouleurs et les Bambaras, qui habitent les bords du Sénégal, ensemencent le coton soit au début de l'hivernage, soit en novembre, au retrait des eaux. Les jeunes plants lèvent au bout d'une dizaine de jours, lorsqu'ils sont favorisés par une humidité suffisante. Dès qu'ils ont une hauteur de 5 à 10 cm., le sol reçoit un sarclage à l'hilaire. Si le semis a été fait dans un champ de mil, aussitôt la récolte des épis terminée, les tiges sont abattues et couchées entre les jeunes cotonniers. Elles remplissent ainsi le rôle de paillis en diminuant l'évaporation de l'eau contenue dans le sol. On donne un deuxième sarclage quelque temps avant la floraison.

La cueillette commence en novembre et se termine en avril; ce sont les femmes et les enfants qui en sont chargés; ils passent en moyenne une fois par semaine dans les champs et récoltent les capsules arrivées à maturité.

L'indigène conserve 3 à 4 ans sa plantation de cotonniers. A partir de la deuxième année, le rendement diminue sensiblement et après la troisième année, il n'est plus avantageux de l'entretenir. Les plants sont alors arrachés ou recépés à 0^m,10 ou 0^m,15.

Cette dernière opération est couramment pratiquée pour le N'Dar N'Gau.

(1) Lougan veut dire champ cultivé.

Egrenage. — Le coton est conservé dans des sacs, des paniers et des vases en terre poreuse (Canari).

Lorsque la récolte des arachides est terminée, les femmes procèdent à l'égrenage du coton ; elles se servent, à cet effet, d'un appareil appelé « Derrou ». Celui-ci se compose d'une bille de bois équarri.

L'ouvrière étend le coton sur le morceau de bois et le presse au moyen de la tige de fer en imprimant à celle-ci un mouvement en avant ; les graines sont poussées et séparées des fibres maintenues en place.

Ce travail est très long et une personne est habile dans ce genre d'exercice lorsqu'elle égrène deux cents grammes de coton dans une journée.

Rendement. — Le rendement des cotonniers du pays est peu élevé ; il ne peut en être autrement avec un procédé de culture aussi primitif que celui auquel ils sont soumis.

Le N'Dar N'Gau arrive à donner dès la première année de 20 à 25 capsules par pied, soit 50 à 60 grammes de coton non égréné.

La deuxième année certains sujets fournissent jusqu'à 100 et 120 capsules, soit 300 grammes de coton brut.

Le N'Guiné a sensiblement le même rendement.

Le mokho ne porte guère la première année qu'une dizaine de capsules ; la deuxième année, il émet beaucoup de rameaux et produit de 50 à 60 capsules par pied.

Comme la densité des cotonniers dans une plantation indigène est très variable et que la récolte s'opère en plusieurs fois, il est difficile d'indiquer exactement le rendement par hectare.

On peut cependant estimer, sans trop s'écarter de la vérité, la production d'un hectare de la façon suivante :

```
N'Dar N'Gau    250 à 450 kil. de coton non égrené
N'Guiné. . .    15 à 300       —            —
Mokho. . .     120 à 150       —            —
```

Le poids des fibres est le 1/3 environ de celui des graines.

Valeur commerciale. — Ce coton n'est pas acheté par le commerce. L'indigène ne cultive d'ailleurs que la quantité strictement nécessaire à ses besoins. S'il lui arrive d'en avoir un peu plus, il le cède à ses voisins ou le porte au marché. Il ne vend jamais celui qui est égrené.

Le coton non égrené, que l'on trouve seul à acheter, se paie à des prix très variables.

Dans le haut-fleuve (Bakel), on échange le contenu d'un panier (22 k.) contre une demi-pièce de « guinée » valant 3 fr., ce qui met le kilog. au prix de 0 fr. 25.

Dans le Bas-Sénégal (Dagana), il vaut de 0 fr. 40 à 0 fr. 50 le kilog.

Dans les escales de la voie ferrée de Dakar à Saint-Louis, son prix moyen est :

Pour le Mokho égrené, de 1 fr. 25 le kilog;
— N'Dar N'Gau égrené, de 0 fr. 75 le kilog;
— N'Guiné égrené, de 0 fr. 50 le kilog.

S'il n'est pas égrené, sa valeur est moitié moindre.

C'est également le prix qu'il est estimé dans le Sine-Saloum.

Usages. — Le coton, une fois égrené, est cardé et filé. Les fileuses se servent d'un fuseau analogue à celui qui est employé en France dans les campagnes, pour filer le chanvre et le lin.

Les pelotes sont confiées aux tisserands. Ceux-ci se servent d'un métier à tisser très rudimentaire (bague en ouolof).

Aussi mal outillés, les tisserands ne peuvent confectionner de grandes pièces d'étoffes, ils font de longues bandes de 15 à 20 mètres et plus, mais très étroites. Ils les plient et souvent les coupent suivant une longueur uniforme de 5 coudées (2^{m}50) dite « pagne Sor. »

Leur valeur commerciale est de 0 fr. 15 à 0 fr. 20 le mètre courant.

Cousues latéralement, elles servent à confectionner des boubous et des pagnes fort solides, presque inusables et par suite très estimés des noirs. Il en faut de 8 à 10 pour faire un pagne et de 12 à 16 pour un boubou.

Cette industrie locale est des plus intéressantes; malheureusement elle tend à disparaître, par suite de la concurrence des tissus à bon marché importés d'Europe.

II

A plusieurs reprises, le gouvernement local essaya de développer au Sénégal la culture du coton.

Vers 1820, la banlieue de Saint-Louis fut divisée en quatre cantons agricoles : Dagana, Richard-Toll, Faf et Lampsar.

Des instruments aratoires furent délivrés gratuitement aux colons et des primes leur furent accordées proportionnellement au nombre des pieds de cotonniers plantés. De 1820 à 1825, la production de coton s'éleva au chiffre total de 50.000 kilogs.

Des abus s'étant produits dans la répartition des primes, celles-ci ne furent plus accordées aux planteurs que proportionnellement aux quantités de coton qu'ils exportaient. De ce fait, les cultures furent abandonnées et, en 1828, il n'en était plus question.

Les statistiques indiquent en effet que les exportations furent les suivantes :

1825	14.386 kilogs
1826 , ...	10.168 —
1827	5.121 —
1828	6.959 —
1829	6.931 —
1830	3.149 —
1831-1832-1833 . . .	néant

1834 . . . . . . 3.047 kilogs
1835-1836 . . . . néant

Vers 1863, la culture du coton fut reprise : c'était le début de la guerre de sécession qui devait arrêter de 1863 à 1868 la production cotonnière aux Etats-Unis.

Le gouvernement français fit alors de grands efforts pour développer cette culture en Algérie et au Sénégal.

Lécard, jardinier en chef du gouvernement, fut chargé de faire des essais à Richard-Toll. En 1864 et 1865, il expérimenta plusieurs espèces; mais il n'obtint que des résultats médiocres (1).

« Le cotonnier N'Dar N'Gau, » dit-il, « cultivé sans irrigation
« donne en moyenne de 70 à 80 kilogs de coton brut par hectare.
« Les autres espèces de cotonniers du Sénégal donnent à peu
« près les mêmes résultats, sauf l'espèce dite Mokho qui donne
« encore moins, environ 50 kilogs. »

« Le N'Dar N'Gau, sous l'influence de l'irrigation, devient
« une énorme broussaille sur laquelle on peut récolter du coton
« pendant neuf mois de l'année; les capsules sont petites mais
« très nombreuses; un hectare consacré à cette culture donnera
« toujours de 900 à 1000 kilogs. A la pépinière de la Taouey,
« sur une superficie de 10 ares, le seul carré épargné par les
« sauterelles, nous avons fait deux récoltes; la première de 39 k.
« et la seconde de 43 kilogs ce qui donnerait 830 kilogs par hec-
« tare (1).

Un carré irrigué d'un are, planté de Sea Island, lui a donné 8 k. 100 gr. de coton brut soit 810 kilogs par hectare.

Dans les mêmes conditions, il a obtenu :

Pour le Louisiana un rendement de 900 kilogs à l'hectare
— Bornéo — 450 — —
— Jumel — 700 — —

(1) Lécard, *Notice sur les productions du Sénégal*, Saint-Louis, 1866.

Lécard aurait certainement fait de meilleures récoltes, si les 3/5 de ses cotonniers n'avaient été, pendant l'année 1865, détruits par les sauterelles.

Il n'en était pas moins convaincu que la culture du cotonnier serait très rémunératrice dans la colonie.

Vers cette époque, les quantités de coton exportées du Sénégal furent :

En 1863 de 40,000 kilog. environ
En 1864 de 50,000   —

On exportait en outre de Casamance :

En 1854 . . . 20.000 kilogs. environ
En 1864 . . . 25.000   —
En 1865 . . . 50.000   —

Mais ce mouvement ne devait pas continuer longtemps. Les commerçants diminuèrent peu à peu leurs achats. Les filateurs préférèrent s'adresser en Amérique où le coton est de meilleure qualité et le marché plus facile.

Les noirs abandonnèrent cette culture dont ils ne pouvaient plus écouler le produit.

**

Si les tentatives faites jusqu'à ce jour n'ont pas donné des résultats satisfaisants, il faut en attribuer la cause, non pas au climat et au sol, mais bien au manque de persévérance et d'expérience et surtout au manque de débouchés commerciaux.

Au moment où tant de Français se préoccupent de la mise en valeur de nos colonies, il importait de reprendre au Sénégal les essais de culture d'une manière rationnelle, de rechercher les procédés les plus pratiques pour produire le coton et pour améliorer les espèces naturelles du pays.

En même temps, comme on reproche au coton du pays la

« brièveté de sa soie » il convenait d'expérimenter les variétés étrangères à longue soie.

Cette étude fut commencée en 1899; une cinquantaine de kilogs de semences de cotonniers d'Egypte et d'Amérique furent distribués dans les cercles.

Des champs d'essais furent faits par les agents de culture à Richard-Toll, à Tivaouane, à M'Bambey et à Kaolack.

D'autres furent établis à Yang-Yang et à Toul par les soins des résidents.

Le sol est de nature sablonneuse ; le sous-sol est formé par une couche d'argile, reposant sur une assise calcaire.

Les espèces mises en expérience sont les cotons dits : Louisiane, Géorgie, Sea Island, Abassy et Mit-Afifi.

Les graines, après 24 heures d'immersion dans l'eau, ont été semées le 15 septembre.

Elles furent placées par deux ou trois, en paquets distants de $1^m,50$ environ.

Quelques jours après l'ensemencement, la moitié des graines étaient sorties d'une façon presque uniforme dans tout le champ ; le Sea Island cependant donnait plus d'espérances que les autres au début.

La croissance des jeunes plants fut assez lente et, vers le 30 septembre, ils atteignaient environ $0^m,10$. A ce moment beaucoup ne purent résister aux hautes températures de la fin d'hivernage et aux premiers vents d'est. Une forte pluie survenue entre deux périodes de très fortes chaleurs occasionna la mort de presque tous les plants placés dans le sable presque pur et exposés directement aux vents d'est.

Les jeunes plants placés en terrain plus argileux et abrités, survécurent tous.

Au mois de novembre, les cotons de Louisiane et de Géorgie, restés de petites dimensions, de $0^m,50$ à $0^m,75$ commencèrent à former leurs capsules.

Le Sea Island, l'Abassy et le Mit-Afifi, beaucoup plus vigoureux, atteignaient un mètre de hauteur et portaient un grand nombre de fleurs au commencement de décembre.

A M'Bambey, furent essayées quatre variétés de coton ; deux américaines : le Sea-Island, le Géorgie, et deux égyptiennes : l'Abassy et le Mit-Afifi.

Le champ comprend trois quarts d'hectare ; dans une partie, la terre est sableuse, dans l'autre elle est silico-argileuse.

Les semis furent faits :

Le 10 août pour l'Abassy et le Mit-Afifi ;

Les 18 et 19 pour le Sea-Island ;

Les 28 et 29 pour le Virginie.

Les graines furent semées en paquets distants de 1 mètre les uns des autres. La levée fut très régulière.

Les jeunes plants de cotonniers d'Egypte se développèrent plus vite que les autres : il faut dire qu'ils étaient dans la parcelle de terrain la plus argileuse.

Dès le milieu d'octobre, ils atteignaient 0^m,80 à 1 mètre et se chargeaient de fleurs.

Ils reçurent trois binages pour les débarrasser des mauvaises herbes et aérer le sol.

Les capsules commencèrent à s'ouvrir les premiers jours de décembre ; la récolte se fait au fur et à mesure de la maturité.

Le rendement total ne sera connu que dans quelques mois.

A Richard-Toll, des essais analogues furent faits. En 1898, le Sea-Island, le Géorgie et l'Abassy ont très bien réussi.

En 1899, les mêmes variétés furent semées à deux époques différentes : en août et en septembre dans un sol argileux.

Les plants venus du premier semis se sont bien développés ; les autres n'ont pu résister aux vents d'est arrivés à la fin de l'hivernage.

La floraison a été très bonne, les capsules se sont bien formées ; le rendement total ne sera déterminé que vers la fin de la saison sèche.

A Tivaouane, les semences mises en terre essentiellement sablonneuse, type des terrains du Cayor ont bien levé ; mais semées trop tard, les plants ont souffert beaucoup de la sécheresse ; ceux qui se trouvent sur des termitières se sont le mieux développés.

A Kaolack, les cotons d'Egypte et de Louisiane sont très bien venus ; les autres, Sea-Island et Géorgie, sont restés chétifs.

Somme toute, d'après les observations faites en 1899 dans les divers champs d'essais les cotonniers Egyptiens, Abassy et Mit-Afifi, semblent devoir s'acclimater facilement dans la colonie.

Ils ont assez bien réussi dans tous les terrains, mais les sols silico-argileux leur sont les plus favorables. Ils résistent relativement bien aux vents d'est.

Le Louisiane semble devoir prospérer dans les terres d'alluvions du Sine-Saloum. Le climat et le sol de la Casamance lui conviendront sans doute également.

Le Géorgie et le Sea-Island redoutent beaucoup la sécheresse et les vents d'est ; ils pourront peut-être s'acclimater dans les terres à « latérite » silico-argileuses du Baol et des provinces sérères autonomes.

Les essais faits en 1899 seront répétés plus en grand en 1900, car les expériences en agriculture doivent être faites plusieurs fois pour qu'il soit possible d'en déduire des conclusions certaines.

III

Nous avons vu que plusieurs variétés de cotonniers sont cultivées par les noirs du Sénégal et que certaines variétés étrangères à longue soie peuvent prospérer dans la colonie. Il nous reste à indiquer les moyens qui peuvent être employés pour développer cette culture.

Le commerce néglige le coton du pays auquel il reproche surtout d'avoir une soie courte, et l'indigène n'ayant pas le débouché assuré de ce produit ne le cultive que dans la mesure de ses propres besoins.

Pour remédier à cet état de choses, la première solution qui se présente est de fournir aux noirs de bonnes semences de cotons étrangers à longue soie susceptibles de prospérer dans la colonie et de leur enseigner à les bien cultiver.

La deuxième solution est d'améliorer les cotons du pays par une sélection raisonnée des semences et une bonne culture.

Il conviendrait, en outre, d'encourager les planteurs en leur accordant des primes et des gratifications et de leur assurer le débouché de leur produit.

L'administration pourrait acheter à un prix déterminé et rémunérateur pour le producteur, les premières récoltes en attendant que le commerce ait pris l'habitude de s'en occuper lui-même.

La production du coton deviendrait, dans un avenir peu éloigné, une source de richesse pour la colonie.

L'*indigo* vient à l'état spontané dans le pays, on en trouve même de véritables champs près du fleuve Sénégal vers Kaédi et Bakel.

A l'analyse, cet indigo a donné d'excellents résultats : il supporte très avantageusement la comparaison avec celui de l'Inde.

Les indigènes l'utilisent pour teindre les tissus dont ils font leurs vêtements. Une maison française en tente actuellement l'essai pour la teinture des guinées.

Plusieurs autres plantes sont utilisées dans le pays comme matières tinctoriales, ce sont : le n'dehnat (convolvulus), le Fayar (cochlospermum tinctorium), le ratt (combretum glutinosum).

Le *ricin* pousse très bien dans la colonie.

Il y a quelques années, sa culture fut l'objet d'une propagande très active, encouragée par le département. Le peu de succès obtenu paraît être dû au mauvais choix de la variété essayée.

Les *forêts* couvrent encore de grandes étendues au Sénégal. Le Ferlo possède des forêts de gommiers, la Casamance peut fournir de beaux bois de construction et d'ébénisterie comme celui du caïlcédrat (Kaya senegalensis), de Ven (pterocarpus erinaceus), de Tali (eritropheum guineense).

On retire de plusieurs lianes (Landolphia) et de certains « ficus » un bon caoutchouc. Les lianes sont très communes en Casamance et dans la région des « Niayes » qui bordent l'océan de Dakar à Saint-Louis. Le caoutchouc forme aujourd'hui le principal élément de commerce de la Casamance. Son prix d'achat varie suivant la qualité : de 4 à 6 fr. 50 le kilog.

CAOUTCHOUC EXPORTÉ DU SÉNÉGAL DE 1892 A 1898

Années	Poids	Valeurs
1892	32,424	97,272
1893	273,880	755,964
1894	403,024	983,633
1895	162,620	569,173
1896	178,353	624,236
1897	155,838	545,413
1898	340,628	1,191,849

Des essais d'acclimatation faits sur l'arbre à caoutchouc de Ceara (Manihot Glaziavi) ont parfaitement réussi. Mais les plantations sont encore trop récentes pour qu'il soit possible de se prononcer sur l'avenir de cette plante dans la colonie.

***

Par sa situation à la limite méridionale de la région désertique, par le peu de durée de la saison des pluies, le Sénégal est moins favorisé, au point de vue de la variété des produits agricoles, que la plupart des colonies franchement tropicales. Il rachète en partie ce désavantage par la possibilité d'y élever en grand le bétail qui devient de plus en plus rare à mesure que l'on s'avance vers le sud. En 1892 une terrible épizootie détruisit une grande partie des troupeaux ; mais à présent ceux-ci sont complètement reconstitués.

Les chevaux sont communs au Sénégal, sauf en basse Casamance où le climat leur est peu favorable.

Ils se rapportent à deux races bien distinctes : les chevaux dits « du fleuve » ou (Narou gor) et les chevaux M'Bayor.

Les premiers rappellent par leurs caractères les barbes algériens. Leur taille moyenne est de 1^{m}45. Certains sujets sont bien conformés ; mais l'ensemble laisse à désirer au point de vue de la régularité des formes et des aplombs. Ils présentent de réelles qualités de sobriété, de rusticité et d'endurance. Par une sélection méthodique ou par des croisements judicieux avec des étalons algériens on pourrait améliorer cette population chevaline.

Les chevaux M'Bayor sont de plus petite taille que les précédents, la moyenne est de 1^{m}35, ils sont robustes et vigoureux, ils supportent mieux que les premiers la saison d'hivernage et sont moins sujets aux maladies.

Le centre de production est le Baol.

Deux races principales se partagent la population bovine.

Le Gobra ou bœuf à bosse, et le *N'Dama* sans bosse.

Les bœufs à bosse, appelés également bœufs porteurs, se rencontrent dans tout le pays, mais sont surtout nombreux chez les Maures, dans le Oualo, le Cayor, le Baol. Ils sont de grande taille, souvent plus de 1^m,50, et certains atteignent des poids de 600 à 700 kilogs. Ils sont très dociles et peu difficiles dans le choix de leur nourriture. Ils sont utilisés comme bêtes de somme et remplacent avantageusement les chameaux pour effectuer des transports pendant l'hivernage. Le poids moyen des adultes est de 300 à 400 kilogs pesés vifs. A l'abattage, leur rendement, en viande nette, varie de 40 à 45 o/o.

Leur prix est de 80 à 120 fr.

Les vaches sont mauvaises laitières, elles donnent en moyenne pendant la période de lactation 3 litres de lait par jour.

Elles valent de 150 à 200 fr.; mais d'ordinaire les indigènes ne veulent pas s'en dessaisir.

Les individus de races N'Dama ou sans bosse sont de petite taille de $1^m,20$ à $1^m,30$ de haut. Ils sont bien conformés et rappellent les animaux perfectionnés de race bretonne.

Leur pelage comme celui des précédents est essentiellement variable : les robes froment clair et noires sont les plus communes.

Cette race semble originaire du Fouta-Djallon, d'où elle s'est répandue dans les contrées avoisinantes. On la trouve actuellement dans tout le Sénégal, mais plus particulièrement dans les régions sud.

Les bœufs se dressent facilement au joug et peuvent être utilisés pour traîner la charrue et les charrettes.

Les individus provenant du croisement du N'Dama et du Gobra sont désignés sous le nom de *Ouarlé*.

Ils sont très estimés des indigènes qui les recherchent même dans le Sine et le Baol.

A la suite de l'épizootie de 1892, on importa des animaux du Cap-Vert et de chez les Maures; on trouve des traces de leur sang dans la population actuelle.

Ce sont les Peulhs, les Toucouleurs et les Sérères qui ont les plus beaux troupeaux. Ils en ont le plus grand soin; leur richesse d'ailleurs s'estime par le nombre de têtes de bétail qu'ils possèdent.

Les ânes sont fort nombreux. Ils sont rustiques et très solides, malgré leur petite taille. Ils rendent de grands services pour les transports.

Les chameaux sont très nombreux dans le pays pendant la saison sèche : ils sont utilisés pour les transports d'arachides, de mil et de gomme. Ils appartiennent presque tous aux Maures qui sont les véritables commissionnaires de la colonie. Ils sont emmenés au nord du fleuve pendant l'hivernage.

Les chameaux supportent difficilement la saison des pluies; plus des 3/4 meurent lorsqu'ils restent dans le pays. Ceux qui sont acclimatés, appelés chameaux « *ouolofs* », valent de 500 à 600 fr. pièce, tandis qu'un animal ordinaire se vend de 150 à 250 fr. On les charge de 300 à 500 kilogs. et ils fournissent avec ce poids des étapes de 50 kilomètres sans fatigue.

Les *moutons* et les *chèvres* sont très nombreux. Le *mouton* sénégalais est haut sur jambes; sa taille est de 70 à 80 centimètres; il n'a pas de laine, mais seulement du poil grossier.

Les indigènes utilisent le lait des brebis pour leur nourriture. Un mouton vaut dans l'intérieur de 3 à 5 fr.

Les chèvres sont de très petite taille de $0^m,50$ à $0^m,70$, elles donnent très peu de lait, de 0 l. 75 à 1 litre par jour.

Somme toute, le Sénégal est un pays où l'élevage des animaux est développé et constitue une des richesses des indigènes.

En vue de l'amélioration de la race chevaline, ce qui réclame des connaissances et des soins spéciaux, il a été créé en 1898 un haras à N'Diourbel dans le Baol (cercle de Thies).

Le Sénégal, malgré sa réputation de pays pauvre, possède d'immenses ressources qui n'attendent que des colons et des capitaux pour être exploitées.

Le gouvernement de la colonie, persuadé du reste que la prospérité dépend du développement de l'agriculture, concentre tous ses efforts pour augmenter la production agricole en protégeant et encourageant ceux qui se livrent à la culture. Depuis quelques années des habitants de Saint-Louis et de Dakar ont créé de nombreux jardins potagers et fait d'importantes plantations d'arbres fruitiers dans la banlieue de leurs villes.

En fin de compte, des efforts très précieux sont faits pour développer l'agriculture au Sénégal et assurer ainsi la prospérité de la colonie.

PERRUCHOT,
Ingénieur agronome,
Chef du Service agricole.

TABLE DES MATIÈRES

ORGANISATION FINANCIÈRE	5-124
CHAPITRE Ier. — Budget local	5
Art. 1er. — Recettes	6
Tableaux des recettes du budget local de 1889 à 1898	9
Art. 2. — Caisse de réserve.	14
Art. 3. — Dette de la colonie	18
Art. 4. — Dépenses	18
Tableaux des dépenses du budget local de 1889 à 1898	19
CHAPITRE II. — Services producteurs de l'impôt	29
Art. 1er. — Contributions directes.	29
1° Impôt personnel.	29
2° Patentes	30
3° Licences	33
4° Poids et mesures	35
5° Impôt locatif.	38
Diagrammes des recettes	41
Art. 2. — Douanes	45
Relevé des importations et des exportations de quelques marchandises ou produits (année 1899)	47

Diagrammes des importations et des exportations pendant
l'année 1899 51
Tableau des exportations par nature de produits de 1889
à 1898. 55
Diagrammes des exportations par nature de produits de
1889 à 1898 61
Tableau des importations par nature de produits de 1889
à 1898 67
Diagrammes des importations par nature de produits de
1889 à 1898 77
Tableau et diagrammes du mouvement total des expor-
tations et importations de 1889 à 1898 85
Tableaux et diagrammes de la navigation de 1889 à 1898 89
Art. 3. — Postes et télégraphes 97
Tableaux et diagrammes des postes et télégraphes . . . 100
Art. 4. — Enregistrement, timbre, domaines et mines . . 117
Art. 5. — Divers produits 122
Lazarets 122
Hôpitaux civils . . . . 123 C

ORGANISATION ADMINISTRATIVE 125

CHAPITRE Ier. — Administration générale 125
Art. 1er. — Gouvernement général 126
Art. 2. — Secrétariat du gouvernement général 129
Art. 3. — Direction des affaires indigènes 131
Art. 4. — Services sanitaires et lazarets . . . . 132 C
Art. 5. — Assistance publique . . . . 138 C
Hôpital civil de Saint-Louis. Tableau des maladies traitées 140
Hôpital civil de Saint-Louis. Diagrammes des entrées et
décès de malades 143
Hôpital civil de Gorée. Tableaux du mouvement des en-
trées et décès de malades 144
Hôpital civil de Gorée. Tableau des affections traitées en
1898 148

TABLE DES MATIÈRES

Hôpital civil de Gorée. Diagrammes des entrées et décès des malades.	150
Art. 6. — Agriculture	151
Art. 7. — Imprimerie	152
Art. 8. — Gendarmerie et police	153
Art. 9. — Ports et rades, feux, phares, sémaphores et balisage	154
Port de Saint-Louis. Tableaux et diagrammes des barres praticables et impraticables	156
Art. 10. — Prisons et pénitencier	160
Tableaux et diagrammes de la criminalité	161
CHAPITRE II. — Services financiers.	179
Art. 1. — Contributions directes	179
Art. 2. — Douanes.	181
Art. 3. — Postes et télégraphes	181
Art. 4. — Enregistrement.	185
CHAPITRE III. — Instruction publique	189
Ecole secondaire	191
Ecole primaire des garçons de Saint Louis	192
— — Gorée	193
— — Dakar	194
— — Rufisque	194
Tableau du traitement des maîtres de l'enseignement au Sénégal	195
Tableau des dépenses faites pour l'enseignement	195
Diagrammes des dépenses faites pour l'enseignement	196
Ecole primaire des sœurs à Saint-Louis	197
Ecole des filles de Rufisque	197
— Gorée	198
— Dakar.	199
Ecole laïque des garçons de Saint-Louis.	199
Etablissements scolaires privés de la mission évangélique.	200
Etablissements scolaires de la mission catholique de Sénégambie	201
Petit collège Saint-Louis.	201
Ecoles de Dakar et de Saint-Joseph de N'Gazobil.	202

Ecoles des garçons à Dakar 203
Etablissement du pénitencier de Thiès. 203
Ecole de Joal 204
Ecole de la Casamance 204
Ecole de Sédhiou 204
Ecole des garçons de Carabane. 204
Ecole de Zighinchor 205
Ecoles des petites missions 205
Ecoles des missions du Soudan 206
Ecole de Kita 206
Ecole de Dinguiray 206
Ecole de Kayes 206
Ecoles de filles 207
Enseignement musulman 209
Tableau et diagrammes de la fréquentatation scolaire au Sénégal de 1889 à 1898 210

CHAPITRE IV. — Travaux publics. 218
Amélioration de l'alimentation en eau de la ville de Saint-Louis 218
Programme des travaux à entreprendre 221
Construction de nouvelles usines élévatoires à Makhana et à Khor. Doublement de la conduite de refoulement . . . 224
Puits artésien. 225
Création d'un réseau de distribution d'eau dans la ville de Rufisque 226
Création d'un service de distribution d'eau à Dakar . . . 228
Puits projetés dans les escales de la ligne de chemin de fer de Saint-Louis à Dakar. 231
Ville de Saint-Louis 233
Ville de Dakar 236
Ville de Rufisque 238

ORGANISATION MUNICIPALE 241-269
Diagrammes des recettes et des dépenses municipales . . . 245

TABLE DES MATIÈRES

Relevé des recettes et des dépenses de la commune de St-Louis. 248
Etat comparatif des recettes et des dépenses de la commune de Dakar. 251
Etat comparatif des recettes et des dépenses de la commune de Rufisque. 255
Etat comparatif des recettes et des dépenses de la commune de Gorée 265

ORGANISATION COMMERCIALE 271-364

LE COMMERCE AU SÉNÉGAL

Action de la métropole 277
   Les compagnies 277
   Droit commun sous le pacte colonial 278
   Grands projets 285
Action de la colonie 287
   Ce qu'était le Sénégal et quel fut son avenir 287
   Agriculture 291
Commerce 297
   Gomme, grande traite 297
   Petite traite et voyage de Galam 301
   Commune sédentaire 304
   Seconde période d'évolution 307
Temps nouveaux 311
   Déclaration du 4 novembre 1863 311
   Coup d'œil rétrospectif 319
   Importation 328
Tableau comparatif des gommes exportées du Sénégal pendant les années 89 à 98 des XVIIIe et XIXe siècles 338
Tableau des arachides exportées du Sénégal de 1889 à 1898 . 340
Exportation des caoutchoucs du Sénégal durant les années 1889 à 1899 341
Tableau des principaux produits du cru exportés du Sénégal de 1889 à 1900 343

Tableau des principales marchandises importées au Sénégal de
1889 à 1900 349
Tableau du mouvement commercial du Sénégal de 1889 à 1900   364

AGRICULTURE. 365-423

Organisation du service de l'agriculture. 365
Considérations générales 366
Culture du mil 367
Culture de l'arachide au Sénégal 385
Culture du cotonnier au Sénégal 405

DIJON — IMPRIMERIE DARANTIÈRE

Augustin CHALLAMEL, Éditeur
Rue Jacob, 17, PARIS
Librairie Maritime et Coloniale

Guide hygiénique et médical du voyageur dans l'Afrique centrale, rédigé au nom d'une commission de la Société de Médecine pratique, par les Docteurs Nicolas, Lacaze et Signol, 2ᵉ édition entièrement refondue, in-18 cartonné toile . . . . 7 fr.

Guide médical au Congo et dans l'Afrique équatoriale, à l'usage des fonctionnaires et des colons appelés à résider dans les postes dépourvus de médecin, par le Dʳ Duvigneau, médecin principal des colonies, ancien chef du service de santé au Congo français, avec une carte, deux plans et photogravures. . . . . 7 fr.

L'Afrique Occidentale, Sénégambie et Guinée. La région gabonaise. La nature et l'homme noir, par le Dʳ P. Barret, médecin de la marine, 2 vol. in-8, accompagnés de deux cartes en couleurs . . . . 15 fr.

Manuel franco-yoruba de conversation spécialement à l'usage des médecins, par le Dʳ P. Gouzien, médecin principal des colonies, in-8 3 fr.

De Saint-Louis au port de Tombouctou. Voyage d'une canonnière française, suivi d'un vocabulaire sonraï, par E. Caron, lieutenant de vaisseau, un fort volume in-8 accompagné de 4 cartes. . . . . 10 fr.

De Saint-Louis à Sierra-Léone. Huit ans de navigation dans les rivières du Sud, par le capitaine Bouteiller, in-8, avec carte. 3 fr. 50

Paul Soleillet. Voyage à Ségou, rédigé d'après les notes et journaux de Soleillet, par G. Gravier, président de la Société normande de géographie, gr. in-8, orné d'une phototypie . . . . 7 fr. 50

La Guinée française. Conakry et Rivières du Sud, par Aspe-Fleurimont, conseiller du commerce extérieur de la France, avec deux cartes et des annexes. . . . . 5 fr.

Conquête du Fouta-Djallon, par le comte de Sanderval, in-8 illustré de 200 gravures, photographies de l'auteur et une carte . . . 12 fr.

Les rives du Konkouré, de l'Atlantique au Fouta-Djallon par le comte de Sanderval, in-4 avec 1 carte et nombreuses planches hors texte 6 fr.

www.ingramcontent.com/pod-product-compliance
Lightning Source LLC
Chambersburg PA
CBHW071100230426
43666CB00009B/1777